先秦思維文化研析

楊東聲 著

臺灣 學生書局 印行

序

　　現代學者對孔子之前的中國古代文化，特別是宗教，一般抱著相當強烈的敵視態度。對他們來說，現代與古代中國兩者之間，在思維及情懷上，似乎存在著一道令人無法跨越的鴻溝。外表看來，那些現代學者儼如他們的祖先，有完全相同的外貌特徵，但是他們內心的思維跟他們的祖先卻早已背道而馳，呈現出南轅北轍之勢。二十世紀最震撼中國學術界的發現之一應該是甲骨文，現代學者對甲骨文字面的意思一般都能理解，但至於潛藏在文字背後的思維就難免令他們不時有扞格不入的感覺。甲骨文是當時人神交通的記錄文字，現代學者或因受到孔子遠離鬼神思想的影響：「敬鬼神而遠之」，[1]或因遵奉馬克斯（1818-1883）無神論的教條，一談到求神禱告，常有嗤之以鼻的傾向。因此他們看活在商朝事事尋求上帝的旨意的人，往往有輕蔑的態度，不是說他們迷信，就是說他們騙人，或者說他們愚蠢；換句話說，在現代一般學者的意識或潛意識中，他們活在商朝的祖先理當都是不入流的人物。當一個人把現代學者對他們祖先的敵意與春秋戰國以前的學者包括孔子和墨子對他們祖先的讚譽之詞互相對比的時候，現代學者對他們祖先蔑視的態度就難免更令人詫異了。

---

[1]　《四書集註・論語・雍也第六》（臺北：世界書局，1966），頁38。

究竟是現代學者對他們祖先的評價正確，還是春秋戰國以前的學者對他們祖先的評價正確，茲事體大，是每個學者都應該正視深思的問題。就時間上來說，春秋戰國以前的學者距古代比現代學者距那些時代要近，所以春秋戰國以前的學者對他們祖先的看法一般應比現代學者深入可靠些。就可信的記錄來說，中國的祖先如堯、舜、禹、湯、文、武，他們的為人、作風及思維，筆者以為確實要較後代的帝王高妙許多，他們所領導的世界因此不可能就一定比後世罪大惡極的多，應該不會如許多現代學者所描繪的盡是一個愚蠢無知和迷信的時代。其實，堯、舜、禹、湯、文、武的大環境所以能造就出他們傑出的人品與才智的事實即明確的顯示出，他們所活躍的世界在思維文化上其實有可能勝於後世的地方。

先秦以前的文化，根據社會政治體制和思維來看，大抵可分成兩大類，一為公天下的體制與思維，一為家天下或私天下的體制與思維。公天下的體制與思維的中心是神，焦點放在上帝的身上，或者放在超越這個世界的一個永恆的精神世界上，英文稱之為「彼世界 otherworldly」的思維；而私天下的體制與思維的中心卻是自我，焦點放在這個世界，對超越這個世界的事情興趣乏然，英文稱之為「此世界 this-worldly」的思維。以一己為據點的私天下思維形式發展到極端便是利己主義，「楊子取為我，拔一毛而利天下，不為也」；[2]在以上帝為據點的思維形式中，這種思維發展到極點就是利他主義，中國遠祖堯、舜、禹時代的精神和春秋戰國時代墨子的主張是這種公天下思維典型的例子，現

2　《四書集注・孟子・盡心上》，頁 196。

代西方先進的文明國家所接受的基督教也隸屬於此一範疇：「我不再活著，而是基督活在我裡面 ζῶ δὲ οὐκέτι ἐγώ, ζῇ δὲ ἐν ἐμοὶ Χριστός。」（《聖經・新約・加拉太書 2:20》）[3]中國私天下體制所產生的以孔子為代表的儒家思想，是在利己與利他的思維折中之後出現的哲學，孔孟稱之為中庸思想：「閑先聖之道，距楊墨」。[4]自從漢武帝採用董仲舒的建議，「獨尊儒術，罷黜百家」[5]以後，中國傳統學者致力尊孔，同時排斥其他諸子的學說，完全以儒家的論點為根據，一心認定從堯、舜到孔子的思維是本質相同一脈相傳的中國道統，這種說法不但誤解了堯、舜及孔子思想不同的本質，同時助長了私天下體制對中國持續不斷的戕害。甚至到了現代體制變成共和以後，中國的災難不但不減，反而有愈演愈烈的趨勢，最根本的原因便在於一般現代學者對先秦文化有令人扼腕的偏見與誤解。

堯、舜時代公天下的共和體制，傳賢而不傳子，用人不是一味的只憑關係，而主要以賢能與否為標準，整個邦國的精神與體制的運作都在於體現神的誡命，照顧天下的生民百姓，「帝命率育，無此疆爾界」，[6]上帝命令當時的君王不分區域疆界去照顧天下的生民百姓，而不是一心為己為家。當時一般人生活的中

3　*The Greek New Testament*《希臘文新約》（Germany: Deutsche Bibelgesellschaft, 1998），p. 643.

4　《四書集注・孟子・滕文公下》，頁 91。

5　班固《漢書・武帝紀六》（北京：中華書局，1970），第一冊，卷 6，頁 212。

6　程俊英、蔣見元，《詩經註析・周頌・思文》（北京：中華書局，1987），下冊，頁 945。

心、重心與基礎是主宰宇宙萬物的聖潔的神，例如舜還只是一個普通百姓的時候，他的父親、後母及同父異母的弟弟企圖謀殺他，《尚書・大禹謨》記載說他每天到田裡，「日號泣于旻天」，[7]向天伸冤，結果「至誠感神」，得到神的幫助，最終獲得堯的青睞。《詩經・大雅・生民》也傳述周始祖棄一生下來就被家人拋棄，後來得到神的幫助，成為堯、舜信賴的農業大臣，不僅建立了周朝農業社會的基礎，更教導了周人敬天畏神的精神。禹在外治水，孟子說他八年三過家門而不入，《史記》說他十三年三過家門而不入，以今天強調私天下家庭倫理的角度來看，不是不近人情就是大逆不道，但是禹那個時代強調的不是人或家庭，而是天或上帝，他當時所想的主要不是他自己或他的家人，而是聖潔的上帝。神要禹治水，照顧百姓，不要說八年，十三年，就是更多的時間，他都必須遵從神的旨意三過家門而不入，孔子說他「致孝乎鬼神」，[8]而不是孝順父母，說得再清楚不過，就是指當時人跟聖潔的神之間密切的關係；在這一點上，孔子因距離禹的時間比現代學者近，所以孔子的說法比眾多現代學者漠視神而企圖將禹塑造成一個孝順父母的人要正確可信許多。

　　因為歷代帝王的提倡，孔子的思想對中國文化有無比深遠的影響，在中國傳統文化中，孔子可說已經成了偶像，他的學說在傳統文化中一向被認為是從堯、舜傳下來的道統的一部分，筆者在書中對孔子跟堯、舜的思想在本質上根本歧異的地方做了詳細

---

[7]　《漢魏古注十三經・尚書・大禹謨》（北京：中華書局，1998），上冊，頁11。

[8]　《論語・泰伯第八》，頁54。

的分析。孔子的仁是強調人際關係、嚴分階級、講究等差之愛且以人君為基礎、遠避鬼神、帶有自私自利色彩的思想。人君在孔子的人倫思想中是至高無上不受任何人制約的獨夫，他可以為所欲為，雖然人臣可以建議，但聽不聽只能由君主個人做主，旁人是無法勉強的，君主不聽，臣子是一點辦法也沒有的。《禮記·曲禮下》說：「為人臣之道，不顯諫，三諫而不聽，則逃之。」[9]「顯」這個字一般被解釋成公開的意思，筆者以為大臣跟君主私下相處的機會有限，如果做公開解，大臣不能在公開的場合對君主進諫，那麼大臣可以進諫的機會就會少之又少，甚至可能根本就沒機會進諫。「顯」這個字在這裡應該解做明顯或者俗語所說講話講得太露骨的意思，《禮·曲禮下》建議大臣進諫應該要委婉含蓄，不要說得太過強烈，針鋒相對，把局勢鬧僵，斷絕了後來繼續進諫的機會。這跟《禮記·坊記》中所說的「微諫不倦」的「微諫」意思相同，就是鄭玄註中所說的「怡色柔聲以諫」[10]的態度。禮記說一個臣子如此進諫可以諫三次，諫了三次以後，君王不聽，就只能離開。《禮記·表記下》同時記載孔子有關大臣進諫君主的一段談話說：「子曰：事君三違而不出竟，則利祿也。」[11]孔子以為一個大臣服侍君主，進諫三次以後都無效，大臣還不離開，那就是貪心利祿了。孔子在《論語·先進》裡更進一步解釋說：「所謂大臣者：以道事君，不可則止。」如果君王不聽大臣的意見，孔子認為做臣子的最後只有離開朝廷一

9　《漢魏古注十三經·禮記·曲禮下》（北京：中華書局，1998），上冊，卷一，頁14。

10　《漢魏古注十三經·禮記·坊記》，上冊，卷十五，頁189。

11　《漢魏古注十三經·禮記·表記下》，上冊，卷十七，頁204。

途。

　　本書在詳細分析孔子的學說時，指出孔子主張的君臣之道含有極大的弊端，他強調的「以道事君，不可則止」，和《禮記》的「三諫而不聽，則逃之」，基本上是一種消極逃避的私天下思維，與提倡公天下思維的墨子組織了強大的軍事隊伍，跟草菅人命的奸邪君主進行殊死鬥，兩者的心態完全相反。孔子對不利的政治局勢主張消極逃避的態度，影響了無數中國人的心態，導致一般中國人對邪惡常常產生妥協逃避的現象，因應這種情景而出現的中國成語，「溜之大吉」[12]與「三十六策，走是上計」，[13]很明顯的表現出臨陣脫逃在一般中國人眼中，不僅不是一件羞恥的凶兆，反而被頌揚成大吉祥的智慧。孔子的教導，「危邦不入，亂邦不居」，[14]對解決腐敗的政局不僅毫無助益，反而令邪惡小人雀躍不已，奸臣賊子最喜樂的事莫過於所有的正人君子都自動退出政壇，國家政府完全由他們把持，中國一亂再亂，這跟孔子所主張的儒家思想對邪惡採取消極逃避以及無條件妥協的私天下思維有不可分的關係。本書正文會提到，當孔子的祖國魯國有亂，孔子立即跑到齊國去避亂；當陳國有亂，他又跑到衛國去尋求一官半職，孔子跟一個國家的關係，有如日常用語中所說的酒肉朋友，承平之時，關係密切，遇到災難，人便不見蹤影，頓時煙消雲散。齊國甚有氣節的大臣晏嬰和備受現代學者推崇的墨

---

[12]　清・李伯元《官場現形記》（香港：廣智書局，無出版日期），上冊，第二十八回，頁 242。

[13]　梁・蕭子顯《南齊書・王敬則傳》（北京：中華書局，1972），第二冊，卷二十六，頁 487。

[14]　《四書集註・論語・泰伯》，頁 53。

子對孔子的評語：「繁飾邪術以營世君」，[15]應該不是無稽之談。

　　在世界文化史上，對邪惡的政治現實能夠永久堅持爭鬥的民族，就筆者所知，大概就是以色列人了。[16]猶太人跟華人都是散佈在世界各地的民族，但是猶太人所以散佈在世界各地的原因與華人基本上大相徑庭。華人大體遵守孔子的教訓，所謂「危邦不入，亂邦不居」，碰到亂世，比如西晉時的八王之「亂」和五胡「亂」華，本能的反應就是「三十六策，走是上計」，而「溜之大吉」，從中國北方逃到南方，再從南方逃到南洋或世界其他各處去：「河北士族大多逃奔幽、并等晉室遺存州鎮。所以在『永嘉之亂』中，流亡江東的士族大多來自黃河以南地區——後來，這被視為客家人的發祥地。」[17] 1960 年代臺大政治系教授黃祝貴所寫的一篇文章，「來來來，來臺大，去去去，去美國」，就是描述這種在危險混亂的困境中力圖逃亡的私天下思維在臺灣所造成的現象。正統猶太人的觀念與受孔子影響的華人迥異，即使生逢亂世，猶太人一般會死守家園，全力抗爭，拒絕脫逃：「耶華神是我的庇護所，你們怎麼可以跟我的靈魂說：『你應該像鳥一樣逃到山裡』」（聖經‧詩篇 11:1）。以色列亡國以後，大

---

[15] 晏子《晏子春秋‧外篇第八》（臺北：臺灣商務印書館，1968），頁73。孫詒讓《校補定本墨子閒詁‧非儒下》（臺北：藝文印書館，1981），頁 545，也有類似的記載。

[16] 參閱 *The Cambridge Guide to Jewish History, Religion, and Culture*《劍橋叢書：猶太人的歷史宗教與文化》, eds. Judith R. Baskin and Kenneth Seeskin (Cambridge: Cambridge University Press 劍橋大學出版社, 2010).

[17] 潭元亨《客家文化史》（廣州：華南理工大學出版社，2009），第一冊，頁 42。

批的猶太人被亞述王強迫遷徙離開他們熱愛的家園，「於是亞述王把以色列驅趕到亞述，把他們安置在哈拉和哈勃，溝攘河，馬答的各個城市中 וַיֶּגֶל מֶלֶךְ־אַשּׁוּר אֶת־יִשְׂרָאֵל אַשּׁוּרָה וַיַּנְחֵם בַּחְלַח וּבְחָבוֹר נְהַר גּוֹזָן וְעָרֵי מָדָי׃」（列王記下 18:11）；如此，猶太人開始散佈到世界各地，他們不像一般中國人，動輒口誦「三十六策，走是上計」，「溜之大吉」，自動移民，尋求安樂之地；他們也不像新加坡的華人一樣，在中國之外，另外建立一個國家。即便猶太人身在國外，他們普遍一貫的信仰還是要返回以色列的家園。他們遵守神的教導，對家園流露出無比的熱愛：「因為你的僕人迷戀她的石頭，熱愛她的塵土 כִּי־רָצוּ עֲבָדֶיךָ אֶת־אֲבָנֶיהָ וְאֶת־עֲפָרָהּ יְחֹנֵנוּ」（詩篇 102:15）。[18]就因為這種死守家園、力爭不懈的信念，他們在亡國長達兩千多年以後，能夠從世界各地的角落再回到他們的故土，驅逐佔領他們故土的異族，重建以色列國，一躍成為中東的超級強國。猶太人這種堅持不懈的公天下思維，對深受孔子私天下思維影響、動輒逃亡的中國人，確實有值得借鑑之處。

　　因為孔子把君主推舉為人倫社會的至尊，「君君臣臣，父父子子」，中國人特別是知識分子一般因此都有偏袒君主的跡象。在受到儒家思想的影響下，司馬遷的《史記》把君主與臣子分開來列傳，君主的部分稱為「本紀」，臣子分成兩個部分，位高權重且有重要影響的臣子成為一個單元，稱為「世家」，一般的臣子另成一個單元，名為「列傳」；在列傳的這個部分，司馬遷把一些奉公守法的官員合在一起，立了一個「循吏列傳」，另外也

---

[18]　*Biblia Hebraica Stuttgartensia*《希伯來文聖經》(Germany: Deutsche Bibelgesellschaft, 1997), p. 1181.

把一些殘酷的官吏別立一章，稱為「酷吏列傳」。司馬遷把君主與臣子分開立傳的體例清晰地表明了在他的私天下思維中君臣在本質上有所不同，就他來看，獨佔天下的君主高高在上，顯然不可用善惡來區分，而臣子卻有必要以善惡來論斷，循吏應該稱揚，酷吏應該貶斥。《宋書》的列傳雖然有二凶，《南史》雖然有賊臣，但是兩書都是把殺害君王的大臣列為邪惡的臣子。真正開始把人品邪惡的臣子挑出立傳的是宋朝歐陽修和宋祁合撰的《新唐書》，分有奸臣、逆臣、叛臣三類，《宋史》沿襲《新唐書》的體例，列有奸臣和叛臣，《元史》照列奸臣和叛臣，《明史》也有奸臣傳，從歐陽修和宋祁合撰的《新唐書》開始，「奸臣」在中國史上便成了一個常用的詞。相對的，君主卻一直沒有忠奸之分，似乎他們總是超乎邪惡之上。歷史上到處都是奸臣，而卻不見「奸君」這個詞，傳統的歷史因此往往把過錯推給大臣，而卻處處設法替君主開脫罪名，似乎做了君主就絕對不可能變成奸人，跟奸就毫無關係。以家喻戶曉的岳飛為例，照私天下的想法，天下是趙家的天下，其他所有的人都是君王一人的奴婢，他們能活著全是趙家的恩典。如此，岳飛枉死只能完全是奸臣秦檜的過失，「歲暮，獄不成，檜手書小紙付獄，即報飛死，時年三十九」，[19] 至於高宗似乎什麼罪過都不必擔當。

其實在私天下的中國，在正常的情況之下，大臣一般都是看君王的臉色行事，君王寵信的大臣也往往是那些特別能揣摩主上心意的臣子，那些寵臣所以能手操重權，也是因為君王知道他們

19　元·脫脫等《宋史》（北京：中華書局，1991），第三十三冊，卷三百六十五，列傳124，頁11393。

會照自己的心意辦事，所以那些奸臣的罪行就這一層意義來看，應該也是君王的罪過。如果沒有宋高宗的首肯和授意，秦檜應該是殺不了岳飛的，所以岳飛的死絕對應該歸罪到宋高宗。此外，就公天下的思維來說，岳飛是自絕生路。他大可以像舜、湯、文王、武王和墨子一般，選擇對抗的辦法，但是私天下的心態是「君教臣死，臣不死不忠；父教子亡，子不亡不孝」，[20]這是公天下與私天下思維根本不同的地方之一。即使舜的全家要殺他，但是如果聖潔的上帝要他活，他就不能不活，而且要活得非常有尊嚴，所以不管誰要殺他，他就不能不抗爭。而在私天下的思維中，君令一下，就只好俯首聽命。晉獻公的太子申生如是，秦始皇的太子扶蘇也如是，即使他接到的詔書不是秦始皇的手筆，而是趙高偽造的文書，顯然只要是詔書，不論對錯，就必得順從，這是私天下思維必然的局限之處。

　　中國一般的知識分子經過數千年儒家思想的薰陶，和政府宣傳教條無止境的灌輸之下，在潛意識中，早把邦國領導看做一個超凡入聖近乎神的特殊範疇，君王在所有的事情上，幾乎都有道德豁免權。中國現代的知識分子如果要擺脫此一私天下思維的桎梏，對堯、舜、禹、湯、文、武和墨子所代表的公天下思維理當有所認知，在公天下的思維裏，普天之下，就如墨子所說：「人無幼長貴賤，皆天之臣」，[21]或如莊子所說：「知天子之與己，

20　吳承恩《西遊記》（臺北：桂冠書局，1988），第二冊，第七十八回，頁457。

21　孫詒讓《校補定本墨子閒詁‧法儀第四》（臺北：藝文印書館，1981），上冊，頁59-60。

皆天之所子」，[22]人人皆是天的臣民與子女，在聖潔的神的面前，一律平等，沒有永久享受道德豁免權的特權階級存在的空間。天下既不是趙家的天下，江山也不是愛新覺羅的江山，而屬於所有的人。公天下與私天下的區分，不僅呈現在體制上，更顯示在思維中。在邁向公天下的旅程中，現代中國知識分子不僅須要注意體制的建立，更應該講究所以成就其特有體制的公天下精神。筆者以為，如果沒有相應的公天下精神，即使建立公天下的體制，而支撐體制運作的仍然是私天下的精神，結果往往也是徒具虛文，表面文章，所謂掛羊頭，賣狗肉，在表裡不一的情形下，不會有太多的實質意義可言。

---

[22]　吳康《莊子衍義・人間世第四》（臺北：臺灣商務印書館，2011），頁32。

先秦思維文化研析

目　次

第一章　堯舜時代公天下的精神

　　在中國數千年的歷史中，再沒有第二個時期是如同堯、舜的時代一般那麼受到後人普遍的推崇與讚譽；也再沒有人是像堯、舜一樣，在沒有任何直接或間接的證據之下，被現代學者任意污衊的。堯、舜在歷史上的評價所以會在現代產生巨大無比的爭議，被不少現代學者視為愚蠢無知或殘忍，主要的原因是現代學者處在一個專制體制的壓迫之中，又遭到西方列強勢力無情的凌辱，普遍缺乏對自身應有的自尊，在失去自尊的情況下，難免對孕育自己的傳統也產生懷疑。其實，如同數千年來中國傳統的知識分子所說，堯、舜的思維屬於中國文化最為優良的部分。堯、舜公天下的時代不僅在政治體制上是一個令人嚮往的時代，在神人互動的關係上也是令人矚目的時代。

　　堯是中國古史上鮮見的一個賢君，他處於非常的時代，有不尋常的才能，非同小可的政績，「萬民皆喜，置堯以為天子」。[1]他活躍的時代，風雲際會，出類拔萃的人物如眾星拱月一般環繞在他身邊，舜、契、后稷、皋陶、夔、益、禹盡顯神通，各展才華，為華夏文明奠定了持久而不可撼動的根基。歷代對他的人

---

[1]　劉安《淮南子・本經訓》，張雙棣註釋（北京：北京大學出版社，2013），上冊，頁852。

品與成就的評價可說是登峰造極，無可復加，《尚書‧堯典》說他「光被四表，格于上下，克明俊德」，[2]足以感通天地；《史記》也說：「其仁如天，其知如神。」[3]因為他崇高的人品與傑出的領導能力，堯在位很久，總共七十年。堯在歷史上被後人推崇的不僅是他的領導能力，特別是他樹立的公天下的例子。

　　據《尚書‧益稷》的記載，堯的兒子丹朱不賢，傲慢自大，缺乏自律的能力，耽於游樂：「無若丹朱傲，惟慢遊是好，傲虐是作。罔晝夜頟頟，罔水行舟。朋淫於家，用殄厥世。」[4]《孟子》說堯別的兒子都沒治國的能力，堯因此決定不把王位傳給他們，而傳給舜：「帝使其子九男二女，百官牛羊倉廩備，以事舜於畎畝之中」。[5]堯在沒有深切的認識到舜的領導能力以前，原打算把君位傳給他得力的手下四岳，但四岳顯然有自知之明，知道自己沒有舜的才能，無法管理邦國大事，於是推薦舜：「帝曰：『咨！四岳。朕在位七十載，汝能庸命，巽朕位？』岳曰：『否德忝帝位。』曰：『明明揚側陋。』師錫帝曰：『有鰥在下，曰虞舜。』帝曰：『俞？予聞，如何？』岳曰：『瞽子，父

2　《漢魏古注十三經‧尚書‧堯典》（北京：中華書局，1998），上冊，頁3。

3　司馬遷《史記‧五帝本紀》（西安：三秦出版社，1990），頁9。

4　《漢魏古注十三經‧尚書‧益稷》，上冊，頁13。

5　《四書集注‧孟子‧萬章上》（臺北：世界書局，1966），頁126。近人蒙文通懷疑禪讓的史實，認為堯的兒子不可能都不肖：「堯之九男，豈無一才，而必禪於有鰥在下，而後為快耶？」（蒙文通《蒙文通全集：古史甄微》成都：巴蜀書社，2015，頁74。）他的說法出於臆測，並無實據，就如後人見了前人節節失利的史事，不經考證，便判定史冊虛構其事，實無法令人採信。

頑，母嚚，象傲；克諧以孝，烝烝乂，不格姦。』帝曰：『我其試哉！女于時，觀厥刑于二女。』」[6]堯所任用的人一般確是有原則，雖然堯原來提議將君位傳給四岳，但四岳並不貪婪，而舉薦比自己更為適合做君主的舜。

現有古史中所記載的有關堯的事跡，就筆者所知，全為讚譽之詞，毫無貶抑之語，在中國漫長的歷史中，此實為絕無僅有的一個特例。在私天下體制施行以後，所有眾多的君王，不是庸碌平凡，就是專制跋扈，或是奸邪淫亂，即使幾個例外的賢君如商湯、文王和武王，他們的評價一般也無法超越堯，特別是他們並沒像堯一般，推行公天下的政策，將君位傳給非直系或非旁系的親屬。就此一獨特的現象來看，堯在古史上所擁有的完美的聲譽，絕不會是在私天下的體制形成以後，透過私天下的思維或想像所可能成就或複製的。此一前無古人、後無來者的獨特性，應該是堯的史事確為真實可信重要的佐證之一。民國早期，顧頡剛因為誤認〈堯典〉中所含的史料為戰國時代的人虛構而成，所以草率判定堯、舜禪讓為戰國時代「想像中構成的烏托邦」。[7]胡厚宣和胡振宇在《殷商史》中說：「〈堯典〉者，近人所認為秦漢時之書，甚或以為乃出於漢武帝時，亦難以想到其所包含的史料，或早到殷之武丁。今以甲骨文相參證，乃知殷武丁時的四方和四方風名，蓋整套全部保存在《山海經》和〈堯典〉裏，三種史料所記，息息相通，幾乎完全密合。」[8]由甲骨文業已證實的

6　《漢魏古注十三經‧尚書‧堯典》，上冊，頁4。

7　顧頡剛《古史辨》（北京：景山書社，1930），第一冊，頁133。

8　胡厚宣、胡振宇《殷商史》（上海：上海人民出版社，2003），頁566。其實，〈堯典〉相傳是堯舜時代流傳下來的史料，筆者以為其中

部分來看，〈堯典〉包含了甚古的史實應該是不爭的事實。顧頡剛排除了《尚書》中有關堯、舜的史料，對古史提出聳人聽聞不實的說法，試圖摧毀中國文化中燦爛異常的一頁，對現代文化造成巨大負面的衝擊效應，委實令人扼腕。

　　根據古史的記載，舜的道德和才幹也都非常傑出，母親早逝，父親瞽叟再娶，跟後妻生了象。他的父親相當寵愛後妻，可是她對舜卻不懷善意，想把舜給殺了。雖然瞽叟的「瞽」是瞎的意思，他的名字應該是後世的人給他取的，說他有眼無珠，看不清事理，而不是眼睛真正瞎了。瞽叟有一次放火，想把在屋頂上工作的舜燒死，沒成功；一次他把舜騙到井裡，想跟象把舜活埋，也沒成功：「父母使舜完廩，捐階，瞽瞍焚廩。使浚井，出，從而揜之」。[9]舜的父母和弟弟全家一齊聯手起來，執意要把他給剷除掉，這對舜來講是莫大的折磨，因此他每天到田裏耕作的時候，就對老天傾訴他心中的痛楚，祈求上帝的幫助：「帝初于歷山，往于田，日號泣于旻天，于父母，負罪引慝。祗載見瞽瞍，夔夔齋慄。」[10]舜和天的溝通互動，與《聖經》中備受迫害的大衛向上帝訴求正義有異曲同工之處：「大衛的沉思，當他在岩洞裡時的一個祈禱。我用我的聲音向耶華呼喊，我用我的聲音向耶華祈求。將我的靈魂從監禁中解救出來，如此我好讚美你；正義的人們必圍繞著我，因為你會加恩於我　מַשְׂכִּיל לְדָוִד

大部分的史料應該是那個時代的史實與思想，只是現今最早的文獻只能追溯到殷商的甲骨文，如果日後有新的更古的文獻出土，〈堯典〉的真實性應該可以得到進一步的證明。

9　《四書集注・孟子・萬章上》，頁128。

10　《漢魏古注十三經・尚書・大禹謨》，上冊，頁11。

הוֹצִיאָה ⁷ קוֹלִי אֶל־יְהוָה אֶזְעָק קוֹלִי אֶל־יְהוָה אֶתְחַנָּן׃ בְּהִתְעַטֵּף עָלַי רוּחִי וְאַתָּה יָדַעְתָּ נְתִיבָתִי בְּאֹרַח־זוּ אֲהַלֵּךְ טָמְנוּ פַח לִי׃ מִמַּסְגֵּר ׀ נַפְשִׁי לְהוֹדוֹת אֶת־שְׁמֶךָ בִּי יַכְתִּרוּ צַדִּיקִים כִּי תִגְמֹל עָלָי׃ （詩篇 142:1）舜在田裡，大衛在山洞裡，兩個同樣都向上帝陳訴他們的困境，祈求神的救援。最終，上帝垂聽了他們的禱告，祝福他們，使他們都做君王。

舜對他父母親的反應跟私天下時代儒家講求完全順服父母的孝道思想不太吻合，所以生活在私天下時代的孟子的學生萬章對此就頗有些困惑不解：

> 萬章問曰：「舜往于田，號泣于旻天，何為其號泣也？」孟子曰：「怨慕也。」曰：「長息問於公明高曰：『舜往于田，則吾既得聞命矣；號泣于旻天，于父母，則吾不知也。』公明高曰：『是非爾所知也。』」[11]

不僅萬章，就是別的學生如長息也並不能解釋其原由：「吾不知也」，而公明高也只能說：「是非爾所知也。」在私天下時代，大家一般所推崇標榜的是對父母無條件的順服與遵從。比如春秋時代，晉獻公的太子申生，在得知他父親的寵妾驪姬設計要陷害他時，為了不傷父親的心，心甘情願地自願被殺，結果時人尊稱他為「恭世子」。[12]秦始皇的太子扶蘇，在收到以他父親名義發出的詔令以後，毅然自盡：「扶蘇為人仁，謂蒙恬曰：『父而賜子死，尚安復請！』即自殺。」[13]舜與私天下時代一般具有代表

---

[11]　《四書集注‧孟子‧萬章上》，頁126。
[12]　《漢魏古注十三經‧禮記‧檀弓上》，上冊，頁18-19。
[13]　司馬遷《史記‧李斯列傳》，第三冊，頁1604。

性的人物的做法大相逕庭，他拒絕接受他父母和弟弟有意殺他的心願，為對抗他父母和弟弟，他向天哭訴，求神相助，這是在公天下時代以神為基石的體制下一般常見的反應。舜因為遵守神的教訓，抗拒家人，這對私天下時代，摒棄神，盲目順服君王或父親的旨意而甘願伏首就擒的作風有天壤之別，不是在後代一般受私天下精神影響的人所能完全了解的。

　　舜兩次死裡逃生不但不記恨他父親和弟弟，反而更用心接待他們。舜的孝心與親和力因此名聞遐邇：「濬哲文明，溫恭允塞，玄德升聞，乃命以位。」[14]堯在接到了四岳的舉薦以後，便決定培養舜的行政經驗，讓舜處理國家政務：「慎徽五典，五典克從；納于百揆，百揆時敘；賓于四門，四門穆穆。」[15]除了在政務方面給舜試煉以外，堯也觀察他與天互動的關係，「納于大麓，烈風雷雨弗迷。」上天顯然對舜非常垂青，在惡劣的天候中，讓他不受到損傷。公天下時代對人才的選拔，顯然與後世私天下的時代大相逕庭，私天下用人以親，眼光稍遠的主張考試制度，用人唯親固然不佳，為避免裙帶親屬關係而產生的以考試選拔也未必好，中國私天下的考試制度，雖然公平，但內容機械化，極為現代人詬病的清代八股文考試就是一個典型的例子。公天下選拔政治領導人才遵循兩個標準，一為其人與他人互動的能力，二為其人與神交通的秉賦，缺一不可，特別是後一種標準，更為重要。公天下時代選拔領導人才的文化與基督教的文化，可謂如出一轍。《聖經》中記載早期的教會選拔執事也同樣注明候

14　《漢魏古注十三經‧尚書‧舜典》，上冊，頁5。
15　《漢魏古注十三經‧尚書‧舜典》，上冊，頁5。

選人須要能同時符合神和人的要求的雙重標準：「因此，弟兄們，你們從你們當中選出七個名聲很好、充滿聖靈和智慧的男人，我們就委派他們管理這件事情 ἐπισκέψασθε δέ, ἀδελφοί, ἄνδρας ἐξ ὑμῶν μαρτυρουμένους ἑπτὰ πλήρεις πνεύματος καὶ σοφίας, οὓς καταστήσομεν ἐπὶ τῆς χρείας ταύτης」（使徒行傳 6:3）。當時的教會執事與舜一樣，同樣須要受到神和人的歡迎。舜在考驗之下，最後不但受到眾人的推舉，也得到神的祝福，圓滿的通過了雙重的測試。舜經過先後二十八年的歷練，最後八年進一步任攝政。在堯去世的時候，舜五十八歲，非常謙下，打算讓位給堯的兒子，可是大家都不支持丹朱，舜只好在堯去世以後三年繼位，在位十七年。舜跟堯一樣，也是一個賢君，任用甚多賢能包括禹、棄、皋陶、益、伯夷、夔的人，負責各種不同的事物，政績卓著：「乃聖乃神，乃武乃文。皇天眷命。」[16]舜的兒子包括商均都不肖，舜因此把王位讓給禹：「舜子商均亦不肖，舜乃豫薦禹於天。」[17]堯、舜傳賢不傳子的事件，是一般中國人至今依然津津樂道的公天下的事件：「堯有子十人，不與其子而授舜；舜有子九人，不與其子而授禹；至公也。」[18]

　　有些現代學者在討論古代禪讓的史事時，都引用《韓非子・說疑》中一段有關堯、舜、禹的記載，來質疑禪位的真實性。例如李學勤在《中國古代文明與國家形成研究》一書中稱「韓非更將『舜逼堯、禹逼舜』與『湯放桀、武王伐紂』相提並論，說都

[16]　《漢魏古注十三經・尚書・大禹謨》，上冊，頁9。

[17]　司馬遷《史記・五帝本紀》，頁20。

[18]　呂不韋《呂氏春秋・孟春紀・去私》（上海：上海古籍出版社，2002），上冊，頁56。

是『人臣弒君也，而天下譽之。』」[19]其實這是斷章取義，不符合事實的講法。韓非在討論堯、舜時，並沒批判他們，而是沿承傳統，表示讚賞的態度，稱他們為「聖王明君」：

> 聖王明君則不然，內舉不避親，外舉不避讎。是在焉從而舉之，非在焉從而罰之。是以賢良遂進而姦邪并退，故一舉而能服諸侯。其在記曰：「堯有丹朱，而舜有商均，啟有五觀，商有太甲，武王有管、蔡」，五王之所誅者，皆父兄子弟之親也，而所殺亡其身殘破其家者何也？以其害國傷民敗法類也。觀其所舉，或在山林藪澤巖穴之間，或在囹圄緤紲纏索之中，或在割烹芻牧飯牛之事。然明主不羞其卑賤也，以其能、為可以明法，便國利民，從而舉

---

[19]　李學勤《中國古代文明與國家形成研究》（昆明：雲南人民出版社，1997），頁 206。此一說法，人云亦云，相傳頗廣，如呂思勉《先秦史》（上海：開明書店，1941）見於《呂思勉全集：先秦史、先秦學術概論》（上海：上海古籍出版社，2016）言：「先秦諸子之文，言堯舜禪讓，有類於後世爭奪相殺之事者甚多……如韓非子·說疑」，頁 66；徐中舒在《先秦史論稿》也說韓非：「把禪讓制度加上家族私有制中篡奪的外衣」（〔成都：巴蜀書社，1992〕，頁 28）；張廷錫雖然拒絕採取篡位的說法，他同樣以為韓非反對禪讓之說：「《韓非子·說疑》卻說：『舜逼堯，禹逼舜』」《新編先秦史綱要》（〔南昌：江西人民出版社，2004〕，頁 28）；鄭杰祥《新石器文化與夏代文明》（南京：江蘇教育出版社，2005）：「韓非子〈說疑〉云：『舜逼堯』。這些相反的記載，很可能反映著堯時的社會現實生活中所存在的矛盾現象」（頁 485）；尹榮方《社與中國上古神話》（上海：上海古籍出版社，2012）：「韓非也不承認堯舜之間的禪讓」（頁 56）。

之，身安名尊。[20]

韓非解釋說堯、舜所以不支持他們自己的兒子做君主，是因為他
們的兒子都是「害國傷民敗法類也」，就韓非來說，堯、舜之所
以是聖君就是因為他們有公天下的思維，不偏愛自己的不肖子。
李學勤引用《韓非子‧說疑》時，沒有細看有關全文，只看到了
韓非筆下所描述的奸臣信口雌黃的如下一段文字：

> 夫姦人之爵祿重而黨與彌眾，又有姦邪之意，則姦臣愈反
> 而說之，曰：「古之所謂聖君明王者，非長幼弱也及以次
> 序也。以其搆黨與，聚巷族，偪上弒君而求其利也。」彼
> 曰：「何知其然也？」因曰：「舜偪堯，禹偪舜，湯放
> 桀，武王伐紂，此四王者，人臣弒其君者也，而天下譽
> 之。察四王之情，貪得人之意也；度其行，暴亂之兵也。
> 然四王自廣措也，而天下稱大焉；自顯名也，而天下稱明
> 焉。則威足以臨天下，利足以蓋世，天下從之。」又曰：
> 「以今時之所聞田成子取齊，司城子罕取宋，太宰欣取
> 鄭，單氏取周，易牙之取衛，韓、魏、趙三子分晉，此六
> 人，臣之弒其君者也。」姦臣聞此，蹙然舉耳以為是也。
> 故內搆黨與，外攄巷族，觀時發事，一舉而取國家。[21]

上面一段引文是圖謀不軌的奸臣之間的對話，他們顛倒是非，混

20　韓非《韓非子‧說疑第四十四》（北京：中華書局，2009），卷十七，
　　頁405。

21　韓非《韓非子‧說疑第四十四》，卷十七，頁405-406。

淆黑白，污衊聖君，完全以個人的利害為出發點，「內搆黨與，外擴巷族，觀時發事，一舉而取國家」，最終的目的是篡奪王位。就韓非來看，那些誤國殃民的奸臣是每個君主都須要防備的。由韓非這前後兩段的議論文字來看，前一段為韓非自己的思維，後一段為韓非假想中那些奸臣為準備篡權而預設的詭辯之詞，一正一反，互相對襯映照，韓非本人對堯、舜、禹禪讓的故事是確信不疑的，只是現代學者誤讀了《韓非子》，把上下兩段混淆，將韓非所引用的奸臣的謊言，誤認作韓非自己的看法。《韓非子》中有關堯、舜、禹禪讓的記載，寫的最清楚的莫過於〈十過〉一篇中如下的文字：「堯禪天下，虞舜受之……舜禪天下而傳之於禹」。[22]此外，韓非在《外儲說右上》更強調堯禪位給舜的決心：

> 堯欲傳天下於舜，鯀諫曰：「不祥哉！孰以天下而傳之於匹夫乎？」堯不聽，舉兵而誅殺鯀於羽山之郊。共工又諫曰：「孰以天下而傳之於匹夫乎？」堯不聽，又舉兵而誅流共工於幽州之都。於是天下莫敢言無傳天下於舜。仲尼聞之曰：「堯之知舜之賢，非其難者也。夫至乎誅諫者，必傳之舜，乃其難也。」一曰：「不以其所疑敗其所察則難也。」[23]

雖然堯並不一定是因鯀和共工有不同的意見，而懲罰他們，但是

22　韓非《韓非子‧十過第十》，卷三，頁70-71。
23　韓非《韓非子‧外儲說右上》，卷十三，頁324。

他堅持禪位給舜應該是正確的。韓非強調堯禪位給舜的決心自然有他的用意，他希望一個君主也能夠像堯一樣重用他，而他也必能像舜一樣成為一流的政治家。現代學者誤讀《韓非子》，以致於對堯、舜、禹禪讓的史事產生懷疑，這是學術史上的一件大事，不能不予澄清。

此外，很多學者也引用了古本《竹書紀年》中的記載來質疑堯、舜、禹禪讓的故事：「昔堯德衰，為舜所囚也……舜囚堯於平陽，取之帝位……舜囚堯，復偃塞丹朱，使不與父相見也」。[24]古本《竹書紀年》中的記載，在中國四千多年浩瀚的史籍裏，為唯一一條與傳統禪讓說相違的異論。自從西晉太康二年（281年）《竹書紀年》出土以後，不曾有學者對其記載提出令人信服的解說或澄清，筆者就現有的史料在此做一系統的分析，以求進一步了解堯、舜、禹禪讓的事實真相。堯、舜、禹禪讓的記載最早見於《尚書》，《尚書》古時簡稱《書》，是春秋戰國時代的學者不時引用的一部書，孔子在《論語・為政》中就引了如下的一句話：「或謂孔子曰：『子奚不為政？』子曰：『《書》云：「孝乎惟孝、友于兄弟，施於有政。」是亦為政，奚其為為政？』」[25]孔子的弟子不用說，也跟孔子一樣引用其中的文字，例如：

> 子張曰：「《書》云：『高宗諒陰，三年不言。』何謂
> 也？」子曰：「何必高宗，古之人皆然。君薨，百官總己

---

[24] 方詩銘、王修齡《古本竹書紀年輯證》（上海：上海古籍出版社，2008），頁 66-68。

[25] 《四書集注・論語・為政》，頁 11。

以聽於冢宰，三年。」[26]

基於《尚書》的記載，孔子對力行禪讓的堯、舜，如前文所說，異常推崇：

子曰：「巍巍乎！舜禹之有天下也，而不與焉。」（泰伯）

舜有臣五人而天下治。武王曰：「予有亂臣十人。」孔子曰：「才難，不其然乎？唐虞之際，於斯為盛。有婦人焉，九人而已。三分天下有其二，以服事殷。周之德，其可謂至德也已矣。」（泰伯）

子曰：「舉直錯諸枉，能使枉者直。」樊遲退，見子夏。曰：「鄉也吾見於夫子而問知，子曰，『舉直錯諸枉，能使枉者直』，何謂也？」子夏曰：「富哉言乎！舜有天下，選於眾，舉皋陶，不仁者遠矣。」（顏淵）

子路問君子。子曰：「脩己以敬。」曰：「如斯而已乎？」曰：「脩己以安人。」曰：「如斯而已乎？」曰：「脩己以安百姓。脩己以安百姓，堯、舜其猶病諸！」（憲問）

26　《四書集注・論語・憲問》，頁103-104。

　　子曰：「無為而治者，其舜也與？夫何為哉，恭己正南面而已矣。」（衛靈公）

　　堯曰：「咨！爾舜！天之曆數在爾躬。允執其中。四海困窮，天祿永終。」舜亦以命禹。曰：「予小子履，敢用玄牡，敢昭告于皇皇后帝：有罪不敢赦。帝臣不蔽，簡在帝心。朕躬有罪，無以萬方；萬方有罪，罪在朕躬。」（堯曰）

　　上面諸多的引文證明孔子和他的弟子都看過《尚書》中有關堯、舜、禹施政禪讓的記載，他們對其記載的真實性是深信不疑的，「舜有天下，選於眾，舉皋陶。」禪讓制度是一種以才能和成就來決定君主繼承人選，一種以和平方式轉移政權的制度，因其可避免不必要的暴力逼迫或流血衝突，是古今中外稍具見識的智者都讚美的一種政治制度。它所以能夠施行，主要的原因是參與的人都有一定的道德原則，如果沒有堯、舜、禹那種高尚的人品，禪讓制實施的可能性可以預料，應是微乎其微。同樣的道理，如果徒有禪讓制，而參與的人沒有一定的道德水平來落實這種制度，結果參與者無所不用其極，爭得你死我活，最後禪讓制能否按照理想實施，勢必也是一個很大的問題。正因為堯、舜、禹有非同尋常的人品與成就，所以禪讓制才會應運而生，兩者互為表裏，可說是一物之兩面，有異常密切的關係。孔子應該是看到了這點，所以他讚美堯、舜、禹的時候，自然也在讚美他們禪讓的精神，就如他稱揚周公時，總難免會想到他在攝政七年之後，又能將政權交還給周成王的胸襟。

　　比孔子稍晚的墨子，同樣也不時引用《尚書》的文字，《夏書》、《殷書》和《周書》都有：

　　《夏書》曰：「禹七年水。」《殷書》曰：「湯五年旱。」（七患）

　　故《周書》曰：「國無三年之食者，國非其國也；家無三年之食者，子非其子也。」此之謂國備。（七患）

　　《湯誓》云：「聿求元聖，與之戮力同心，以治天下。」（尚賢中）

　　先王之書呂刑道之曰：「皇帝清問下民，有辭有苗。曰群后之肆在下，明明不常，鰥寡不蓋，德威維威，德明維明。乃名三后，恤功於民，伯夷降典，哲民維刑。禹平水土，主名山川。稷隆播種，農殖嘉穀。三后成功，維假於民。」（尚賢中）

　　是以先王之書呂刑之道曰：「苗民否用練折則刑，唯作五殺之刑，曰法。」（尚同中）

　　於先王之書也大誓之言然，曰：「小人見姦巧乃聞，不言也，發罪鈞。」（尚同下）

墨子特別注重公平的原則，所以他引了《尚書》中有關刑法的篇

章〈呂刑〉。除了引《尚書》的文字以外，墨子也和孔子一樣稱揚堯、舜、禹的人品與施政的成就，特別是他們禪讓的精神：

> 故古者堯舉舜於服澤之陽，授之政，天下平；禹舉益於陰方之中，授之政，九州成。（尚賢上）

> 尚欲祖述堯、舜、禹、湯之道，將不可以不尚賢。（尚賢上）

> 故唯昔三代聖王堯、舜、禹、湯、文、武，之所以王天下正諸侯者，此亦其法已。（尚賢中）

> 古者舜耕歷山，陶河瀕，漁雷澤，堯得之服澤之陽，舉以為天子，與接天下之政，治天下之民。（尚賢中）

> 曰若昔者三代聖王堯、舜、禹、湯、文、武者是也。所以得其賞何也？曰其為政乎天下也，兼而愛之，從而利之，又率天下之萬民以尚尊天、事鬼、愛利萬民，是故天鬼賞之，立為天子，以為民父母，萬民從而譽之曰「聖王」，至今不已。（尚賢中）

> 舜耕於歷山，陶於河瀕，漁於雷澤，灰於常陽。堯得之服澤之陽，立為天子，使接天下之政，而治天下之民。（尚賢下）

> 於先王之書呂刑之書然，王曰：「於！來！有國有土，告
> 女訟刑，在今而安百姓，女何擇言人，何敬不刑，何度不
> 及。」能擇人而敬為刑，堯、舜、禹、湯、文、武之道可
> 及也。（尚賢下）

就墨子來看，禪讓制的精神是以和平的方法來達成選賢與能的目
標，禪讓的制度較子孫繼承制為佳，是因如上文所說，禪讓牽涉
到雙重的擇選程序，一為天意：「是故天鬼賞之，立為天子」，
一為人意：「堯得之服澤之陽，立為天子。」天意、人意兩者相
輔相成，缺一不可。筆者在前文中談到堯在選立舜的過程中，不
但要看天跟他互動的關係，「納于大麓，烈風雷雨弗迷」，而且
也要看同事百姓對他的評價如何：「納于百揆，百揆時敘；賓于
四門，四門穆穆。」兩者互為助益。反觀子孫繼承制，一般既無
天意，也無人意，只要是長子，無論智商人品如何，即使尚在繈
褓之中，就是大家的主宰了，這難免牽涉到很大的風險。墨子反
對子孫繼承制，支持禪讓選舉制，其用意在此，筆者在討論墨子
選立天子的主張時，會再詳細分析。

　　除了孔子及其弟子、墨子及其弟子以外，在孔子和墨子之後
的莊子也同樣推崇堯、舜，接受堯、舜、禹禪讓的史事，傳述他
們的賢能美政：

> 堯讓天下於許由。（逍遙遊）

> 堯授舜，舜授禹。（天地）

> 堯、舜於是乎股無胈，脛無毛，以養天下之形，愁其五藏
> 以為仁義，矜其血氣以規法度。（在宥）

> 夫虛靜恬淡，寂寞無為者，萬物之本也。明此以南鄉，堯
> 之為君也；明此以北面，舜之為臣也。（天道）

> 夫天地者，古之所大也，而黃帝、堯、舜之所共美也。
> （天道）

莊子所傳述的有關堯、舜、禹禪讓與施政的史料，基本上與孔子
和墨子是一致的，並不質疑史料的正確性，他更把堯、舜看成了
無為的榜樣：「寂寞無為者，萬物之本也。明此以南鄉，堯之為
君也；明此以北面，舜之為臣也。」[27]

　　筆者在上文討論了現代不少學者對韓非誤解的現象後，現在
就《韓非子》中有關堯、舜、禹禪讓與施政的史料做更進一步的
探討。如同孔子和墨子一般，韓非在他的著作中也討論《尚
書》：

> 時稱詩書，道法往古，則見以為誦。（難言）

> 商君教秦孝公以連什伍，設告坐之過，燔詩書而明法令，
> 塞私門之請而遂公家之勞，禁游宦之民而顯耕戰之士。
> （和氏）

---

[27] 吳康《莊子衍義・天道》（臺北：臺灣商務印書館，2011），頁99。

此外，韓非也跟孔子、墨子和莊子一般，接受《尚書》中有關堯、舜、禹禪讓的說法，推崇他們的為人與施政成效：

> 堯禪天下，虞舜受之……舜禪天下而傳之於禹。（十過）

> 道與堯、舜俱智，與接輿俱狂，與桀、紂俱滅。（解老）

> 禹愛益而任天下於益。（外儲說右下）

> 廢堯、舜而立桀、紂，則人不得樂所長而憂所短。（安危）

> 明主之道忠法，其法忠心，故臨之而法，去之而思。堯無膠漆之約於當世而道行，舜無置錐之地於後世而德結。能立道於往古，而垂德於萬世者之謂明主。（安危）

> 託天下於堯之法，則貞士不失分。（守道）

> 堯之王天下也，茅茨不翦，采椽不斲，糲粢之食，藜藿之羹，冬日麑裘，夏日葛衣，雖監門之服養，不虧於此矣。禹之王天下也，身執耒臿以為民先，股無胈，脛不生毛，雖臣虜之勞不苦於此矣。（五蠹）

韓非所引的史料與孔子、墨子和莊子所引大體一致。上面諸多的引文顯示，春秋戰國時代的四大顯學的代表人物，孔子、墨子、

莊子及韓非子，都接受《尚書》中有關堯、舜、禹禪讓的史實，他們也一致認為堯、舜、禹是聖君的代表人物。更令人注意的是，這四大顯學的代表不時互相攻擊，唯獨對堯、舜、禹禪讓的史實，他們的人品、智慧及成就，卻異口同聲，讚不絕口。莊子甚至寧願把堯、舜、禹說成是道家無為的代表，而不願否定他們的人品與成就，這清楚地顯示堯、舜、禹禪讓的史實就他們來看是無庸置疑的。從這些不同派別的頂尖人物的傳述來看，我們應該可以確定直到春秋時代甚至到戰國的中期，堯、舜、禹禪讓的史實向來都不曾有人質疑。也就是說，從堯、舜、禹之後，直到戰國中期，中國的學術界沒人對堯、舜、禹禪讓的史實有任何實質性的爭議。即使遲至戰國末期的孟子，他仍然堅持傳統的說法：

孟子道性善，言必稱堯、舜。（滕文公上）

堯、舜既沒，聖人之道衰。暴君代作，壞宮室以為汙池，民無所安息；棄田以為園囿，使民不得衣食。邪說暴行又作，園囿、汙池、沛澤多而禽獸至。及紂之身，天下又大亂。（滕文公下）

欲為君盡君道，欲為臣盡臣道，二者皆法堯、舜而已矣。不以舜之所以事堯事君，不敬其君者也；不以堯之所以治民治民，賊其民者也。（離婁上）

孔子曰：「唐虞禪。」（萬章上）

孟子跟孔子一樣，對堯、舜、禹也是推崇備致：「言必稱堯、舜。」除了孟子以外，戰國末期的另一個大儒荀子，同樣讚揚堯、舜、禹的人品與成就，對他們和平轉移政權的史事深信不疑。

　　有些現代學者，斷章取意，見文生意，把荀子的說法誤讀成對有關史事的質疑：「荀子則批判它是『虛言也，是淺者之傳，陋者之說也。』」[28]其實，荀子的想法跟上述的現代學者所說的正好相反，荀子一書處處表示著對堯、舜、禹三人讚美的態度：

> 堯禹者，非生而具者也，夫起於變故，成乎脩為，待盡而後備者也。（榮辱）

> 一天下，財萬物，長養人民，兼利天下，通達之屬莫不從服，六說者立息，十二子者遷化，則聖人之得埶者，舜禹是也……今夫仁人也，將何務哉？上則法舜禹之制，下則法仲尼子弓之義。（非十二子）

> 彼學者，行之，曰士也；敦慕焉，君子也；知之，聖人也。上為聖人，下為士、君子，孰禁我哉！鄉也混然涂之人也，俄而並乎堯禹，豈不賤而貴矣哉！（儒效）

---

[28]　李學勤《中國古代文明與國家形成研究》，頁 206；尹榮方《社與中國上古神話》：「戰國時代的人們已經表示懷疑，如《荀子·正論》」（頁 56）；詹子慶《走近夏代文明》（長春：東北師範大學出版社，2015）：「他（荀子）既認為禪讓之事『是虛言』，又承認有此『尚德推賢的事迹』」（頁 35）。

> 案然修仁義，伉隆高，正法則，選賢良，養百姓，為是之
> 日，而名聲剸天下之美矣。權者重之，兵者勁之，名聲者
> 美之。夫堯、舜者一天下也，不能加毫末於是矣。（王
> 制）

> 若夫論一相以兼率之，使臣下百吏莫不宿道鄉方而務，是
> 夫人主之職也。若是則一天下，名配堯禹。（王霸）

> 是以堯伐驩兜，舜伐有苗，禹伐共工，湯伐有夏，文王伐
> 崇，武王伐紂，此四帝兩王，皆以仁義之兵，行於天下
> 也。（議兵）

對荀子來說，堯、舜、禹無疑是聖王的代表。當荀子在〈正論〉
中說：「夫曰堯、舜擅讓，是虛言也，是淺者之傳，是陋者之說
也」，[29]荀子並不是在否認他們兩者之間和平轉移政權的史事，
而是在說用「擅讓」那個詞來形容舜繼承堯的王位並不十分妥
當。值得注意的是，荀子在批駁「擅讓」一詞時，用的不是傳統
具有祭天的意思的「禪」，而是擅自做主的「擅」，有專斷跋扈
的意思，顯而易見，不是用來形容堯傳位給舜的理想字眼。荀子
解釋「擅讓」一詞所以不穩妥的原因是：「天子者，執位至尊，
無敵於天下，夫有誰與讓矣？道德純備，智惠甚明，南面而聽天
下，生民之屬莫不震動從服以化順之。天下無隱士，無遺善，同

29　荀子《荀子東釋》（香港：太平書局，1964），頁244。

焉者是也，異焉者非也。夫有惡擅天下矣。」[30]就荀子來看，當一個人的人品、智慧、成就達到圓滿的地步時，天下名正言順地就應該由那個人來治理，無所謂「讓」的問題，也沒有「擅」的問題，因此荀子所討論的不是禪讓一事歷史的真實性，而是用語恰當與否的問題。荀子的說法與孟子相當類似，當萬章說堯把天下傳給舜的時候，孟子也同樣糾正他，回答說不是堯把天下交給舜，而是老天把天下給了舜：「萬章曰：『堯以天下與舜，有諸？』孟子曰：『否。天子不能以天下與人。』『然則舜有天下也，孰與之？』曰：『天與之。』」[31]荀子與孟子的論點顯然一脈相傳，都只是修正詞彙，而不是否認禪讓的史實。

　　在〈正論〉同一章中，荀子也討論了別的觀點，例如他人言「桀紂有天下，湯武篡而奪之」，荀子便立即指出「篡奪」一詞同樣不妥當的地方。荀子此一觀點也與孟子一致，孟子說：「聞誅一夫紂矣，未聞弒君也」；[32]荀子也同樣認為桀紂暴虐，眾人痛恨，湯武仁義，眾望所歸，天下應該由才德兼備、有成就、眾望所歸的聖人來治理。因此就荀子來看，絕對不是桀紂有沒有被殺的歷史問題，而是用詞恰當與否的修辭問題，不該說「篡奪」，而應該講是名正言順的治理天下。一個人有道，天下的人都會歸附他，所以天下自然是他的，沒有所謂篡奪的問題；無道的人，天下的人都摒棄他，所以天下自然就不是他的：「天下歸之之謂王，天下去之之謂亡。」[33]荀子對堯、舜、禹禪讓的史實

30　荀子《荀子柬釋》，頁 241。

31　孟子《孟子‧萬章上》，頁 132-133。

32　孟子《孟子‧梁惠王下》，頁 26。

33　荀子《荀子柬釋》，頁 235-236。

深信不疑，由〈成相〉篇可以得到再清晰不過的證明：

> 請成相，道聖王，堯、舜尚賢身辭讓……堯讓賢，以為
> 民，氾利兼愛德施均。辨治上下，貴賤有等明君臣。堯授
> 能，舜遇時，尚賢推德天下治。雖有聖賢，適不遇世，孰
> 知之？堯不德，舜不辭，妻以二女任以事。大人哉舜，南
> 面而立萬物備。舜授禹，以天下，尚得推賢不失序。外不
> 避仇，內不阿親，賢者予。禹勞心力，堯有德，干戈不用
> 三苗服。舉舜甽畝，任之天下，身休息。得后稷，五穀
> 殖……禹有功，抑下鴻，辟除民害逐共工。[34]

在上引的〈成相〉篇裏，荀子並沒計較傳統的用詞「讓」，他毫
不保留地沿用傳統的說法，與〈正論〉中所顯示的立場稍異，
〈成相〉因此可能是在〈正論〉之前寫成的作品。無論在〈成
相〉或〈正論〉中，荀子都接受堯、舜、禹和平轉移政權的史
事，現代學者誤解了荀子的原意，從而對堯、舜、禹禪讓的史實
提出不實的質疑。

　　堯、舜、禹禪讓的史實很顯然在戰國末期七雄兼併日益激烈
的時候，對當時一些具有個人野心的權臣產生了阻礙他們奪權篡
位的效應，因此遭到了那些野心家的批判與修正。這種別具用
心，試圖修正幾千年眾多歷史記錄的詮說，既無實證，又無法圓
滿解釋圍繞著堯、舜、禹種種崇高事跡的記載，論點本身更充滿
著種種矛盾，實難令人信服。本書前文在討論韓非的言論時指

---

[34]　荀子《荀子・成相》，頁347-348。

出，當時一些有個人野心的臣子，為了他們日後奪權做些理論上的準備，發表了「舜偪堯，禹偪舜，湯放桀，武王伐紂，此四王者，人臣弒其君者也，而天下譽之」的論調，主張奪權的合法性。這種以個人利益為出發點的論調為當時思想界的名流所不取，孟子、荀子和韓非特別撰文攻擊其謬誤之處。在歷經秦漢的統治之後，此種論調因河南汲縣墓中發現的《竹書紀年》而再度浮現，吸引當時學界的一些注意力。汲郡所發現的墳墓，有人考定為魏安釐王（？－前243年）的墓，有人認為是魏襄王（？－前296年）的墓，無論是安釐王還是襄王的墓，汲冢是戰國末期的墓應該是不成問題的；再加上《竹書紀年》涵蓋的內容上自黃帝，下迄魏襄王二十年，《竹書紀年》為戰國末年的作品，也屬無疑。所以《竹書紀年》對堯、舜、禹禪位的講法，與韓非所描述的奸臣的思維應該是同一時代、同一範疇的作品，都是企圖通過對堯、舜、禹禪讓的史實進行再詮釋的工作，為其篡位奪權尋求一個迷人的藉口。上海博物館藏戰國楚竹簡（簡稱上博楚簡）與《竹書紀年》同屬戰國後期的作品，其中對堯、舜禪位的史事，仍然保持傳統的立場，並沒像《竹書紀年》一樣，試圖進行再詮釋的工作：

> 堯以天下讓於賢者，天下之賢者莫之能受也。萬邦之君皆以其邦讓於賢者，而賢者莫之能受也……堯有子九人，不以其子為後，見舜之賢也，而欲以為後……舜乃五讓以天下之賢者，不得已，然後敢受之。舜聽政三年，山陵不疏，水潦不湝，乃立禹以為司工……舜有子七人，不以其子為後，見禹之賢也，而欲以為後。禹乃五讓以天下之賢

者，不得已，然後敢受之……禹有子五人，不以其子為後，見皋咎（陶）之賢也，而欲以為後。皋秀（陶）乃五讓以天下之賢者，遂稱疾不出而死。禹於是乎讓益，啟於是乎攻益自取。[35]

根據上博楚簡的記載，堯的時候，各國都採行禪讓的政策，「萬邦之君，皆以其邦讓於賢者」，當時的風氣顯然普遍都浸潤在公天下的思維之中。這與私天下時代，周天子實施父傳子的制度，諸侯列國也照樣實施父傳子的制度是同樣的道理。公天下傳賢不傳子的制度因此不僅在中央政府中付諸實行，而且也在各諸侯國之間實行，不只是堯、舜、禹幾個人的事，而是天下所有領導遵循的準則。根據上博楚簡，禹要傳位給皋陶，但皋陶不願接受，在皋陶去世之後，禹便傳位給益。而啟後來攻擊益，奪得君主之位。上博楚簡對啟繼位的說法與傳統的說法迥異，但與《竹書紀年》一致，此點本書稍後會詳細討論，在此暫不多說。

就《竹書紀年》中對堯、舜、禹禪讓詮釋的本身含有眾多疑竇一事來看，其說更無採信之處。上文提到，堯、舜、禹崇高的人品與禪讓之說，兩者互為表裏，乃一物的兩面，否定或肯定其中一面，就勢必要修正其他一面。根據《竹書紀年》之說，舜趁堯年老力衰之際，進行篡奪；問題是，堯栽培重用舜幾十年，其目的就是要將君位傳給舜，尤其在堯去世之前，舜已經是實際的執政，他沒理由更沒必要用暴力非法的手段去取得他早已合法擁

35　蘇建洲《上海博物館藏戰國楚竹書（二）校釋》（上）（臺北：花木蘭文化出版社，2006），頁 21-23。

有的權益。如果舜糊塗到不必篡位卻非篡不可的地步，為何效忠
堯的班底在舜篡位之後，依然留任，難道他們全部噤若寒蟬，不
言不語，或者他們跟舜一起謀反？堯除了丹朱以外還有八男二
女，他們怎麼也不坑聲？舜如果真篡了位，為何不培養舜家班，
將君位傳給自己的兒子？如果按照《竹書紀年》的說法，舜真被
禹給逼下臺，同樣的問題又發生了，為何效忠堯的班底仍然留
任，禹又為何要將君位傳給堯、舜的大臣益，卻不傳給他自己的
兒子，而要他兒子啟自己去篡奪君位？這些都是顯而易見的漏
洞，足以證明提出異說的作者，並不深思熟慮，一心只想強行推
銷自己一廂情願的論點。這就如同稍後趙高指鹿為馬的故事一
般，無論事情合理或真實與否，只要一己權勢壯大，便肆無忌
憚，胡作非為。戰國時代是諸侯國之間互相兼併殘殺達到白熱化
跡近瘋狂的時代。長平一戰，四十萬左右投降的趙軍，轉瞬間就
被殘酷的坑殺：「乃挾詐而盡坑殺之」，[36]遑論其他。殘酷的環
境容易造就殘酷的心態，以殘酷的眼光來看古史，難免會對崇高
偉大的事跡起疑。當然，歷史再詮釋的工作總是不斷進行，但新
詮釋須要提出實證，或令人信服的論點，若只因個人的利益便全
憑主觀的臆測去推翻前人異口同聲的證詞，其說往往難以令人心
折。

　　在討論完堯、舜禪位的真實性以後，筆者現在進一步探析他
們人品、功業及禪讓背後的公天下精神。現有史料顯示，堯、舜
當時那種不分區域階級天下為公的精神，其原動力是神，就其本
質來看，他們所作所為，完全是從神的觀點發展衍生出來的。此

---

[36]　司馬遷《史記・白起王翦列傳》，第三冊，卷七十三，頁1437。

一觀點往往是現代學者在受到孔子遠離鬼神思想，或馬克思無神
論影響的光景中，所不太了解，不願接受，不能接受，甚至不敢
接受的。但是在中國古代，此一觀點卻是大家賴以為生，引為生
命最大動力的源泉。當時不僅他們的生活，即使他們的國家，也
全以神或上帝聖潔、大公無私的兼愛或博愛的精神為中心、重心
與基礎。上文提及，堯考驗舜的方法之一就是將他棄置在深山
裏，由天來決定他的命運：「納于大麓，烈風雷雨弗迷」。[37]堯
依賴天來考驗舜，這是他虔信上帝的一種表現。此外，《尚書》
也記載說舜即位時必須祭祀上帝：「肆類于上帝」。[38]這如同美
國總統在即位時，須要面對聖經宣誓就職，表示對上帝負責，是
一樣的道理。同樣的，禹對舜提供治國的理念時特別強調順服
神：「傒志以昭受上帝，天其申命用休」。[39]禹說他自己：「吾
受命於天，竭力以養人」，[40]他遵循上天的旨意，造福大眾。
《詩經・生民》記述姜嫄的事蹟，說她忠於祭祀：「克禋克祀」
[41]，而她的兒子棄如同她一般，也取得了上帝的厚愛：「于豆于
登，其香始升，上帝居歆」，[42]證明當時一般人跟上帝都有密切
的關係。甚至瞽叟也製作了十五弦的瑟來祭上帝：「瞽叟乃拌五

---

[37] 《漢魏古注十三經・尚書・舜典》（北京：中華書局，1998），上冊，
頁5。

[38] 《漢魏古注十三經・尚書・舜典》，上冊，頁5。

[39] 《漢魏古注十三經・尚書・益稷第五》，上冊，頁12。

[40] 呂不韋《呂氏春秋・恃君覽・知分》（上海：上海古籍出版社，
2002），下冊，頁1355。

[41] 程俊英、蔣見元，《詩經注析・大雅・生民》（北京：中華書局，
1987），下冊，頁950。

[42] 程俊英、蔣見元，《詩經注析・大雅・生民》，下冊，頁950。

弦之瑟,作以為十五弦之瑟。命之曰大章,以祭上帝。」[43]墨子在形容古聖王時就說:「古者聖王必以鬼神為〔有〕,其務鬼神厚矣」;[44]古聖王跟神的關係要比他們跟人的關係重要的多,「古聖王治天下也,故必先鬼神而後人」。[45]《禮記》也說:「故聖人參於天地,并於鬼神,以治政也。」[46]堯、舜時代神與人的關係如同現代西方先進的文明國家一般,[47]特別親密,堯、

---

[43] 呂不韋《呂氏春秋・仲春紀・古樂》,上冊,頁 289。

[44] 孫詒讓《校補定本墨子閒詁・七患第五》(臺北:藝文印書館,1981),上冊,頁 453。郎擎霄在《墨子哲學》中注意到禹和墨子有相似之處:「墨子的人生行為好似與夏禹相仿彿,這或者是墨子受了夏禹的印象很深的緣故。況且他的書中也常常引論夏禹的事蹟,這就是個明證」(北京:北京國家圖書館,2003,頁 182)。

[45] 《墨子閒詁・明鬼》,上冊,頁 452。

[46] 《漢魏古注十三經・禮記・禮運第九》,上冊,頁 81。

[47] 宗教是歐美文化的核心。以美國為例,美國社會的正統分子一般英文的簡稱是 WASP(黃蜂),W(white)代表白色皮膚,A(Anglo)代表英吉利族裔,S(Saxon)代表撒克遜族裔,P(Protestant)代表基督徒。而在這四者中,基督教最為重要,如果不是基督徒,美國人幾乎無法進入社會的高層。美國歷屆的總統都是基督徒,而美國的一流學校像哈佛耶魯大部分的學生都屬於黃蜂這個中堅團體。美國重要的公職人員諸如總統在就職大典時都須要對《聖經》起誓。很多學者都注意到墨子的思想跟基督教相類似,如梁啟超在《先秦政治思想史》中說:「墨家既以天的意志為衡量一切事物之標準,而極敬虔以事之,因此創為一種宗教,其性質與基督教最相逼近。其所以能有絕大之犧牲精神者全恃此」(北京:北京國家圖書館,2003,頁 98);蔣維喬在《墨子哲學》(北京:北京國家圖書館,2003)中也說:「墨子之兼愛,耶穌之博愛是也。墨家之兼愛者,謂愛無差等,施由親始也。耶穌之博愛主義者,謂在神前,無君臣父兄,一切平等,無有親疏厚薄也。墨耶之於愛也,可謂完全相同。蓋耶穌之所謂神,即墨子之所謂天,天神一也」

舜的個人修養與施政的目標都是要能取得《尚書・舜典》中所揭櫫的「神人以和」[48]的理想情境。《尚書・太甲上》記載古聖王對天順服的心態說：「先王顧諟天之明命，以承上下神祇。社稷宗廟，罔不祗肅」[49]。傅佩榮評論這段文字特別指出：「古代聖王毫無例外地都是善於行祭的祭司」，[50]他的話說得還不夠扼要深入，其實古代聖王都是在思想上行為上順從神因此異常討神喜悅的人。胡厚宣和胡振宇在研究甲骨史料以後證實古代君王在各種重要的行事上都「必須揣測上帝的意志而為之」，[51]換句話說，也就是至少在表面上須要像堯、舜、禹一般在各方面順服神。

　　上帝統領整個世界，對上帝來說，這個世界並沒有地域的區分或疆界的限制，世上所有的人都是祂關懷照顧的對象：「百姓昭明，協和萬邦」。[52]就現有文獻來看，「中國」一詞在堯、舜、禹的時代還沒出現，當時用來表示中國的名詞應該是「天

（頁 85）。墨子自己說他的思想沿承堯舜禹，所以堯舜禹的思想跟基督教相似是必然的現象。

[48] 《漢魏古注十三經・尚書・舜典第二》（北京：中華書局，1998），上冊，頁 7。

[49] 《漢魏古注十三經・尚書・太甲上》，上冊，卷四，頁 24。

[50] 《儒道天論發微》（臺北：聯經出版事業公司，2010），頁 66。

[51] 《殷商史》（上海：上海人民出版社，2003），頁 69。薛保綸（《墨子的人生哲學》，臺北：中華叢書編審委員會，1976，頁 9）說：「直至夏、商、周三代，我國大致尚保存著宗教氣氛極濃的初民文化。當時上自統治階級，下至一般庶民，對於敬天事鬼都極其重視，並把自己的命運一切都委諸他們的照顧或統治。」除了夏商周三代背叛上帝的暴君如桀、紂以外，他的說法確實無誤。

[52] 《尚書・堯典》，上冊，頁 3。

下」，比如《尚書‧堯典》形容堯的賢能用的就是這個詞：「昔
在帝堯，聰明文思，光宅天下」。[53]《尚書‧舜典》也用同樣的
詞來說明當時中國百姓對舜的臣服：「竄三苗於三危，殛鯀於羽
山，四罪而天下咸服」。[54]《尚書‧大禹謨》同樣是用這個詞來
描述禹的威望：「皇天眷命，奄有四海為天下君……汝惟不矜，
天下莫與汝能。汝惟不伐，天下莫與汝爭。」[55]「中國」這個
詞應該是在家天下或者更確切的來說私天下的觀念及體制形成以
後才出現的。據現有的古籍，「中國」一詞最早見於西周成王五
年（前 1038）周公攝政時期所造的青銅器《何尊》銘文中，用
來指周室的京師洛邑之地：「余其宅茲中或（國）」。[56]在約
略兩百年以後出現的文學作品《詩經‧大雅‧民勞》中，中國一
詞被用來指洛邑或周王室的王畿之地：「民亦勞止，汔可小康。
惠此中國，以綏四方」。[57]當時的歷史典籍《尚書‧周書‧梓
材》也用中國一詞來指當時周朝所統轄的領域：「皇天既付中國
民越厥疆土于先王」。[58]中國文字的發展也證實堯、舜天下為公
的時期，並不像私天下時代，用鮮明的疆界觀念來區分彼此。古

---

[53] 《尚書‧堯典》，上冊，頁 3。

[54] 《尚書‧舜典》，上冊，頁 5。

[55] 《尚書‧大禹謨第三》，上冊，頁 7。

[56] 唐蘭《中國古文字大系‧金文文獻集成‧何尊銘文解釋》（香港：香港
明石文化國際出版有限公司，2004），第二十八冊，頁 166；馬承源
《中國古文字大系‧金文文獻集成‧何尊銘文初釋》，頁 167；嚴一萍
《中國古文字大系‧金文文獻集成‧何尊與周初的年代》，頁 168。

[57] 程俊英、蔣見元，《詩經注析‧大雅‧生民之什‧民勞》，下冊，頁
839。

[58] 《漢魏古注十三經‧尚書‧周書‧梓材》，上冊，頁 54。

時候用來表示國家的字是「或」，徐灝在《字例》中說：「邦謂
之國，封疆之界謂之域，古但以或字為之，是也。」[59]高鴻縉也
同意這種說法：「或即國之初字。」[60]許慎的《說文解字》解釋
說「或」字中的口指人口，戈代表武器，口下邊的一橫像大地，
還不見有表示疆界的筆劃：「或，邦也。从口从戈，以守一。
一，地也。」[61]在當時人們的心中，人口、武器及土地是構成一
個國家的三個不可或缺的要素，到後來地方色彩逐漸加強，區域
疆界成為劃分彼此的一個異常重要的觀念，才又在「或」這個字
外邊加上一個表示領域疆界的框架，成為「國」。

　　有的學者如孟世凱以為中國古代沒有疆界的觀念是因為當時
人們時常遷徙，所以沒有一定的疆界：

> 我國古代只有相對統一國家建立以後才有疆域可言，夏王
> 朝建立前只有星羅棋布的大小部落和部落聯盟，還無疆域
> 概念……南方發掘出多處種植稻田遺存證明，距今一萬二
> 千年左右已有定居農耕，已跨入文明的大門。到距今七八
> 千年磁山——裴李崗文化遺存為代表的北方地區的定居農

59　徐灝《續修四庫全書・經部・小學類・字例》（上海：上海古籍出版
　　社，1995），第 226 冊，頁 559。

60　高鴻縉《毛公鼎集釋》（臺北：省立師範大學，1956），頁 13。參看
　　吳寶煒《中國古文字大系・金文文獻集成・毛公鼎文正註》，頁 14；
　　張之綱《中國古文字大系・金文文獻集成・毛公鼎文斠釋》，頁 21；
　　王延林《常用古文字字典》（上海：上海書畫出版社，1987），頁
　　365。

61　許慎《說文解字》（北京：中華書局，1963），卷十三，頁 266 下。

耕，也證明是在文明的門檻之內。因此才有炎帝、黃帝、
蚩尤這些中華民族人文始祖出現在後世人編的史書中。如
《史記・五帝本紀》中就描述炎帝、黃帝、蚩尤在涿鹿、
阪泉兩次大戰後，黃帝以戰勝者而作過一系列舉措，認為
就是國家。因此說：「置左右大監，監於萬國。萬國和，
而鬼神山川封禪與為多焉。」司馬遷也是據傳說的資料來
編寫，後世人們也就加以確認，但仍是「遷徙往來無定
處」，尚無疆域概念。[62]

首先，上引孟世凱的說法有自我矛盾之處。他一方面引用考古實
物來證明七八千年前的中國人已經進入農業文明，「定居農
耕」，一方面又引「遷徙往來無定處」為理由來證明當時「尚無
疆域概念」。當時的社會既然已經進入農業文明，人們過的自然
是定居的生活。其間，偶因自然或人為因素而遷徙，那是罕例，
絕對不是常例，所以中國人的祖先很早就定居下來，從事農耕，
應是不爭的事實。既然定居下來，勢必會有疆界的概念。疆界的
識別是動物的一種本能，無論陸地、水域和空中的動物都有此種
習性。即使固定遷徙的候鳥、水中游動的魚類、陸地覓食的動物
也都有疆域的觀念，遑論動物的靈長類人類。中國人的祖先在
堯、舜、禹的時代所以沒有表示疆界的觀念，並不是說他們沒有
識別區域的觀念，也不是他們因為遷徙，而沒有疆界的觀念，主
要應該是如上文的分析，上帝教導的結果所使然。《詩經・周

---

[62] 《中國古代歷史與文明：商史與商代文明》（上海：上海科學技術文獻
出版社，2007），頁 24-25。

頌・思文》中上帝的教導：「帝命率育，無此疆爾界」，[63]顯示
周武王的時代有疆界的觀念，只是上帝要他們排斥以疆域為基準
來區分人我的做法，所以表示疆域的「國」字在周成王以前並沒
有出現。

天下為公

在討論堯、舜、禹的時候，現代學者因為兩千多年來受到以
孔子為代表的儒家思想的影響，一般很難理解，更遑論接受下列
一事實，即：代表中國傳統文化最崇高的公天下精神的堯、舜、
禹的思想本質是神而且與現代西方先進的文明國家所崇奉的基督
教思想如出一轍。胡適是這一方面一個典型的代表：「平常人的
耳目，最易錯誤迷亂。例如鬼神一事，古人小說上說得何等鑿鑿
有據。我自己的朋友也往往說曾親眼看見鬼，難道我們就可斷定
有鬼麼？」[64]筆者以為，信奉鬼神在很多方面就如同待人接物一
般，如果一個人的好友繪影繪聲地跟那個人講述他們親身的經
歷，證明某人表面是正人君子，私下卻無惡不作，即使那個人自
己沒在現場親見某人作奸犯科，在沒有證據反駁好友證詞的情況
之下，我覺得那個人理應採信他好友誠實的證詞，做些相關的防
範措施。否則，到時候那個人受害，再事追悔，便為時已晚。同
樣的道理，信不信鬼神也完全是個人的抉擇，但是這種抉擇不僅

---

63 程俊英、蔣見元，《詩經註析・周頌・思文》（北京：中華書局，
    1987），下冊，頁945。
64 胡適《中國哲學史大綱：古代哲學史》（臺北：臺灣商務印書館，
    2008），頁173。

牽涉到今生的生死幸福，更關係到永恆，影響遠比待人接物更為巨大。就研究學術的立場來說，一個學者如果沒有反證去推翻古人對鬼神的看法，卻又不採信古人對鬼神的證詞，這不是一種客觀的學術態度，而是人為主觀的偏見，此種偏見不但會阻礙研究的成果，而且也往往會導致對古人的信仰產生極大的誤解，並造成對古人誣蔑的現象。比方說甲骨文中充滿了商朝君王祈求上帝旨意的紀錄，一個客觀的學者會深入的去探討事實的可靠性，以及商朝從事此一活動的理由；而一個預設立場持有主觀見解的人幾乎千篇一律會不由分說，立刻給古人帶上一頂迷信的帽子，甚至誣蔑古人說他們無知或者都是騙子。若果真如此，那麼西方科學界的泰斗諸如牛頓和愛因斯坦都信神，是不是他們也都很愚蠢？在從事學術研究的過程中，價值判斷當然是必要的一環，但是價值判斷必須植基於客觀的事實上，而不能依靠個人主觀的好惡。活在儒家長久壟斷中國思維的世代裡，一般現代知識分子對宗教極其主觀的偏見可由下面李辰冬的一段話中看出端倪：「中國人對宗教頗為冷淡，自己不產生宗教」。[65]本書後文會解釋「中國人對宗教頗為冷淡」的評語大體適用於服膺儒家思想的人，至於反對儒家思想的人如墨子，不但對宗教不冷淡，反而熱情洋溢，中國人不但有自己的宗教，而且他們的宗教在文化中創造出來他們子孫至今仍引以為榮的一段輝煌史跡。

　　中國古籍的記載在在證明中國古代的聖王時代是中國宗教發展取得高度成就的時代，如前文所說，舜即位時，祭祀上帝，

---

[65]　李辰冬《紅樓夢研究》（臺北：新興書局，1958），頁 76。

「肆類于上帝」；禹強調「儫志以昭受上帝，天其申命用休」。[66]
就大禹來看，一個人只有在順服上帝時才可能得到祂的祝福，大
禹治水是至今國人津津樂道的豐功偉績，如大禹所說，「吾受命
於天，竭力以養人」，[67]此事全為神對他及當時中國的祝福。墨
子也說：「天下之百姓皆上同於天子，而不上同於天，則菑猶未
去也。今若天飄風苦雨，溱溱而至者，此天之所以罰百姓之不上
同於天者也。」[68]中國人的祖先堯、舜、禹早在現代西方先進的
文明國家之先就已經建立了與神極其深厚的人神關係，並因此而
發展出後世讚不絕口的公天下的思維與體制，任用賢能，追求大
同世界的目標，堪與西方現代文明國家的思維與體制互相比美：

> 昔者仲尼與於蜡賓，事畢，出游於觀之上，喟然而嘆。仲
> 尼之嘆，蓋嘆魯也。言偃在側曰：「君子何嘆？」孔子
> 曰：「大道之行也，與三代之英，丘未之逮也，而有志
> 焉。」大道之行也，天下為公，選賢與能，講信修睦。故
> 人不獨親其親，不獨子其子，使老有所終，壯有所用，幼
> 有所長，矜、寡、孤、獨、廢疾者皆有所養，男有分，女
> 有歸。貨惡其棄於地也，不必藏於己；力惡其不出於身
> 也，不必為己。是故謀閉而不興，盜竊亂賊而不作，故外

---

66 《漢魏古注十三經・尚書・益稷第五》，上冊，頁 12；屈萬里《尚書
 集釋・皋陶謨》（臺北：聯經出版事業公司，1983），頁 39。

67 呂不韋《呂氏春秋・恃君覽・知分》（上海：上海古籍出版社，2002），
 下冊，頁 1355。

68 《墨子閒詁・尚同上》，頁 163-164。

戶而不閉，是謂大同。[69]

上述這段有關大同思想的文字雖然出自儒家的經典《禮記》，但是從宋朝的朱熹、呂東萊到現代的梁漱溟很多儒者都認為大同篇「氣味太與孔家不對」，[70]堅持它不是儒家的作品。陳柱說墨子「示大同於天下，與禮運所謂『不獨親其親，不獨子其子』，之義同」[71]是允實的說法。薛保綸引申他的說法，進一步解釋孔子和墨子不同之處：「孔子本人是家族主義者：因為孔子重視『孝』，且在論語中，孔子對『天下為公』、『選賢與能』之類的話，沒有一處清楚地表示過或暗示過。『天下為公、選賢與能』卻能與墨子尚同的民主、平等思想，及尚賢、親士、兼愛等社會理想相合。」[72]只是薛保綸認為「大同為秦漢時代儒者興發的新思想」，[73]是沒有根據的。首先，薛保綸自己既然說墨子已經有大同的思想，所以在墨子之後的人如果主張同樣的思想就不能說是他們「興發的新思想」。其次，秦朝極端專制，焚書坑儒，壓制言論自由，沒有創造嶄新的人文思想的大環境，遑論創造反對特權壟斷的大同思想；漢武帝獨尊儒家，罷黜百家，也不

69　《漢魏古注十三經・禮記・禮運第九》，上冊，卷七，頁 79。

70　梁漱溟《東西文化及其哲學》（臺北：問學出版社，1979），頁 136。近人梁啟超仍然主張孔子的思想是大同世界：「孔子心目中理想的社會，就是頭一段所講的大同」（《孔子》〔臺北：中華書局，1936〕，頁 41）。

71　陳柱《墨學十論》（上海：商務印書館，1934），頁 4。

72　薛保綸《墨子的人生哲學》（臺北：中華叢書編審委員會，1976），頁 206。

73　薛保綸《墨子的人生哲學》，頁 208。

可能鼓勵提倡與儒家相抵觸的嶄新思想。筆者同意大同篇不是孔子的創新之作，因為在孔子的時候，中國實行私天下的制度已經長達一千五百年左右，孔子朝夕講習的政治制度是私天下而不是公天下，他的哲學思想以自我為基礎，具有韓非所謂的「成其私而遺社稷之利」[74]自私自利，並與社會的共同利益相衝突與對抗的特色。反觀《禮記》中的大同思想的基調是公天下，因此沒有可能是孔子所創。我跟先前學者看法不同的地方是：大同思想是堯、舜、禹時代公天下的精神與制度的產物。《呂氏春秋・孟春記・貴公》中的想法跟筆者所持的意見相近：

> 昔先聖王之治天下也，必先公，公則天下平矣。平得於公。嘗試觀於上志，有得天下者眾矣，其得之以公，其失之必以偏。凡主之立也，生於公。故鴻範曰：「無偏無黨，王道蕩蕩；無偏無頗，遵王之義；無或作好，遵王之道；無或作惡，遵王之路」。天下非一人之天下也，天下之天下也。[75]

《呂氏春秋》雖然沒有明說公天下的思想是堯、舜、禹的時代流傳下來的，但是它的用詞「昔先聖王」實際上指的就是堯、舜、禹，它的觀點支持筆者的看法。孔子及其弟子雖然活在私天下的體制之下，講究的也是私天下的精神，但是這種公天下的精神是他們表面上所崇拜的堯、舜、禹所遺留下來的，既然他們滿口尊

74　韓非《韓非子・五蠹第四十九》（北京：中華書局，2009），卷十九，頁 456。

75　呂不韋《呂氏春秋・孟春紀・貴公》，上冊，頁 45。

崇堯、舜、禹，自然不會也沒有理由一定要剷除堯、舜、禹所提倡的思想，所以即使公天下的思想與精神跟儒家所講究的私天下的思想與精神相矛盾，儒家在敬仰先聖的名義下還是把它傳述了下來。孔子自己說：「述而不作」，[76]他繼承前人的思想，拒絕標新立異，雖然他知道他所繼承的公天下及私天下兩種精神與想法迥不相同，他並不清楚兩者是互相矛盾的，所以他和他的弟子就把公天下的大同思想跟他們所支持講習的私天下精神與體制一起傳述了下來。墨子繼承了堯、舜、禹時代公天下的思想，所以他的想法自然跟大同思想一致。中國先聖先賢所發展出來的這種公天下的思想顯示出中國的祖先有異常崇高的政治理想與偉大的愛人情操，早在現代西方先進的文明國家之前就已經在政治宗教的文化上取得令人嘆為觀止的驚人成就。

上面引述的文字顯示出，孔子從歷史文獻中得知堯、舜、禹在個人行事及政府施政上所取得的傑出成就：「大道之行也，與三代之英，丘未之逮也，而有志焉。」他也清楚他們對神的信仰是他們所以取得偉大成就的主因：「禹，吾無閒然矣！菲飲食，而致孝乎鬼神；惡衣服，而致美乎黻冕；卑宮室，而盡力乎溝洫。禹，吾無閒然矣！」[77]薛保綸在分析孔子的這段話時，說得相當中肯：「黻冕是祭天的禮服。禹對自己的衣著簡樸，但祭神祀鬼，所著的禮服卻非常講究，從此可見他對天的尊從。正因為他敬天虔誠，克己恤民，故『上天乃賜禹洪範九疇，彝倫攸敘』以報答他。」[78]孔子感嘆他生不逢時，但是他卻不願意像禹一樣

---

[76] 《四書集註・論語・述而第六》（臺北：世界書局，1966），頁 41。
[77] 《論語・泰伯第八》，頁 54-55。
[78] 薛保綸《墨子的人生哲學》，頁 35。

去順服神。孔子自己教導的思想，用《禮記》中的話來說是小康思想，其實小康這個詞是一個美詞，說穿了，應該是以個人為本位的私天下思想：

> 今大道既隱，天下為家，各親其親，各子其子，貨力為己，大人世及以為禮。城郭溝池以為固，禮義以為紀；以正君臣，以篤父子，以睦兄弟，以和夫婦，以設制度，以立田里，以賢勇知，以功為己。故謀用是作，而兵由此起。禹、湯、文、武、成王、周公，由此其選也。此六君子者，未有不謹於禮者也。以著其義，以考其信，著有過，刑仁講讓，示民有常。如有不由此者，在勢者去，眾以為殃，是謂小康。[79]

在堯、舜、禹的時代，天下是大家的，世上的資源由所有的人共同分享；在私天下的時代，天下變成一個人的，「天下為公」因此轉變成「天下為家」。在私天下的時代，一般人行事是以個人的利益為出發點，「各親其親，各子其子，貨力為己」，一般人的思想由大公轉變成自私自利。在私天下的體制中，此一自私自利的心態不僅展現在今生今世，而且可以無限地延續下去，不但天下所有的資源在今生都是統治者一個人的，他死時還把帶不進墳墓的資源交給他的子孫，並透過祖宗崇拜的形式，要子孫繼續對自己進行個人崇拜，期望死後也能繼續支配壟斷世間的資源。

　　以神為基石的公天下體制早在堯、舜、禹的時代就已經在中

79　《禮記‧禮運》，卷七，頁79。

國出現，而在西方卻比中國遲了約一個世紀以後才在先知摩西領導下的以色列出現。此一體制後來在公元第一世紀左右基督教的世界中得到更完美的體現。根據聖經的記載，早期的基督教社團充分分享生活上各方面的資源：

> 他們始終不斷堅守著使徒們的教導，互相交通分享，共同進餐和一起禱告。人人都存敬畏之心，很多奇跡和異象透過使徒們不斷地發生。所有的信徒都在一起，分享他們所有的東西。他們把他們擁有的物產和貨品賣了，按照每個人的需要分給所有的人。ἦσαν δὲ προσκαρτεροῦντες τῇ διδαχῇ τῶν ἀποστόλων καὶ τῇ κοινωνίᾳ καὶ τῇ κλάσει τοῦ ἄρτου καὶ ταῖς προσευχαῖς. Ἐγίνετο δὲ πάσῃ ψυχῇ φόβος, πολλά τε τέρατα καὶ σημεῖα διὰ τῶν ἀποστόλων ἐγίνετο. πάντες δὲ οἱ πιστεύσαντες ἦσαν ἐπὶ τὸ αὐτὸ καὶ εἶχον ἅπαντα κοινά καὶ τὰ κτήματα καὶ τὰς ὑπάρξεις ἐπίπρασκον καὶ διεμέριζον αὐτὰ πᾶσιν καθότι ἄν τις χρείαν εἶχεν· （新約·使徒行傳 2:42-45）

因受基督教的影響，現代西方先進的文明國家普遍趨向公天下的體制與思維。為了具體說明公天下與私天下本質上的差異，筆者在此舉個例子，比方說身為世界首富多年的比爾蓋茲（Bill Gates）向世界宣佈他在有生之年會透過公益事業把他的資產全部歸還給這個世界，這就是以神為基石的公天下的想法，是西方正統思維的特色，與私天下的人把整個世界看做是一己私人的財產，富了以後希望變得更富有的想法完全相反。

上帝的屬性

　　堯、舜、禹所崇拜的神跟基督教所說的上帝有非常相似的地方，洪秀全說中國人的祖先包括堯、舜、禹所敬拜的神就是基督教所說的上帝。[80]與洪秀全約略同時的英國傳教士也是牛津大學校史上的第一個中文教授理雅各（James Legge）同意洪秀全的看法：「帝跟中國先祖的關係就我看完全如同上帝跟我們祖先的關係一樣 *Ti* was to the Chinese fathers, I believe, exactly what God was to our fathers」。[81]從比較神學的觀點來看，他們的說法應該是正確的。最主要的原因是他們都是宇宙的創造者。《舊約·創世紀》中描述上帝創造天地的事：「當初上帝造天地 בְּרֵאשִׁית בָּרָא אֱלֹהִים אֵת הַשָּׁמַיִם וְאֵת הָאָרֶץ׃」（創世紀1:1）在創造天地之後，祂隨即創造了人：「上帝根據他的形象創造了人，根據上帝的形象他創造了他。他創造了男的和女的 וַיִּבְרָא אֱלֹהִים | אֶת-הָאָדָם בְּצַלְמוֹ בְּצֶלֶם אֱלֹהִים בָּרָא אֹתוֹ זָכָר וּנְקֵבָה בָּרָא אֹתָם׃」（創世紀1:27）。墨子也說天（上帝的代名詞），創造宇宙中所有的事物，包括至為微小的毫毛的末端：「若毫之末，無非天之所為也。」[82]墨子同時強調天養育人類，是人類的護持者：「兼而食焉」。[83]毫無疑問，墨子

---

[80] 簡又文《清史洪秀全載記》（香港：簡氏猛進書屋，1967），頁29。

[81] 《中國的宗教：儒家道家與基督教的比較研究 *The Religions of China: Confucianism and Taoism described and compared with Christianity*》（倫敦：哈德出版社，1880），頁10-11。

[82] 《墨子閒詁·天志中》，上冊，卷7，頁392。

[83] 《墨子閒詁·天志上》，上冊，卷7，頁382-383。

認為上帝是創造宇宙和人類的神靈。[84]再者，堯、舜、禹所崇拜的神跟基督教所說的上帝都是聖潔的神，祂們也同樣要求崇拜祂們的人跟祂們一樣聖潔：「耶華對摩西說：『你對所有以色列的兒子的會眾說，告訴他們，你們要聖潔，因為我耶華——你們的神——是聖潔的』。וַיְדַבֵּר יְהוָה אֶל-מֹשֶׁה לֵּאמֹר: דַּבֵּר אֶל-כָּל-עֲדַת בְּנֵי-יִשְׂרָאֵל וְאָמַרְתָּ אֲלֵהֶם--קְדֹשִׁים תִּהְיוּ כִּי קָדוֹשׁ אֲנִי יְהוָה אֱלֹהֵיכֶם:」（聖經‧利未記19:1）[85]堯是中國歷史上極其聖潔的君王，孔子推崇他崇高的行事時解釋：「大哉堯之為君也！巍巍乎！惟天為大，惟堯則之」，[86]就特別指出堯在他的思想行為上是取法天，因為商代和周代一般用來稱呼全能的神稍有不同，「殷叫帝，周叫天」，[87]周代所說的天和商代所稱的上帝指的是同一個神靈，所以孔子的意思是堯是因為傚法上帝而能成就他偉大的人格。孔子說禹「菲飲食，而致孝乎鬼神；惡衣服，而致美乎黻冕；卑宮室，而盡力乎溝洫。禹，吾無閒然矣！」[88]禹過著聖潔簡樸的生活，就孔子來看，同樣是因為他能遵守神的教訓。墨子在分析堯、舜、禹等古聖王偉大的地方時，也跟孔子一樣指出他們的行事是受到天的啟發，他們都能遵行神聖潔的教訓去照顧天下的百姓：「其事上尊天，中事鬼神，下愛人，故天意曰：『此之我所愛，兼而愛

---

[84] 司文德在《墨子之道德哲學》（臺北：華明書局，1968）中也持同樣的看法：「在墨子的心目中，萬物都是由這位全能的『天』所創造的」（頁18）。

[85] 《希伯來文聖經 Biblia Hebraica Stuttgartensia》（德國 Germany：聖經學會 Deutsche Bibelgesellschaft，1997），頁190。

[86] 《論語‧太伯》，頁54。

[87] 《殷商史》，頁69。

[88] 《論語‧泰伯第八》，頁54-55。

之；我所利，兼而利之。愛人者此為博焉，利人者此為厚焉。」故使貴為天子，富有天下，業萬世子孫，傳稱其善，方施天下，至今稱之，謂之聖王。」[89]墨子本人同樣能遵奉神的教訓，也是聖潔的榜樣，即使批評他的孟子也說：「墨子兼愛，摩頂放踵，利天下為之」。[90]為了世人，墨子帶領他的門人奔波大江南北，即使自身受到傷害也在所不惜，「墨子服役者百八十人，皆可使赴火蹈刃，死不還踵，化之所致也」。[91]上帝愛世人，所以堯、舜、禹、墨子也跟著愛世人，上帝因此便祝福他們。

其次，西方先進的文明國家所崇拜的耶華與堯、舜所崇拜的上帝都是無所不在、無所不知、無所不能的神。《聖經‧創世紀》中耶華對亞服蘭姆說：「我是全能的神，你要在我跟前行走，做一個完人。」（17:1）[92]《聖經‧啟示錄》同樣形容耶華為全能的神，永存於天地宇宙之中：「我們感謝你，主啊！全能的神，祂是現在，也是過去。Εὐχαριστοῦμέν σοι, κύριε ὁ θεὸς ὁ παντοκράτωρ, ὁ ὢν καὶ ὁ ἦν, ὅτι εἴληφας τὴν δύναμίν σου τὴν μεγάλην καὶ ἐβασίλευσας:」（11:17）《舊約‧詩篇》描述耶華為無所不知的靈：「當我坐還是站，你都知道；你老遠就洞悉我的心思: אַתָּה יָדַעְתָּ שִׁבְתִּי וְקוּמִי בַּנְתָּה לְרֵעִי מֵרָחוֹק」；也是無所不在的靈：「你從我的後邊和前邊用手籠罩我 אָחוֹר וָקֶדֶם צַרְתָּנִי וַתָּשֶׁת עָלַי

---

[89] 張純一《無求備齋墨子集成‧墨子集解‧天志上》（臺北：成文出版社，1975），第二十五冊，卷7，頁176。

[90] 《孟子‧盡心上》，頁196。

[91] 劉安《淮南子‧泰族訓》，下冊，頁2123。

[92] 中文聖經都把此一先知的名字誤譯成亞伯蘭，在希伯來文中，他的名字"אַבְרָם"應該是發「服」的音，不是「伯」的音。

‫כְּכָה‬: ……如果我登天，你在那兒；如果我在地府下榻，瞧啊！你也在那兒‫כַנֵּה: אִם-אֶסַּק שָׁמַיִם שָׁם אָתָּה וְאַצִּיעָה שְּׁאוֹל הִ‬」（139:2, 5, 8）[93]《聖經》中所描寫的神的屬性與墨子在〈天志上〉和〈明鬼下〉中所描述的天或神的特性相同：「夫天不可為林谷幽門〔閒〕無人，明必見之」；[94]「故鬼神之明，不可為幽閒廣澤，山林深谷，鬼神之明必知之」。[95]孫詒讓在《墨子閒詁》中解釋說上引的文字在闡釋神無所不在、無所不知的屬性：「言天監甚明，雖林谷幽閒無人之處，天必見之」。[96]《聖經》中所描寫的神的屬性也與《中庸》第十五章中所說的鬼神基本上一致：「子曰：『鬼神之為德，其盛矣乎！視之而弗見，聽之而弗聞，體物而不可遺。使天下之人齊明盛服，以承祭祀，洋洋乎如在其上，如在其左右。』《詩》曰：『神之格思，不可度思！矧可射思！』」[97]雖然《聖經》說到天地，中庸只說整個世界，但兩者都同樣強調這種靈能同時充滿整個世界或天地，顯現在一個人的上下左右四方。在《論語》中，當孔子談到祭祀神的時候，他說：「祭神如神在」，[98]應該也就是指神無所不在的特性。高鴻縉更從甲骨文「示」的字形來說明神的屬性：「示字甲文原象（像）木主之形，本意為木主，故商人祖宗神位曰示……借意為祭祀，動詞。凡祭神如神在，字作 𓊾 者，如在其上也。字作 𥘆 者，則神無

93　《希伯來文聖經 Biblia Hebraica Stuttgartensia》，頁 1217-1218。

94　《墨子閒詁‧天志上》，頁 376。

95　《墨子閒詁‧明鬼下》，頁 461-462。

96　《墨子閒詁‧天志上》，頁 377。

97　《四書集注‧中庸》（臺北：世界書局，1966），頁 11。

98　《四書集註‧論語‧八佾》（臺北：世界書局，1966），頁 15-16。

所不在矣！」[99]胡厚宣和胡振宇根據甲骨史料得出如下一個結論：「在那時（商代）人們的宗教信仰中，是否已經有了這樣全能的統一之神呢？在豐富的甲骨卜辭中，答覆是肯定的。」[100]他們就甲骨卜辭中殷王通常祈求的事項來進一步描寫全能的上帝與人們互動的關係：

> 在殷人的心目中，這個至神上帝，主宰著大自然的風雲雷雨、水澇乾旱、決定著禾苗的生長、農產的收成。它〔祂〕處在天上，能降入城邑，作為災害，因而闢建城邑，必先祈求上帝的許可。鄰族來侵，殷人以為是帝令所為。出師征伐，必先卜帝是否授佑。帝雖在天上，但能降人間以福祥災疾，能直接護佑或作孽於殷王。帝甚至可以降下命令，指揮人間的一切。[101]

現代中國學者談論上帝，常誤以為那只是西方先進的文明國家所崇拜的神，其實祂無所不在，也是堯、舜、禹公天下時代所崇拜的神，只是後來中國傳統逐漸背離了神，一般人對神的屬性因此變得模糊不清迷惑不解，此事下文會再深入討論。

已故的國立臺灣師範大學國文系的教授王讚源在討論中國古籍中所記載的上帝的特性時，根本否認上帝是一個無所不能的神，他說：

---

[99] 高鴻縉《中國字例》（臺北：省立師範大學，1960），第二冊，頁184。

[100] 《殷商史》，頁450。

[101] 《殷商史》，頁516。

> 有些人拿西方宗教哲學中上帝是「全知全能」的概念，來
> 形容墨子的天，這是很有問題的。殊不知「全能」是一個
> 矛盾的概念。假如有一個全能的天或上帝，那我們應該可
> 以要求祂做一件事，就是請祂自己在未來的一分鐘之內變
> 成不是全能。這件事如果成立，那麼天或上帝在那一分鐘
> 之後就不是全能了。如果不成立，那麼天或上帝便有一件
> 事辦不到。因此，「全能」這個概念是自相矛盾的。因為
> 這是一個自相矛盾的概念，那我們就沒有理由來要求一件
> 東西是全能的。[102]

上述王讚源的命題不但毫無意義，而且顯示出一種自大的情懷。
其所以毫無意義是上帝既然已經是全能，他卻要上帝用祂全能的
力量來證明祂無能，這就好像一個人要求一個如同堯舜般聖潔大
能的領袖證明他污穢無能一樣毫無意義。其所以自大，是因為他
以為幾千年來世人沒有想到的，他輕而易舉地用上引的短短五句
話就證明了上帝非全能。歐美先進國家眾多的哲學家和神學家在
此一方面成篇累牘的論文，他隻字不提，似乎那些哲人的討論文
字對他來說都應該視同垃圾，算不上學術。其實，無所不能的上
帝，不僅是西方宗教所崇拜的神，也是中國古代所崇拜的神，並
不是如王讚源所想只有西方才崇拜祂，或只有西方人才認為祂是
全能，本書前文引述中國古人的說法證實在中國老祖宗的眼中，
上帝如同西方所崇拜的耶華同樣是全能。

　　因為王讚源的論點顯示出現代中國學者對西方文明極深的誤

---

[102] 王讚源《墨子》（臺北：東大圖書公司，1996），頁151。

解，[103]造成誤導讀者甚大的負面效應，筆者在此須要用一些篇幅來解釋其論點所以有缺失之原因。首先，上帝無所不能的屬性表示祂的能力不受任何限制，如果有限制，祂就不是上帝了。因為上帝不能有任何能力的限制，所以當王讚源說請上帝變成不是全能的神，那就是要上帝自己否定祂是上帝，也就是說不須要證明，只要王讚源說祂不是上帝，似乎祂便須要順從王讚源的想法而放棄祂上帝的身分地位和能力了。王讚源的說法基本上混淆了「不能」和「不願」兩個迥然不同的概念，「不能」牽涉到能力，而「不願」牽涉到意志，就理論上來說，上帝當然可以把自己變成不是全能的，甚至變到一點能力都沒有，但是祂願不願意那麼做，就是問題的癥結所在，因為祂如果改變自己全能的屬性，祂就等於要否定自己是上帝。也就是說，上帝的本質不受任何限制，對上帝來說只有祂願意不願意的問題，而無所謂能與不能的問題。王讚源把上帝「不願」否認自己是上帝混淆成「不能」是上帝。王讚源這種思路建基在一己要比上帝偉大的假設上，照他的想法，一個人要上帝變成不是上帝，上帝就得聽從他的吩咐，如果上帝不聽從他的吩咐，上帝就不是上帝。依此推論，一個人似乎可以說，因為上帝不願說謊，不願謀殺無辜的

---

[103] 西方的神學家和哲學家對上帝全能的特質有極其悠久深入的討論，參閱 Thomas Acquinas 湯馬斯・阿奎那, *The Power of God* 上帝的力量, tr. Richard J. Regan (New York: Oxford University Press 牛津大學出版社, 2010); Gerard J. Hughes 休斯, *The Nature of God* 上帝的特質 (London: Routledge 汝特雷及, 1995), pp. 114-151; and *The Power of God: Readings on Omnipotence and Evil* 上帝的力量：全能與邪惡, eds. Linwood Urban 爾本 and Douglas N. Walton 瓦騰 (New York: Oxford University Press 牛津大學出版社, 1978).

人，不願有任何缺陷，這種種都可以成為祂不是全能的證據了，這顯然是十分錯誤的邏輯。

筆者從另外一個角度來進一步說明這個問題，假設吾人可以跟如同堯舜般聖潔大能的人對話，請求他們證明他們無什能耐，只要他們「願意」接受這種對他們能力有所限制的無意義的要求，他們當然可以輕而易舉地證明他們無什能耐，在他們證明他們有能力變成無什能耐之後——此一證明對他們來說自然毫無意義——只要他們願意，他們隨時可以恢復原狀，再展示他們的大能。這種對他們能力添加限制的要求，牽涉到的不是他們是否有能力——因為他們或者任何正常人都可以輕而易舉地證明他們無什能耐——而在他們「願意」不「願意」接受此種限制。同理可證，當吾人請求上帝變成不是全能的時候，如果祂願意接受此種對祂能力有所限制的要求，祂當然可以變成不是全能，但只要祂願意，祂也同樣可以隨時變回全能，這如同電腦設定上帝是全能，但是因為一個人的請求，電腦再設定在某個時段，上帝可以變成無什能耐，在這個時段以後，祂再變回來成為全能，隨不同的請求，而有不同的設定。滿足不同的設定或要求，不能證明上帝無什能耐，只能證明祂的全能。上帝是全能的，也是——只要祂願意——非全能。也就是說，上帝的本質不受任何限制，他的意志就是他的力量，對上帝來說只有祂願意不願意的問題，而無所謂能與不能的問題。耶穌基督是闡明此一觀念最好的一個例子，在基督教的教義中，耶穌基督是神，也是人，是全能與非全能的奧秘的結合；[104]因人非全能，所以有無解的矛盾，而上帝

---

[104] 參閱 Philip Schaff, *History of the Christian Church* 基督教歷史（Grand

是全能的，所以對祂來說，沒有無解的矛盾。

　　以王讚源為代表的後期的中國人，因為對上帝無所不能的特性不甚瞭然，因而發展出一種僥倖的思維，所謂「天高皇帝遠」，以為一己的邪思邪行，上帝無能干預：「因臨清是馬頭所在，有那班油光水滑的光棍，真是『天高皇帝遠』，曉得怕些甚麼？」[105]但中國人的老祖宗與西方人一樣異常清楚，天固然很高，天也同時能夠低到就在一個人的身邊，甚至深入地獄，無所不在。在《聖經‧舊約》中，上帝就直接問祂的先知以爾彌雅乎說：「有什麼事對我來說是困難的 הֲמִמֶּנִּי יִפָּלֵא כָּל-דָּבָר ？」（以爾彌雅乎 32:27）答案自然就如同耶穌對一個祈求他的人說：「什麼事情都可能 πάντα δυνατὰ」（馬可福音 9:23）。對上帝來說，沒有任何事情祂做不到的。

　　上帝除了有無所不能、無所不在、無所不知的特性以外，堯、舜、禹所崇拜的神跟基督教所說的上帝都喜歡信徒以音樂來跟祂溝通，讚頌祂。《舊約‧詩篇》第 104 首第 33 節說：「אָשִׁירָה לַיהוָה בְּחַיָּי אֲזַמְּרָה לֵאלֹהַי בְּעוֹדִי: 只要我活著，我就會對耶華歌唱；只要我存在，我就會向我的神歌頌。」堯任命夔做他的樂官，主要的任務就是要用音樂教導人民成為正直、溫和、寬厚及剛毅的人，並且透過音樂使神和人維持固定和諧的關係：「夔！命汝典樂，教冑子，直而溫，寬而栗，剛而無虐，簡而無傲。詩言志，歌永言，聲依永，律和聲。八音克諧，無相奪倫，神人以

Rapids, Michigan: Wm. B. Eerdmans Publishing Co., 1910），第二冊，頁
545-560。

[105] 蒲松齡《醒世姻緣傳》（臺北：三民書局，2000），第十二回，上冊，
頁 172。

和。」[106]舜的父親瞽叟在堯的時候也製作了十五弦的瑟用來祭祀上帝：「帝堯立……瞽叟乃拌五弦之瑟，作以為十五弦之瑟。命之曰大章，以祭上帝。」[107]音樂從此便在中國傳統文化中變成異常重要的一環，直到周公攝政，召集全國諸侯，制禮作樂，音樂仍是當時朝廷施政的重心之一。孔子以傳統六藝，禮、樂、射、御、書、術，來教導他的學生，雖然音樂依然受到儒家的重視，「大夫無故不徹縣，士無故不徹琴瑟」，[108]但因孔子對神的淡化，音樂對很多人來說，除了供人享樂以外，便不再具有以往那麼豐富的宗教意義。所以到了墨子的時候，他便對以人為中心的音樂的價值提出質疑：

> 子墨子曰：「問於儒者『何故為樂？』曰：『樂以為樂
> 也。』」子墨子曰：「子未我應也。今我問曰：『何故為
> 室？』曰：『冬避寒焉，夏避暑焉，室以為男女之別
> 也。』則子告我為室之故矣。今我問曰：『何故為樂？』
> 曰：『樂以為樂也。』是猶曰：『何故為室？』曰：『室
> 以為室也。』」[109]

孔子雖然接受傳統，強調音樂的重要性，他自己也懂得欣賞堯、

---

[106] 《漢魏古注十三經‧尚書‧舜典第二》（北京：中華書局，1998），上冊，頁7。

[107] 呂不韋《呂氏春秋‧仲春紀‧古樂》，上冊，頁289。

[108] 《漢魏古注十三經‧禮記‧曲禮下第二》，上冊，卷一，頁12。

[109] 《無求備齋墨子集成‧墨子集解‧公孟》，第二十五冊，卷 12，頁440-441。

舜時代為讚頌神而製作的聖樂,「子在齊聞韶,三月不知肉味。曰:『不圖為樂之至於斯也!』」[110]但他本身對音樂所以重要的原因顯然已經模糊不清,他摒棄了音樂是取得「神人以和」一境界有效渠道的說法,在他的教導中音樂基本上只是供人享樂的工具,難怪他的門徒對上述墨子的問題無法提出令他滿意的解答,墨子自然會對孔子所倡導的背離神而以人為中心的音樂持反對的態度。

另外一點須要提的就是他們對人都有無比的愛,堯、舜、禹所敬拜的神不斷要堯、舜、禹盡心盡力照顧他們的百姓,以後商湯王(約公元前 1675-1646)和周武王(約公元前 1046-1043)都是秉持這個教訓來統治中國:「帝命率育,無此疆爾界」,[111]上帝命令他們不分區域疆界去看顧所有的人,這種愛人愛民的精神跟基督教所說的「上帝就是愛 Ὁ θεὸς ἀγάπη ἐστίν」(新約‧約翰一書 4:16)[112]的教導是一致的。現代中國人大部分受了無神論的影響,他們對神愛世人的屬性非常模糊,墨子對神的特性比孔子看得清楚的多,他特別撰文解釋:

> 然則何以知天之愛天下之百姓?以其兼而明之。何以知其兼而明之?以其兼而有之。何以知其兼而有之?以其兼而食焉。何以知其兼而食焉?四海之內,粒食之民,莫不犓

---

[110] 《四書集註‧論語‧述而》(臺北:世界書局,1966),頁 43。

[111] 程俊英、蔣見元,《詩經註析‧周頌‧思文》(北京:中華書局,1987),下冊,頁 945。

[112] 《希臘文新約 *The Greek New Testament*》(德國 Germany: 聖經學會 Deutsche Bibelgesellschaft, 1998),頁 817。

> 牛羊，豢犬彘，潔為粢盛酒醴，以祭祀於上帝鬼神，天有
> 邑人，何用弗愛也？且吾言殺一不辜者必有一不祥。殺不
> 辜者誰也？則人也。予之不祥者誰也？則天也。若以天為
> 不愛天下之百姓，則何故以人與人相殺，而天予之不祥？
> 此我所以知天之愛天下之百姓也。[113]

神對天下一視同仁，不分親疏，撫養大眾，「兼而食焉」。中國
堯、舜、禹時代大公無私、兼愛世人的精神跟神的教導是脣齒相
依，息息相關，絕對無法分離的。

還有一點關於上帝的特性是孔子沒說而《墨子》卻特別提到
的，就是神是大公無私，絕對公正的：

> 且吾所以知天之愛民之厚者，不止此而已矣。曰愛人利
> 人，順天之意，得天之賞者有之；憎人賊人，反天之意，
> 得天之罰者亦有矣。夫愛人利人，順天之意，得天之賞者
> 誰也？曰若昔三代聖王，堯、舜、禹湯文武者是也。堯、
> 舜、禹湯文武焉所從事？曰從事兼，不從事別。兼者，處
> 大國不攻小國，處大家不亂小家，強不劫弱，眾不暴寡，
> 詐不謀愚，貴不傲賤。觀其事，上利乎天，中利乎鬼，下
> 利乎人，三利無所不利，是謂天德。聚斂天下之美名而加
> 之焉，曰：此仁也，義也，愛人利人，順天之意，得天之
> 賞者也。不止此而已，書於竹帛，鏤之金石，琢之槃盂，
> 傳遺後世子孫。曰將何以為？將以識夫愛人利人，順天之

---

[113] 《墨子閒詁・天志上》，上冊，卷7，頁382-383。

意，得天之賞者也。皇矣道之曰：「帝謂文王，予懷明德，不大聲以色，不長夏以革，不識不知，順帝之則。」帝善其順法則也，故舉殷以賞之，使貴為天子，富有天下，名譽至今不息。故夫愛人利人，順天之意，得天之賞者，既可得留而已。夫憎人賊人，反天之意，得天之罰者誰也？日若昔者三代暴王桀紂幽厲者是也。桀紂幽厲焉所從事？曰從事別，不從事兼。別者，處大國則攻小國，處大家則亂小家，強劫弱，眾暴寡，詐謀愚，貴傲賤。觀其事，上不利乎天，中不利乎鬼，下不利乎人，三不利無所利，是謂天賊。聚斂天下之醜名而加之焉，曰此非仁也，非義也。憎人賊人，反天之意，得天之罰者也。不止此而已，又書其事於竹帛，鏤之金石，琢之槃盂，傳遺後世子孫。曰將何以為？將以識夫憎人賊人，反天之意，得天之罰者也。大誓之道之曰：「紂越厥夷居，不肯事上帝，棄厥先神祇不祀，乃曰吾有命，毋廖僇務。天亦縱棄紂而不葆。」察天以縱棄紂而不葆者，反天之意也。故夫憎人賊人，反天之意，得天之罰者，既可得而知也。[114]

上帝對世人的作為一律平等看待，善人得到祝福而惡人受到懲罰，所謂「天網恢恢，疏而不失」，[115]沒人能超越天道，不受神的制約與懲罰。孔子講究有等級差別的愛，「親親之殺，尊賢

---

[114] 《無求備齋墨子集成‧墨子集解‧天志中》，第二十五冊，卷 7，頁 183-185。

[115] 張默生《老子章句新釋》（臺北：樂天出版社，1971），第七十三章，頁 97。

之等，禮所生也」，[116]從近親開始到陌生人，「立愛自親始」，[117]愛的程度由多到少，從有到無，所以他不說神是公正無私的，要不然他的等差之愛就說不下去了。《墨子》一書中所說的神是大公無私的神與堯、舜、禹時代所流傳下來的大同思想，基本上跟《詩經》中上帝命令君王要他們不分區域疆界去看顧所有的人的想法是一致的，應該都是堯、舜、禹那個公天下時代所流傳下來的精神。[118]本書下文會進一步探討這方面的問題，筆者在此暫不多說。

堯、舜、禹執政的時代，國家長治久安，一方面固然是因為堯、舜他們本身非常賢能，另一方面，神對堯、舜、禹的祝福也是不可忽視的要素，就是他們的賢能也不能完全看成是與生俱來只靠一己就可以成就的秉賦，如同墨子所說，堯、舜對神的信心是他們展現崇高德行的原動力：

> 公孟子謂子墨子曰：「有義不義，無祥不祥。」子墨子曰：「古聖王皆以鬼神為神明，而為禍福，執有祥不祥，是以政治而國安也。自桀紂以下，皆以鬼神為不神明，不

---

116 《四書集注・中庸》，頁 15。

117 《禮記・祭義》，卷十四，頁 171。

118 梁啟超在《墨子學案》（北京：北京圖書館出版社，2002）中分析孔子和墨子對公私人我的觀念，說得非常簡潔扼要：「孔子和墨子有根本不同之處。孔子是有『己身』『己家』『己國』的觀念，既已有個『己』，自然有個『他』相對待；『己』與『他』之間，總不能不生出差別。所以有，『親親之殺尊賢之等』；在舊社會組織之下，自然不能不如此。墨子卻以為這種差別觀念，就是社會罪惡的總根原，一切乖忤，詐欺，盜竊，篡奪，戰爭，都由此起」（頁 19）。

能為禍福，孰無祥不祥，是以政亂而國危也。故先王之
書，子亦有之曰：『亓傲也，出於子，不祥。』」此言為不
善之有罰，為善之有賞。」[119]

堯、舜、禹知道懲惡揚善是神的特性，國家的領導絕對是要向神
負責的，人們的行事處處受到神的節制，因此堯、舜一生恭謹明
惠，恪遵神對他們的教訓，用心吏治，照顧百姓，神於是佈施恩
澤，大大的祝福了他們本人及他們的朝代。

　　在分析完了上帝的屬性以後，筆者在此引一段現代學者張希
宇、張幼林對上帝異常離譜的誤解，他們說：「《聖經·舊約》
中的上帝（耶華），怎麼看都是一個反復無常、性格暴烈、惟我
獨尊、心胸狹隘、任意殺戮的滅絕太歲。他唯一的是非標準就是
順之者存，逆之者亡。」[120]除了「惟我獨尊」以外，張希宇、
張幼林兩個學者的說法既沒理論的基礎，也沒事實的根據，全為
信口雌黃之詞。如果上帝真像他們描繪的那樣，筆者就要問了，
為什麼猶太人從四千年前跟上帝立約以後，一直到現在都還信仰
祂？為什麼不但以色列信仰祂，伊斯蘭教也信奉祂？為什麼現代
歐美先進的文明國家也都對祂表現出崇拜的情懷？就以中國的傳
統來說，為什麼崇拜上帝的堯、舜、禹、墨子個個都是聖潔大公
愛心四溢的信徒？有其神必有其徒，照張希宇、張幼林的說法，
堯、舜、禹、墨子似乎便應該都是「反復無常、性格暴烈」「心

---

[119] 《無求備齋墨子集成·墨子集解·公孟》，第二十六冊，卷 12，頁
438。

[120] 張希宇、張幼林《墨子墨家與墨學研究》（北京：北京圖書館出版社，
2004），頁 119。

胸狹隘、任意殺戮的滅絕太歲」，或者說他們個個都應該是類似桀紂的人物。但是堯、舜、禹、墨子的行為舉止卻正好跟張希宇、張幼林兩個學者所想像的上帝完全相反。從《聖經》中的記載來看，上帝不但不是反復無常、性格暴烈、心胸狹隘、任意殺戮的滅絕太歲，反而是永遠信實、有無窮耐心、有無限愛心、不斷施恩的生命源泉。《聖經・舊約・出埃及記》第三十四章第六節中記載上帝在摩西的面前顯現時，祂跟摩西形容祂自己說：「耶華，耶華，仁慈且賜恩典又不輕易發怒的神，充滿了愛及真理。　וַיַּעֲבֹר יְהוָה עַל-פָּנָיו וַיִּקְרָא יְהוָה יְהוָה אֵל רַחוּם וְחַנּוּן אֶרֶךְ אַפַּיִם וְרַב-חֶסֶד וֶאֱמֶת」正因為上帝不輕易發怒，世上所有的惡人幾乎都有一個錯覺以為祂根本就不會懲罰罪行。大衛在《聖經・舊約・詩篇》第三十六章第五節中寫道：「耶華，你的愛一直展現到天堂，你的信實一直延伸到天際：יְהוָה בְּהַשָּׁמַיִם חַסְדֶּךָ אֱמוּנָתְךָ עַד שְׁחָקִים」上帝的愛和信實永恆不變。艾矢尚在《聖經・舊約・詩篇》第八十九章第一節中也稱頌上帝永恆的愛心和信實的精神：「我要歌頌耶華的愛直到永永遠遠，我要用口將你的信實代代宣揚下去。　חַסְדֵּי יְהוָה עוֹלָם אָשִׁירָה לְדֹר וָדֹר | אוֹדִיעַ אֱמוּנָתְךָ בְּפִי:」這些都是曾經跟神建立過非常深厚關係的歷史人物，他們的證詞一致表示上帝是永遠信實和充滿耐心與愛心的神。至於「任意殺戮」和「他唯一的是非標準就是順之者存，逆之者亡」這些話同樣是不實之詞。筆者就以色列背叛神對偶像崇拜的事件為例來說明摩西與上帝之間互動的關係。當摩西離開以色列人進入雪內山中與神交通了四十天，很多以色列人以為摩西業已死在山中，因此他們要摩西的哥哥亞倫為他們造一座偶像，用來取代上帝，上帝對以色列人叛離祂的行徑很痛心，因此告訴摩西不要再為以色列人求情，祂已經下定決

心要把叛離祂的以色列人全部處決，然後再以摩西的後裔替代以色列人：

> 耶華對摩西說，「我看見了這些人，瞧啊！他們是多麼頑拗的一群。 וַיֹּאמֶר יְהוָה אֶל מֹשֶׁה רָאִיתִי אֶת הָעָם הַזֶּה וְהִנֵּה עַם קְשֵׁה עֹרֶף הוּא: 現在不要再跟我求情了，我對他們怒火中燒，我要毀滅他們，但會使你成為一個偉大的國度。 וְעַתָּה הַנִּיחָה לִּי וְיִחַר אַפִּי בָהֶם וַאֲכַלֵּם וְאֶעֱשֶׂה אוֹתְךָ לְגוֹי גָּדוֹל:」（《聖經・舊約・出埃及記》32:9-10）

上帝告訴摩西不要替以色列人求情，但是摩西沒聽上帝的吩咐，他為了維護上帝的形象，還是為以色列人求情：

> 摩西乞求耶華他的神說，「你為什麼要對你的子民怒火中燒？這些人都是你用你奇偉的力量和萬能的手解救出來的。 וַיְחַל מֹשֶׁה אֶת-פְּנֵי יְהוָה אֱלֹהָיו וַיֹּאמֶר לָמָה יְהוָה יֶחֱרֶה אַפְּךָ בְּעַמֶּךָ אֲשֶׁר הוֹצֵאתָ מֵאֶרֶץ מִצְרַיִם בְּכֹחַ גָּדוֹל וּבְיָד חֲזָקָה: 憑什麼埃及人議論說：「祂帶他們出去是為了降災難給他們，為了在山中把他們殺死，為了把他們從地表消除掉。」摒棄你的怒火，改變你要降災給你的子民的心意。 לָמָּה יֹאמְרוּ מִצְרַיִם לֵאמֹר בְּרָעָה הוֹצִיאָם לַהֲרֹג אֹתָם בֶּהָרִים וּלְכַלֹּתָם מֵעַל פְּנֵי הָאֲדָמָה שׁוּב מֵחֲרוֹן אַפֶּךָ וְהִנָּחֵם עַל-הָרָעָה לְעַמֶּךָ: 記得你的僕人亞服蘭、伊次哈可和以色列，你曾指著自己對他們起誓說：「我會使你們的後裔繁衍到如同天空的星星一樣眾多，我說的所有這些土地我都會給你們的後裔，他們會永遠繼承下去。 זְכֹר לְאַבְרָהָם

לְיִצְחָק וּלְיִשְׂרָאֵל עֲבָדֶיךָ אֲשֶׁר נִשְׁבַּעְתָּ לָהֶם בָּךְ וַתְּדַבֵּר אֲלֵהֶם אַרְבֶּה אֶת-
זַרְעֲכֶם כְּכוֹכְבֵי הַשָּׁמָיִם וְכָל-הָאָרֶץ הַזֹּאת אֲשֶׁר אָמַרְתִּי אֶתֵּן לְזַרְעֲכֶם וְנָחֲלוּ
לְעֹלָם:」（《聖經・舊約・出埃及記》32:11-13）

摩西不但沒聽上帝的吩咐，他更進一步勸上帝息怒，求上帝改變
祂的心意，不要懲罰那些觸犯祂戒命的以色列人。結果上帝不但
沒怪他，還接受他的陳情，對以色列人寬大處理，「於是耶華對
祂說要降災給祂的子民的事便顯出柔和的跡象」。這完全不符合
張希宇、張幼林所說的「他唯一的是非標準就是順之者存，逆之
者亡」。就如墨子所說的一樣，上帝大公無私，懲惡揚善，惡人
一定受到懲罰，沒人可以逍遙於天理之外，善人必得到獎賞，沒
有善行不受到神的祝福。更重要的是上帝對世人有無限的愛心，
祂決定懲罰惡人的心意並不一定就一成不變，祂會接受聖潔使徒
對祂合理的訴求，從而改變祂的心意，減輕對觸犯天條的人的懲
罰。

　　此外，在上個世紀末，有些學者如朱鳳瀚開始質疑商代所崇
信的上帝是否真是全能：「祖先神施加於商王以外貴族的權能就
是上帝所不具備的。」[121]朱鳳瀚根據甲骨文的材料說，有紀錄
顯示商人的祖先可以祝福或詛咒商代的諸侯，但卻找不到上帝祝
福或詛咒各諸侯的紀錄，如此他便做了如上的一個結論，稱上帝
未必為全能。其實，在已發現的甲骨中沒有紀錄上帝祝福或詛咒
商代諸侯的文字並不表示上帝就沒有祝福或詛咒諸侯的能力。一
個君王的權力大過諸侯，他能夠幫助或傷害各諸侯，如果說上帝

---

[121] 劉源《甲骨學殷商史研究》（福州：福建人民出版社，2006），頁300。

能幫助或傷害一個君王，卻沒有幫助或傷害各諸侯的能力，那是極端荒謬的說法。甲骨文中所以沒有上帝祝福或詛咒諸侯的紀錄，是因為當時只有君王能跟上帝交通，諸侯已不再具有跟上帝交通的權利。《禮記》說：「郊止天子，社止諸侯，道及士大夫，所以別尊卑，尊者事尊，卑者事卑。」[122]既然諸侯不再跟上帝交通，自然也不會有他們跟上帝之間的關係紀錄。本書下章會詳細說明這是當時君王試圖壟斷上帝恩典的一種結果。朱鳳瀚的論證裏還列舉了先王配偶或時王已故的配偶有協助王室婦女生育的權能，卻沒有列舉上帝和其他神靈協助王室婦女生育的紀錄，這同樣並不表示上帝或其他神靈就沒有協助王室婦女生育的權能，而只能表示說，商朝的王室認為生育一事由先王的配偶或時王已故的配偶協助就行了，沒有必要一定要上帝或別的神靈參與其事。根據《詩經・大雅・生民》的記載，上帝特別祝福了周朝的先祖姜嫄懷孕生子的事跡，此事本書下文會再詳論。基於以上的理由，筆者以為朱鳳瀚等學者的質疑並無理由，根據史書的記載，至晚在堯、舜、禹的時代，當時的人已經確認了上帝全能的本質。

---

[122] 《大戴禮記・禮三本》，頁 98。《荀子》和《史記》記述著同樣的規定。

第二章　大禹治水

　　堯、舜之後的禹也是一個傳奇性的領導，他一生卓著的功業之一便是治水。他的父親鯀治水治了九年，最後雖然失敗，堯依然封他為諸侯，鯀不知足，在舜即位的時候叛變被殺：

> 堯以天下讓舜。鯀為諸侯，怒於堯曰：「得天之道者為帝，得地之道者為三公。今我得地之道，而不以我為三公。」以堯為失論。欲得三公。怒甚猛獸，欲以為亂。比獸之角，能以為城；舉其尾，能以為旌。召之不來，仿佯於野以患帝。舜於是殛之於羽山，副之以吳刀。禹不敢怨，而反事之，官為司空，以通水潦，顏色黎黑，步不相過，竅氣不通，以中帝心。[1]

舜並沒因鯀叛變而誅連他的九族，禹也沒因舜殺父而產生跟舜有不共戴天的仇恨，當時公天下的人際關係跟後世受到儒家影響之後所產生的誅九族和不共戴天的想法可說大相徑庭。舜不但沒殺禹，反而繼續用禹來治水，這與後世私天下用人的原則完全相

---

[1] 呂不韋《呂氏春秋・恃君覽・達鬱》（上海：上海古籍出版社，2002），下冊，頁 1398。《尚書・舜典》說當時的人支持舜處置鯀的事件：「竄三苗於三危，殛鯀於羽山，四罪而天下咸服」（上冊，頁5）。

悖，但是卻與聖經的教導若合符節：「他制止他的手欺壓窮人，他不收取利息也不多拿，他遵守我的誡命，行走我的道路，他不會因他父親的罪而死，他絕對可以活下去 מֵעָנִי הֵשִׁיב יָדוֹ נֶשֶׁךְ וְתַרְבִּית לֹא לָקָח מִשְׁפָּטַי עָשָׂה בְּחֻקּוֹתַי הָלָךְ הוּא לֹא יָמוּת בַּעֲוֹן אָבִיו חָיֹה יִחְיֶה׃ 。」（以西結 18:17）堯、舜時代公天下的精神與西洋基督教的思想一致，在此再次得到證明。

孟子說禹在外八年三次經過家門都沒進去：「禹八年於外，三過其門而不入」；[2]《史記》又加了五年，說他「居外十三年，過家門不敢入」，[3]這是經過後世渲染的結果多加的年數。根據《墨子·七患》的記載：「《夏書》曰：『禹七年水。』」[4]禹在外應該如《墨子》早期的記載是七年，不是後來經過誇張渲染所說的十三年。禹顯然有一種高超的使命感，為了治水，他可以置家庭於不顧，這是典型的公天下精神，若照後世儒家的想法，他出門在外七年，路過家門連進去跟家人打個招呼都不打，是絕對不近人情，或大逆不道，但是公天下的道德觀念很顯然跟後世不太一樣，孔子說禹「菲飲食，而致孝乎鬼神」，[5]這跟墨子的說法相同，是可信之詞：「古者聖王必以鬼神為，其務鬼神厚矣」。[6]禹那個時代強調的不是人，而是天或神，禹生活的中心重心與基礎是建立在神的身上，而不是在他父母親家人的身

2　《四書集註·孟子·滕文公上》，卷 3，頁 74。

3　司馬遷《史記·夏本紀第二》，頁 24。

4　孫詒讓《校補定本墨子閒詁·七患第五》（臺北：藝文印書館，1981），頁 67。

5　《四書集註·論語·泰伯第八》，頁 54。

6　孫詒讓《校補定本墨子閒詁·非儒下》，頁 453。

上，神要禹把大水治好，禹當然心無旁騖，一心治水，「是故禹之為水，以身解於陽肝之河」。[7]孟子解釋禹是因為想到別人快要溺斃就如同自己要溺斃一般，「禹思天下有溺者，由己溺之也」，[8]所以他會八年三過其門而不入，這種說法相當牽強，因為幫助旁人，以致不顧自己的親人，就孔孟所提倡的思想來看是不合理而自相矛盾的。禹秉持著神的旨意，嘔心瀝血，用心治水，終於成功，舜因此把王位讓給他。禹「致孝乎鬼神」及「必以鬼神為，其務鬼神厚矣」的做法跟孔子以後所強調的儒家精神有分道揚鑣的趨勢，孔子既然主張遠離鬼神，堯、舜、禹所推崇的「致孝乎鬼神」及「必以鬼神為，其務鬼神厚矣」的做法即不再適用，孝順的對象自然有了空前巨大的調整，而落到一個人的父母身上，從此人取代了神而成為最重要的孝順的對象。《中庸》引述孔子一段有關孝道的話說：「子曰：『武王、周公，其達孝矣乎！夫孝者：善繼人之志，善述人之事者也。』」[9]孔子完全就人際關係來解說私天下時代武王和周公的孝道觀念，如果兒子服從父親，「父作之，子述之」，[10]父親死後，兒子仍能繼承父親的遺志，就孔子來說，就是孝，「事死如事生，事亡如事存，孝之至也」。[11]孟子發揮孔子的說法說：「孝子之至，莫大乎尊親，尊親之至，莫大乎以天下養」，[12]「尊親」而不是尊神

---

[7]　劉安《淮南子・修務訓》，下冊，頁 1983。

[8]　《四書集註・孟子・離婁》，頁 122。

[9]　《四書集註・中庸》，頁 13。

[10]　《四書集註・中庸》，頁 12。

[11]　《四書集註・中庸》，頁 14。

[12]　《四書集註・孟子・萬章上》，頁 132。

在孔孟以後的儒家傳統中以是成了孝順思想的主流。更令人嘆為
觀止的是孟子主張要一個人把整個天下都獻給雙親，「莫大乎以
天下養」，如此，別人的死活在孟子講求孝順雙親的前提下便都
可以犧牲。

　　現代學者喜歡將公天下時代的歷史解釋成落後原始部落發展
中必然的現象，例如徐中舒在《先秦史記講義》中就說：

> 根據民族學的研究和前述契丹、夫餘、蒙古族和滿族的推
> 舉制度來看，我們認為所謂禪讓制度，本質上就是原始社
> 會的推舉制度……一個人被推舉為酋長，或者前一個酋長
> 為後一個酋長代替，都是原始社會的必然規約，談不上被
> 推舉的人是什麼聖賢，充其量不過是當時被人認為有主持
> 公共事物能力的一些人而已。[13]

曾幾何時漢族中國人的子孫居然把他們祖先早已邁入先進農業文
明的成就看成如同契丹、夫餘、蒙古和滿族的落後游牧文化了，
撇開混淆事實不談，單就其所舉的游牧民族來說，筆者找不出有
跟漢族堯、舜、禹同樣崇高偉大的領袖，更不必提他們所遺留給
後世子孫同樣偉大崇高的政治文化理念，雖然孔子與禹的思想行
為大相徑庭，但是禹雄偉的器識與胸襟，即令孔子也不能不大加
讚嘆：「致孝乎鬼神」，決非一般落後的原始部落所能望其項背
的。這些理念不僅是契丹、夫餘、蒙古和滿族的游牧文化所無，
也是世上埃及、巴比倫及印度三大古文明所欠缺的。再看他書中

---

[13]　徐中舒《先秦史記講義》（天津：天津古籍出版社，2008），頁 27。

稍後的解釋，連他自己也承認與公天下時代約略相當的早期仰韶文化已經超過了一般原始部落：「是有著相當進步的農業的，有著發達的制陶的技術的，它的居民是一個掌握了比較發達的高等農業的民族。」[14]他稍後又說，大禹治水的故事也顯示，當時的水利工程應該也有了相當高度的發展。他先把堯、舜、禹看成是類似原始部落的成員，隨後又說他們不是那麼原始落後，而是已經進入「高等農業」社會的成員，他們的水利工程應該也有相當高度的發展。先後矛盾如此，令人摸不清他的思維究竟是什麼，筆者所能得出的結論就是他可能是為了反對而反對，硬要將其祖先堯、舜、禹視為游牧民族似的人物，硬要將其文化貶成游牧民族似的文化，他所說的已不再是客觀的理論了。

私天下的起源

禹在位十年，去世的時候把王位讓給他的同事益，根據孟子的說法，當時一般人不支持益，而擁護他的兒子啟，三年之後，益讓位給啟，啟因此成為夏朝的第一個君王。從此以後，中國的王位開始傳給兒子，從公天下變成私天下的制度：

> 萬章問曰：「人有言：『至於禹而德衰，不傳於賢而傳於子。』有諸？」孟子曰：「否，不然也。天與賢，則與賢；天與子，則與子。昔者舜薦禹於天，十有七年，舜崩。三年之喪畢，禹避舜之子於陽城。天下之民從之，若

---

[14] 徐中舒《先秦史記講義》，頁38。

堯崩之後，不從堯之子而從舜也。禹薦益於天，七年，禹
崩。三年之喪畢，益避禹之子於箕山之陰。朝覲訟獄者不
之益而之啟，曰：『吾君之子也。』謳歌者不謳歌益而謳
歌啟，曰：『吾君之子也。』丹朱之不肖，舜之子亦不
肖。舜之相堯，禹之相舜也，歷年多，施澤於民久。啟
賢，能敬承繼禹之道。益之相禹也，歷年少，施澤於民未
久。舜、禹、益相去久遠，其子之賢不肖，皆天也，非人
之所能為也。莫之為而為者，天也；莫之致而至者，命
也。匹夫而有天下者，德必若舜禹，而又有天子薦之者，
故仲尼不有天下。繼世以有天下，天之所廢，必若桀紂者
也，故益、伊尹、周公不有天下。」[15]

孟子的說法在中國流傳了兩千多年，向來被視為經典之論，[16]其
實它有很大的問題，其中最大的問題就是益既不是暴君，也不是
昏君，而是一個賢君，他毫無疑問得到了當時人民的支持。根據
司馬遷的《史記》，益最初是堯信任的臣子，「禹、皋陶、契、
后稷、伯夷、夔、龍、倕、益、彭祖自堯時而皆舉用」，[17]他的
表現顯然很好，因為舜即位以後，他繼續幫助舜處理國家大事；
益不但幫舜處理國事，在禹即位以後，他也繼續幫禹處理國事；
最重要的是，在禹去世的時候，禹還把王位傳給了他，而沒傳給

---

[15] 《四書集註・孟子・萬章上》，頁 134-135。
[16] 這種說法直到這個世紀還被傳頌：「啟之所以為天子，不是父親傳下來
的，乃天下諸侯人民的擁戴。」（彭友生《先秦史新論》〔臺北：蘭
臺出版社，2012〕，頁 81。）
[17] 司馬遷《史記・五帝本紀第一》，頁 17。

他的兒子啟。如果益不是一個賢能的人，他不可能在堯、舜、禹這些聖王的政府中得到重用，更不可能在禹去世的時候會得到王位，禹所以沒有傳位給他的兒子而傳給了益就證明了益確實是個賢能的領導，要不然大禹應該不會把王位傳給益的。《尚書》中的記載支持這種說法，益曾鼓勵舜任用賢能，抑制小人，用心治國，照顧百姓：「吁！戒哉！儆戒無虞，罔失法度。罔遊于逸，罔淫于樂。任賢勿貳，去邪勿疑。疑謀勿成，百志惟熙。罔違道以干百姓之譽，罔咈百姓以從己之欲。無怠無荒，四夷來王。」[18]益也曾經勸過禹說：「惟德動天，無遠弗屆。滿招損，謙受益，時乃天道。」[19]他對禹的箴言流傳了幾千年，到現在早已成了中國人幾乎無人不曉的成語。墨子在〈尚賢上〉中說：「故古者堯舉舜於服澤之陽，授之政，天下平；禹舉益於陰方之中，授之政，九州成」，[20]益幫助禹成就了他的功業，所以益是一個賢君應該是不爭的事實。同時益也不是像孟子所說的「歷年少，施澤於民未久」，他是堯、舜、禹三朝的大臣，到他即位的時候，他應該是朝中的元老重臣了，對國家社會的貢獻理當煥然可觀，絕不會「施澤於民未久」，否則禹也不會讓他繼承王位。禹特別提到當時他治水的時候，國運維艱，益提供肉類的食品給百姓果腹：「洪水滔天，浩浩懷山襄陵，下民昏墊，予乘四載，隨山刊木，暨益奏庶鮮食」，[21]他對百姓的恩惠與當時后稷提供人們穀物食品可說是不相上下。孟子自己在〈滕文公上〉中對益也是讚

18　《漢魏古注十三經・尚書・大禹謨》，上冊，頁9。
19　《漢魏古注十三經・尚書・大禹謨》，上冊，頁11。
20　孫詒讓《校補定本墨子閒詁・尚賢上第八》，頁113-114。
21　《漢魏古注十三經・尚書・益稷》，上冊，頁12。

揚有加：「當堯之時，天下猶未平，洪水橫流，氾濫於天下。草木暢茂，禽獸繁殖，五穀不登，禽獸偪人。獸蹄鳥跡之道，交於中國。堯獨憂之，舉舜而敷治焉。舜使益掌火，益烈山澤而焚之，禽獸逃匿。禹疏九河，瀹濟漯，而注諸海；決汝漢，排淮泗，而注之江，然後中國可得而食也。」[22] 孟子自己在〈滕文公上〉中把益對中國的貢獻跟大禹治水的功績相提並論，但在〈萬章上〉中又自我矛盾把益說成「歷年少，施澤於民未久」，孟子在〈萬章上〉中對益的說辭之不可信賴由此可見。要清除危害人的毒蛇猛獸，益不但需要知識，而且需要勇氣，結果益克服了猛獸，禹克服了洪水，益和禹一樣，都是不折不扣的英雄，應該是可信的史實。

　　另外一個孟子忽視了的重要因素就是益是合法繼位的君王，當時的人民不會沒有理由自找麻煩，糊塗到抵抗一個合法的賢君，而去擁護一個沒有什麼合法身分的啟。孟子所以聲稱當時的老百姓抵制他們合法的賢君去支持非法的啟，應該是受到夏朝建立以後官方宣傳的影響而產生的一廂情願的想像之詞。孟子在〈萬章上〉所說的中國老百姓幾乎個個都像是渾身充滿正氣無條件擁護啟的義士，為了對他父親大禹表示感激，將國家的體制置之不顧，蔑視國家決定的合法領導人，毫無顧忌的表現出叛離的跡象。但是在〈梁惠王下〉，孟子有關老百姓的說辭卻有些不同甚至矛盾之處：

　　　孟子對曰：「臣聞七十里為政於天下者，湯是也。未聞以

22　《四書集註·孟子·滕文公上》，頁 73-74。

千里畏人者也。《書》曰：『湯一征，自葛始。』天下信
之。『東面而征，西夷怨；南面而征，北狄怨。曰，奚為
後我？』民望之，若大旱之望雲霓也。歸市者不止，耕者
不變。誅其君而弔其民，若時雨降，民大悅。《書》曰：
『徯我后，后來其蘇。』」[23]

在上引的文字裡，那些老百姓並不叛離他們痛恨的君王夏桀，而
只是從旁觀望，雖說他們支持湯，但是在行動上，他們並不像孟
子在〈萬章上〉所說的，會自動跑到啟那個陣營裡去，而似乎只
是在等待觀望。當然，另外還有一個可能性，就是益為人友善，
給人自由，所以老百姓可以自由自在的投向啟的敵對陣營中去，
而桀為人凶殘，嚴厲懲處那些背離他的人，所以老百姓不敢公開
投奔到湯的陣營中去。這種說法便又產生一個問題，即是那些老
百姓除了等待別人為他們犧牲以外，還有欺善怕惡的陋習。孟子
這兩種對老百姓不同的說法，證之史實，應該是第二種，即他在
〈梁惠王下〉的說法比較可信。本書第三章會提到孟子在〈梁惠
王下〉說到的老百姓跟商湯所說的老百姓興味相同，商湯要討伐
暴虐殘酷的夏桀，那些老百姓的反應是只要把自己的田種好就行
了，至於國家領導夏桀的暴虐殘忍行為能夠不理最好不理，大家
都不願被牽扯進去，如果不是商湯用武力死刑威脅他們，他們大
概會無動於衷，拒絕出師：「今爾有眾，汝曰：『我后不恤我
眾，舍我穡事而割正夏。』」

《史記・燕召公世家》提出了另外一種關於公天下轉變成私

---

[23] 《四書集註・孟子・梁惠王下》，頁28。

天下的原因，它跟孟子不同，既不說益「歷年少，施澤於民未久」，也不說「朝覲訟獄者不之益而之啟」，而是說禹居心叵測，為人不正：

> 禹薦益，已而以啟人為吏。及老，而以啟人為不足任乎天下，傳之於益。已而啟與交黨攻益，奪之。天下謂禹名傳天下於益，已而實令啟自取之。[24]

照上述〈燕召公世家〉的說法，禹早就有心傳位給他的兒子，並且也安插啟的手下到政府的各個單位，幫他兒子做了繼位的準備，只是因為時機還不成熟，禹便暫且把王位傳給益，等啟準備妥當，再由啟和他的手下去奪取益的王位。這種說法與歷來相傳禹是一個為天下而犧牲個人與家庭利益的說法相違背，把禹看成一個居心叵測，圖謀不軌的小人，在沒有證據的情況下，只能當做閒話，不能以真理來對待。再者，照同樣的說法，如果禹真有心傳位給他兒子，他既然已經把支持啟的下屬安插到政府中的各個崗位，他大可以公開宣佈把王位傳給他兒子，因為照孟子的說法，益是自動讓位給啟的，所以啟合法繼位，益當然不會反抗，禹沒有必要轉彎抹角偷偷摸摸地做他原可以公開正大進行處理的事情。

　　此外，啟在中國的古籍中並非是一個眾口皆碑的賢君。例如

---

[24] 司馬遷《史記‧燕召公世家》，第二冊，卷三十四，頁 956。李學勤沿承此一說法，在《中國古代文明與國家形成研究》（昆明：雲南人民出版社，1997）中稱禹「支持、縱容兒子啟的『僭取』活動」（頁328）。

墨子就說啟是個荒淫的君主：「於武觀曰：『啟乃淫溢康樂，野
于飲食，將將銘莧磬以力，湛濁于酒，渝食于野，萬舞翼翼，章
聞于大，天用弗式。』故上者天鬼弗戒，下者萬民弗利。」[25]由
於孟子對啟的讚譽，不少學者對墨子的話表示懷疑，如惠棟主張
墨子的文字傳抄有誤：「『啟乃』當作啟子。」江聲跟著也說：
「啟子五觀也，啟是賢王，何至淫溢。」但是孫詒讓（1848-
1908）駁斥他們的說法，認為墨子所說無誤：「『乃』非子之誤
也，竹書紀年及山海經皆盛言啟作樂。楚辭離騷亦云：『啟九辯
與九歌兮，夏康娛以自縱。不顧難以圖後兮，五子用失乎家
巷。』並古書言啟淫溢康樂之事，淫溢康樂即離騷所謂康娛自縱
也。」[26]誠如孫詒讓所言，約略與孟子同時的屈原，在他有名的
〈離騷〉中就表示出與孟子截然不同的看法。在討論歷代的君主
時，屈原不但沒把啟當做賢君，反而把他列在昏君之列：

> 啟九辯與九歌兮，夏康娛以自縱。不顧難以圖後兮，五子
> 用失乎家巷。羿淫遊以佚畋兮，又好射夫封狐。固亂流其
> 鮮終兮，浞又貪夫厥家。澆身被服強圉兮，縱欲而不忍。
> 日康娛而自忘兮，厥首用夫顛隕。夏桀之常違兮，乃遂焉
> 而逢殃。后辛之菹醢兮，殷宗用而不長。[27]

在屈原眼中，啟跟桀紂屬於同一範疇，沒有很大的區分，可以同
列昏君之榜。由墨子及屈原所提供的例證來看，啟在古代的傳聞

25　墨子《墨子·非樂上》，上冊，卷八，頁485-488。
26　墨子《墨子·非樂上》，上冊，卷八，頁486。
27　屈原《楚辭集注》（臺北：藝文印書館，1967），頁30-32。

中，並不一定完全像孟子所企圖塑造的是一個每人都崇敬的君王，反而可能是個縱慾短視的人物：「夏康娛以自縱。不顧難以圖後兮」。墨子及屈原所提出的與孟子相反的看法進一步肯定了啟篡位的可能性。

因為上述各種理由，筆者以為上博楚簡的記載：「禹於是乎讓益，啟於是乎攻益自取」，《韓非子》中所紀錄的燕國潘壽的話：「啟與友黨攻益而奪之天下」[28]與《古本竹書紀年》中所說的「益干啟位，啟殺之」，[29]應該是合理可信的事實。筆者在第一章中討論堯、舜的禪讓時，曾指出韓非當時覺察到一些有「姦邪之意」的臣子，為一己奪權篡位做理論上的準備，對堯、舜、禹禪讓的史事進行再詮釋的工作。《古本竹書紀年》全盤推翻了堯、舜、禹禪讓所有的史事，上博楚簡只重新詮釋了啟繼位的史事：「堯以天下讓於賢者……禹於是乎讓益，啟於是乎攻益自取」，而郭店楚簡卻全面維持堯、舜、禹禪讓的說法。令人注意的是，在啟繼位的事情上，燕國的潘壽，與上博楚簡所持的觀點一致，但是在堯、舜、禹禪位的事情上，《上博楚簡》卻依然承認堯、舜、禹禪位的史事：「堯以天下讓於賢者……禹於是乎讓益」，而燕國的潘壽也同樣承認堯禪位的史事：「潘壽謂燕王曰：『王不如以國讓子之。人所以謂堯賢者，以其讓天下於許由，許由必不受也，則是堯有讓許由之名而實不失天下也。今王以國讓子之，子之必不受也，則是王有讓子之之名而與堯同行

28　韓非《韓非子‧外儲說右上》，卷十四，頁 340。

29　房玄齡等《晉書‧帝紀第三》，十冊（北京：中華書局，1974），第一冊，卷三，頁 70；方詩銘、王修齡《古本竹書紀年輯證‧夏紀》（上海：上海古籍出版社，2008），頁 2。

也。』」兩者只否定了益禪位給啟一事，而並沒像《古本竹書紀
年》一般全盤否定堯、舜、禹禪讓的史事。顯然，當重新詮釋古
史的呼聲高漲之際，有些學者如上博楚簡的作者和潘壽覺得益禪
位給啟的傳統說法太過牽強，因此他們得到相同的結論，就是啟
必然是背叛了益，奪了權，篡了位。因此在再闡釋的呼聲之中，
上博楚簡和潘壽代表理性派，主張對上古禪讓的紀錄做局部適當
的修改；《古本竹書紀年》代表激進派，主張對上古禪讓的紀錄
做全面的翻盤改動。雖然他們都沒有解釋他們是怎麼得到啟奪權
篡位的結論，但是筆者在上邊的分析，應該也是他們用來推翻傳
統說法的理由根據。

　　當然，啟殺益做了君王以後，他要說人民多麼支持他，反對
他的人應該不是很多，即使有人反對，他們的結局應該也都不會
太好，那些不聽話所謂的「頑固分子」被處死以後，反對的聲音
應該就逐漸平息了。啟即位以後，黃帝的後裔有扈氏叛變。這件
事發生的原因史書沒有詳說，筆者以為它跟啟取代益為君主有
關，要不然我們很難解釋為什麼在堯、舜、禹那麼賢能的領導
下，禹死了才三年就有叛變發生。禹既然把王位讓給益，而益跟
禹、后稷都是堯、舜所重用的賢臣，照理說益應該掌管天下，而
最後的王位卻被啟取得，有扈氏顯然不支持啟，因為他在啟即位
不久之後便起來反抗，在這種情況下他有可能是反對私天下制度
的實施；雖然他最後失敗，他的反抗在歷史上應該有特殊的意
義。《淮南子·齊俗訓》說：「有扈氏為義而亡」，[30]指的應該
就是啟篡位的事。有扈氏的消滅也意味著啟為了鞏固權力，會對

30　劉安《淮南子·齊俗訓》，下冊，頁 1178。

那些對他構成威脅的各個諸侯勢力展開有計劃的清除行動。《尚書・堯典》中的記載說「百姓昭明，協和萬邦」，[31]顯示在堯、舜時期，約有一萬個諸侯國。《墨子・非攻下》也有同樣的說法，「古者天子之始封諸侯也，萬有餘。」[32]《左傳・哀公七年》繼承同樣的說法，說在禹的時候，這種情形並沒太多改變：「禹合諸侯於塗山，執玉帛者萬國。」但是經過啟和夏朝後代君王三百多年的清除行動，到了桀的時候，根據《逸周書・殷祝》的說法，只剩下約三千左右，「湯放桀而復薄，三千諸侯大會。」[33]本書下文會提到，到了周武王的時候，就更少了，只剩下八百個左右：「周武王之東伐，至盟津，諸侯叛殷會周者八百。」[34]再到秦始皇消滅各諸侯國的時候，一個也不剩了，一人獨霸的體制在中國便從此徹底建立。

　　雖然堯、舜、禹的事跡是幾千年前的事情，但是他們所遵行倡導的聖潔的公天下精神是不朽的，堯、舜、禹他們自己本身不但非常賢能，而且能不死抓著權力不放，願意把權位交給其他賢能，不一定要給自己的兒子，這些都是非常難能可貴的聖潔的公天下精神，值得後人緬懷學習。現代有些學者如王玉哲，從社會學的角度來解釋堯、舜、禹傳位的典範，以為全是母系社會中所必然產生的現象：

　　　在母系氏族社會裏，兒子屬於他們的母親的氏族，兒子與

31　《漢魏古注十三經・尚書・堯典》，上冊，頁3。

32　《校補定本墨子閒詁・非攻下》，頁297。

33　黃懷信《逸周書校補注譯》（西安：三秦出版社，2006），頁381。

34　《史記・殷本紀》，第一冊，卷3，頁49。

父親不屬於同一個氏族。父親的財產或職位，當然不能傳
給異族的人。父親死後，其財產和職位只有另從父親的氏
族內選舉繼承人了。[35]

這種說法扭曲了事情的真相。首先，現在沒有證據可以證明堯、
舜、禹的社會是一個母系的社會。其次，即使堯、舜、禹的社會
如其所言是一個母系社會，歷史證明，中國政權的轉移，無論是
在同一個家族中進行，或者是由一個家族轉移到另一個家族，不
但經常發生暴力，而且繼任者又往往無德無能，與堯、舜、禹通
過和平轉讓的程序將權利轉交給賢能，兩者相較，如同水火，完
全不能相提並論。最後，《聖經》證明在以神為基石的父系社會
中，政權的轉移，在正常的狀況之下，完全是以和平的程序進
行，由一個賢能傳給另一個賢能，如摩西將政權轉交給約書亞即
是：「嫩的兒子約書亞充滿了智慧的靈，因為摩西曾將他的雙手
按在他的頭上，以色列的子女便聽從他，遵行耶華對摩西的教
導」（申命記 3:49）。堯、舜、禹的社會如同《聖經》中所描
述的以先知為領導的社會一般，也是以神為他們社會的基石，所
以他們政權的轉換即與《聖經》中所描述的一般，全以和平的方
式進行，將政權轉交給神所揀選的賢能人士。

在中國漫長的歷史歲月中，中國的思想文化社會政治體制歷
經了無數的變更改動，但是沒有任何一個事件是比由公天下轉變
到私天下更重大、更深遠、更具影響力、更具毀滅性、更驚天動
地的了。在中國由公天下變成私天下不僅意味著大地江山的疊

---

[35]　王玉哲《中華遠古史》（上海：上海人民出版社，2000），頁 139。

斷，從此一個人可以理直氣壯的說這是趙家的天下，愛新覺羅的江山，使得所有的中國人變成了一個人的奴婢；它更可悲的形成了國家領導對天的壟斷的局面，切斷了人神之間原有的密切關係，使得神所具備的超自然、超人類、超時空的聖潔大公的精神在中國人的靈魂中逐漸消褪；它鑄造的桎梏，使得中國人常常陷入呼天不靈、呼地不應、走投無路的死域之中。如此一件泣鬼神、動天地的事件卻被孟子輕描淡寫的一筆帶過，而且說的堂而皇之，給卑鄙無恥的篡弒披上美麗無比的外衣，讓中國人的後代誤以為公天下轉變成私天下不但不是一件邪惡的事，反而是值得後人讚美的好現象。中國歷史上的政治動亂連續不絕，從未徹底中斷，特別是近幾百年來災難頻仍，歸根結底是喪失了中國遠祖聖潔的公天下思想，中國要富強安定勢必要立基於聖潔的公天下精神之上，不能重蹈以往的覆轍。

第三章　神人同工：后稷的出生

　　周朝的起源是一篇很美而又玄妙的詩篇。根據《詩經・大雅・生民》的記載，周始祖后稷的出生，充滿了神奇性，堪稱奇跡：

　　厥初生民、時維姜嫄。生民如何、克禋克祀、以弗無子。
履帝武敏歆、攸介攸止、載震載夙、載生載育、時維后
稷。誕彌厥月、先生如達、不坼不副、無菑無害。以赫厥
靈、上帝不寧、不康禋祀、居然生子。誕寘之隘巷、牛羊
腓字之。誕寘之平林、會伐平林。誕寘之寒冰、鳥覆翼
之。鳥乃去矣、后稷呱矣、實覃實訏、厥聲載路。誕實匍
匐、克岐克嶷、以就口食。藝之荏菽、荏菽旆旆、禾役穟
穟、麻麥幪幪、瓜瓞唪唪。誕后稷之穡、有相之道。茀厥
豐草、種之黃茂。實方實苞、實種實褎、實發實秀、實堅
實好、實穎實栗。即有邰家室。誕降嘉種、維秬維秠、維
穈維芑。恆之秬秠、是穫是畝。恆之穈芑、是任是負。以
歸肇祀。誕我祀如何。或舂或揄、或簸或蹂。釋之叟叟、
烝之浮浮。載謀載惟、取蕭祭脂、取羝以軷。載燔載烈、
以興嗣歲。卬盛于豆、于豆于登。其香始升、上帝居歆。

胡臭亶時、后稷肇祀、庶無罪悔、以迄于今。[1]

〈生民〉這首詩是詩經中少見的詩史之一，篇幅頗長，詳述周民族的誕生，后稷的成長過程，及他對周室與中國的貢獻。詩一開始介紹后稷的生母姜嫄，說她像《聖經‧撒母耳記》中的韓娜一樣，因為起初一直沒有孩子，所以她就對上帝祭祀禱告，祈求上帝給她一個兒子：「厥初生民，時維姜嫄。生民如何？克禋克祀，以弗無子。」[2]在她禱告以後，有一天她在室外看見一個巨人的腳印，就有意無意地踏在那個腳印大拇指的部分，結果她竟因此懷孕：「履帝武敏歆，攸介攸止，載震載夙。載生載育，時維后稷。」她在這種不尋常的情況之下懷孕，心中不安，所以在懷孕期間，她就不再祭祀，希望上帝因為她拒絕祭祀，會不喜悅，而不讓這個小孩出生。可是上帝的旨意不是她的旨意，神的愛心遠遠的超過她的想像，這個小孩還是生下來了。同時在他出生的時候，奇怪的事又發生了──她生的時候，產門沒裂：「誕彌厥月，先生如達。不坼不副，無菑無害。以赫厥靈。上帝不寧，不康禋祀，居然生子。」因為這種種奇異的事，所以在后稷生下來以後，他們就把他丟棄了。那時正好是冬天，外邊冷的結冰，小孩被丟棄以後，很奇怪的是，牛和羊就走過來餵他奶吃；天上的鳥看見了，也飛下來，用羽毛遮蓋他的身體，保持他的體溫：「誕寘之隘巷，牛羊腓字之。誕寘之平林，會伐平林。誕寘之寒冰，鳥覆翼之。」當他母親見到這些奇異的現象以後，心想

1　程俊英、蔣見元，《詩經注析‧大雅‧生民》（北京：中華書局，1987），下冊，頁950。

2　程俊英、蔣見元，《詩經註析》，下冊，頁950。

他可能是一個神，就改變初衷，而決定收養他。這就是周朝始祖的名字叫棄的原因，甲骨文中的「棄 🖾」就是一個人用兩隻手把一個嬰兒放在畚箕裡丟出去的字形。

棄的母親在老天不斷的示意之下，改變她當初的想法，不再敵視老天的作法，開始接受老天的旨意，跟老天一起撫養棄，讓他長大成人，這是非常難能可貴的反應。因為她願意跟神同工，周朝的始祖棄得以順利成長，此後奠定了周朝建國的基業，這在周朝的歷史上是可歌可頌深具意義的重大事件。

棄這個人確實不凡，他長大以後有農業的天才：「誕后稷之穡，有相之道。茀厥豐草，種之黃茂。實方實苞，實種實褎。實發實秀，實堅實好，實穎實栗。」他知道怎麼種植不同的農作物，堯因此命他掌管全國的農業。在他的教導策劃之下，農業很顯然變成了中國立國的基礎，這也就是周人為什麼叫他們的始祖后稷的原因，因為「后」在甲骨文中表示一個人君臨天下的意思。更難得的是，后稷這個人知道感恩，他在稻麥諸種農作物豐收以後，就祭天表示他的謝忱：

> 卬盛於豆，於豆於登，其香始升。上帝居歆，胡臭亶時。
> 后稷肇祀，庶無罪悔，以迄於今。

根據《詩經》的說法，周朝人祭天感恩的作法，應該是從后稷開始的。在古今中外所有的行業中，大概沒有比農夫更能感受到天候的重要，更須要依靠天氣的陰晴雨雪而生活。身為全國農業的策劃領導人，后稷很清楚地看到這點，所以他的祭祀感恩是要確保人天的和諧關係以及周朝社會的穩定與繁榮。

　　司馬遷從他所得到的史料對《詩經‧生民》中棄出生成長的過程，提供了比較詳盡的解釋：

> 周后稷名棄，其母有邰氏女曰姜原，姜原為帝嚳元妃。姜原出野，見巨人跡，心忻然說，欲踐之，踐之而身動如孕者。居期而生子，以為不祥，棄之隘巷，馬牛過者皆辟不踐；徙置之林中，適會山林多人，遷之；而棄渠中冰上，飛鳥以其翼覆薦之。姜原以為神，遂收養長之。初欲棄之，因名曰棄。[3]

司馬遷從史學家的角度來敘述棄的生長過程，引用他所知道的史事來證明《詩經‧生民》那篇作者的觀點，同意其出生成長之事為奇跡。司馬遷引述的史事與《詩經》中所描繪的細節不完全相同，可以彌補《詩經》因行文簡潔而省略不言的地方。

　　〈詩序〉的作者受到儒家「不語怪、力、亂、神」的說法，憑著揣測，解讀〈生民〉此一詩篇為周朝後人為了把周文王和武王的功績歸功於后稷，而美化后稷為神人的作品：「生民，尊祖也。后稷生於姜，文武之功起於后稷，故推以配天。」[4]這種說法相當牽強，因為文武的功績，一般來說，可以歸給父母或祖父母，但是〈詩序〉不把文武的功績歸給父母或祖父母，卻要上推十四代，歸給后稷，不但要歸功給后稷，而且聲稱周人為了歸功於后稷，不得不把他裝點美化成天人，委實不太合乎一般情理。

3　司馬遷《史記‧周本紀》（西安：三秦出版社，1990），第一冊，頁53。

4　《漢魏古注十三經‧詩經注析‧大雅‧生民》，上冊，頁127。

　　中國後世不少學者受到〈詩序〉的影響，對姜嫄懷孕的解釋清一色都否定這件事是人神交通下所孕育的奇跡，他們說周朝人給自己祖宗臉上貼金，大吹特吹，無中生有，把姜嫄的懷孕說成是神奇的事件。他們強調姜嫄的懷孕是完全自然的生理現象，沒有什麼神跡可說，她踏到巨人的腳印只是祭祀儀式中的一部分，同理可推，棄被他的家人丟棄也只是儀式中象徵性的表演，實際上他並不是真的被遺棄：

> 履跡乃祭祀儀式之一部分，疑即一種象徵的舞蹈。所謂「帝」實即代表上帝之神尸。神尸舞於前，姜嫄尾隨其後，踐神尸之跡而舞。其事可樂，故曰「履帝武敏歆」，猶言與尸伴舞而心甚悅喜也……舞畢而相攜止息於悠閒之處，因而有孕也……詩所紀既為祭時所奏之象徵舞，則其間情節，去其本事之真相已遠，自不待言。以意逆之，當時實情，祇是耕時與人野合而有身，後人諱言野合，則曰履人之跡，更欲神異其事，乃曰履帝迹耳。[5]

周朝是中國歷史上最長的朝代，約八百年之久，當初建國的領袖都非常賢能，歷代的賢人也不少，像文王、武王、成王、康王及周公都是中國歷史上一般人素來推崇的人物，在沒有證據之下，憑空猜臆，把他們一竿子打倒說成騙子是不太能令人信服的事。此外，這些把神跡掃除的　乾二淨的說法本身有很大的問題，因

---

[5]　聞一多《聞一多全集・姜嫄履大人跡考》（上海：開明書店，1948），第一冊，頁73。

為棄出生的過程異常順利，姜嫄沒有什麼分娩的掙扎與痛苦，她的產門沒有破裂，現代醫生在幫助婦女生產的時候，如果她們的產門沒自然裂開，一般都要施行手術，在婦女的產門上劃個小缺口，使產門擴大，好讓嬰兒順利脫離母體，所以棄的母親在生棄的時候沒什麼分娩的掙扎與痛苦，產門也沒裂開的現象的確是不太尋常的，這不能說成是象徵；更有甚者，棄被丟棄以後，詩中又描寫說鳥獸對他特別保護，樹林中也無巧不成書正好有人在伐木，那又怎麼說呢？不能也說那些都是象徵。最後，如果棄被丟棄的記載只是儀式中象徵的一部分，那麼為什麼單只是姜嫄的兒子名叫棄，別人都不那麼叫。其實歷史證明，周人並不是一心只給他們的祖先臉上貼金，無中生有，棄的確是中國遠古的農業天才，他奇跡似的出生，在世界史上不是絕無僅有的例子，西方先進的文明國家也全把耶穌看成是神的兒子，周人為了感恩，特別把他們祖宗的神奇事跡給記述下來，供後代追思，這是中國古人孝敬的作風。本書下文會提到，《禮記》中所說的「天子有善，讓德於天」，[6]就是直接秉承了后稷感恩的精神。西方人一般都以他們能跟神有特別的關係而感到榮耀，反觀現代的中國人不但不接受他們祖先的傳述，反而一定要堅持把他們的祖宗全部抹黑，都說成騙子，這不能不說是令人驚異扼腕的事。

　　有些學者對中國公天下時代所崇信的上帝與當時的人互動的關係有所誤解，比如宋鎮豪就說：

　　　　在這一信仰系統中，上帝始終只是消極、被動的祈求對

6　《漢魏古注十三經‧禮記‧祭義》，上冊，卷14，頁175。

象，並且只有貴族統治者握有這方面的祭祀權，早先上帝崇拜中那部分帶有支配全民生活的神性，也因古代王權的逐漸強化而未能充分展開，僅變為威臨下民而「克昌厥後」，確保最高統治集團階級利益的精神支柱，這點與西方基督教的全民性上帝崇拜，是截然不同的。[7]

后稷並不是君王，他也不是王儲，他是長大以後，因在農業方面取得重大成就，才被堯任命為掌管農業的臣子，在他仍然只是一般平民時，上帝就已經主動地跟他互動，處處保護他，帶領他，所以宋鎮豪說神「只是消極、被動的祈求對象」與《詩經》的記載不合。

　　上文提到棄的故事跟《聖經》中瑪利亞處女懷孕的事情有點相似。瑪利亞在跟約瑟夫定親以後，他們還沒有合房以前，因聖靈的感動而懷孕。她的丈夫跟后稷的家人一樣，覺得不安，就想退親，把她給休了。但在他還沒退親以前，聖靈在他的夢中告訴他：「μὴ φοβηθῇς παραλαβεῖν Μαρίαν τὴν γυναῖκά σου· τὸ γὰρ ἐν αὐτῇ γεννηθὲν ἐκ πνεύματός ἐστιν ἁγίου. τέξεται δὲ υἱόν, καὶ καλέσεις τὸ ὄνομα αὐτοῦ Ἰησοῦν· αὐτὸς γὰρ σώσει τὸν λαὸν αὐτοῦ ἀπὸ τῶν ἁμαρτιῶν αὐτῶν. 不要怕把瑪利亞你的妻子娶回家，因為她懷的胎是從聖靈來的。她會生個男孩，你要叫他耶穌這個名字，因為他會將他的子民從罪惡中拯救出來」（聖經・馬太 1:20-21）。在西方，瑪利亞跟耶穌的事跡受到歷久不衰的頌

7　宋鎮豪《夏商社會生活史》（北京：中國社會科學出版社，1994），頁 454。

揚；可是在中國，棄跟他母親的名字一般人已經不太知道。雖然后稷在農業及祭祀方面的發揚，對中國有深遠的影響，但是現在他的子孫已漸漸把他的行事給淡忘了。一般讀過他的故事的人，也只把它當作神話來看，不再像周人一樣崇敬他。

「絕地天通」

在結束討論后稷的事迹之前，筆者覺得有必要澄清現代學術界對堯、舜時代的信仰一個相當普遍的誤解。《尚書·呂刑》中有一段描述堯、舜、禹公天下時代德治成就的文字，很多學者時常引用，但卻以負面的角度來解釋其中的含義，將他們的德治曲解成暴政：

> 若古有訓，蚩尤惟始作亂，延及于平民，罔不寇賊，鴟義，姦宄，奪攘，矯虔。苗民弗用靈，制以刑，惟作五虐之刑曰法，殺戮無辜。爰始淫為劓、刵、椓、黥。越茲麗刑並制，罔差有辭。民興胥漸，泯泯棼棼，罔中于信，以覆詛盟。虐威庶戮，方告無辜于上。上帝監民，罔有馨香德，刑發聞惟腥。皇帝哀矜庶戮之不辜，報虐以威，遏絕苗民，無世在下。乃命重、黎，絕地天通，罔有降格。群后之逮在下，明明棐常，鰥寡無蓋。皇帝清問下民鰥寡有辭于苗。德威惟畏，德明惟明。乃命三后，恤功于民。伯夷降典，折民惟刑；禹平水土，主名山川；稷降播種，農

殖嘉穀。三后成功，惟殷于民。[8]

上面這段文字提到公天下特別是堯的時代，苗民不遵守神靈的教導，「苗民弗用靈」，使用嚴酷的刑罰來殘害百姓，「惟作五虐之刑曰法，殺戮無辜」，強迫大家就範，「越茲麗刑並制」，對當時中國民眾造成巨大的傷害。上帝在聽到受害者喊冤求救的哭號之聲以後，對他們大發憐憫之心，於是懲罰苗人，「遏絕苗民，無世在下」。並派遣重、黎，杜絕天地間被邪靈用來侵犯人間危害世人的通路，「絕地天通」。邪靈從此銷聲匿跡，不能再任意降臨世間，肆意侵擾人世，「罔有降格」。上帝同時任用伯夷、禹、稷教養百姓，中國以是大治，「三后成功，惟殷于民」，此一德政與後世君王因個人私慾而企圖壟斷人天交通迥然不同，兩者不可同日而語。

在解釋上述引文中「絕地天通」一詞的時候，現代學者持批評的立場，都振振有辭地說那是君王推行阻止眾人與上帝交往的專制手段。例如張亨在《思文之際論集：儒道思想的現代詮釋》中說：「所謂『絕天地通』可能只是統治者為獨佔這種交通的權利而編造的藉口。」[9]蘇秉琦在同一年出版的《中國文明起源新探》中也說：「與天交流已成為最高禮儀，只有一人，天字第一號人物才能有此權力……這與傳說中顓頊的『絕地天通』是一致的。」[10]李學勤發表了相似的看法：「顓頊進行了『絕地通天』

8　《漢魏古注十三經‧尚書‧呂刑》，上冊，頁 79-80。

9　張亨《思文之際論集：儒道思想的現代詮釋》（臺北：允晨文化實業公司，1997），頁 253。

10　蘇秉琦《中國文明起源新探》（香港：商務印書館，1997），頁 124。

的宗教改革……使宗教事務始為少數人壟斷，逐漸蛻變為階級統治的工具。」[11]余英時在《天人之際：中國古代思想起源試探》中也說：「本書討論『絕地天通』神話曾廣泛參考過現代學人的見解。我的基本論點是：地上人王『余一人』或『天子』通過對於巫術的政治操縱，即巫師所具有的祭祀和占卜之類『神通』，獨佔了與『天』或『帝』交流的特權。」[12]王暉持同樣的看法：「到顓頊時代，便把這種神權收為統治者自己專有，讓南正重去管理神鬼祭祀一類的神事，讓火正黎去管理人間的民事，這樣就把民事與神事徹底分開了，此即『絕天地通』，從此，神事和民事不再雜糅混淆。也就是說統治者把天神祭祀專管起來，交給自己的巫職人員管理，形成了為統治者自己服務的巫史集團；使神權成為自己統治的有力工具。」[13]照他們的詮釋，孔孟所盛讚的開明君主堯頓然成了意圖控制眾人思想的暴君。

　　對《尚書·呂刑》中「絕地天通」的記載，《國語·楚語》中有相當詳盡的解釋，現代學者也常引用其說法，將其當做《尚

---

[11]　李學勤《中國古代文明與國家形成研究》（昆明：雲南人民出版社，1997），頁 203。

[12]　余英時《天人之際：中國古代思想起源試探》（臺北：聯經出版事業公司，2014），頁 28。

[13]　王暉《商周思想文化比較研究》（北京：人民出版社，2000），頁107。張樹國在《宗教倫理：中國上古祭歌形態研究》（北京：人民出版社，2007）中把此一事件看成苗族與天的交通被切斷了：「『絕地天通』，使苗民祀天地的資格也被取消了，『罔有降格』，即神不再下降，苗民的巫師也不能上天，從此以後這個部族就成了天地神靈的棄兒，不再得到上天的眷顧」（頁 160-161）。他雖然以為「絕地天通」只適用於苗族，但是「絕地天通」的涵義對他來說仍然是負面的。筆者在下文會解釋為何「絕地天通」真正的意思是正面的。

書・呂刑》中有關文字的註解，來試圖證明他們批判觀點絕對的正確性：

昭王問于觀射父，曰：「《周書》所謂重、黎實使天地不通者，何也？若無然，民將能登天乎？」對曰：「非此之謂也。古者民神不雜。民之精爽不攜貳者，而又能齊肅衷正，其智能上下比義，其聖能光遠宣朗，其明能光照之，其聰能聽徹之，如是則明神降之，在男曰覡，在女曰巫。是使制神之處位次主，而為之牲器時服，而後使先聖之後之有光烈，而能知山川之號、高祖之主、宗廟之事、昭穆之世、齊敬之勤、禮節之宜、威儀之則、容貌之崇、忠信之質、禋絜之服而敬恭明神者，以為之祝。使名姓之後，能知四時之生、犧牲之物、玉帛之類、采服之儀、彝器之量、次主之度、屏攝之位、壇場之所、上下之神、氏姓之出，而心率舊典者為之宗。于是乎有天地神民類物之官，是謂五官，各司其序，不相亂也。民是以能有忠信，神是以能有明德，民神異業，敬而不瀆，故神降之嘉生，民以物享，禍災不至，求用不匱。及少昊之衰也，九黎亂德，民神雜糅，不可方物。夫人作享，家為巫史，無有要質。民匱于祀，而不知其福。蒸享無度，民神同位。民瀆齊盟，無有嚴威。神狎民則，不蠲其為。嘉生不降，無物以享。禍災薦臻，莫盡其氣。顓頊受之，乃命南正重司天以屬神，命火正黎司地以屬民，使復舊常，無相侵瀆，是謂

　　　絕地天通。」[14]

　　觀射父在《國語・楚語》中描述的是顓頊君臨天下的時代，與
《尚書・呂刑》所提及的公天下的時代不同，就「絕地天通」的
性質來看，顓頊和堯的時候都有可能施行那種利民的政策。觀射
父在《國語・楚語》中提到而《尚書・呂刑》卻略過沒提的一個
很重要的現象是「民神雜糅」，人類和鬼神雜處在同一個空間領
域之中。當人類和神靈居住在同一空間領域之中，就難免會發生
摩擦衝突的情況，造成產生斲害對方的事件。例如中國有名的古
典小說《西遊記》中就記載了很多靈界的妖魔潛身到人間，在人
間作威作福，危害世人的故事。其中講得最為生動值得注意的一
個故事應該就是第三十七章菩薩座前的一個通靈的獅子，此一妖
靈在抵達世間的烏雞王國之後，謀殺了烏雞國的國王，搶奪了他
的王位，並霸佔了他的妻子：「他陡起兇心，撲通的把寡人推下
井內，將石板蓋住井口，擁上泥土，移一株芭蕉栽在上面。可憐
我啊，已死去三年，是一個落井傷生的冤屈之鬼也。」[15]根據觀
射父的說法，宇宙中的靈有它們自己固定活動的空間與居留的領
域，與人類活動的空間及居留的領域有所分別，兩者不應混雜，
就如同毒蛇猛獸有其各自的活動空間與居留處所，不應與人類混
雜在一處。筆者在本書第二章中引了《孟子・滕文公上》的一段
話，說明堯派遣益清除毒蛇猛獸的事迹，使毒蛇猛獸不再在各地
人家的住處肆虐橫行，人們因此得以安居樂業：「當堯之時，天

14　徐元誥《國語集解・楚語》（北京：中華書局，2002），頁 512-515。
15　吳承恩《西遊記》（臺北：桂冠書局，1988），第一冊，頁 457。

下猶未平，洪水橫流，氾濫於天下。草木暢茂，禽獸繁殖，五穀不登，禽獸偪人。獸蹄鳥跡之道，交於中國。堯獨憂之，舉舜而敷治焉。舜使益掌火，益烈山澤而焚之，禽獸逃匿。禹疏九河，瀹濟漯，而注諸海；決汝漢，排淮泗，而注之江，然後中國可得而食也。」[16]同樣，照觀射父的說法，堯任命重黎之類的能人，將神靈與人類的居留處所劃分開來，「民神異業，敬而不瀆」，回復到「民神不雜」的狀態，「使復舊常，無相侵瀆」，因而有助於百姓安度一生，「禍災不至，求用不匱」。所以《尚書・呂刑》和觀射父在《國語・楚語》中描述的「絕地天通」是德政的彰顯，而不是現代學者在毫無根據的情況下所臆測的暴政。

筆者從比較宗教的觀點來看《聖經》，發覺《聖經》中對遠古的人類也有類似的記載。在〈創世紀〉中，神靈貪圖人間女子的美色，降臨世間，隨心所欲，霸佔世間的美女：「當人類在地球上繁殖，有很多女子誕生以後，וַיְהִי כִּי-הֵחֵל הָאָדָם לָרֹב עַל-פְּנֵי הָאֲדָמָה 神的兒子們看到人類的女子如此貌美，他們就隨心所欲，選娶她們作為自己的妻室 וּבָנוֹת יֻלְּדוּ לָהֶם: וַיִּרְאוּ בְנֵי-הָאֱלֹהִים אֶת-בְּנוֹת הָאָדָם כִּי טֹבֹת הֵנָּה וַיִּקְחוּ לָהֶם נָשִׁים מִכֹּל אֲשֶׁר בָּחָרוּ:」（6:1-2）。他們的行徑有如《西遊記》中的豬八戒，憑藉一己通天的能力，擅自來到人類的社區，霸佔人家的閨女。在《新約》中有很多關於邪靈侵佔人體的故事，筆者在此引一則〈馬可福音〉的故事來顯示邪靈與人衝突的嚴重性：

一個在人群裏的男子回答說：「老師，我把我兒子帶到你

---

[16] 《四書集註・孟子・滕文公上》，頁 73-74。

這裏，有個啞巴邪靈附在他身上。καὶ ἀπεκρίθη αὐτῷ εἷς ἐκ τοῦ ὄχλου· Διδάσκαλε, ἤνεγκα τὸν υἱόν μου πρὸς σέ, ἔχοντα πνεῦμα ἄλαλον 無論邪靈在什麼時候發作，它都會導致他全身痙攣，口吐白沫，緊咬牙關，逐漸虛脫。我跟你的門徒說，他們應該把它給趕出去，但是他們卻趕不了。」καὶ ὅπου ἐὰν αὐτὸν καταλάβῃ ῥήσσει αὐτόν, καὶ ἀφρίζει καὶ τρίζει τοὺς ὀδόντας καὶ ξηραίνεται· καὶ εἶπα τοῖς μαθηταῖς σου ἵνα αὐτὸ ἐκβάλωσιν, καὶ οὐκ ἴσχυσαν. 耶穌回答說：「啊！沒信心的一代，我還得跟你們在一起多長的時間？我還得包容你們多久？把他帶到我跟前。」ὁ δὲ ἀποκριθεὶς αὐτοῖς λέγει· Ὦ γενεὰ ἄπιστος, ἕως πότε πρὸς ὑμᾶς ἔσομαι; ἕως πότε ἀνέξομαι ὑμῶν; φέρετε αὐτὸν πρός με. 他們就把他領來。那個靈一見到耶穌，就使那個男孩進入痙攣的狀態。他倒在地上打滾，嘴角生沫。καὶ ἤνεγκαν αὐτὸν πρὸς αὐτόν. καὶ ἰδὼν αὐτὸν τὸ πνεῦμα εὐθὺς συνεσπάραξεν αὐτόν, καὶ πεσὼν ἐπὶ τῆς γῆς ἐκυλίετο ἀφρίζων. 耶穌問那個男孩的父親：「他從什麼時候開始就有這種現象？」他說：「從小時候起就是這樣。」καὶ ἐπηρώτησεν τὸν πατέρα αὐτοῦ, Πόσος χρόνος ἐστὶν ὡς τοῦτο γέγονεν αὐτῷ; ὁ δὲ εἶπεν ἐκ παιδιόθεν· 「它常把他扔到火裏和水裏，要把他給毀了。如果你能做什麼，就幫幫我們，可憐我們。」καὶ πολλάκις καὶ εἰς πῦρ αὐτὸν ἔβαλεν καὶ εἰς ὕδατα ἵνα ἀπολέσῃ αὐτόν· ἀλλ' εἴ τι δύνῃ βοήθησον ἡμῖν σπλαγχνισθεὶς ἐφ' ἡμᾶς. 耶穌說：「『如果你能』，只要一個人相信，什麼事情都可能。」ὁ δὲ Ἰησοῦς εἶπεν αὐτῷ·

Τὸ Εἰ δύνῃ, πάντα δυνατὰ τῷ πιστεύοντι. [24] 那個男孩的父親
馬上大聲喊著說：「我相信，幫我克服我不信的心理。」
εὐθὺς κράξας ὁ πατὴρ τοῦ παιδίου ἔλεγεν· Πιστεύω · βοήθει
μου τῇ ἀπιστίᾳ. 當耶穌看到一群人都跑了過來，他斥責那
個污穢的靈，對它說：「〔你這個〕又聾又啞的靈，我命
令你，離開他的身體，永遠不要再進入他的身體。」 ἰδὼν
δὲ ὁ Ἰησοῦς ὅτι ἐπισυντρέχει ὄχλος, ἐπετίμησεν τῷ πνεύματι
τῷ ἀκαθάρτῳ λέγων αὐτῷ· τὸ ἄλαλον καὶ κωφὸν πνεῦμα, ἐγὼ
ἐπιτάσσω σοι, ἔξελθε ἐξ αὐτοῦ καὶ μηκέτι εἰσέλθῃς εἰς αὐτόν.
[26] 它尖叫出聲，讓他劇烈地抽搐著，然後離開他。那個
男孩看起來像死了一般，很多人就說：「他死了。」 καὶ
κράξας καὶ πολλὰ σπαράξας ἐξῆλθεν καὶ ἐγένετο ὡσεὶ
νεκρός, ὥστε τοὺς πολλοὺς λέγειν ὅτι ἀπέθανεν. 但是耶穌牽
著他的手，把他拉起來，他就站了起來。 ὁ δὲ Ἰησοῦς
κρατήσας τῆς χειρὸς αὐτοῦ ἤγειρεν αὐτὸν καὶ ἀνέστη. 耶穌
走進房間以後，他的門徒問他說：「為什麼我們沒法把它
趕出去？」 καὶ εἰσελθόντος αὐτοῦ εἰς οἶκον οἱ μαθηταὶ
αὐτοῦ κατ' ἰδίαν ἐπηρώτων αὐτόν, Ὅτι ἡμεῖς οὐκ ἠδυνήθημεν
ἐκβαλεῖν αὐτό; 他跟他們說：「這種靈除非經由禱告是趕
不出去的。」 καὶ εἶπεν αὐτοῖς, Τοῦτο τὸ γένος ἐν οὐδενὶ
δύναται ἐξελθεῖν εἰ μὴ ἐν προσευχῇ. （9:17-29）

宇宙中的邪靈侵擾世間，違背了觀射父所說的「民神不雜」的原
則，因此耶穌應受害人父親的請求，將邪靈從受害人體內清除出
去。在顓頊和堯的時代，都有專門的能人負責，有效的處理了邪

靈侵擾世間的問題，將邪靈從人間的社區驅除出去，釐清靈界與人間的界限，宇宙中的靈就不能再隨意降臨世間，侵犯人類。墨子描寫此一驅除邪靈成功的措施時，提到一些具體的細節，不見於《尚書》和《國語》，值得參考：

> 昔者三苗大亂，天命殛之，日妖宵出，雨血三朝，龍生於廟，犬哭乎市，夏冰，地坼及泉，五穀變化，民乃大振。高陽乃命玄宮，禹親把天之瑞令以征有苗，四〔雷〕電誘祇，有神人面鳥身，若瑾以侍，搤矢有苗之祥，苗師大亂，後乃遂幾。禹既已克有三苗，焉磨為山川，別物上下，卿制大極，而神民不違，天下乃靜。[17]

墨子形容當時邪靈肆虐的情景寫道：「雨血三朝，龍生於廟。」《墨子》提到水變成血的異象與《聖經》中所描述的河水變成血的景象有類似的地方：「耶華這麼說，『藉此你就會知道我是耶華：瞧！我要用我手中的木杖擊打尼羅河中的水，河水就會變成血。』」（出埃及記 7:17）。「龍」在《墨子》一書中的含義是負面的，代表妖魔，在〈貴義〉篇中，墨子更是明確的把龍當做理當宰殺的妖物：「帝以甲乙殺青龍於東方，以丙丁殺赤龍於南方，以庚辛殺白龍於西方，以壬癸殺黑龍於北方。」[18]這與後世把龍看成是「吉祥」[19]之物的觀點有天壤之別。《聖經·啟示

17　墨子《墨子·非攻下》，上冊，頁 286-288。

18　墨子《墨子·貴義》（北京：中華書局，1986），下冊，頁 410。

19　劉城淮《中國上古神話》（上海：上海文藝出版社，1938），頁 21；駱賓基《中國上古社會新論》（北京：華文出版社，1991）：「我們的

錄》中有一段記載，描述上帝的天使長邁克與以龍為首的妖魔爭
戰的故事，與此處《墨子》的經文在意象及思維上也有酷似之
處：「一場戰爭在天空就此展開了，麥克和他的天使攻擊那條
龍；那條龍也跟它〔墮落〕的天使進行反擊。Καὶ ἐγένετο
πόλεμος ἐν τῷ οὐρανῷ, ὁ Μιχαὴλ καὶ οἱ ἄγγελοι αὐτοῦ τοῦ
πολεμῆσαι μετὰ τοῦ δράκοντος. καὶ ὁ δράκων ἐπολέμησεν καὶ οἱ
ἄγγελοι αὐτοῦ」（啟示錄 12:7）。如同《墨子》中的龍，《聖
經》中的龍也是妖魔的象徵，此外，《墨子》中所說的「人面鳥
身」，幫助大禹取得勝利的神，與《聖經》中所說的天使長麥克
酷似，因為基督教所傳述的天使長麥克同樣是「人面鳥身」。
《墨子》中大禹和「人面鳥身」的神靈是奉上帝的命令從事征
戰，「禹親把天之瑞令以征」，與《聖經》中天使長邁克奉上帝
之命與妖龍征戰的故事一致。中國古人與西方的基督徒都信奉上
帝，所以他們不僅想法相似，而且使用的意象往往也有互通之
處。在邪靈被驅除以後，世間安定，所謂「神民不違，天下乃
靜。」「絕地天通」的故事，流傳頗廣，在《古本竹書紀年》中
也有記載，與《墨子》有關的文字相似：「三苗將亡，天雨血，
夏有冰，地坼及泉，青龍生於廟，日夜出，晝日不出。」[20]中國
有一句成語：「請神容易送神難」，就是用來形容人神之間如有
不當的交通，鬼神就會對人造成持久巨大傷害的事情。就以今日
的情景來說，臺灣拜小鬼的風氣異常盛行，各種媒體對這類事件
有層出不窮的報導，比如《蘋果日報》就有下列一則新聞：

民族以龍為象徵。」（頁 17）。

[20]　方詩銘、王修齡《古本竹書紀年輯證》，頁 68。

【國際、突發中心／綜合報導】嚇死人了！一名臺裔男子企圖從泰國走私 6 具嬰兒屍體到臺灣，拿來作法「養小鬼」，前天遭到泰國警方逮捕；查獲的嬰屍有些還用金箔包裹，據稱在臺灣可以賣到 6 倍價近 114 萬元臺幣。這樁令人毛骨悚然的恐怖交易，立即被多家國際媒體引述報導。[21]

那些邪靈在與人交通時，往往會反噬祭拜他們的人，同時也可能對別人造成傷害。就如同有些人喜歡在家豢養毒蛇猛獸，而那些毒蛇猛獸也不時會傷害四周的人一樣，如果沒有節制，人人祭拜小鬼，造成「夫人作享，家為巫史」的局面，勢必會對整個社區造成莫大的傷害。堯的時候，有專人負責這方面的事務，禁止「民神雜糅」，於是人間便安寧無事，「神民不違，天下乃靜」。如此一種造福民祉的豐功偉業卻被現代學者扭曲成暴君試圖控制百姓思維的措施，他們對「絕地天通」的誤解遠甚於楚昭王，中國後世子孫對其祖先豐厚文明遺產的無情踐踏，令人悚然。

《詩經・生民》所凸顯的后稷敬天畏神的精神與作法，不但使堯、舜時代「神人以和」的精神得到高度的擴展，讓它變成了中國文化的磐石，同時也給中國史上立國最久——長達八百年——的周朝奠定了穩固的基礎。敬天畏神是中國人祖先所肇始的中華文化的精髓，也同時是基督教信仰的基本思想。西方先進的

---

[21] http://www.appledaily.com.tw/appledaily/article/headline/20120519/3423992 3/。

文明國家，科學發達，他們的傳統人士不但不把耶穌誕生的事跡扭曲為謊言，反而把它當成他們生命力量的泉源及普世價值的基石。周朝衰亡的主要原因就筆者來看，是他們最後喪失了他們祖先后稷那種敬天畏神的精神；中國史上的暴君所以殘暴，也是因他們的思想中嚴重地欠缺了這種中華文化固有的精神。耶穌在人類歷史上的影響，有與日俱增的趨勢，現在即使很多不信基督教的人，每年都跟基督徒一樣也慶祝聖誕節──耶穌誕生的日子。現代的中國在尋求安定富強的歷程中，筆者以為除了人為的努力以外，有必要重新發掘堯、舜、禹、棄所強調的敬天畏神的思想，尋求上天的祝福：「כִּי בִי חָשַׁק וַאֲפַלְּטֵהוּ אֲשַׂגְּבֵהוּ כִּי-יָדַע שְׁמִי. 因為他愛我，所以我要救他；我要讓他高高在上，因為他知道我的名」（聖經‧詩篇91:14）。

第四章　商王僭用上帝之名

　　根據《史記‧殷本紀》的記載，商朝的祖先名契，是黃帝的後裔。他的母親有一天見到玄鳥的蛋掉在地下，揀起來吃，因而懷孕，生了契。從商朝流傳到現在的甲骨文字中，「手」的字形都是像一隻鳥的爪，所以從《史記》所記載的傳說和商人所創造的文字來看，商人的祖先應該是崇拜鳥的一個部族。契跟禹、益、后稷都是堯、舜任用的大臣，後來又幫助禹治國，政績很好。

　　契的第十三代後裔名湯，當時的君主是桀，暴虐無道，「桀不務德而武傷百姓，百姓弗堪」，[1] 諸侯昆吾氏反抗，湯因此出來平亂，等他準備齊全便把矛頭指向桀。湯的軍隊裡應該有不少農夫，因為種田，他們不願意長期離家在外，此外攻打國君對他們來說是叛逆，似乎不是好事，所以他們不太願意跟隨湯去攻打桀。湯因此在跟桀交戰之前特別對他的軍隊訓話，鼓勵他們說他們是天派遣懲罰桀的義師：

　　　　王曰：「格爾眾庶，悉聽朕言！非臺小子敢行稱亂；有夏多罪，天命殛之。今爾有眾，汝曰：『我后不恤我眾，舍

---

[1]　司馬遷《史記‧夏本紀第二》，第一冊，頁37。

我穡事而割正夏。』予惟聞汝眾言，夏氏有罪。予畏上
帝，不敢不正。今汝其曰：『夏罪、其如臺？』夏王率遏
眾力，率割夏邑。有眾率怠弗協。曰：『時日曷喪？予及
汝皆亡！』夏德若茲，今朕必往。爾尚輔予一人致天之
罰，予其大賚汝。爾無不信，朕不食言。爾不從誓言，予
則孥戮汝，罔有攸赦。」[2]

筆者在第二章裡提到孟子解釋啟即位的事，曾說孟子列舉的理由
「天下之民從之」是他一廂情願浪漫天真的想法，湯在誓師詞裡
有關老百姓的說辭跟孟子相較就要可靠多了。中國的老百姓特別
是農民的確是像湯所說的，他們一般只關心自己的工作與生活，
只要政府對他們的生存不構成直接的威脅，政府的好壞與否他們
通常是置之不問。老百姓為了農事不願意跟桀作戰，在這種情形
之下，湯只好把老天給抬出來，說這是上帝的命令，沒人可以違
背：「予畏上帝，不敢不正。」中國自堯、舜以後，民族性受到
激勵薰陶，成了一個敬天畏神的民族，所以當湯提出了老天，大
家便再沒很多牢騷可發。特別是湯一面又威脅他們，說如果他們
不努力便格殺勿論，一面又答應他們說如果他們支持他力戰，便
給他們獎賞。中國的老百姓對天命並不一定都有非常深刻的了
解，他們並不一定完全理解堯、舜稱述天命是傳位給賢能，而湯
引述天命是要剷除一個邪惡的君王；但是格殺勿論對他們來說卻
都是相當熟悉的，所以大家全力以赴。結果桀戰敗，湯便成為商
朝的開國君主。

---

2 《漢魏古注十三經‧尚書‧湯誓》，上冊，頁 21。

　　在中國歷史上湯是第一個用天命的名義來推翻舊政權，建立新政權的開國君王。湯本人確是一個賢能的領導，據《尚書·仲虺之誥》的記載，他所到之處，備受人民歡迎：「初征自葛，東征，西夷怨；南征，北狄怨，曰：『奚獨後予？』攸徂之民，室家相慶，曰：『徯予后，后來其蘇。』民之戴商，厥惟舊哉！」[3]湯時的老百姓有如下的一個特徵：如果湯要他們參預推翻桀的戰事，為了他們自身的利益，他們會顯出為難的態度；但是如果不須要他們參戰，當他們自己不必介入時，他們就會相當熱情地歡迎湯，這種以自身利益為前提的特徵，在本書上文討論孟子時已經提及，在中國傳統中，此一特徵持續之久及流傳之廣，由此可窺一斑。

　　湯即位以後，連續五年遭逢大旱，收成深受影響，因此寫了一篇誥文，以身作則，要求國人跟他一樣過著聖潔的生活，希望藉此能獲得上帝的祝福：

> 俾予一人輯寧爾邦家，茲朕未知獲戾于上下，慄慄危懼，若將隕于深淵。凡我造邦，無從匪彝，無即慆淫，各守爾典，以承天休。爾有善，朕弗敢蔽；罪當朕躬，弗敢自赦，惟簡在上帝之心。其爾萬方有罪，在予一人；予一人有罪，無以爾萬方。嗚呼！尚克時忱，乃亦有終。[4]

湯以君王之尊，願意承擔天下人的罪過，而他自己的罪過，卻不

---

[3]　《漢魏古注十三經·尚書·仲虺之誥》，上冊，頁 22。
[4]　《漢魏古注十三經·尚書·湯誥》，上冊，頁 23。

希望波及別人。據《呂氏春秋》的記載，他願意犧牲自己的愛心感動了上帝，結果天降霖雨：

> 昔者湯克夏而正天下，天大旱，五年不收，湯乃以身禱於桑林，曰：「余一人有罪，無及萬夫。萬夫有罪，在余一人。無以一人之不敏，使上帝鬼神傷民之命。」於是剪其髮，酈其手，以身為犧牲，用祈福於上帝，民乃甚說，雨乃大至。則湯達乎鬼神之化，人事之傳也。[5]

湯願意做犧牲的心懷，與耶穌為了世人的罪而自願被釘在十字架上的事跡酷似。從湯以後，幾乎所有造反的領袖都是沿用天命的名義來建立新的政權，只是往後絕大多數的造反領導都是因一己私利，並不是為了公義來發動改朝換代的戰爭，他們一般都希望別人為他們犧牲，而自己卻不願像湯一樣，為大家犧牲。於是中國隨時可因個人的喜好造反而陷入內戰之中。湯引用天命為理由來推翻暴虐的政權，名正言順，獲得歷代史家的推崇，只是堯、舜、禹施行的公天下的體制與精神，湯卻沒能適時恢復，桀的政權所以會變得暴虐的根本問題因此並沒得到徹底的解決，此後中國便陷入一治一亂的週期之中。

商朝跟後世有一個很大不同的地方是，他們在決定君王的人選時，有很長一段時間遵循了「兄終弟及」為首要的傳位原則。在商朝十七世中，早期的前十三個世代裏，王位一般傳弟而不傳子，就後世來看，是相當奇怪的一個現象，趙林把這種現象解釋

5　呂不韋《呂氏春秋・季秋紀・順民》，上冊，頁485。

成是旁系親屬比直系親屬重要的表徵：

> 從商湯開國建國傳到帝辛時代亡國，共有 17 世。從第十
> 三世商王廩辛之弟康丁時代起，商王位才開始只傳子，不
> 再傳弟或旁系子弟。在這十三個世代裏，旁系親屬關係的
> 重要性遠超越了直系親屬關係。[6]

王玉哲對商朝「兄終弟及」的繼承體制所代表的意義也有同樣的
看法：「從親疏方面講，至少在形式上，父子關係反不如兄弟關
係密切。」[7]這種說法有些問題，因為在親屬關係上，從血緣、
哺育、與日常生活上的接觸各方面來說，直系親屬自然總是要比
旁系親屬的距離近的多，重要的多。如果真如他們所說，父子關
係不如兄弟關係親密，那麼為什麼在十三世以後，父子關係突然
變得比兄弟關係要親密，而成了子承父位的情形。商朝所以在早
期實施以「兄終弟及」為首要傳位原則的原因，倒並不是如他們
所說，父子關係不如兄弟關係親密，而是因為當時離公天下的世
代仍未遠，傳位於子的自私心態還沒發展到根深蒂固的階段，以
此種思維為基礎的傳子體制因此也還沒被完全接受，傳位仍然具
有彈性，不一定非傳子不可，有時也會考慮到賢能的原則。一般
來說，君王弟弟的年紀遠比君王的兒子要大，他們累積的生活經
驗與智慧一般要較年輕一代的侄兒豐富，經過長期觀察，通過考
驗，由他們來做君王對國家社會的穩定來說，比較不會造成太大

6　趙林《殷契釋親：論商代的親屬稱謂及親屬組織制度》（上海：上海古
　　籍出版社，2011），頁 145。

7　王玉哲《中華遠古史》（上海：上海人民出版社，2000），頁 360。

的問題。反觀君王的兒子年幼即位，在沒有經過長期觀察，成功通過考驗的情況下，倉促授予軍政最高權力，是一種冒險的舉動，充滿了變數，對國家社會的穩定來說，常容易造成災難。商朝最後一個君王年輕的紂王，在沒有充分考驗的情況下即位，最後造成了商朝的滅亡，那是一個典型的例子。周成王年幼，結果管叔蔡叔叛變，也是一個大家熟知的歷史事件。劉邦的兒子漢惠帝即位，導致他母親呂后的擅權。宋朝趙匡胤黃袍加身、趙匡義藉他母親的名義奪取政權，明成祖發動靖難之變篡位，慈禧長期把持政權，在中國歷史上，因君王年幼而造成擅權叛變，可說比比皆是，幾乎是一種常態。商朝「兄終弟及」的傳位原則應該是在商朝人思考過桀所以亡國的原因，考慮到未經試煉的兒子即位，所可能帶來的潛在的災難之後，方決定的體制。其原則要比傳子穩當，應該不是旁系要比直系重要的標記，而是經過深思熟慮後採行的一種較佳的傳位體制。

商朝從康丁開始，傳子，不再傳弟。康丁決定傳子的後果是傳了四代商朝就滅亡了。康丁的兒子武乙反叛神，背離了商朝從湯開始一直非常崇信的思想，《史記》記載他一生的事跡如下：

> 武乙無道，為偶人，謂之天神。與之博，令人為行。天神不勝，乃僇辱之。為革囊，盛血，卬而射之，命曰「射天」。武乙獵於河渭之閒，暴雷，武乙震死。[8]

武乙背叛神的結果是被雷電擊斃。他的兒子太丁和孫子乙沒有什

---

[8]　司馬遷《史記‧殷本紀第三》，頁47。

麼好事可說，《史記》記載他們的治績說：「殷益衰。」[9]再下來便是商朝的最後一個君王紂。紂的哥哥微子啟，人很好，可是因他出生的時候，他母親還不是正房，所以他沒法繼位，紂便成了君主：

> 紂之同母三人，其長曰微子啟，其次曰中衍，其次曰受德。受德乃紂也，甚少矣。紂母之生微子啟與中衍也尚為妾，已而為妻而生紂。紂之父、紂之母欲置微子啟以為太子，太史據法而爭之曰：「有妻之子，而不可置妾之子。」紂故為後。用法若此，不若無法。[10]

其實，當時太史的爭論全為詭辯之詞。因為當建立王儲的問題發生之際，啟的母親已經晉升為后，啟身為母后的兒子當然是合法的繼任人選。如果照太史那樣，一味以過往的經歷事跡為立論的標準，那麼王后以前是個妾，似乎以後她就絕對不應該有資格升為王后，這種說法顯然是很荒謬的。既然王后以前雖然是個妾，以後王后位子出缺，便可以合法的繼承王后的位子，同理可證，身為她兒子的啟，雖然以前只是妾的兒子，但以後順理成章地變成王后的兒子，當然同樣可以合法的繼承太子的地位，絕對不能說他以前是妾的兒子，在他母親做王后以後，他還只能算做妾的兒子。當時的人沒有細想，被太史一時的詭辯之詞誤導，最後導致全國性的大災難。上天要滅絕一個國家的時候，顯然會先攪亂

9　司馬遷《史記‧殷本紀第三》，頁47。
10　呂不韋《呂氏春秋‧仲冬紀‧當務》，上冊，頁56。

那個國家領導階層的思維，使其發生扭曲，導致決策的錯誤，如此逐漸讓那個國家整體的情況發展到一發而不可收拾的地步，直到滅亡為止。

　　私天下的宗法制度講究名分階級，不同的名分階級就有不同的待遇及特權，雖然微子和紂都是同父同母生的，但是照當時特別強調出生背景的太史的看法，在微子出生的時候，他母親還不是王后，就因這種名分的區別，即使微子是長子，而且非常賢能，紂年幼，而且人品不佳，紂還是成了君王，最後導致了商朝的滅亡。這是以後為什麼墨子堅持用人不可以血緣為基礎，而一定要以賢能為標準的原因。

　　紂在中國歷史上惡名昭彰，跟他的曾祖父武乙一樣，「慢於鬼神」，[11]對鬼神毫無敬意，可能是中國史上最荒淫殘暴的一個君王，《史記》說他人很聰明，身體也非常強壯，但是就是不太願意做好事：「紂資辨捷疾，聞見甚敏；材力過人，手格猛獸；知足以距諫，言足以飾非；矜人臣以能，高天下以聲，以為皆出己之下。好酒淫樂，嬖於婦人。」[12]為了享樂，他向人民徵收重稅，建立規模宏偉的建築。在他享樂的地方，池子裡都是酒，肉到處掛著像樹林一樣，他有時候叫很多人光著身子，整夜在那裡追逐游戲：「以酒為池，縣肉為林，使男女裸相逐其閒，為長夜之飲。」[13]因為諸侯反對他，他就使用重刑來懲罰他們，其中的一種刑罰就是叫人在燒得很燙的銅柱上走，「有炮格之法」。[14]

11　司馬遷《史記・殷本紀第三》，頁48。
12　司馬遷《史記・殷本紀第三》，頁48。
13　司馬遷《史記・殷本紀第三》，頁48。
14　司馬遷《史記・殷本紀第三》，頁48。

　　紂喜歡酒和女人，特別寵愛妲己，對她言聽計從。他的大臣九侯把他一個很好的女兒送到紂的宮裡，她憎惡荒淫的行為，紂惱羞成怒，把她殺了，憤恨之餘，也把他父親剁成肉醬。一個大臣替他說話，紂也把他殺了，並把他做成肉乾：「九侯有好女，入之紂。九侯女不喜淫，紂怒，殺之，而醢九侯。鄂侯爭之彊，辨之疾，并脯鄂侯」。[15]據《史記》的記載，紂的叔叔比干勸紂不要為惡，紂說：「吾聞聖人心有七竅」，[16]叫人把比干解剖，看他有什麼樣的心。

　　因為很多諸侯都反對紂，后稷的後裔周武王因此率領了大約五萬的軍隊去討伐紂，當時有八百個諸侯跟武王在盟津會師。在會師的時候，武王發表誓詞：

> 今商王受，弗敬上天，降災下民。沈湎冒色，敢行暴虐，罪人以族，官人以世，惟宮室、臺榭、陂池、侈服，以殘害于爾萬姓。焚炙忠良，刳剔孕婦。皇天震怒，命我文考，肅將天威，大勳未集。肆予小子發，以爾友邦塚君，觀政于商。惟受罔有悛心，乃夷居，弗事上帝神祇，遺厥先宗廟弗祀。犧牲粢盛，既于凶盜。乃曰：「吾有民有命！」罔懲其侮。天佑下民，作之君，作之師，惟其克相上帝，寵綏四方。有罪無罪，予曷敢有越厥志？同力，度德；同德，度義。受有臣億萬，惟億萬心；予有臣三千，惟一心。商罪貫盈，天命誅之。予弗順天，厥罪惟鈞。予

15　司馬遷《史記・殷本紀第三》，頁48。
16　司馬遷《史記・殷本紀第三》，頁49。

> 小子夙夜祇懼，受命文考，類于上帝，宜于塚土，以爾有
> 眾，厎天之罰。天矜于民，民之所欲，天必從之。爾尚弼
> 予一人，永清四海，時哉弗可失！[17]

在誓詞中武王沿用湯的慣例以天命為他行動的依據，指出紂最大
的罪狀是違反天意，殘害百姓：「今商王受，弗敬上天，降災下
民」。武王這時還不是君王，按照當時的禮法，只有君王能祭祀
上帝，臣子沒有資格擅自舉行這種祭典，而武王卻逕自「類于上
帝」，這表示武王業已得到上帝的許可取代紂做君王，而這種許
可根據武王的誓詞顯然是在他祭祖之後，文王的亡靈對他傳達此
一信息，他方才得到的啟示，「受命文考」。老天照顧人民，要
武王為民除害，因此他的軍隊是執行天意的義師。紂得到消息，
帶領七十萬的軍隊跟他對抗，結果兩軍在牧野相遇。紂的軍隊雖
然眾多，但是很多人對紂有懷恨的心理，「紂師雖眾，皆無戰之
心，心欲武王亟入。」[18]所以兩軍一戰，他的部下便為周武王開
路，紂因此兵敗如山倒，逃回他享樂的地方，最後放火把自己活
活燒死。武王從後追到，用大銅斧把紂的頭給砍下來，正式即
位，然後把紂所累積的財富和食物散發給貧弱百姓，「命南宮括
散鹿臺之財，發鉅橋之粟，以振貧弱萌隸」，[19]同時分封大臣，
周朝從此開始統治中國。

---

[17]　《漢魏古注十三經‧尚書‧泰誓上》，上冊，頁 35。參閱陸建初《尚
　　　書史詩考全編》（http://www.guoxue.com/?p=5778&page=8），頁 8，以
　　　清華竹簡為底本對湯誓的詮釋。
[18]　司馬遷《史記‧周本紀第四》，頁 58。
[19]　司馬遷《史記‧周本紀第四》，頁 59。

　　由紂的事跡看來，一個君王如果剝奪臣民言論的自由，禁止他們評論政府的施政措施，即使他加重刑罰，最後的結局常是國破人亡。除了剝奪人民言論的自由，壟斷人民的思想以外，商朝晚期的君王在選用君主的頭銜時更犯了褻瀆上帝的罪行。根據《韓非子》，上古君主一般的稱號為「氏」：「上古之世，人民少而禽獸眾，人民不勝禽獸蟲蛇，有聖人作，構木為巢以避群害，而民悅之，使王天下，號曰有巢氏。民食果蓏蚌蛤，腥臊惡臭而傷害腹胃，民多疾病，有聖人作，鑽燧取火以化腥臊，而民說之，使王天下，號之曰燧人氏。」[20]《禮記》中稱呼古時的君王有時仍然有用氏的，如「有虞氏皇而祭，深衣而養老。夏后氏收而祭，燕衣而養老」。[21]《史記・五帝本紀》也沿承這種稱號：「軒轅之時，神農氏世衰，諸侯相侵伐，暴虐百姓，而神農氏弗能征。」[22]胡厚宣和胡振宇在《殷商史》中說，中國早期的統治者「其原始的稱號，本來叫作氏」，[23]「只有出現了統一的奴隸制國家以後，國家的最高統治者才稱王」，[24]所以夏商周三代「皆稱王」。[25]到了商朝，君王更進一步開始稱他們的先王為帝：

---

[20]　韓非《韓非子・五蠹第四十九》（北京：中華書局，2009），卷十九，頁 442。

[21]　《漢魏古注十三經・禮記・王制》，上冊，卷四，頁 49。

[22]　《史記》，頁 6。

[23]　《殷商史》（上海：上海人民出版社，2003），頁 69。

[24]　《殷商史》，頁 69。

[25]　《殷商史》，頁 73。

> 在位的商王相信先王是神靈世界的統治者。先王之靈高居
> 天上，在上帝左右，擁有福祐下界子孫的權柄。於是子孫
> 自然向先王之靈祈求所需的一切事物。久而久之，先王原
> 有的權柄加上他們從上帝分享得來的權柄就越來越顯著
> 了；最後竟連先王也被尊以「帝」的榮銜。然而，帝名的
> 僭用產生了極其嚴重的後果。只要商王的直系後裔登基為
> 王，那麼無論他們生前是如何有德或敗德，統統可以榮膺
> 「帝」的尊號。[26]

商王褻瀆上帝，上帝就懲罰他。如同墨子所說，當紂自以為上天
的權柄就是他自己的權柄時，他行事便毫無忌憚，無惡不作，滿
心以為無論他做什麼，他的統治地位根本不會動搖：「大誓之道
之曰：『紂越厥夷居，不肯事上帝，棄厥先神祇不祀，乃曰吾有
命，毋僇俼務。天亦縱棄紂而不葆。』察天以縱棄紂而不葆者，
反天之意也。」[27]結果事與願違，曾幾何時，不但紂無法繼續做
他的帝王夢，他的結局更是異常悽慘，最後被迫放火把自己活活
燒死。

　　商朝遺留給現代中國最豐富的文化遺產是甲骨文，因為甲骨
文「是占卜及與占卜有關或者偶然的記事文字」，[28]所以甲骨文
透露了很多有關中國古代宗教的實況。由甲骨文和其他資料的對
比研究，筆者發覺商代的宗教信仰與堯、舜、禹時代有顯著的區

---

[26] 傅佩榮《儒道天論發微》（臺北：聯經出版事業公司，2010），頁 17-
　　 18。

[27] 《校補定本墨子閒詁‧天志中》，頁 396-397。

[28] 《殷商史》，頁 358。

分。最主要的一點就是堯、舜、禹時代的人可以直接跟神溝通，《詩經・大雅・生民》顯示周的始祖棄可以直接給神獻上祭禮，「上帝居歆，胡臭亶時。后稷肇祀，庶無罪悔」；瞽叟也是如此，「乃拌五弦之瑟，作以為十五弦之瑟。命之曰大章，以祭上帝。」但是商朝甲骨文的史料卻顯示，殷商人的信仰只允許君王跟上帝有所接觸：「殷人以為帝有全能，尊嚴至上，同它〔祂〕接近，只有人王才有可能。」[29]這種信仰的轉變是配合著政治體制的轉變而發生的壟斷現象，在公天下的時代，政治體制講究天下資源公平的分享，因此在信仰上，所有的人都可以接近上帝，分享祂的恩典。但到了私天下的時代，政治體制轉變成資源壟斷的局面，君王擁有國家全部的資源，既然上帝是全部資源最終的來源，因此君王開始產生壟斷神的恩典的慾望，不再准許別人分享神的恩典，結果除了君王以外，別的人都不能跟神交通。這種措施應該不是從商代才開始，中國私天下的體制從夏代開始，所以君王壟斷上帝恩典的措施應該在夏朝可能就已經出現。

　　商朝的信仰與堯、舜、禹時代不同的第二個地方是祖宗崇拜。從姜嫄直接祭祀上帝，后稷直接向神感恩與求福的證據來看，在堯、舜、禹的時代，人們崇拜的是神，並沒有崇拜祖先的現象，商朝卻奉行祖先崇拜的信仰：「又于夔。」[30]胡厚宣和胡振宇解釋祖先崇拜在商朝流行的原因時說：

　　　　殷人以為先祖死後，可以配天，在帝左右而稱王帝。也能

29　《殷商史》，頁 516。
30　趙誠《甲骨文簡明辭典：卜辭分類讀本》（北京：中華書局，2009），
　　頁 6。

> 降下福禍，授佑、作孽於殷王，幾乎同上帝一樣。
>
> 不過上帝和王帝，在殷人心目中，究竟也還有所不同。殷
> 人以為上帝至上，有著無限尊嚴。它雖然掌握著人間的雨
> 水和年收，以及方國的侵犯和征伐，但如有禱告，則只能
> 向先祖為之，要先祖在帝左右轉請上帝，而不能直接對上
> 帝有所祈求。[31]

就姜嫄與后稷直接與上帝交通，而「上帝居歆」這件事來看，姜
嫄與后稷並不須要他的祖先做仲介。謝謙在《中國古代宗教與禮
樂文化》中推想祖先崇拜的原因，以為是從母系社會發展出來
的：「始祖神的意義集中於先妣之神，於是先妣成為部落或氏族
的淵源所自，被奉為祖先崇拜的主要對象。商當父權時代取代母
權時代以後，出現了男性始祖，並被奉為祖先崇拜的主要對
象。」[32]他的解釋與史實不合，因為堯、舜、禹、契、棄那個時
代，崇拜的是上帝，而不是祖先。

　　祖先崇拜在中國延續了幾千年，是中國文化一個異常重要的
特徵，但是從來沒有學者能合理地解釋為什麼祖先崇拜會在中國
歷史文化中突然出現，筆者試從比較宗教的觀點來探討它的起
源。從《聖經》中所記載的人神交通的事例來看，人和神一開始
就是直接交通的，在依甸園人類的祖先亞當和夏娃可以跟神直接
對話，「耶華神呼喚亞當 וַיִּקְרָא יְהוָה אֱלֹהִים אֶל הָאָדָם」（聖經‧創世
紀 3:9）。亞當和夏娃跟神有了隔離是在他們背離神以後才發生

31　《殷商史》，頁 517。

32　謝謙《中國古代宗教與禮樂文化》（成都：四川人民出版社，1996），
　　頁 51。

的事，即使在神跟亞當夏娃疏遠以後，聖潔的人仍然可以跟神直接交通，而叛離神的人要跟神求福便完全失去可能。《聖經》記載的以色列君王夏武因為背離神，在他身處危機的時候，求神相助，神毫不理會。他瀕臨絕望，只好祈求曾經為他加冕的先知撒姆埃的亡靈來幫助他：

> 撒姆埃對夏武說：「你為什麼打擾我，把我從地底下叫上來？」夏武說：「我非常頹喪，因為菲立斯提姆人在攻擊我，而神卻離棄了我，祂不再通過先知的手或夢來回答我，所以我才叫你指示我該怎麼做。」 וַיֹּאמֶר שְׁמוּאֵל אֶל-שָׁאוּל לָמָּה הִרְגַּזְתַּנִי לְהַעֲלוֹת אֹתִי וַיֹּאמֶר שָׁאוּל צַר-לִי מְאֹד וּפְלִשְׁתִּים | נִלְחָמִים בִּי וֵאלֹהִים סָר מֵעָלַי וְלֹא-עָנָנִי עוֹד גַּם בְּיַד-הַנְּבִיאִם גַּם-בַּחֲלֹמוֹת וָאֶקְרָאֶה לְךָ לְהוֹדִיעֵנִי מָה אֶעֱשֶׂה׃ （聖經・撒姆埃記上 28:15）

在人神關係的發展上，人神交通所以會出現困難，完全是因為人背離了神，而人在背離神以後，神便棄絕人。在絕望的情況下，一個人便可能像夏武這個君王一樣轉向跟自己有特殊關係的亡靈求助。從現有的史料來看，人神關係在堯、舜、禹的時代異常親密，但是到了商朝，人神關係卻出現了巨大的轉變，人神之間產生了甚深的隔閡，其中的關鍵應該是在夏朝。夏朝的創始人啟，據本書上文引的《上博簡》與《竹書紀年》的記載，殺了益，奪了他合法繼承的王位，並開始實施私天下的體制，把別人都當做奴隸，他的行徑，對聖潔的神來說，毫無疑問是全面的謀反與叛變，從此以後，他希望跟上帝交通，取得神祝福的可能性應完全消失。在人神交通無望的情況下，如同以色列的君王夏武想到撒

姆埃的亡靈一般，啟自然會想到他父親的亡靈，既然禹生前非常
聖潔，死後在神的身邊就啟看來應有能力為他進言，啟因此有可
能祈求他父親亡靈的幫助，如此代代相傳，便順理成章形成日後
祖宗崇拜的現象。

　　此外，祖先崇拜的發展與當權者私慾的擴張也有不可分割的
關係。在私天下的體制形成之後，一個君王不僅在生前享盡人間
富貴，而且也發展出死後能繼續享受世間供奉的願望，死時便極
盡奢侈之能事，想盡辦法把世間的極品納入他的墓中，死後更通
過祖先崇拜要求他的後代繼續對他盡忠盡孝。孔子提倡厚葬久
喪，為掌權者極度擴張的私慾提供了絕佳的理論依據，專制體制
與儒家思想相依為命，相輔相成的關係，在祖先崇拜此一禮制的
發展過程中，獲得再確切清晰不過的佐證。

　　有的學者以為祖先崇拜如同祭祀上帝一般有逐漸被統治階級
壟斷的趨勢，如宋鎮豪說：

> 祖先崇拜的祭祀權又被統治階級所壟斷，成為維護等級制
> 權威的借力。出於政治利益的需要，統治者常以傳說中的
> 英雄人物作為人們共同的遠祖，用來突破族類差別上的融
> 合障礙。[33]

他的說法與《禮記・曲禮下》的記載不合：「天子祭天地，祭四
方，祭山川，祭五祀，歲遍。諸侯方祀，祭山川，祭五祀，歲

---

[33] 宋鎮豪《夏商社會生活史》（北京：中國社會科學出版社，1994），頁
506。

遍。大夫祭五祀，歲遍。士祭其先。」[34]《禮記》規定士人可以而且也只能祭祖先，私天下的時代，天子限制人們祭祀上帝，但並不禁止人們祭祖。

自從中國的公天下轉變成私天下的體制以後，國家社會權利的壟斷，地位尊卑的區分，及隨之而來的各種類型的歧視與迫害，一般而言，是愈演愈烈。甲骨文的用詞可以證明此種專制體系趨向極端化的發展與演變不是一蹴而成，而是經過私天下的思維積年累月的運作之後，才逐漸形成的產物。商代上距公天下的時代只有四百多年，不算太久，因此商代的文化仍然依稀保存著一定程度的平等原則。現代的語文經過四千多年私天下體制的文化薰陶，最後呈現出令人嘆為觀止異常繁瑣的親屬用詞。但在商代，由於盛行於堯、舜、禹時代的大公精神部分仍然殘存著，當時的親屬詞依舊表現出與後世顯著不同的平等原則。比方說，為私天下倫理本位的「父」字，在甲骨文中並不單指父親，而是通指父親一輩的親屬：「卜辭的父和後代的父，雖然是同一個字，但含義不完全相同，現代的父，一般指生父。如果指父親的哥哥或弟弟，總要加上某種修飾詞，如伯父、叔父。卜辭的父則是對父輩的通稱。」[35]後代衍生出來的父輩親屬詞多得讓人眼花撩亂，除了上引的伯父、叔父以外，還有姑父、舅父、姨父、堂伯

34　《禮記・曲禮下》，頁 14。

35　趙誠《甲骨文簡明辭典：卜辭分類讀本》，頁 42。趙林在《殷契釋親：論商代的親屬稱謂及親屬組織制度》（上海：上海古籍出版社，2011）也說：「在商代，父不僅可以用來稱呼一己的生父，還可以用來稱呼生父的兄弟。換言之，雖然商代的父可分別性別（為男性）、世代（為尊一輩），但無分別直旁的功能」（頁 16）。

父、堂叔父、堂姑父、再從伯父、再從叔父、再從姑父、姑表伯
父、姑表叔父、姑表姑父、舅表伯父、舅表叔父、舅表姑父、姨
表伯父、姨表叔父和姨表姑父，真是琳琅滿目。「母」字的發展
也是如此，「甲骨文的母，是各代君主對母輩的通稱。不管是親
生還是叔伯關係，皆稱為母。」[36]後代母的親屬用詞同樣是相當
繁多，如伯母、叔母、姑母、舅母和姨母等等。這種區別也同樣
發生在「子」字的用法上：「從卜辭來看，甲骨文的子，其含義
和後代不盡相同。不管是親生，還是侄兒，均可稱為子……古代
的子，通稱則包括男、女，對稱才專指男性。」[37]後代所以衍生
出多得駭人的親屬詞，就如同《禮記》所說的：「夫禮者所以定
親疏」，[38]是要根據出生，訂定親疏高下尊卑不同的關係。甲骨
文的親屬詞在相較之下，顯然就沒有後代那麼嚴格的區分，也不
見後世那種鮮明不同的差別待遇或歧視的涵義。[39]一般公認為周
朝的作品《爾雅・釋親》已經開始有系統的把不同的親屬區分開
來，給予不同的名稱：「男子先生為兄，後生為弟。謂女子先生
為姊，後生為妹。父之姊妹為姑。」[40]此一新的發展，跟周初管
叔、蔡叔和商紂王的兒子武庚叛變有關，周公鑒於政治形勢不
穩，為加強控制全國，特別制定出一套以親屬為基礎的嚴謹的宗

---

[36] 趙誠《甲骨文簡明辭典：卜辭分類讀本》，頁45。

[37] 趙誠《甲骨文簡明辭典：卜辭分類讀本》，頁43。

[38] 《漢魏古注十三經・禮記・曲禮上第一》，上冊，卷一，頁1。

[39] 在商朝晚期才開始出現了區分母這個詞的「姑」字：「在晚商時代出現
的親稱『姑』（集成5388，2138）作夫之母以及『索（集成9301）』
作兄之妻。」（趙林《殷契釋親：論商代的親屬稱謂及親屬組織制度》
（上海：上海古籍出版社，2011），頁146。）

[40] 《漢魏古注十三經・爾雅・釋親》，下冊，卷三，頁39。

法制度。此一發展，後文會詳述，在此就不多說。

　　或許有人認為親屬詞嚴格的區分是文明發展必然的產物，但是如果以西方文明為例，他們的發展似乎跟甲骨文倒非常相近，而與後世中國卻迥然不同。英文與甲骨文一樣，只用一個字（uncle）來表示伯父、叔父、姑父、舅父和姨父等等，及一個字（aunt）來表示伯母、叔母、姑母、姨母和舅母。由西方文明的例子來看，嚴格區分親屬詞的發展並非為文明發展必然的現象，而應該是在私天下思維運作的情況下，所產生的特有現象。西方文明在親屬詞的用法上所以跟商代幾乎一致，證明在公天下的思維下，因為親屬並不受到特別的重視，真正重要的是賢與能，所以稱呼親屬的詞彙沒有刻意發展的必要；而在私天下，親屬逐漸取代賢與能的重要性，因此親屬的詞彙得到獨特的青睞，有著驚人的發展。

　　在結束討論商朝的宗教信仰以前，筆者須要針對一些現代學者對商代宗教的見解，提出不同的看法。胡厚宣和胡振宇兩位學者在研究甲骨文的過程中，對商朝所遵奉的上帝曾有如下一番的說明：「天上統一至上神的產生，是人間統一帝王出現的反映。沒有人間統一的帝王，就不會有天上統一的至上神。」[41]本書前文顯示上帝在堯、舜、禹那個時代已經是中國普遍崇奉的神靈，並不是商朝興起以後子虛烏有的虛構。上帝不僅是中國祖先所遵

---

[41]　《殷商史》，頁516。翦伯贊在《先秦史》（北京：北京大學出版社，1988）中已經表示相同的觀點：「靈魂世界，是人間世界之具體的反映，所以人間世界的任何變動，都影響到靈魂世界的變動。在商代，人間世界，已經起了一個巨變……因而以前「萬靈平等」的靈魂世界，到商代，便出現了至尊無上的『上帝』」（頁208）。

奉的神，也是猶太人的祖先和他們的後代、阿拉伯人的祖先和他們的後代及現代西方先進的文明國家所崇拜的神——一個無所不在，顯現在世界各地，宇宙各處的神。猶太人的茁壯與西方現代國家的強大都是神的祝福的結果，而不是他們強大以後再編造出來一個神明來鞏固他們的權利和地位。胡厚宣和胡振宇的說法顯然與世界宗教發展的史實不符，犯了本末倒置的錯誤。此外，陳詠明在《儒學與中國宗教傳統》中說：「殷商沒有建立起周王朝那種嚴格的血緣宗法制度，反映在宗教觀念上，上帝的權威相對而言也是比較分散和削弱的。」[42]筆者在上文業已指出，嚴格的血緣宗法制度的形成實為君主專制的極端發展，有利於對全民的鉗制，與上帝權威的集中和強弱，風馬牛不相及，可謂毫無關係。上帝統一至上的地位與權威是超人世的，祂的本質不因人世間不斷的變化而隨著也起不同的變化。其實，一般現代學者所以對上帝的本質有所誤解，主要是因為他們對宗教的內涵不甚清晰的緣故。宗教建基在人類對超人世、超自然或者說得更具體些就是永恆的追求上。因為人類社會不斷在改變，一個人的生命也不停的在變化之中，人類社會與大自然不斷的變化，意涵著一個人對美好事物難以持久擁有的遺憾或痛苦。因人世間和大自然永無止息的變化，一個人的出生便意涵著死亡，人世間所有美好的事物因此勢必有終止的一刻。而宗教便是針對人世間和大自然中種種永無休止的變化提供一條永恆的出路，宗教所揭櫫的永恆境界超脫人世及大自然，絕不因人世及大自然的變化而起變化。宗教

---

[42] 陳詠明《儒學與中國宗教傳統》（臺北：臺灣商務印書館，2004），頁24。

的一個重要本質就是如何追求永恆，進入永恆，基督教講永恆的
生命，道教說長生，雖然跟永恆不完全相同，差了一段距離，但
仍然是朝著永恆的目標發展；這些宗教所形容的永恆的境界，對
其追求者而言，乃超乎人世和大自然之上，永不改變，處於永恆
光景中的靈或神的本質當然也永遠不變。中國讀書人耳熟能詳的
〈赤壁賦〉，對這種追求永恆的情懷有著詩一般絕佳的表述：

> 客亦知夫水與月乎？逝者如斯，而未嘗往也；盈虛者如
> 彼，而卒莫消長也，蓋將自其變者而觀之，則天地曾不能
> 以一瞬；自其不變者而觀之，則物與我皆無盡也。[43]

蘇軾透過他如椽的巨筆，描繪他對永恆的體驗，成就了中國文學
史上不朽之作，更在中國人心中深植了對永恆境界的憧憬。[44]

　　在中國傳統中，蘇軾自然不是第一個追求永恆的人。中國上
古時代特別是堯、舜、禹的時期追求永恆，尋找至善永恆的上
帝，上帝給了他們肯定的回應，祝福了他們及他們的時代，賜給
他們公天下的思維，他們的思維和行跡便成了中華文明的基石，
成了後世的楷模。他們的子孫如桀紂之流背離了上帝，這是人間
社會不幸的變化，但是關照大地永恆的上帝，在中國人的祖先如
堯、舜、禹、湯、文、武之流的心目中，並不會因那些背離祂的

---

[43]　蘇軾《蘇軾文集・赤壁賦》（北京：中華書局，1996），第一冊，卷
　　　一，頁6。

[44]　參閱拙作《蘇軾的心路歷程：一代文宗的作品、生平與相關史實》（桃
　　　園：國立中央大學出版中心；臺北：遠流出版事業公司，2017），頁
　　　265-267。

人而改變了祂關愛大地的情懷。如果人類的邪惡會促使上帝也變得跟人類一樣邪惡，那麼，上帝就不是永恆的上帝，當然也就不是中國人的祖先包括堯、舜、禹所崇拜的上帝了。

第五章　周朝：「興正禮樂」

　　武王即位才兩年便去世，年幼的兒子成王即位，成王的叔叔
姬旦史稱周公攝政。管叔和蔡叔不滿，以為周公有意篡位，便跟
武庚一起叛變，周公用了三年的時間才平定這次叛亂，把管叔和
武庚殺了，流放蔡叔。這是周朝開國伊始，一樁極其重要的事
件，促成周公對當時的政治、社會體制及文化思潮進行了大規模
系統化的改造措施，「興正禮樂，度制於是改」，[1] 對此後周朝
甚至以後中國的統治起了極其深遠的影響。武庚的叛變顯而易
見，刺激促使了周王室對國人採取比較徹底嚴厲的控制措施，這
種嚴厲的措施表現在多方面，包括「天子」一詞的使用。常玉芝
在《商代宗教祭祀》中說：「卜辭和金文中，殷人把天神稱作
『上帝』或『帝』，而絕不稱作『天』，卜辭中的『天』字都不
是神稱，而是表示『大』的意思，如『大邑商』，又稱『天邑
商』。」[2] 所以「天子」一詞是周朝用來稱君王的新詞。天子一
詞在《夏書・胤征》出現過一次，指的是君王：「今予以爾有
眾，奉將天罰。爾眾士同力王室，尚弼予欽承天子威命。」[3] 在

---

[1]　司馬遷《史記・周本紀第四》，頁 62。

[2]　常玉芝《商代宗教祭祀》（北京：中國社會科學出版社，2010），頁
　　27。

[3]　《夏書・胤征》，卷三，頁 20。

《商書・說命上》也出現過一次，指的也是君王：「天子惟君萬邦，百官承式」。[4]到了《尚書・周書》就出現的更頻繁了，像《尚書・周書・洪範》說：「天子作民父母，以為天下王」；《周書・立政》記載說：「周公若曰：『拜手稽首，告嗣天子王矣。』」[5]「天子」在詩經中出現的次數同樣相當頻繁：

相維辟公，天子穆穆。《周頌・臣工之什・雝》

百辟卿士，媚于天子。《大雅・生民之什・假樂》

天子命我，城彼朔方。《小雅・鹿鳴之什・出車》

悉率左右，以燕天子。《小雅・彤弓之什・吉日》

天子是毗，俾民不迷。《小雅・祈父之什・節南山》

樂只君子，殿天子之邦。《小雅・桑扈之什・采菽》

上面引的例子也都證明《詩經》中的「天子」指的是君王。因為「天子」一詞在《夏書・胤征》和《商書・說命上》只出現過一次，這個詞應該是後來周朝的人抄書或寫書的時候加入的。雖然《史記・五帝本紀》也用「天子」一詞來說舜：「於是帝堯老，

4　《商書・說命上》，卷五，頁30。
5　《尚書・周書・立政》，上冊，卷十，頁68。

命舜攝行天子之政，以觀天命。」但是《史記》是漢朝的作品，不能用來做為堯、舜時「天子」一詞就成為君王的專用詞的證據。同時就中國思想發展史來看，在堯、舜時代，人跟神的關係特別親密，后稷雖然不是君王，但是他仍然可以祭天：「卬盛于豆，于豆于登。其香始升，上帝居歆。胡臭亶時。后稷肇祀。庶無罪悔，以迄于今。」所以當時所有的人應該都可以稱為天的子女，就如莊子所說，「知天子之與己，皆天之所子」，[6]而不是如同後世一般只有君王能自稱「天子」。從這點看，史記中的「天子」一詞應該是司馬遷用後世的詞來形容早先堯、舜時代的情形。

在參研現有的史料以後，筆者得到的結論是「天子」應該是在商朝的君王僭用上帝的稱號以後，周朝的君王為了對上帝表示他的謙卑，鄙棄商朝褻瀆神的做法，而改用不同的名字「天子」一詞來稱呼君王。同時因為商朝的君王僭用上帝的稱號，周朝的人使用「帝」這個詞的時候，就難免會有混淆的感覺，到底「帝」是指神還是指人，為了避免混淆，周人開始固定使用天這個詞來稱呼上帝，甚至有用天來取代帝一詞的趨勢。傅佩榮說：「帝是商人的至高主宰，而且在周朝以前帝與天並未正式成為互換等同的觀念。周朝文獻才明確顯示帝與天之互換等同性，並且天地出現逐漸取代了帝。」[7]另外一個重要的理由應該是要求諸侯及百姓尊君。宋鎮豪說：「西周已降王自命為上帝之子而稱『天子』，人王位置上升。」[8]「天子」一詞應該是為了在諸侯

---

[6]　《莊子衍義‧人間世第四》，頁32。

[7]　《儒道天論發微》（臺北：聯經出版事業公司，2010），頁23。

[8]　宋鎮豪《商代史論綱》（北京：中國社會科學出版社，2011），頁326。

之前提升君王的地位而採用的，但是它應該不是如宋鎮豪所說周
朝君王給自己取的，所謂「自命」的，理由筆者稍後再說。陳夢
家在《殷墟卜辭綜述》中說：

> 西周初期稍晚，才有了「天令」「天命」，「王」與「天
> 子」並稱。大盂鼎「不顯文王受天有（佑）大命……故天
> 臨翼子，法保先王……畏天畏……盂用對揚王休」。此器
> 作於「隹王二十又三祀」，約為康王二十三年。此雖仍稱
> 王，但已有了天子的觀念。班殷和井侯殷、麥尊、獻彝大
> 約都是這時期的銅器……後三器「天子」與「王」並存。
> 井侯殷一方面有了「天子」的稱謂，一方面保存著「帝
> 令」的舊說。[9]

陳夢家根據已經發掘到的銅器，推斷「天子」一詞在康王的時代
才開始出現，筆者以為它至遲應該在成王的時候就已經確立了。
上引《尚書・周書・立政》一文歷來公認是周公的手筆：「周公
作立政」，[10]陳夢家說「立政是周公誥其侄成王」[11]的文字紀
錄，李民持同樣的看法：「立政的製作年代，應緊隨商代之後，
其所記載和反映的商末周初的社會狀況應是真實可信的。」[12]根
據《尚書・立政》中業已出現「天子」名銜此一可信靠的證據：

---

[9]　陳夢家《殷墟卜辭綜述》（北京：中華書局，2011），頁581。

[10]　《尚書・周書・立政》，上冊，卷十，頁68。

[11]　陳夢家《尚書通論》（北京：中華書局，1985），頁167。

[12]　李民《殷商文明論集・尚書立政「三亳阪尹」解》，郭旭東編（北京：
　　　社會科學出版社，2008），頁204。

「周公若曰：『拜手稽首，告嗣天子王矣』」，筆者因此認為「天子」一詞應該是周公在管叔、蔡叔和武庚叛變以後，為了樹立年幼的成王的地位，而特別造的詞，凸顯成王獨特的地位。周公召集諸侯制禮作樂，其中很重要的一項任務，就是樹立以天子為絕對權威的國家體制。成王在歷史上的評價頗佳，是一個賢能的君王，並不是一個自大僭越的領導，所以如上文所說，他不太可能會自命為「天子」，應該是周公為了尊君，嚇阻諸侯覬覦成王的王位，而帶領其他諸侯獻給他的稱號。

　　丁山根據西周時代的青銅器周公彝，或稱邢侯簋銘文中的「天子」一詞，說是周公自稱之詞：「自周公朝諸侯於明堂之位即稱天子。」[13]他的這種說法來自他對周公的一種誤解，他以為在武王去世後，周公有稱王的事情。為了支持他的觀點，丁山引了《荀子》的一段話來證明周公在武王去世之後，逕自稱王：

> 武王崩，成王幼，周公屛成王而及武王，以屬天下，惡天下之倍周也。履天子之籍，聽天下之斷，偃然如固有之，而天下不稱貪焉。[14]

在上面的這段話中，荀子並沒說周公自稱王或天子，荀子只是說周公確保成王繼武王之位，因其年幼，代表他處理朝政，如同《史記》所說，「攝行政當國」，[15]名義是攝政，而不是君王或

---

[13] 丁山《中國古代宗教與神話考》（上海：上海世紀出版社，2011），頁213。

[14] 《荀子·儒效》（香港：太平書局，1967），頁30。

[15] 《史記·周本紀》，第一冊，頁61。

天子。如果說周公自稱天子，表示德高通天，此一高傲的做法與
諸多文獻中所描述的周公謙下的人品相反，可能性是微乎其微。
此外，如果周公真是自稱王或天子，他也不必一定要在成王長大
成人以後將政權還給成王，基於這些原因，筆者以為周公並沒自
稱天子或君王，而是如同上文所說，為了提高成王的權威，周公
獻給成王的尊號。

「天子」一詞既然在周朝變成了君王的專用詞，只能用來指
君王，而別的人一概都不能用這個詞來指自己，這日後便成了君
王對人天關係的另一種精神壟斷。商朝的君王僭用帝固然是褻瀆
的作法，但是周朝的君王改用天子一詞也並不完全恰當，因為如
同墨子所說：「人無幼長貴賤，皆天之臣」，[16]天下所有的人都
是天的子女，如果天子只能用來指君王，不能用來指別的人，周
朝的君王便與商代的君王一般同樣有壟斷上天的罪嫌。就如同佔
有阿拉丁的神燈一般，中國的統治者在私天下的體制之下費盡心
機不讓一般人來分享上帝奇妙無比的祝福，希望萬能的神不要怎
麼去祝福別人，而只祝福自己。魯迅的短篇小說〈祝福〉以故事
的敘述者對祖先崇拜產生的一種幻覺來結尾，他覺得天地間的神
祇似乎都要祝福魯鎮的居民了：

> 我給那些因為在近旁而極響的爆竹聲驚醒，看見豆一般大
> 的黃色的燈火光，接著又聽得畢畢剝剝的鞭炮，是四叔家
> 正在「祝福」了；知道已是五更將近時候。我在矇矓中，
> 又隱約聽到遠處的爆竹聲聯綿不斷，似乎合成一天音響的

16　孫詒讓《校補定本墨子閒詁・法儀第四》，頁 59-60。

濃雲，夾著團團飛舞的雪花，擁抱了全市鎮。我在這繁響
的擁抱中，也懶散而且舒適，從白天以至初夜的疑慮，全
給祝福的空氣一掃而空了，只覺得天地聖眾歆享了牲醴和
香煙，都醉醺醺的在空中蹣跚，豫備給魯鎮的人們以無限
的幸福。[17]

　　魯迅所描寫的幻覺是中國私天下體制下很多知識分子共同的幻
覺，他們不知道中國的君王不但壟斷了中國的神州大地，而且更
盡全力去壟斷天與人之間的交通關係。在專制君主極端獨裁壟斷
的政策下，一般中國人與上帝和天的關係越行越遠，以至於中國
人特別是知識分子便常有一種不太切合實際的幻覺，以為即使他
們與上帝沒有特別親密的關係，只要祭祖就也能夠給他們帶來他
們所期望的祝福。即使不怎麼靈驗的祭祖儀典，也不是人人有
份，並不是每個人都可以司理其事，只有一家的家長才有資格主
持，庶出的便毫無指望：「庶子不祭祖者，明其宗也。庶子不為
長子斬，不繼祖與禰故也。庶子不祭殤與無後者，殤與無後者從
祖祔食。庶子不祭禰者，明其宗也。」[18]在周公主導改造的社會
政治體制之下，庶子的地位低微，幾乎不被社會當成人看，因此
什麼重要的祭典都無法主持。

　　中國的君王自從啟壟斷天下的江山，使中國的政治制度由公
天下變成私天下，神州大地便成了君王的私有財產；商朝的君王
更僭用「帝」號，而周朝的君王也把「天子」一詞變成君王的專

[17]　魯迅《魯迅三十年集》（香港：新藝出版社，1967），第四冊，頁
30。
[18]　《漢魏古注十三經·禮記·喪服小記》，上冊，卷十，頁119。

用詞，老天緊跟著大地也變成了君王的私有寵物，別人只有望天
興嘆的份，自此一般人跟上帝的交通受到嚴厲的控制。到了秦始
皇，壟斷天做天子還不夠，因天子畢竟是天的兒子，還得向天低
聲下氣，不能完全自己當家，秦始皇覺得自己不但跟上帝一樣，
他甚至比上帝還要高一級，因此他乾脆就再傚法商紂王把上帝的
名字給搶過來，再加上個皇字，叫自己為皇帝，如此他便覺得自
己比上帝還要偉大：

> 丞相綰、御史大夫劫、廷尉斯等皆曰：「昔者五帝地方千
> 里，其外侯服夷服諸侯或朝或否，天子不能制。今陛下興
> 義兵，誅殘賊，平定天下，海內為郡縣，法令由一統，自
> 上古以來未嘗有，五帝所不及。臣等謹與博士議曰：『古
> 有天皇，有地皇，有泰皇，泰皇最貴。』臣等昧死上尊
> 號，王為『泰皇』……」王曰：「去『泰』，著『皇』，
> 采上古『帝』位號，號曰『皇帝』」。[19]

秦始皇以後的君王不甘落後，歷朝歷代的統治者從此都理所當然
地繼承皇帝的稱號，強迫中國人把他們當神一樣來敬拜。當然再
往下傳，後代的帝王在壟斷天地之後，更緊縮他們佈下的羅網，
對老百姓加強鉗制，還要完全壟斷人的語言思想，比如像君王名
字的用字，別的人就不准再用，私天下的專制體制在中國可說是
越來越極端。

---

[19]　《史記‧秦本紀》，第一冊，頁112。

禮的制約性

　　除了「天子」的名銜之外，周公對當時社會政治的改造，最為重要的就是以天子為基礎所建立起來的宗法禮制。跟據《禮記‧明堂位》的記載，周公在成王六年，以攝政的身分，召見諸侯，制禮作樂，把中國幾千年傳下來的禮樂做了一番整理的工作，正式系統化地制定出來，「朝諸侯於名堂，制禮作樂，頒度量，而天下大服」。[20]所以現在見到的禮，應該是私天下制度或者說的更確切一些，是周朝宗法制度的紀錄與其精神的闡釋，可以想見的其中應該也有一些公天下時代遺留下來的思想。「禮」這個字據《說文解字》是事神求福的意思：「所以事神致福也。從示從豊，豊亦聲。」[21]禮右邊的「豊」字，《說文解字》解釋說是禮器：「行禮之器也。從豆，象形」，[22]是禮的本字，[23]後來增加了「示」字部首，意思就變得更清楚，專指祭祀用的禮器。「禮」這個字左邊後來增添的部首「示」許慎說是一個會意字，有顯示神意的涵意，「天垂象，見吉凶，所以示人也。從二。三垂，日月星也。觀乎天文，以察時變。示，神事也。」[24]其實，「示」這個字原來像一個祭壇或祭桌：「象（像）古代初民拜神祭天的石桌」；[25]上文已經提到，高鴻縉認為：「示字甲

---

[20]　《漢魏古注十三經‧禮記‧祭義》，上冊，卷9，頁115。

[21]　許慎《說文解字》（北京：中華書局，1963），頁7。

[22]　許慎《說文解字》，頁102。

[23]　王延年《常用古文字字典》（上海：上海書畫出版社，1987），頁11。

[24]　許慎《說文解字》，頁7。

[25]　王延年《常用古文字字典》，頁10。

文原象木主之行，本意為木主，故商人祖宗神位曰示……借意為祭祀，動詞。凡祭神如神在，字作 ⊤ 者，如在其上也。字作 示 者，則神無所不在矣！」[26]示字原來表示祭祀，除了有許慎所說的致福的意思，也應該有《禮記・祭義》中所描寫的感恩的意思：「天子有善，讓德於天。」[27]總的來說，「示」是表達人神交通互動的事。從「禮」這個字的字形來看，它原來是跟祭祀有關的規範，界定人跟神互動的關係及原則。

　　禮原來是規範人神之間互動關係的原始意義部分仍然保留在《禮記・禮運》中：「故禮義也者……所以養生送死事鬼神之大端也。所以達天道順人情之大竇也。」[28]《大戴禮》也說：「禮有三本：天地者，性之本也；先祖者，類之本也；君師者，治之本也。無天地焉生？無先祖焉出？無君師焉治？三者偏亡，無安之人。故禮，上事天，下事地，宗事先祖，而寵君師，是禮之三本也。」[29]在中國人祖先的眼中，一個人須要關注的關係有三大類：天地、先祖及君師，其中最重要的關係不是後來孔子所強調的對父母孝順或忠君的思想，而是對天或上帝的崇敬。中國早先遵從的禮最關注的部分是如何服侍天地，其次是如何服侍祖宗，最後才是如何服侍君王。墨子說：「古聖王治天下也，故必先鬼神而後人者此也。」他的說法與禮三本的教導一致，同樣是公天下時代所遺留下來的思想，與孔子的儒家思想背道而馳。即使在

[26]　高鴻縉《中國字例》（臺北：省立師範大學，1960），第二冊，頁184。

[27]　《漢魏古注十三經・禮記・祭義》，上冊，卷十四，頁175。

[28]　《漢魏古注十三經・禮記・祭義》，上冊，卷七，頁83。

[29]　戴德《大戴禮記匯校集解》（北京：中華書局，2008），頁98。

周公的時候，他也仍以擅長侍奉鬼神來形容他自己：「予仁若考能，多材多藝，能事鬼神。」[30]這跟孔子所說的「未能事人，焉能事鬼？」的教導完全相反。周公所制訂的禮則，雖然大大提高了周王的地位，其中心思想依然是鬼神，而孔子所講究的禮則，背離鬼神，在精神與原則上與原來周公所制訂的禮則出現了天壤之別，雖然孔子在名義上仍推尊周公，但實際上，他所教導的禮，本質上已非周公所制定的禮則了。

誠如禮的字形所示，祭祀是禮的核心部分，因此《禮記·祭統》對祭祀有非常詳盡的解釋，認為它是順服神、父母與君師崇高的精神表現：

> 凡治人之道，莫急於禮。禮有五經，莫重於祭。夫祭者，非物自外至者也，自中出生於心也；心怵而奉之以禮。是故，唯賢者能盡祭之義。
>
> 賢者之祭也，必受其福。非世所謂福也。福者，備也；備者，百順之名也。無所不順者，謂之備。言：內盡於己，而外順於道也。忠臣以事其君，孝子以事其親，其本一也。上則順於鬼神，外則順於君長，內則以孝於親。如此之謂備。唯賢者能備，能備然後能祭。是故，賢者之祭也：致其誠信與其忠敬，奉之以物，道之以禮，安之以樂，參之以時。明薦之而已矣。不求其為。此孝子之心也。
>
> 夫祭有十倫焉：見事鬼神之道焉，見君臣之義焉，見父子

30　《漢魏古注十三經·尚書·金縢》，上冊，卷七，頁44。

之倫焉，見貴賤之等焉，見親疏之殺焉，見爵賞之施焉，
見夫婦之別焉，見政事之均焉，見長幼之序焉，見上下之
際焉。此之謂十倫。[31]

戴聖編纂的《禮記・祭統》中的一段文字顯然比他叔叔戴德所編纂的《大戴禮・禮三本》中的文字要晚出，《大戴禮・禮三本》在解釋禮的三大關注對象時把天地列為首位，先祖第二，君師第三，而《禮記・祭統》在說明順服的次序時雖仍然把天地列為首位，但是君主卻升了一級，變得比先祖要重要而列在父母之前了：「上則順於鬼神，外則順於君長，內則以孝於親……見事鬼神之道焉，見君臣之義焉，見父子之倫焉。」[32]在僅僅一個世代的時間裡，君主的地位便起了顯著的變化，明確的超越了家庭。孔子不談上帝，「子不語怪、力、亂、神」，[33]所以《大戴禮・禮三本》中解釋禮的三大關注對象便被刪減成為兩大對象，而在這兩大對象中，孔子又把君王列在父母之前，孔子尊君的思想在此可說表現無遺。自從孔子把人跟神的關係淡化以後，禮這個字在中國社會便不再如早先一般具有超越時地空的絕對價值，它不但變成了以人的思想為依據而受到時地空限制且可隨意變更的道德規範，而且它的中心、重心與焦點也從神轉移到君王身上，禮從此幾乎完全變成了君王統治的工具，「禮者君之大柄也」，[34]在傳統社會中扮演了重要的控制、統御、協調的角色。禮同時也

---

[31]　《漢魏古注十三經・禮記・祭統第二十五》，上冊，卷十四，頁175。

[32]　《漢魏古注十三經・禮記・祭統第二十五》，上冊，卷十四，頁175。

[33]　《四書集註・論語・述而第七》，頁45。

[34]　《漢魏古注十三經・禮記・禮運第九》，上冊，卷七，頁81。

淋漓盡致地把君王吹捧塑造成神一般的生靈：「天子者，與天地參，故德配天地，兼利萬物，與日月并明，明照四海而不遺微小。其在朝廷，則道仁聖禮義之序；燕處，則聽雅、頌之音；行步，則有環佩之聲；升車，則有鸞和之音。居處有禮，進退有度，百官得其宜，萬事得其序。」[35]其實，中國歷史上的君王絕大部分都是荒淫殘忍卑鄙下流的無恥之徒，絕非《禮記》所描繪的所謂「德配天地」與日月同光的那麼崇高。

　　上文說過，周公制訂的禮雖然主要是私天下制度或周朝宗法制度的紀錄及其精神的闡釋，其中也有一些是公天下時代遺留下來的思想，比如在提倡感恩的精神時，依然如同他們的先祖后稷凸顯神，與《聖經》中的主張一致，神仍然是一個國家首先須要感謝的對象：「天子有善，讓德於天」。[36]一個國家的元首須要帶領全國對神感謝神所賜下的恩典，這種精神是公天下時代以神為基石的典型的思想，也是西方先進的文明國家在跟神交通時所表現出來的思想特色。此種跟神交通的規範，如同《聖經》中神的教訓，一般是超越時、地、空的典則而具有永恆的價值。只是在私天下體制之下的中國，君王不但壟斷了江山，同時還有壟斷人跟神交通的傾向。在君王壟斷人跟神的交通之後，中國的社會開始由神轉而強調人君，禮的重心相對的也把焦點由神轉移到人君身上，神在規定中不再是一般人感恩的對象：「諸侯有善，歸諸天子；卿大夫有善，薦於諸侯；士、庶人有善，本諸父母，存諸長老；祿爵慶賞，成諸宗廟；所以示順也。」[37]所以在中國私

---

[35] 《漢魏古注十三經・禮記・經解第二十六》，上冊，卷十五，頁181。
[36] 《漢魏古注十三經・禮記・祭義第二十四》，上冊，卷十四，頁175。
[37] 《漢魏古注十三經・禮記・祭義第二十四》，上冊，卷十四，頁175。

天下的體制之下，別的人都不能也不必像天子一樣對神感恩，天子一個人跟神交通互動對神感恩就可以了，在這一點上，中國私天下時代從公天下時代繼承下來後加以改動的思維便跟西方先進的文明國家所崇信的基督教的思維迥然不同。在基督教的教導裏，不論階級地位的高下，從天子、諸侯、卿大夫、士到庶人所有的人都應該一律感謝神對他們的恩典，「耶華啊，我的神，我會永遠感謝你 יְהוָה אֱלֹהַי לְעוֹלָם אוֹדֶךָ」（詩篇 30:13），美國次於聖誕節的第二個重要的節日感恩節就是本著全國全民向神表示感恩的心理而設定的。當周朝的宗法制度隨著周朝的滅亡而崩潰以後，中央集權的制度取而代之，君主的勢力更行擴張，全國的卿大夫、士到庶人不必向神感恩，但卻都必須向君王感恩，所謂「皇恩浩蕩」，[38]君王的恩典甚至可以超越神的恩典，「主上的恩典，真是比天還高」，[39]或竟然取代神成為「天恩」：「蒙主上天恩」，[40]等而下之，即使不是君王，只要是主人，也就可以使用「天恩」一詞了：「我再不敢了！太太要打要罵，只管發落，別叫我出去，就是天恩了。」[41]本書前文提到現代中國人跟古人外貌相似，但內心的思維卻往往相距十萬八千里，南轅北轍，在感恩這一點上，西方人感謝神的觀念倒是跟中國古人如出一轍：「你們要以感恩之心進入祂的門，以讚美之心進入祂的庭院；你們要感謝祂，祝福祂的名 בֹּאוּ שְׁעָרָיו | בְּתוֹדָה חֲצֵרֹתָיו בִּתְהִלָּה הוֹדוּ לוֹ בָּרְכוּ שְׁמוֹ，因為耶華是至善的，祂的愛是永恆的，祂的信實代

---

38 曹雪芹《紅樓夢》（臺北：大眾書局，1977），第五十三回，頁494。

39 《紅樓夢》，第一百十四回，頁1103。

40 《紅樓夢》，第一百五回，頁1020。

41 《紅樓夢》，第三十回，頁274。

代相同: כִּי־טוֹב יְהוָה לְעוֹלָם חַסְדּוֹ וְעַד־דֹּר וָדֹר אֱמוּנָתוֹ׃」（詩篇 100:4-5）。中國的老祖宗和現代西洋人一般不像近代中國的奴才們，會把君王或主子的恩典無限度擴大成為神的恩典。

　　私天下的體制成立以後，如上文所論，天下的江山就順理成章的變成君王一個人的私有財產，所有的人實際上也都淪為君王的奴婢，整個王國變成了一個可由君王頤指氣使的奴婢王國。到了周初，多名周王室的家族成員夥同商王的後裔聯合叛變，對周朝幾乎造成致命性的打擊，周公在取得勝利之後，透過史無前例嚴密的宗法制度，對全國進行森嚴的階級劃分，實施絕對的順服體制，如同秦朝的商鞅，要求下級對上級、幼對長、賤對貴絕對服從。在周朝的宗法體制之中，每個人都有非常確切的階級地位，擁有或大或小不同的權利與義務，天子透過不同階層的領導負責人對人民進行嚴格的掌控，如此由君王到人民便形成了一條如同鎖鏈般的關係鍵，禮便是對此種如同鎖鏈般的關係鍵的說明與詮釋：「夫禮者所以定親疏」。[42]此種鎖鏈般的關係鍵類似軍中強調絕對服從的統御鏈索，「見父之執，不謂之進不敢進，不謂之退不敢退，不問不敢對。此孝子之行也。」[43]一個人見到父執輩，對他得服從到他不要你走，你就不能走，他不要你說，你就得沉默。可想見的，這種鎖鏈般的關係鍵，從一出生就開始建構，威效強大無比，對一個人的身心特別是那些講究獨立思考不願盲從的人常具有摧毀性的作用，這就是〈狂人日記〉的作者魯迅對表面上常講仁義道德的禮教會解析成「吃人」的教條的原

---

[42]　《漢魏古注十三經‧禮記‧曲禮上第一》，上冊，卷一，頁 1。
[43]　《漢魏古注十三經‧禮記‧曲禮上第一》，上冊，卷一，頁 2。

因。禮對人有異常嚴苛束縛的特性應是不爭的事實,除了魯迅以外,胡適也說:「再看一部《禮儀》〔《儀禮》〕那種繁瑣的禮儀,真可令今人駭怪。」[44]現代人所以駭怪是因為他們親眼目睹或親身經歷到現代民主自由的精神,而古代中國人習慣做奴才,久了以後自然見怪不怪。《儀禮》和《禮記》中所規定的這些類似鎖鏈般的私天下體制的道德規範是以老少尊卑強弱為區分的標準,來規定人們大小不同的權利與義務:「少事長,賤事貴,共帥時」。[45]年齡和地位是決定中國傳統社會中,各階層人士的尊卑高下不同從屬關係的兩大原則,這兩大原則有如一個鉗子兩大強有力的手臂,死死地鉗住幾乎所有的人士,讓受到鉗制的人不能有太多自由動彈的空間,必須俯首聽命。周公與周朝的諸侯既然確定「少事長」的服從原則,與此息息相關表達年齡的親屬詞就不能不制定,此一措施在本書下文中會再詳細敘述。國家的領導屬於特權階級,不受任何刑責:「刑不上大夫」。[46]這與《詩經》中沿承下來的神的教導可說背道而馳:「帝命率育,無此疆爾界」,神的命令是要強者照顧弱者,要全國的領導不分區域疆界去照顧所有的人民,這種強者照顧弱者的理念在私天下的體制中倒過來演變成弱者無條件服侍強者的教導。

在中國私天下的體制下,位高年長勢大的人具有絕對的優勢,位卑年少勢弱的變成常被欺壓迫害的群體。《紅樓夢》在開宗明義第一回中,即以故事發生的地點「十里街」的諧音「勢

---

[44] 胡適《中國哲學史大綱:古代哲學史》(臺北:臺灣商務印書館,2008),頁155。

[45] 《漢魏古注十三經・禮記・內則第十二》,上冊,卷八,頁98。

[46] 《漢魏古注十三經・禮記・曲禮上第一》,上冊,卷一,頁8。

利」來描繪此種中國傳統文化的特質。[47]勢利心態在這種大吃小，強欺弱，所謂「狗眼看人低」的社會體系中乃司空見慣之事。孔子在《論語》裏邊教導他的弟子說：「無友不如己者」，[48]主張巴結比自己富有、有權勢的人，拒絕跟比自己貧窮、不如自己有權勢的人交朋友，就是對這種勢利心態具體十足的總結與說明。這種勢利心態反映在婚姻上，便是「門當戶對」[49]的想法，沒錢沒勢的人，即使再賢能，仍然難以跟有錢有勢的家人通婚。此外，《禮記・曲禮上》也明文記載了孔子同樣勢利的教

---

[47]　參看陳慶浩：《新編石頭記脂硯齋評語輯校》（臺北：聯經出版事業公司，1979），頁 20。參閱周春：《閱紅樓夢隨筆》見於翟勝健：《紅樓夢人物姓名之謎》（臺北：學海出版社，2003），頁 126；《脂硯齋》：見於翟勝健《紅樓夢人物姓名之謎》，頁 117-124；解盦居士：《石頭臆說》見於翟勝健《紅樓夢人物姓名之謎》，頁 133-134；諸聯：《紅樓夢評》見於翟勝健《紅樓夢人物姓名之謎》，頁 129；張健、金志淵：《紅樓夢之情節》（臺北：文史哲出版社，2002），頁 11；周夢莊：《紅樓夢寓意考》（臺北：黎明文化事業公司，1994），頁 26-27；王關仕：《紅樓夢研究》（臺北：東大圖書公司，1992），頁 73-74；朱淡文：《紅樓夢研究》（臺北：貫雅文化公司，1991），頁 31；俞平伯：《俞平伯論紅樓夢》（上海：上海古籍出版社，1988），頁 663-666；趙岡：《漫談紅樓夢》（臺北：晨鐘出版社，1981），頁 89-96；及吳世昌：《紅樓夢探原外編》（上海：上海古籍出版社，1980），頁 373-415。

[48]　《四書集註・論語・學而第一》，頁 3。孔子在《論語・子罕》重複說：「毋友不如己者」（頁 61）。

[49]　元・王實甫《西廂記》（杭州：浙江古籍出版社，1998），第二本第一折，頁 34；明・凌濛初《二刻拍案驚奇》，第 11 卷；曹雪芹《紅樓夢》，第七十二回，頁 700。

導：「寡婦之子，非有見焉，弗與為友。」[50]一個失去父親而與母親相依為命的小孩，如果沒有特殊出奇的地方，大家就可以不必理會。位卑年少勢弱的群體不言可諭常會受到令人寒心的冷酷的待遇，例如後世婦女被迫裹腳，嬰兒特別是女嬰被家長隨意滅殺的現象在中國歷史上不難見到。筆者在此舉一些有關婦女及年少一輩的禮則為例子，稍做說明：

> 以適父母舅姑之所，及所，下氣怡聲，問衣燠寒，疾痛苛癢，而敬抑搔之。出入，則或先或後，而敬扶持之。進盥，少者奉盤，長者奉水，請沃盥，盥卒授巾。問所欲而敬進之，柔色以溫之，饘酏、酒醴、芼羹、菽麥、蕡稻、黍粱、秫唯所欲，棗、栗、飴、蜜以甘之，堇、荁、枌、榆免薧薧瀡以滑之，脂膏以膏之，父母舅姑必嘗之而後退。[51]

婦女須要「下氣怡聲」，「敬抑搔之」，「敬扶持之」，侍候照顧男子，而不像西方提倡神的教導，強者照顧弱者，男子須要處處照顧女子，進出都要禮讓女子，為女子開門或關門。

筆者再舉下面一條有關於年幼的人在服侍家族中的長者所需要遵守的細節：

> 在父母舅姑之所，有命之，應唯敬對。進退周旋慎齊，升

50　《漢魏古注十三經・禮記・內則第十二》，上冊，卷八，頁5。
51　《漢魏古注十三經・禮記・內則第十二》，上冊，卷八，頁98。

> 降出入揖游，不敢噦噫、嚏咳、欠伸、跛倚、睇視，不敢
> 唾洟；寒不敢襲，癢不敢搔；不有敬事，不敢袒裼，不涉
> 不撅，褻衣衾不見裏。[52]

根據《禮記‧內則》的規定，一個年幼的人對父母姑舅的態度與動作幾乎要比一個軍人對上級表示絕對服從的侍候還要尊敬，即使在西方列強訓練有素的軍隊中，除非是集體操練的時候，一個下級平常在跟上級報告的侍候都有輕鬆的時刻，絕對沒有內則規定的那麼嚴苛，連打個噴嚏、咳個嗽、抓個癢都不允許。從現代的角度來看，上引的一些《禮記‧內則》的規定實際上適用於一個奴隸，在古今中外的社會裏，大概只有奴隸得無時無刻不戰戰兢兢，低聲下氣，操作幾乎如同機器人一般。最令一般現代讀者嘆為觀止的大概還是下面一段規定：

> 父母有過，下氣怡色，柔聲以諫。諫若不入，起敬起孝，
> 說則復諫；不說，與其得罪於鄉黨州閭，寧孰諫。父母
> 怒、不說，而撻之流血，不敢疾怨，起敬起孝。[53]

在一個兒童成長的過程中，父母須要管教犯錯的孩童，有時得實施體罰，可以理解。但是小孩只要領略了父母的意思，體罰理當適可而止，沒有必要把一個小孩打得遍體鱗傷，甚至像《禮記‧內則》所說的打到流血的地步，以現代的眼光來看，那是虐待

---

[52]　《漢魏古注十三經‧禮記‧內則第十二》，上冊，卷八，頁98。

[53]　《漢魏古注十三經‧禮記‧內則第十二》，上冊，卷八，頁99。

狂，即使小孩有錯，如果他願意改過，都不必無情的毒打，不要說父母有錯，還要毒打小孩，可說迹近瘋狂。這些規定都像是在建議一個主人如何嚴防奴才叛變的做法。

《紅樓夢》裏有一段描寫賈政毒打賈寶玉的文字，非常生動地顯示出在儒家影響下的中國傳統中，兒女是可以任意由父母宰割的：

> 只喝命：「堵起嘴來，著實打死！」小廝們不敢違，只得將寶玉按在凳上，舉起大板，打了十來下。寶玉自知不能討饒，只是嗚嗚的哭。賈政還嫌打的輕，一腳踢開掌板的，自己奪過板子來，狠命的又打了十幾下。寶玉生來未經過這樣苦楚，起先覺得打的疼不過，還亂嚷亂哭；後來漸漸氣弱聲嘶，哽咽不出。眾門客見打的不祥了，趕著上來，懇求奪勸。賈政那裡肯聽？說道：「你們問問他幹的勾當，可饒不可饒！素日皆是你們這些人把他釀壞了，到這步田地，還來勸解！明日釀到他弒父弒君，你們纔不勸不成？」眾人聽這話不好，知道氣急了，忙亂著覓人進去給信。王夫人聽了，不及去回賈母，便忙穿衣出來，也不顧有人沒人，忙忙扶了一個丫頭，趕往書房中來。慌得眾門客小廝等避之不及。賈政正要再打，一見王夫人進來，更加火上澆油，那板子越下去的又狠又快。按寶玉的兩個小廝忙鬆手走開。寶玉早已動彈不得了。賈政還欲打時，早被王夫人抱住板子。賈政道：「罷了，罷了！今日必定要氣死我纔罷！」王夫人哭道：「寶玉雖然該打，老爺也要保重！且炎暑天氣，老太太身上又不大好，打死寶玉事

小，倘或老太太一時不自在了，豈不事大？」賈政冷笑
道：「倒休提這話！我養了這不肖的孽障，我已不孝！平
昔教訓他一番，又有眾人護持，不如趁今日結果了他的狗
命，以絕將來之患！」說著，便要繩來勒死。王夫人連忙
抱住哭道：「老爺雖然應當管教兒子，也要看夫妻分上！
我如今已五十歲的人，只有這個孽障，必定苦苦的以他為
法，我也不敢深勸。今日越發要弄死他，豈不是有意絕我
呢？既要勒死他，索性先勒死我，再勒死他！我們娘兒們
不如一同死了，在陰司裡也得個依靠！」說畢，抱住寶
玉，放聲大哭起來。[54]

貴為賈府公子，身受賈母寵愛的賈寶玉，在他父親的眼中也是可
以犧牲的，不要說一般人了。賈政毒打寶玉，並不是因為他兒子
真正做了什麼錯事，而是他聽信了他的妾和她兒子的謊言：「我
母親告訴我說：寶玉哥哥前日在太太屋裡，拉著太太的丫頭金釧
兒強姦不遂，打了一頓，金釧兒便賭氣投井死了。」[55]上引的
《禮記‧內則》說，「撻之流血」，在《紅樓夢》中，賈政按照
《禮記》的規定執行，「不如趁今日結果了他的狗命」，在他的
思維中，兒子的命確實是可以捨棄的。不僅賈政認為他對兒子有
生殺大權，就是他的妻子王夫人也承認他對賈寶玉有生殺予奪的
權力：「便死一百個，我也不管」。[56]王夫人所以護著賈寶玉，
倒並不是因為賈政缺乏適當的身分與理由來動用家法，「打死寶

54　曹雪芹《紅樓夢》，上冊，第三十三回，頁298-300。

55　曹雪芹《紅樓夢》，上冊，第三十三回，頁298。

56　曹雪芹《紅樓夢》，上冊，第三十三回，頁300。

玉事小」，也倒不是賈寶玉有存活的權利，「必定苦苦的以他為
法，我也不敢深勸」；而主要是王夫人自身的權利勢必會受到致
命性的打擊，一個邁向暮年的婦女突然喪子，頓失日後生活的倚
靠，確實如同王夫人所說，等同要求索取她自己的命一般，所以
她不能不挺身相救，就這一層意義來說，救她兒子就是挽救自己
的未來：「我如今已五十歲的人，只有這個孽障……今日越發要
弄死他，豈不是有意絕我呢？既要勒死他，索性先勒死我，再勒
死他！」賈政雖可逕行處理賈寶玉，但如果對他妻子私自下毒
手，公論必然不許，況且留賈寶玉一命，也可能意味著自己日後
多一個靠山，因此便收手作罷。

　　上述《禮記》中的規範與公天下時代社會裏的弱勢群體往往
受到神特別的照顧可說大相逕庭，比如舜的父母迫害舜，神救助
了舜；棄被他的家庭拋棄，神也救助了他。根據《聖經‧新約‧
哥林多前書》，西方先進的文明國家所崇拜的神不是維護位高年
長勢大的具有優勢群體的靈，而是跟堯、舜公天下時代喜歡幫助
弱勢群體的靈一樣：

> 但是神揀選了世上的愚人來羞辱聰明的人，神揀選了世上
> 的弱者來羞辱強者。ἀλλὰ τὰ μωρὰ τοῦ κόσμου ἐξελέξατο ὁ
> θεὸς ἵνα καταισχύνη τοὺς σοφούς, καὶ τὰ ἀσθενῆ τοῦ κόσμου
> ἐξελέξατο ὁ θεὸς ἵνα καταισχύνη τὰ ἰσχυρά, 神揀選了世上
> 卑下被鄙視的人，不算什麼東西的人好讓那些有用的人變
> 成無用。καὶ τὰ ἀγενῆ τοῦ κόσμου καὶ τὰ ἐξουθενημένα
> ἐξελέξατο ὁ θεός, τὰ μὴ ὄντα, ἵνα τὰ ὄντα καταργήσῃ, 如此
> 沒有任何人能在神的面前自傲。ὅπως μὴ καυχήσηται πᾶσα

σὰρξ ἐνώπιον τοῦ θεοῦ.（哥林多前書 1:27-29）

在幫助弱者的原則下，神可以在雅各的十二個兒子當中，揀選幾乎最年幼的第十一個兒子約瑟夫成為他父母兄長敬拜的對象：「他（約瑟夫）對他父親和他的兄弟們說，他的父親就斥責他跟他說：『你做的這個夢是什麼夢？難道我跟你的母親和你的兄弟會俯伏在地，向你敬拜嗎？』וַיְסַפֵּר אֶל אָבִיו וְאֶל אֶחָיו וַיִּגְעַר בּוֹ אָבִיו וַיֹּאמֶר לוֹ מָה הַחֲלוֹם הַזֶּה אֲשֶׁר חָלָמְתָּ הֲבוֹא נָבוֹא אֲנִי וְאִמְּךָ וְאַחֶיךָ לְהִשְׁתַּחֲוֹת לְךָ אָרְצָה:」（舊約・創世紀 37:10）

《禮記》中所規範的人倫關係不僅是垂直縱向的，也是平行橫向的，縱橫交錯，如同一張網絡，涵蓋整個社會，社會中所有的成員都受到它的制約，很難脫離它的影響與控制。前文提到親屬詞系統化大規模的繁衍與分化，應該就是在周公的主導之下，為配合禮制有效的運作而制定出來的。這種縱橫交錯如同網絡般的人倫關係在周公制定以後，從此便成為歷代傳統社會行為規範的焦點。《禮記・禮運》用「十義」這個名詞來說明這種人倫關係：「父慈、子孝、兄良、弟弟、夫義、婦聽、長惠、幼順、君仁、臣忠十者，謂之人義。」[57]在這種人倫關係之中，弱者如子、弟、婦、幼、臣必須順服強者父、兄、夫、長、君，強者之中如父與君對於弱者幾乎可以予取予求，父親如易牙之流在殺了他的長子，做成菜餚，給齊桓公進食以後，反而得到齊桓公的重用；君王更不必說，要做什麼就做什麼，沒人可以阻止君王的惡

---

[57]　《漢魏古注十三經・禮記・禮運》，上冊，頁 204。

行：「為人臣之禮，不顯諫，三諫而不聽，則逃之」。[58]《禮記‧禮運》說做父親的要慈愛，如果父親作惡不慈愛，《禮記‧曲禮下》說做兒子的可以勸三次，但是如果規勸無效，做兒子的別無選擇，只能遵從父親：「子之事親也：三諫而不聽，則號泣而隨之」。[59]做兒子的不但要順著父親做惡，甚至應該犧牲自己以便父親繼續行惡。《儀禮》和《禮記》引了春秋時代晉獻公殺他兒子申生的故事，來說明這種教導。《禮記‧檀弓上》說晉獻公的妾驪姬（？－公元前 677）因為想要她自己的兒子奚齊繼位，就說太子申生的壞話，想辦法來殺申生，晉獻公因為特別喜歡驪姬，就聽了她的話要殺申生。當他弟弟重耳勸申生跟他們的父親把話給說清楚，說驪姬不是一個好女子的時候，申生不願意，說他父親年紀大了，這樣會傷他的心；重耳勸他逃到別國去，申生也不願意，說他父親要殺他，天下哪兒有不要父親的國家：

> 晉獻公將殺其世子申生，公子重耳謂之曰：「子蓋言子之志於公乎？」世子曰：「不可，君安驪姬，是我傷公之心也。」曰：「然則蓋行乎？」世子曰：「不可，君謂我欲弒君也，天下豈有無父之國哉！吾何行如之？」使人辭於狐突曰：「申生有罪，不念伯氏之言也，以至于死，申生不敢愛其死；雖然，吾君老矣，子少，國家多難，伯氏不出而圖吾君，伯氏苟出而圖吾君，申生受賜而死。」再拜

58　《禮記‧曲禮下》，上冊，頁 14。
59　《禮記‧曲禮下》，上冊，頁 14。

稽首，乃卒。是以為「恭世子」也。[60]

申生不但不逃，反而說自己有罪，「申生有罪」，他扭曲事實，不顧真理，為一意維護他父親而甚至說假話的這種做法，很顯然得到時人的讚同，申生被殺以後，大家都說他很孝順，稱他是「恭世子」。

　　從基督教的角度來看，申生是相當愚蠢懦弱的，《左傳》說驪姬為了害申生，在申生送給他父親的肉裡放了毒藥，結果一個小臣因吃了毒肉而死。申生不讓他的父親知道驪姬是一個邪惡的人，這不但對他父親不好，對別人也不好，因為驪姬既然已經害死一個人，她一定會再害別人。果然在申生一死之後，驪姬馬上就說他兩個弟弟的壞話，希望把他們兩個也一起殺了。如果申生把驪姬想害他的事跟他父親說了，這不但對他自己好，也對別人好，他的兩個弟弟也應該不會外出逃命的。申生是孔子一百多年前的人，在他那個時候人們已經就很重視孝道了，所以從《儀禮》記載他的故事來看，孝道在中國的起源應該很早，不是要等到孔子提倡以後才開始的。孔子自己說：「述而不作」，如果就孝道和倫理的思想來說，他的話沒有錯。

死後的鉗制效應

　　私天下時代的禮則，不但在人活著的時候，對人具有鉗制的作用，而且在人死之後，對活著的人還有強制的效果，至遲在商

60　《禮記・檀弓上》，上冊，頁18-19。

朝就已經流行的祖先崇拜就是這種現象最佳的說明，業已過世的
父親不但對活著的兒子仍然具有影響力，而且對還未出生的世代
都有持續鉗制的力量。孔子就是本著這種體制精神要求做兒子的
即使在父親死後，也要遵守父親的教導：「父在，觀其志，父
沒，觀其行，三年無改於父之道，可謂孝矣。」[61]孔子的學生曾
子秉承著同樣的體制精神也說：「慎終追遠，民德歸厚矣。」[62]
曾子「追遠」的說法較孔子「三年」的期限就更有持久性，給人
一種順服死去的父親甚至祖先要越久越好的感覺。就孔子看來，
這種兒子在父親死後仍然必須服從父親的精神必須顯現在三年之
喪上：

> 宰我問：「三年之喪，期已久矣。君子三年不為禮，禮必
> 壞；三年不為樂，樂必崩。舊穀既沒，新穀既升，鑽燧改
> 火，期可已矣。」子曰：「食夫稻，衣夫錦，於女安
> 乎？」曰：「安。」「女安則為之！夫君子之居喪，食旨
> 不甘，聞樂不樂，居處不安，故不為也。今女安，則為
> 之！」宰我出。子曰：「予之不仁也！子生三年，然後免
> 於父母之懷。夫三年之喪，天下之通喪也。予也，有三年
> 之愛於其父母乎？」[63]

孔子跟他的門徒辯論，如果門徒不對，他可以也應該直截了當地
當面跟他說，不必等他轉身離開以後，背後說他壞話，這不是一

---

[61] 《四書集註·論語·學而》，頁4。
[62] 《四書集註·論語·學而》，頁4。
[63] 《論語·陽貨第十七》，頁124。

個教師光明磊落的作法。宰我認為守喪三年太長，希望縮短成一年，孔子不以為然。其實，三年之喪只是父親或母親一個人去世以後，必須遵守的期限，如果父母親的喪期加起來，一共就是六年，父母在服他們父母的喪時，子女的生活勢必受到影響，如此，祖父母和父母的喪期加在一起就是十二年，無論一個人願意不願意，一個人生命中寶貴的十二年就得活在死者的陰影與鉗制之下。除了基本的十二年喪期對子孫有鉗制的力量，私天下的禮制規定又得祭祖，如此，一個人死後對子孫的影響便可說是毫無止境。本書下文會討論到，墨子依據公天下的原則與精神，駁斥一個兒子在父親死後，仍須通過三年之喪來表示對已故的父親順服：「死則既以葬矣，生者必無久哭，而疾而從事，人為其所能，以交相利也。此聖王之法也。」[64]墨子主張一個兒子在幾天之內，把死去的父親埋葬之後，就不要再悲悼，而應該開始正常的生活：「哭往哭來，反從事乎衣食之財。」墨子幾天的時間與孔子三年的期限相差之大，不言而喻。如果把孔子、墨子和耶穌在這一方面的教導相比，墨子和耶穌的思維顯然屬於同一範疇，而與孔子便如同黑白一般相對立：

> 門徒中有一個人說：「主啊，讓我先回去把我父親埋了。
> ἕτερος δὲ τῶν μαθητῶν [αὐτοῦ] εἶπεν αὐτῷ, Κύριε, ἐπίτρεψόν
> μοι πρῶτον ἀπελθεῖν καὶ θάψαι τὸν πατέρα μου.」耶穌對他
> 說：「跟我走，讓那些死人埋葬他們自己。ὁ δὲ Ἰησοῦς
> λέγει αὐτῷ, Ἀκολούθει μοι, καὶ ἄφες τοὺς νεκροὺς θάψαι

---

[64] 孫詒讓《校補定本墨子閒詁・節葬下》，頁 347。

τοὺς ἑαυτῶν νεκρούς.」（馬太福音 8:21-22）

耶穌跟他的門徒說，在父親死後，沒有必要再受到已故父親的約
束，甚至不一定非要自己去埋葬已故的父親，就死者對生者不應
該有不必要的鉗制作用來說，耶穌基督的教導毫無疑問跟墨子一
致，而與孔子相反。

此外，筆者就儒家禮則所規範的夫妻之間的關係來進一步說
明死者對生者的鉗制性。《紅樓夢》在描寫書中一個非常重要的
人物李紈的時候有一段文字，跟筆者討論的主旨有關，在此特別
引出：

> 原來這李氏即賈珠之妻。珠雖天亡，幸存一子，取名賈
> 蘭，今方五歲，已入學攻書。這李氏亦係金陵名宦之女，
> 父名李守中，曾為國子祭酒。族中男女無不讀詩書者。至
> 李守中繼續以來，便謂「女子無才便是德」，故生了此
> 女，不曾叫他十分認真讀書，只不過將些《女四書》、
> 《列女傳》讀讀，認得幾個字，記得前朝這幾個賢女便
> 了。卻以紡績女紅為要，因取名為李紈，字宮裁。所以這
> 李紈雖青春喪偶，且居處於膏粱錦繡之中，竟如槁木死灰
> 一般，一概無聞無見；惟知侍親養子，閒時陪侍小姑等針
> 黹誦讀而已。[65]

---

[65] 曹雪芹《紅樓夢》（臺北：大眾書局，1977），第一冊，第四回，頁
31。

李紈是賈寶玉業已過世的哥哥的妻子，在賈府有相當高的地位，父親李守中曾為國子祭酒，主管政府的教育工作，他的名字「守中」有象徵的意義，代表儒家的中庸思想，在他的教養下，李紈成了一個典型的儒家婦女，雖然他丈夫死了，她仍然活在他的陰影之下，守活寡，如同一具人屍。她的名字「紈」諧「完」的音，表示一生「完了」的意思，她的字「宮裁」聽起來更可怕，諧「棺材」的音，也是表示她猶如活殭屍的意思：「竟如槁木死灰一般」。飽經人間滄桑的曹雪芹在書寫上面有關李紈的一段文字時，心中很顯然在暗嘆人間的一個奇女子，在儒家禮教的鉗制下，守活寡，生活如同一具活殭屍。按照基督教的思維，守活寡這種日子自然就不太可能出現：「只要丈夫活著，一個妻子便受到限制。但是如果她的丈夫死了，她便有自由跟任何她中意的男子結婚，只要他是主內的人 Γυνὴ δέδεται ἐφ' ὅσον χρόνον ζῇ ὁ ἀνὴρ αὐτῆς· ἐὰν δὲ κοιμηθῇ ὁ ἀνήρ, ἐλευθέρα ἐστὶν ᾧ θέλει γαμηθῆναι, μόνον ἐν κυρίῳ.」（哥林多前書 7:39）。一個過世的丈夫，照基督教的看法，對仍然活著的妻子是沒有任何限制擇偶的力量的。當然，《紅樓夢》說的是清朝的事跡，在秦朝之前的中國，並不一定有相同的風俗禮教，筆者在此所要討論的重點不是儒家類似教條出現的確切日期，或其具體內容的因革，而是儒家禮教持久的鉗制性。儒家禮教的具體內容，隨著社會而變革，但是無論怎麼變，它鉗制人性的本質始終一致。

　　禮在公天下的時代是人跟神交通互動的行為規範，也是在以神為基礎人跟人交通互動的行為規範；但是到了私天下時代，因為君王壟斷大地江山，將大地江山據為己有，同時也嚴格限制人跟神的互動與交通，三千多年前周公制禮作樂，因受到管叔蔡叔

和武庚叛變的刺激，大大地加強了君王的統治權威，基本上將禮修訂成君王統御控制全國的工具，為君王及協助君王維護政權而獲有某些特權的臣子服務，它有如鎖鏈網絡，將全國牢牢地掌控著，可以任由君王及協助君王掌控全國而具有某些特權的群體來踐踏蹂躪弱勢群體，如今私天下的時代業已為歷史洪流所鄙棄，做為私天下時代掌控全國工具的行為規範也絕對有重新修訂的必要。

第六章　《詩經》中的神道思想

　　周幽王無道，導致西周的覆滅，給穩定了幾近三百年的西周政體和社會一個巨大無比的震撼，促使周人對他們傳承已久的政治、社會、文化、宗教及思想體系進行反思與質疑。這種反思與質疑與當時國家社會瀕臨毀滅有密不可分的關係，就如同清末民初，帝國崩壞，中華民族對中華文化進行全面的反思與質疑，道理相同，結果都導致了兩個不同時代的史家對古史進行再闡釋的運動與風氣。本書前文業已討論到春秋戰國時代及清末民初直到今日學者對古史再詮釋的梗概，本章將以人神關係為主題，進一步就文學創作的領域來探討此種反思與質疑在文學上激盪迴環所產生的相關的驚天動地的結晶。

　　中國最早的文學選集《詩經》大約是公元前一千一百年到公元前六百年之間的作品，這些作品是研究周朝人們的思維異常珍貴的第一手資料。從《詩經》中所收集的不同時間的作品裏，人們可以很清晰地看到在那個時代的中國，從早期到晚期，神人關係出現了巨大無比的變化。《詩經》早期的作品大部分都是祭祀時用的詩歌，含有很濃厚的神道思想。除了上文分析的〈生民〉一首詩記載了神人之間異常親密的關係之外，〈周頌‧思文〉也有類似的描述文字：

> 思文后稷，克配彼天，立我烝民，莫匪爾極。貽我來牟，
> 帝命率育。無此疆爾界，陳常于時夏。[1]

雖然后稷不是一個君王，但是上帝同樣命令他要不分區域疆界去照顧所有的人，這與後世孔子所提倡愛有等差的思想有根本的差別。同時，他也幫助了當時的天下建立了以神為基礎的生活典範。最後一句話「陳常于時夏」一般都說成是他所建立的農業耕作的常規，其實，后稷的農業天才與成就固然值得讚譽，但真正「克配彼天」的倒並不只是他農業這方面的天才與建樹，而更應該是后稷所提倡的敬天畏神，勤奮感恩的心態，這種思維就上帝來說應該是每一個地方的人生活所必須遵循的常軌，「無此疆爾界，陳常于時夏」。

為周朝立國奠定穩固基礎的文王，在《詩經·大雅·維天之命》的描述中，也是一個與上帝有密切交通的賢君：

> 維天之命，於穆不已。於乎不顯，文王之德之純。假以溢我，我其收之。駿惠我文王，曾孫篤之。[2]

文王被周人推崇，固然是因為他為周朝立國奠定了不可動搖的基礎，但是就上述一詩的作者來看，文王的德性，「文王之德之純」，特別是他對神的順服：「駿惠我文王」。馬瑞辰在《毛詩傳箋通釋》中說：「惠，順也。駿當為馴之假借，馴亦順也。駿

---

1 程俊英、蔣見元，《詩經注析·周頌·思文》，下冊，頁945。
2 程俊英、蔣見元，《詩經注析·周頌·清廟之什·維天之命》，下冊，頁476。

惠二字平列，皆為順，猶勌勞同為勞。」[3]「駿惠」兩字在上述的詩中，強調凸顯文王對上帝的順服，應該是所有祝福的來源，「假以溢我」。文王在去世以後，更是無時無刻不在上帝左右：

> 文王在上，於昭于天。周雖舊邦，其命維新。有周不顯，
> 帝命不時。文王陟降，在帝左右。[4]

上面一首〈文王之什〉從另一個角度來解釋〈維天之命〉「假以溢我」的主旨，詩的作者認為周文王跟上帝之間親密的關係對後世仍有祝福的作用，能夠幫助他們繼續取得神的恩典。高亨在解釋「文王在上，於昭于天」一語時，說：「此句言文王比上帝還明察」，[5]應該不是原詩的意思。本書上文提到在文王之前，只有桀、武乙和紂公然背離神，武乙甚至「射天」，他們絕對有可能自詡比上帝還明察，但是文王是一個順服神非常謙下的君主「駿惠我文王」，他自己應該不會，周初的人也不會認為他們自己比上帝還明察，周公說他自己「能事鬼神」，就是明證。詩中的原句是在稱讚文王甚為上帝看重，所以他能夠與上帝同在，時常在上帝的四周，「在帝左右」，與上帝交通，同時他也可以擔負人世與上帝溝通的有效渠道，為後世的子孫說話，祝福後世。

　　此外，《周頌·清廟之什·執競》這篇詩也是描寫周武王、成王、和康王跟上帝之間親密的關係：

---

[3]　馬瑞辰《毛詩傳箋通釋》（上海：上海古籍出版社，2005），下冊，頁
1045。

[4]　《漢魏古注十三經·詩經·大雅·文王之什·文王》，上冊，頁 117。

[5]　高亨《詩經今注》（上海：上海古籍出版社，1982），頁 371。

> 執競武王，無競維烈，不顯成康，上帝是皇，自彼成康，
> 奄有四方。[6]

跟據這篇詩的作者的意思，武王、成王、和康王所以能得到天下是因為他們能得到上帝的歡心與祝福，「上帝是皇」，上天因此把他們當成自己的兒子來看，「時邁其邦，昊天其子之，實右序有周」（《周頌・時邁》），[7]並讓他們照顧所有的人民，「帝命率育，無此疆爾界」，命令他們不分區域疆界去看顧所有的人。[8]他們也特別能遵守上帝的命令：「我其夙夜，畏天之威，于時保之」（《周頌・我將》）。[9]詩經中的這幾句話可以說把中國歷史上幾千年所有賢君的條件與特色幾乎都說明了，一個賢能的統治者毫無疑問的應該是一個能照顧所有老百姓的人。

　　西周（公元前 1122-771）末年，周幽王寵愛褒姒，重用佞臣，朝綱大壞，天下開始動盪不安。人們對周天子不滿的情緒慢慢的蔓延開來，影響到他們對天的觀念，開始變得對上帝不滿，如《詩經・小雅・節南山之什・巧言》這首詩，一般的學者都肯定是一個臣子寫的，抱怨周幽王聽信讒言：「刺幽王也，大夫傷于讒，故作是詩也」。[10]

> 悠悠昊天，曰父母且，無罪無辜，亂如此憮，昊天已威，

6　程俊英、蔣見元，《詩經注析》，下冊，頁 950。
7　程俊英、蔣見元，《詩經注析・周頌・時邁》，下冊，頁 947。
8　程俊英、蔣見元，《詩經注析・周頌・思文》，下冊，頁 945。
9　程俊英、蔣見元，《詩經注析・周頌・我將》，下冊，頁 945。
10　《漢魏古注十三經・毛詩》，上冊，頁 92。

予慎無罪，昊天泰憮，予慎無辜，亂之初生，僭始既涵，
亂之又生，君子信讒。

作者在上面所引的〈巧言〉這首詩一開始，即明呼上帝為父母，
點明上帝跟世人之間歷來極其親密的關係：「悠悠昊天，曰父母
且」。「昊天」這個詞在這首詩裡，除了明指上帝，也在影射周
王，因此這首詩不但說周王不好，也同時因周王而怪罪神。由這
首詩中指責上天異常強烈的用詞來看，「無罪無辜，亂如此憮，
昊天已威，予慎無罪，昊天泰憮，予慎無辜」，這首詩的寫作年
代極可能在西周亡國之後。

西周滅亡以後，東周（公元前 770-255）的情況基本上越來
越亂，直到最後滅亡為止，周天子不再有西周盛世時一般的權利
與威望，可想見的，在這段期間人們因自身遭到越來越嚴重的災
難，對上帝便也越來越不信任：

菀柳

有菀者柳，不尚息焉，上帝甚蹈，無自昵焉，俾予靖之，
後予極焉，有菀者柳，不尚愒焉，上帝甚蹈，無自瘵焉，
俾予靖之，後予邁焉，有鳥高飛，亦傅于天，彼人之心，
於何其臻，曷予靖之，居以凶矜。[11]

〈毛詩序〉說這首詩是「刺幽王也，暴虐無親而刑罰不中，諸侯
皆不欲朝，言王者之不可朝事也。」這首詩以一顆枯柳為開端，

---

[11] 程俊英、蔣見元，《詩經注析·小雅·菀柳》，下冊，頁714。

來比喻周幽王無道，就跟柳樹為人提供陰涼休息的地方一樣，幽王的職責是照顧人民，但是因他看不清事理，做事不循常軌，變化無端，讓在他身邊很多的臣子常有莫測高深的感覺，都不願親近他，如同人們捨棄枯柳一般。這首詩第三句中的「上帝」一詞朱熹說是「指王也」，不完全正確，因為在詩經中「上帝」都是指神，例如《詩經‧大雅‧文王之什》中的「有周不顯，帝命不時，文王陟降，在帝左右」，[12]「帝」這個字指的就是神，而不是指君王。雖然它在〈菀柳〉這首詩裡也間接隱射幽王，但是它直接的意思還是神，不能因它可以影射幽王就說它單指王而不指神。吳闓生在《詩義會通》中說：「〈序〉前三語得之，後二語則非，詩中並無不欲朝王及言王不可朝之義，不知作〈序〉者從何得此異說。」寫這首詩的大臣，因為周幽王對他不善，早先重用他，讓他治理國家大事，後來卻無理將他流放，他在遭遇挫折之後，確有不臣之心，對周王顯然具有敵意，詩中「無自暱焉」「無自瘵焉」「彼人之心，於何其臻」都相當明顯的表示不願再衷心服侍周王，有變成陌路之人的感覺，此外詩首枯柳的意象也強烈暗示作者對幽王不再抱有很大的期望，所以詩序那幾句話說得並沒錯。

　　上引的這些詩顯示在周朝勢力漸趨式微之際，周王的命運跟神在人們眼中的地位有互為因果的關係，當越來越多的諸侯擁兵自重，圖謀不軌，周天子的地位在他們的眼中日益淪喪的時候，為了給他們自己創造絕佳的謀反篡弒的機會，他們索性就把中國自堯、舜以來崇拜了兩千年左右的聖潔神靈一筆抹銷，不再敬

---

[12]　《漢魏古注十三經‧詩經‧大雅‧文王之什》，上冊，頁 117。

重，如左傳桓公六年（前 706）隨國大夫季梁就說：「夫民，神
之主也，是以聖王先成民，而後致力於神」，[13]人反而變成神的
主人了。當時季梁既然把人看成是神的主人，在他眼中，人當然
就比神重要，所以季梁順理成章地接下來就主張一個君王應該首
先輔助老百姓，然後才把剩餘的時間精力用來處理有關神的事
務，這與上文討論到的古聖王和墨子的思想可說是南轅北轍：
「古聖王治天下也，故必先鬼神而後人」。[14]左傳莊公三十二年
（前 662）虢國的史嚚也有類似背離神的言論：「國將興，聽於
民，將亡，聽於神」，[15]把國家滅亡的過錯全部推給神。到了孔
子墨子的年代，無神論興起：

> 今執無鬼者曰：「鬼神者，固無有。」旦暮以為教誨乎天
> 下，疑天下之眾，使天下之眾皆疑惑乎鬼神有無之別，是
> 以天下亂。是故子墨子曰：「今天下之王公大人士君子，
> 實將欲求興天下之利，除天下之害，故當鬼神之有與無之
> 別，以為將不可以不明察此者也。既以鬼神有無之別，以
> 為不可不察已。」[16]

孔子受到當代思潮的影響，他雖然言必稱堯、舜，但是就對神的
看法來說，他跟堯、舜可說相去十萬八千里，迥然不同，但是他
也不完全贊同他那個時代對神蔑視的看法，因此他採取了中庸的

13　左丘明《左傳》，頁 46。
14　《墨子‧明鬼下》，頁 452。
15　《左傳》，頁 100。
16　孫詒讓《校補定本墨子閒詁‧明鬼下第三十一》，頁 434-435。

作法，一方面敬重神，但另一方面又主張逃避神，他這種矛盾的說法從漢武帝獨尊儒家之後便主導了中國的思想界。

　　由《詩經》中神道思想演變的情形來看，古代中國人對神非常崇敬，後來因為政治情況不理想，人們因為憎惡君王，對神的信心也因此開始動搖，到了孔子的時候就不再怎麼談神道，而以人為他們思想的中心。其實在堯、舜的時候，天是大家共有的天，上帝是大家共同信仰的神，自從中國變成私天下的體制以後，只有君王能稱天子，也只有君主能祭天，別的人只能望天興嘆。後人不知在公天下的時候，神基本上跟所有的人都可以有非常親密的關係，而只看到在私天下的時代上帝是君王的專寵，誤以為上帝跟君王沆瀣一氣，把對君王的怨氣莫名其妙地一起發泄到上帝的身上，這不能不說是中國千古第一大冤案。

　　薛保綸在解釋人文主義產生的原因時說：

　　　　迫至西周末季，列侯的勢力逐漸形成。周室由於久年戰
　　　　爭，國勢大衰。特別是在東周以後，諸侯更互相爭霸，兵
　　　　禍連年，君主不仁，不顧人民的飢饉、生死、災難。無助
　　　　的小民，在久經痛苦，望天無助，無法衝破恢恢天網之
　　　　餘，他們一方面對上天的公正、仁慈發生了懷疑，不耐再
　　　　受命運的擺佈；另方面則鑒於王公大人的權勢之大，亦漸
　　　　了解人力的可畏，開始了對人自身能力的重視。這種由只
　　　　信仰「神」，而開始重視「人」，由「神治」意識到「人
　　　　治」的意識形態，為我國春秋戰國時代的一大轉變，造成

了我國「人文思想」的發跡。[17]

薛保綸的說法，前後矛盾。他先說小民「無法衝破恢恢天網」，然後又說「亦漸了解人力的可畏」，小民既然無法衝破天網，照理說小民的努力就不管用了，怎麼又會了解人力可畏？如果人力真是可畏的話，那麼天網應該不會衝不破，所以他的說法自相矛盾，不能自圓其說。此外，歷史證明守法的老百姓遭殃，都是因為那些背離了上帝的君王或臣子暴虐無道，塗毒百姓，倒並不是因為老天公正的法網誤傷了百姓。薛保綸的說法之所以有問題就在於他把神看成了人的敵對勢力，其實，歷史顯示上帝並不一定就是人的敵人，前文提到，祂獎善懲惡，協助義人，打擊惡人。堯、舜、禹、湯、文、武主持公義，上帝祝福了他們，成就了他們的仁政，毫無疑問是他們的朋友；而桀紂背叛上帝，力行不義，上帝懲罰他們，導致他們的滅亡，是他們的敵人。無論堯、舜、禹、湯、文、武這些賢君，或桀紂那些暴君，他們都表現出「對人自身能力的重視」，他們根本不同的地方主要在那些賢君除了重視人的能力以外，更重視上帝的能力，而那些暴君除了重視他們自身以外，別人都不足論，上帝也不在他們的眼下。筆者在上文分析過，桀紂自以為是，只顧自己，不顧他人的作風是春秋戰國時代那些叛臣所承襲的心態，正因那些暴君叛臣只顧自己，草菅他人，漠視上帝，所以他們才把重心轉移到人或者說得更確切一些轉移到自己身上，人文思想發生最主要的原因是背離了上帝，筆者以為並沒有值得大肆頌讚的地方。

17　薛保綸《墨子的人生哲學》，頁9。

第七章　弱肉強食的春秋時代：
首霸齊桓公

　　東周時期，天子式微，諸侯的勢力得以大幅度的擴張，因此不再像以往一樣遵循天子的命令，甚至不時侵凌天子的權威，以天子為基礎的宗法制度因而受到前所未有的嚴峻的挑戰，宗法制度所賴以控制統御全國的禮則自是開始崩潰，加上無神論的興起，使得一般人對神不再有敬畏之心，行事往往從個人的角度出發，弱肉強食的理念便成為取代宗法禮則的新興思潮，霸政也成為當時典型的政治模式。為掠奪利益，擴張領域，各諸侯國之間常常互相爭戰，設法徹底摧毀對方；為取得權力，各家族成員不惜自相殘殺；為滿足一己私慾，君臣之間，臣子與臣子之間，更是衝突時起，天下因此陷入長期動蕩不安的局面之中，在中國政治、社會、軍事、思想各方面都是異常混亂的時期：「世衰道微，邪說暴行有作，臣弒其君者有之，子弒其父者有之。」[1]為稱霸四方，取得全面勝利，當時具有野心的領袖特別注意武備吏治，用心招攬人才，所以在一般民眾之中，靠一己心力爭取天下一席之地的人難以勝計，他們的前景與君主的興榮緊密的結合在

---

[1]　《四書集註・孟子・滕文公下》，頁 90。

一起，往往是大起大落，最後又常常橫死。

　　齊桓公是春秋時代（公元前 770-476）的第一個霸主，孔子稱讚他的為人說：「齊桓公正而不譎。」[2]這個孔子所讚許的政壇人物最後橫死，在他生前，他哥哥糾被他下令殺害，齊桓公自己又首創中國歷史上，君王面對山珍海味猶嫌不足，而要食人的令人髮指的記錄；他的廚子為滿足他禽獸般的慾望而謀殺自己的兒子，他的僕人管家也因他喜好女色而自動接受宮刑。如此一個令人扼腕的記錄，卻被孔子評為「正而不譎」，由此可見春秋時代，世間道德一般水準之低落，孔子評價人品之離譜，頗有給人不堪入目的感覺。

　　齊國的始祖姓姜，「嘗為四嶽，佐禹平水土甚有功」，[3]被封在呂，他們始祖建立的功勛繼續祝福著他們後代的子孫。到太公望的時候，他因幫助周文王和武王取得天下，被封到齊，有征伐諸侯的權力：「昔召康公命我先君太公曰：『五侯九伯，若實征之，以夾輔周室。』賜我先君履，東至海，西至河，南至穆陵，北至無棣。」[4]這種征伐諸侯的權力賦予齊國一種管束制裁諸侯國的特殊地位，奠定日後齊國成為春秋時代首位霸主的基礎。太公望治國的理念偏向公天下尊賢的原則，與周公講究私天下以血緣為基礎的政策不同。周公被封到魯，齊魯兩個相鄰，關係雖然非常密切，但是太公望和周公的作風迥異，兩國的傳統因此不同，國勢也不可相提並論，齊國長久以強國的姿態出現，而魯國始終是一個弱國。《呂氏春秋》記載說：

2　《四書集註‧論語‧憲問》，頁97。
3　司馬遷《史記‧齊太公世家》，卷三十二，頁914。
4　司馬遷《史記‧齊太公世家》，卷三十二，頁931。

> 呂太公望封於齊，周公旦封於魯，二君者甚相善也。相謂
> 曰「何以治國」？太公望曰：「尊賢上功。」周公旦曰：
> 「親親上恩。」太公望曰：「魯自此削矣。」周公旦曰：
> 「魯雖削，有齊者亦必非呂氏也。」其後齊日以大，至於
> 霸，二十四世而田成子有齊國；魯日以削，至於覲存，三
> 十四世而亡。[5]

太公望治國強調任用賢能，周公堅持治國要以血緣為基礎，日後
墨子強調賢能，而孔子堅持以血緣為基礎，他們對治國不同的理
念就某個角度來講也可說是齊魯兩國地域傳統之間的區別，這是
筆者在本書後文主張墨子是齊人，而不是魯人的部分原因，在討
論墨子時，筆者會再詳細解釋。韓非不但看到太公望和周公對治
國有不同的理念，而且進一步解釋太公望和周公如何應用他們不
同的理念來處理實際的情況：

> 太公望東封於齊，齊東海上有居士曰狂矞、華士，昆弟二
> 人者立議曰：「吾不臣天子，不友諸侯，耕作而食之，掘
> 井而飲之，吾無求於人也。無上之名，無君之祿，不事仕
> 而事力。」太公望至於營丘，使吏執殺之以為首誅。周公
> 旦從魯聞之，發急傳而問之曰：「夫二子，賢者也。今日
> 饗國而殺賢者，何也？」太公望曰：「是昆弟二人立議
> 曰：『吾不臣天子，不友諸侯，耕作而食之，掘井而飲
> 之，吾無求於人也，無上之名，無君之祿，不事仕而事

5　呂不韋《呂氏春秋・仲冬紀・長見》，上冊，頁612。

　力。』彼不臣天子者，是望不得而臣也。不友諸侯者，是
　望不得而使也。耕作而食之，掘井而飲之，無求於人者，
　是望不得以賞罰勸禁也。且無上名，雖知、不為望用；不
　仰君祿，雖賢、不為望功。不仕則不治，不任則不忠。且
　先王之所以使其臣民者，非爵祿則刑罰也。今四者不足以
　使之，則望當誰為君乎？不服兵革而顯，不親耕耨而名，
　又所以教於國也。今有馬於此，如驥之狀者，天下之至良
　也。然而驅之不前，卻之不止，左之不左，右之不右，則
　臧獲雖賤，不託其足。臧獲之所願託其足於驥者，以驥之
　可以追利辟害也。今不為人用，臧獲雖賤，不託其足焉。
　已自謂以為世之賢士，而不為主用，行極賢而不用於君，
　此非明主之所臣也，亦驥之不可左右矣，是以誅之。」[6]

太公望不允許國人有出世的想法，為了貫徹君主的利益，不惜採
取極端的手段來壓抑自由意志，處置那些具有自由觀念的人士，
這是主張以嚴刑峻法來治理國家的法家的濫觴，與公天下強調神
的公義的原則相悖，而是周朝尊君，完全以君主的利益為出發點
的專制政策實施後，所必然造成的結論：「且先王之所以使其臣
民者，非爵祿則刑罰也。」

　　太公望的第十一代子孫齊襄公是春秋時代一個典型的沒有道
德原則的諸侯，人品惡劣，喜歡殺人，並跟別人的妻子私通。他
的兩個弟弟怕跟他一起遭殃，都逃到國外。他的弟弟糾跑到魯

---

[6] 韓非《韓非子‧外儲說右上第三十四》（北京：中華書局，2009），卷
　十三，頁315-316。

國，小白（？－前 643）逃到衛國。小白還在齊國的時候，跟一個大夫高傒交好，襄公被他的堂弟無知殺死以後，高傒就叫人請小白回國。魯國在得到消息以後也派兵護送糾回國，並派他的老師管仲帶兵阻擋小白的部隊。管仲和他的軍隊對小白及其部隊發動攻擊，結果一箭射中小白的褲帶環，鮑叔牙叫小白裝死，「鮑叔之智應射而令公子小白僵也，其智若鏃矢也。」[7]管仲以為小白已死，就派人把消息傳回魯國。結果魯國護送糾的軍隊放慢了腳步，走了六天才抵達齊國。等糾到了齊國，他們才發現小白已經即位，名為齊桓公，為春秋時代諸侯中的第一個霸主。

　　齊桓公即位以後，得到糾準備繼續爭奪王位的消息，因此傳話給魯國，說他不忍殺他的親兄弟，請魯國代他把糾給殺了：「公子糾將為亂，桓公使使者視之，使者報曰：『笑不樂，視不見，必為亂。』乃使魯人殺之。」[8]糾的老師召忽和管仲是他的仇人，他希望魯國把他們送回齊國，好讓他把他們剁成肉醬。魯國在接到齊桓公的請求以後，沒辦法只好把糾殺了；召忽得到消息自殺，管仲自願被押送到齊國。在齊桓公剛回到齊國以後，他因仇恨管仲，準備發兵攻打魯國，把管仲給殺了。他的老師鮑叔牙勸他不要任性：

　　　　管子束縛在魯。桓公欲相鮑叔。鮑叔曰：「吾君欲霸王，
　　　　則管夷吾在彼，臣弗若也。」桓公曰：「夷吾，寡人之賊
　　　　也，射我者也。不可。」鮑叔曰：「夷吾為其君射人者

---

[7]　呂不韋《呂氏春秋・開春論・貴卒》（上海：上海古籍出版社，2002），
　　下冊，頁 1484。

[8]　韓非《韓非子・說林下》，卷八，頁 190。

　　也。君若得而臣之，則彼亦將為君射人。」桓公不聽，強
　　相鮑叔。固辭讓而相，桓公果聽之。於是乎使人告魯曰：
　　「管夷吾，寡人之讎也，願得之而親加手焉。」魯君許
　　諾，乃使吏鞔其拳，膠其目，盛之以鴟夷，置之車中。至
　　齊境，桓公使人以朝車迎之，祓以爟火，釁以犧猳焉，生
　　與之如國，命有司除廟筵几而薦之，曰：「自孤之聞夷吾
　　之言也，目益明，耳益聰，孤弗敢專，敢以告於先君。」
　　因顧而命管子曰：「夷吾佐予。」管仲還走，再拜稽首，
　　受令而出。[9]

　齊桓公聽了他的話假裝要殺管仲，等管仲一到齊國，親自接待，
馬上就重用他。

　　管仲相當能幹，採取計劃經濟的政策，照顧貧民，同時任用
賢能，很得齊國人心，齊國國勢因此變得異常強盛。在位第五
年，他攻打魯國，魯國兵敗，與齊國在柯談和。在會場曹沫拿著
匕首劫持齊桓公，威脅他說，如果他不歸還齊國佔領魯國的土
地，他就會把桓公給殺了，桓公沒法，只好同意。事後齊桓公反
悔，不想歸還魯國的失地，管仲就勸他說：「夫劫許之而倍信殺
之，愈一小快耳，而棄信於諸侯，失天下之援，不可。」[10]齊桓
公接受他的建議，把魯國的失地全部歸還給魯國。諸侯聽到這件
事都希望跟隨齊國。桓公在位第七年與諸侯在甄會盟，開始稱霸
中國。

9　呂不韋《呂氏春秋・不苟論・贊能》，下冊，頁1601。
10　司馬遷《史記・齊太公世家》，卷三十二，頁920。

　　齊桓公靠管仲稱霸中國，管仲死後，齊桓公失去可信賴的大臣，寵信佞臣，結果在宮中被活活餓死：

　　管仲有病，桓公往問之曰：仲父之病病矣，若不可諱而不起此病也，仲父亦將何以詔寡人？管仲對曰：「微君之命臣也。故臣且謁之。雖然，君猶不能行也。」公曰：「仲父命寡人東，寡人東；令寡人西，寡人西。仲父之命於寡人，寡人敢不從乎？」管仲攝衣冠起對曰：「臣願君之遠易牙、豎刁、堂巫、公子開方；夫易牙以調和事公，公曰：惟烝嬰兒之未嘗，於是烝其首子而獻之公，人情非不愛其子也，於子之不愛，將何有於公？公喜宮而妒，豎刁自刑而為公治內；人情非不愛其身也，於身之不愛，將何有於公？公子開方事公十五年，不歸視其親，齊衛之間，不容數日之行；臣聞之，務為不久，蓋虛不長。其生不長者，其死必不終。」桓公曰：「善。」管仲死，已葬，公憎四子者，廢之官。逐堂巫。而苛病起兵逐易牙，而味不至。逐豎刁，而宮中亂。逐公子開方，而朝不治。桓公曰：嗟！聖人固有悖乎？乃復四子者，處期年，四子作難。圍公一室不得出。有一婦人，遂從竇入，得至公所，公曰：吾飢而欲食，渴而欲飲，不可得，其故何也？婦人對曰：易牙、豎刁、堂巫、公子開方四人分齊國，塗十日不通矣，公子開方以書社七百下衛矣。食將不得矣。公曰：嗟茲乎，聖人之言長乎哉！死者無知則已，若有知，吾何面目以見仲父於地下。乃援素幪以裹首而絕。死十一

　　　　日，蟲出於戶，乃知桓公之死也。[11]

　　齊桓公寵信的佞臣易牙為了討好齊桓公曾經把自己的長子蒸了給齊桓公吃，豎刁把自己閹割成太監，好進入後宮親近齊桓公，齊桓公不但允許他們這種非人的做法，而且更進一步重用他們，難怪最後會慘死。同樣值得注意的是，管仲在討論齊桓公吃人這件事時，不從是非善惡黑白的角度去說，而從人情的立場出發，從一般大眾的反應去理論，他的觀點是一般人都不那麼做，「人情非不愛其子也」，並不說易牙和齊桓公邪惡或殘忍。在討論豎刁主動要求被閹割的事項時，也同樣不從是非善惡黑白的角度去說，只注重一般大眾的人情，「人情非不愛其身也」。管仲所以會那麼說，表示周公所制定的禮則此時早已深入人心，成了一般人思維的準則，所謂「少事長」，兒女已被視為父母的奴隸，為父母的財產，父母對兒子有予取予求的權利，父親要殺兒子，兒子當然要俯首聽命，如同晉獻公的兒子申生一般，父親要殺自己，不但得縛手就擒，還得表現出死有餘辜的心懷，「申生有罪」，沿承到後世，更有「臣罪該萬死」，「奴才該死」，細思來會讓人驚心動魄的成語，似乎一個年輕或位卑的人在既沒謀殺又沒搶劫的情況下，只因主子不樂，不但得死，而且死一次還不行，還得死一萬次。在私天下體制思維強大無比的壓力之下，中國人的災難幾乎可以無限制的延伸。此外，管仲將一般大眾視為

11　管子《管子·小稱》房玄齡註（北京：北京圖書館出版社，2004），第三冊，卷十一，頁9。《韓非子·二柄》中也有關於豎刁和易牙的記載：「齊桓公妒而好內，故豎刁自宮以治內，桓公好味，易牙蒸其子首而進之」，卷二，頁42。

個人行為參考的準則，顯示以人世為基礎的「中庸」指導原則業已取代神聖潔的規範，日後孔子更進一步為所謂「中庸」的德性做理論上詮釋的工作，本文稍後會繼續討論。

　　春秋時代在背離神實施人治的光景下，只圖個人利益，不顧他人死活，結果形成了對人不好，對自己也不利的悲慘世界。單就初期的齊國來說，襄公被殺，他的弟弟糾及糾的老師召忽橫死，齊桓公的廚子易牙把自己的長子蒸了，豎刁將自己閹割，齊桓公最後也不得好死，其餘不言可喻，與食人相類的慘絕人寰的事件在春秋戰國時代，層出不窮，頻繁到令人有目不暇接眼花繚亂的感覺。

第八章　孔子的生平

　　孔子的學生子張曾經說過：「仕而優則學，學而優則仕」，[1]這一句話基本上把孔子生平志趣的梗概相當扼要地總結出來。孔子在五十歲之前，大體上，主要在學習或從事教育工作，五十過後，進入政壇，活躍了約四年的時間，失意離開魯國，從此周遊列國，尋覓一官半職，十四年後，[2]不得意，再返回魯國，始終無法重返政壇，只能繼續從事教育工作。孔子一生基本上只在教育和政治圈中打轉，為日後的知識分子他們所當從事的職業，界定了極其狹隘的視野，似乎世間除了杏壇的教職和政壇的官職，別的事業就不值一顧了。就今日來看，人生可從事的行業和活動甚多，沒有必要在兩個領域之中不停地打轉，當日後的知識分子能如同墨子一般，徹底突破傳統儒家狹隘的視野，在諸種不同的領域能取得如同墨子一般巨大的成就，中國的文化和國運就必然會有令人雀躍的轉機。

　　孔子（公元前 551-479）是春秋時代（公元前 722-481）魯國的人。他的祖先是商湯王，商滅亡以後，商的王室微子啟被封

1　《論語・子張》，頁 133。

2　錢穆《錢賓四先生全集・先秦諸子繫年・孔子自衛反魯考》：「孔子去魯，在定公十三年，則去魯實十四年也」（臺北：聯經出版事業公司，1994），頁 59。

到宋變成周朝的諸侯，孔子第六代的祖先字孔父名嘉，按照當時的宗族法，到了孔父嘉的時候，「五世親盡，別為公族」，[3]他的後代不能再用同一個姓，所以他的後代便以他的字為姓。孔父嘉在宋國的宮廷政變中被殺，他的曾孫孔防叔為逃避政治迫害，遷到魯，因此失去了公卿的地位。孔子的父親字叔梁名紇是孔防叔的孫子，又稱陬人紇。叔梁紇是個大力士，《左傳‧襄公十年》的記載提到他在一次戰鬥中不凡的表現：

> 晉荀偃、士匄請伐偪陽，而封宋向戌焉，荀罃曰，城小而固，勝之不武，弗勝為笑，固請，丙寅，圍之，弗克，孟氏之臣秦堇父，輦重如役，偪陽人啟門，諸侯之士門焉，縣門發，郰人紇抉之，以出門者。[4]

晉、魯及其他諸侯國出兵攻擊偪陽，偪陽人誘敵深入，在晉、魯及其他諸侯國的聯軍開始進入城門之際把第二道懸著的城門頓時放下，企圖把聯軍截為兩段，在這緊要關頭叔梁紇展現他的勇力，將城門撐住，讓已入城的軍隊徐徐撤出，沒遭到殲滅，以是在疆場上立功。叔梁紇先娶了一個姓施的魯人，生了九個女孩，沒有兒子，他的妾給他生了一個兒子，名叫孟皮，但是他的腳有毛病，是個殘廢。叔梁紇為了再要個兒子，便把施氏休了，娶了孔子的母親顏徵在。這對施氏來說顯然是非常不公的，但是古時的習俗准許一個男人把一個不能生育兒子的妻子休了，其實叔梁

3　三國‧魏，王肅《孔子家語‧本姓解第三十九》（鄭州：中州古籍出版社，1991），頁63。

4　《左傳‧襄公十年》，頁367-368。

紇需要兒子的話，再買個妾也就罷了，不一定非要把他妻子休了，叔梁紇是個沒落的大夫，大概為了省錢才出此下策。《孔子家語‧本姓解》有如下一段記載：

> 顏氏有三女，其小曰徵在。顏父問三女曰：「陬大夫雖父祖為士，然其先聖王之裔。今其人身長十尺，武力絕倫，吾甚貪之，雖年大性嚴，不足為疑。三子孰能為之妻？」二女莫對。徵在進曰：「從父所制，將何問焉？」父曰：「即爾能矣。」遂以妻之。

叔梁紇跟孔子母親結婚的時候，大概是六十六歲，年紀大，也不是特別富有，但是因他勇猛有名，又是商朝帝王的後裔，所以顏徵在的父親就同意把他女兒嫁給他。

　　叔梁紇結了婚，為了要個男孩，就到尼丘去祈禱，祈求神給他一個男孩。祈禱之後，天從人願，孔子在魯襄公二十二年出生，「禱於尼丘得孔子」。[5]孔子生的時候，頭四邊高，中間低，所以叔梁紇給孔子取了丘這個名字；除了形容孔子的儀表特徵之外，丘這個字也有紀念叔梁紇在尼丘禱告這椿事的意思。孔子出生不久，父親就去世了，當時孔子可能只有三歲。孔子小時候，家境貧乏，父親又早逝，顯然得依靠他母親掙錢過活，而他自己年歲稍長以後也不免要做些零工補貼家用，所以孔子說：「吾少也賤，故多能鄙事。」[6]可能因為他父親早逝，家境艱

5　司馬遷《史記‧孔子世家》（西安：三秦出版社，1990），第二冊，頁1167。

6　《論語‧子罕》，頁56。

困，備嚐辛苦，他母親應該也跟他說了他父親為他禱告而生他的過程，孔子幼小的時候因自己能得到神的幫助而誕生，便產生了探索靈界的興趣。史記說：「孔子為兒嬉戲，常陳俎豆，設禮容。」[7]一般學者的解釋是孔子從小對禮感興趣，比如錢穆就說：「孔子生士族家庭中，其家必有俎豆禮器。其母黨亦士族，在其鄉黨親戚中宜尚多士族。為士者必習禮。孔子兒時，耳濡目染，以禮為嬉，已是一士族家庭中好兒童。」[8]匡亞民也說：「他不是像一般兒童那樣好玩耍，而是經常把祭祀時存放供品用的方形和圓形俎豆等祭器擺列出來，練習磕頭行禮。」[9]其實筆者以為孔子應該不是對所有的禮都特別感興趣，只是對祭祀那個部分有特別的興趣。一般小孩都比較貪玩，孔子卻與眾不同，常常擺設祭桌，這應該跟他幼小無助的心靈有關。他母親一個寡婦帶著他一個幼兒應該常是他們家族及當地社區歧視與欺負的對象，孔子與他的母親在受到欺負之後，大概也沒有太多的人會伸出援手，孔子知道他的出生是他父親跟神祈禱的結果，因此孔子在父親去世後這段艱難的時刻就轉向神，擺設祭桌，在他幼小的心靈深處向神默默求助，希望神能再賜恩典，幫助他們母子，改變他們艱苦的生活。

　　孔子求的神應該不是上帝，因為那時只有天子才能祭祀上帝。《大戴禮記·禮三本》記載人天的交通關係時，清楚的說明了在私天下的體制下上帝不是每個人都能祭的，天子、諸侯及士大夫所交通的神靈有很大的不同，涇渭分明，他們具有的能力也

---

[7]　司馬遷《史記·孔子世家》，第二冊，頁 1167。

[8]　錢穆《孔子傳》（臺北：素書樓文教基金會，2000），頁 7。

[9]　匡亞民《孔子評傳》（濟南：齊魯書社，1985），頁 40。

有天壤之別。位高權重的貴族跟神通廣大的靈打交道，位卑權輕的跟神通有限的靈打交道：「郊止天子，社止諸侯，道及士大夫，所以別尊卑，尊者事尊，卑者事卑」。[10]天子祭天，諸侯祭社稷，士大夫祭路神，等而下之，一般的老百姓只有不常見經傳的鬼神可祭。《禮記・曲禮下》也有類似的記載，規定士人只能祭祖先：「天子祭天地，祭四方，祭山川，祭五祀，歲遍。諸侯方祀，祭山川，祭五祀，歲遍。大夫祭五祀，歲遍。士祭其先。」[11]在孔子年老的時候，魯國的權臣季康子僭禮，擅自祭泰山的神，結果被孔子批評：「季氏旅於泰山。子謂冉有曰：『女弗能救與？』對曰：『不能。』子曰：『嗚呼！曾謂泰山，不如林放乎？』」[12]孔子以為即使季康子祭泰山的神，泰山的神是不會接受他的祭禮的。孔子自己是在私天下的環境之中長大，也是私天下堅定不移的支持者，在他出生的時候上帝在一般人的心目中早成了君王的專寵，就如同阿拉丁的神燈一般，一般人碰都不許也不敢碰，孔子在這種君王壟斷上天的局面形成以後，他的思維自然也受到當時體制所規定的諸種極端限制。他並不清楚在公天下的時候，每個人都可以也應該跟上帝親近，不是只有君王才能跟上帝有密切的關係。季康子不甘於只跟名不見經傳的小不點的靈打交道，而想要進一步跟能力大些的靈交通，這種心願絕對合情合理，問題是季康子如果跟能力大的靈建立了非常親近的關係，他對當時周王與諸侯的權力當然就構成了威脅，當時的禮法不允許他那麼做，孔子依從私天下所建立的禁止非天子祭天的禮

10　《大戴禮記・禮三本》，頁98。

11　《禮記・曲禮下》，頁14。

12　《論語・八佾第三》，頁14。

法，對季康子進行指摘是既不合理又不恰當的。他的講法「非其
鬼而祭之，諂也」[13]是不合乎情理為虎作倀的說辭，一個靈同一
個人一般，如果他的能力大，品德聖潔，每個人都可以也應該跟
他建立密切的關係，「諂」這個字在這種情況之下絕對是用不上
也不該用的。

　　余英時在《天人之際：中國古代思想起源試探》中寫道：
「孔子自稱『五十而知天命』（論語・為政），又說：『知我者
其天乎！』（同上〈憲問〉）這是明白表示他曾以個人的身分與
天有過交往。」[14]這種說法毫無根據可言，他引的孔子所說的兩
句話，都並不是在說孔子跟神有過私下交往。〈為政〉中的那句
話是指孔子一生學習的過程：「子曰：『吾十有五而志於學，三
十而立，四十而不惑，五十而知天命，六十而耳順，七十而從心
所欲，不踰矩。』」[15]孔子說他在五十歲的時候才了解天命運作
的情形，是緊接上一句「四十而不惑」講下來，說他的智慧有了
更進一步的成長，根本不是在談他跟天的交往。如果照余英時的
解釋，孔子這些話都可以講成是跟神在交往，如此就大謬特謬
了。再看出自〈憲問〉的引文，孔子在那句話中也不是在說跟神
交往，而是說天跟人不一樣的大能：「子曰：『莫我知也夫！』
子貢曰：『何為其莫知子也？』子曰：『不怨天，不尤人。下學
而上達。知我者，其天乎！』」[16]孔子跟子貢抱怨，世上沒人了

13　《論語・為政》，頁12。
14　余英時《天人之際：中國古代思想起源試探》（臺北：聯經出版事業公
　　司，2014），頁42。
15　《論語・為政》，頁7。
16　《論語・憲問》，頁102。

解他，真正了解他的，只有無所不知的天了。孔子一生遵守禮
法，他絕對不會，也根本不可能蔑視周王不許旁人跟神交往的禁
令。

　　由上述的各種情形來看，孔子兒時所祭的靈應該是一個能力
極其有限的靈，孔子求的靈既然沒有上帝全能的神力，即使他願
意幫助孔子，他能幫的範圍畢竟有限。日後事情的發展果然跟孔
子的期望有出入，雖然孔子的母親沒緊跟著她丈夫一起離開世
間，但因她平日為家事操勞，辛苦異常，活的也不算長。根據
《史記・孔子世家》的記載，孔子的母親應該在他十七歲以前就
去世了。現在學界還無法完全確定孔子的母親到底是什麼時候去
世的，筆者以為根據孔子的自述：「吾十有五而志於學」，[17]十
五歲是孔子人生的轉捩點，他的母親大概就在他十五歲左右的時
候去世，或許在她臨終前，她特別囑咐鼓勵孔子要他出人頭地，
孔子在受到激勵之下，更堅定他立志向上的決心。孔子母親早
逝，讓孔子頓然失去了從小照顧他跟他相依為命的母親，這對孔
子來說應該是個很大的打擊，極可能造成日後他對神不完全信任
的心理。他十五歲的時候立志向學，除了表示他一心要出人頭
地，一方面也應該是表示他決定從此要憑他個人的雙手闖蕩天
下。

　　孔子的父母都已去世，為了求生，孔子勢必須要工作掙錢，
所以他應該很早就出仕了。孟子說：「孔子嘗為委吏矣，曰『會
計當而已矣』。嘗為乘田矣，曰『牛羊茁壯，長而已矣』」。[18]

17　《論語・為政》，頁7。

18　《孟子・萬章下》，頁150。

孔子入仕沒有特殊的人際關係，所以他的職位相當低下，從事倉庫管理員與放牧牛羊的工作。他單身，省吃節用，一個人的開銷應該不會太大，因此做了一段時間也有了一點積蓄，在他十九歲的時候便討了一房媳婦。《孔子家語》說孔子「至十九，娶于宋之上官氏。生伯魚。魚之生也，魯昭公以鯉魚賜孔子，榮君之貺。故因以名鯉，而字伯魚」。[19]孔子在工作的時候，利用在職的機會不斷充實自己，毫不放過學習的機會，《論語‧八佾》記載說：「子入大廟，每事問。或曰：『孰謂鄹人之子知禮乎？入大廟，每事問。』子聞之曰：『是禮也。』」在孔子用心努力學習之下，他的見識不斷的增長，慢慢的他的名聲便在諸侯間傳揚開來。《左傳‧昭公七年》有一段記載提到孔子：

> 公至自楚，孟僖子病不能相禮，乃講學之，苟能禮者從之，及其將死也，召其大夫曰，禮，人之幹也，無禮無以立，吾聞將有達者，曰孔丘，聖人之後也，而滅於宋，其祖弗父何，以有宋而授厲公，及正考父佐戴，武，宣，三命茲益共，故其鼎銘云，一命而僂，再命而傴，三命而俯，循牆而走，亦莫余敢侮，饘於是，鬻於是，以餬余口，其共也如是，臧孫紇有言曰，聖人有明德者，若不當世，其後必有達人，今其將在孔丘乎，我若獲沒必屬說與何忌於夫子，使事之而學禮焉，以定其位，故孟懿子，與南宮敬叔，師事仲尼。[20]

19　《孔子家語‧本姓解》，頁 63-64。
20　《左傳‧昭公七年》，頁 549。

當時孔子年方十七，已經有人要請孔子做教席，孔子在有了名聲以後，請他教導的學生慢慢多了起來，因為他在政府的工作低下，薪水應該也不是特別多，所以孔子乾脆辭掉政府的工作，專心教導學生，他的社會地位與經濟情況應該在他三十歲的時候有了長足的發展，他自己說的「三十而立」[21]除了指他學問的進展以外，應該也是形容他在人生旅程中特殊的里程碑。

　　魯昭公二十五年，孔子三十五歲的時候，魯國發生內亂，《史記・孔子世家》說：「季平子與郈昭伯以鬥雞故得罪魯昭公，昭公率師擊平子，平子與孟氏、叔孫氏三家共攻昭公，昭公師敗，奔於齊，齊處昭公乾侯。其後頃之，魯亂。」[22]孔子根據他自己主張的「亂邦不居」的原則，離開魯國到齊國去避難。日後，孔子周遊列國，往往也是遇亂即逃：

　　　孔子遂至陳，主於司城貞子家……孔子居陳三歲，會晉楚
　　　爭彊，更伐陳，及吳侵陳，陳常被寇。孔子曰：「歸與！歸
　　　與！吾黨之小子狂簡，進取不忘其初。」於是孔子去陳。[23]

當時祖國有亂，日後陳國有難，正該發憤有為，極思圖報，獻身社稷，力挽狂瀾，而不是只等到國家承平的時候才說：「苟有用我者，期月而已可也，三年有成。」[24]讓人聽起來難免有些像風

21　《論語・為政》，頁7。

22　司馬遷《史記・孔子世家》，第二冊，頁1169-1170。

23　司馬遷《史記・孔子世家》，第二冊，頁1176。

24　《論語・子路》，頁89。司馬遷《史記・孔子世家》，第二冊，頁
　　1177的引文無「可也」二字。

涼話的感覺。但孔子一貫的對策是走為上計，本書前文業已談到
孔子此種教導與做法，對後世不良的影響，在此就不多贅述。

　　孔子適齊，當時的齊國還保留著舜時所創作的音樂叫韶，孔
子抓住機會就跟齊太師學習：「與齊太師語樂，聞韶音，學之，
三月不知肉味，齊人稱之。」[25]舜的樂章應該是神聖莊嚴的樂
曲，有極高的昇華作用，所以孔子說他自己在聆聽學習的過程中
受到絕大的薰陶效果：「子在齊聞韶，三月不知肉味。曰：『不
圖為樂之至於斯也！』」[26]這如同英王喬治二世在聆聽德國作曲
家韓得爾（George Frideric Handel）所創作的救世主（Messiah）
一樂章時，曾感動得不知不覺站立起來一樣。孔子客居齊國，齊
景公聽到他的名氣就前來請教：「齊景公問政於孔子。孔子對
曰：『君君，臣臣，父父，子子。』公曰：『善哉！信如君不
君，臣不臣，父不父，子不子，雖有粟，吾得而食諸？』」[27]。
孔子給齊景公的答案並沒有特別稀奇的地方，而齊景公卻聽的很
開心，顯然齊景公對孔子有相當好的印象。他在跟孔子談了以
後，有請孔子幫他治國的念頭，但是《晏子春秋》記載說當時的
大臣晏嬰反對：

> 仲尼之齊，見景公，景公說之，欲封之以爾稽，以告晏
> 子。晏子對曰：「不可。彼浩裾自順，不可以教下；好樂
> 緩於民，不可使親治；立命而建事，不可守職；厚葬破民
> 貧國，久喪道哀費日，不可使子民；行之難者在內，而傳

25　司馬遷《史記‧孔子世家》，第二冊，頁1170。
26　《論語‧述而》，頁43。
27　《論語‧顏淵》，頁82。

者無其外，故異於服，勉於容，不可以道眾而馴百姓。自大賢之滅，周室之卑也，威儀加多，而民行滋薄；聲樂繁充，而世德滋衰。今孔丘盛聲樂以侈世，飾弦歌鼓舞以聚徒，繁登降之禮，趨翔之節以觀眾，博學不可以儀世，勞思不可以補民，兼壽不能殫其教，當年不能究其禮，積財不能贍其樂，繁飾邪術以營世君，盛為聲樂以淫愚其民。其道也，不可以示世；其教也，不可以導民。今欲封之，以移齊國之俗，非所以導眾存民也？」公曰：「善。」於是厚其禮而留其封，敬見不問其道，仲尼迺行。[28]

晏嬰是齊國甚有氣節的名臣，「唯忠於君利社稷者是從」，[29]即使他的政敵也不能不承認他傑出的人品：「慶封欲殺晏子，崔杼曰：『忠臣也，捨之。』」他對君王不講究盲從，而只強調公義的原則，「君為社稷死則死之，為社稷亡則亡之。若為己死己亡，非其私暱，誰敢任之？」[30]他跟神也有相當親密的關係：「使神可祝而來，亦可禳而去也。」[31]他遵從公天下的精神與原則，與孔子主張親親的學說不合，所以對孔子的學說批評不遺餘力。晏嬰的看法是孔子太過注重古禮的繁瑣形式，對國家的建設，社會問題的解決，民生問題的改善不太有用。清人崔述說晏

28　晏子《晏子春秋・外篇第八》（臺北：臺灣商務印書館，1968），頁72-73。孫詒讓《校補定本墨子閒詁・非儒下》（臺北：藝文印書館，1981），頁543-545，也有類似的記載。

29　司馬遷《史記・齊太公世家》，第二冊，頁928。

30　司馬遷《史記・齊太公世家》，第二冊，頁927。

31　司馬遷《史記・齊太公世家》，第二冊，頁929。

嬰上面一段對孔子的評論是戰國時代的口氣，不像春秋時期的人說的話，筆者不敢苟同。理由是孔子的弟子宰我就已經提出同樣的見解了：

> 宰我問：「三年之喪，期已久矣。君子三年不為禮，禮必壞；三年不為樂，樂必崩。舊穀既沒，新穀既升，鑽燧改火，期可已矣。」子曰：「食夫稻，衣夫錦，於女安乎？」曰：「安。」「女安則為之！夫君子之居喪，食旨不甘，聞樂不樂，居處不安，故不為也。今女安，則為之！」宰我出。子曰：「予之不仁也！子生三年，然後免於父母之懷。夫三年之喪，天下之通喪也。予也，有三年之愛於其父母乎？」[32]

孔子顯然辯不過宰我，為了不得罪他，表面上說他可以按照自己的感受去行事，「女安則為之」，但是等宰我離開，便背後批評他，「予之不仁也」，這不是光明正大解決問題的做法。宰我反對服三年之喪，他的論點基本上跟晏嬰「厚葬破民貧國，久喪道哀費日，不可使子民」的看法是一致的。不僅宰我批評孔子的理念，就是孔子的得意弟子子路也說孔子迂腐：

> 子路曰：「衛君待子而為政，子將奚先？」子曰：「必也正名乎！」子路曰：「有是哉，子之迂也！奚其正？」子曰：「野哉由也！君子於其所不知，蓋闕如也。名不正，

則言不順；言不順，則事不成；事不成，則禮樂不興；禮
樂不興，則刑罰不中；刑罰不中，則民無所措手足。故君
子名之必可言也，言之必可行也。君子於其言，無所苟而
已矣。」[33]

孔子洋洋灑灑跟宰我和子路講了一大堆理由，表面上聽起來似乎
冠冕堂皇，但實際上並沒什麼道理，特別是三年之喪，歷史證明
孔子完全是強詞奪理，這就是晏嬰所說的「彼浩裾自順，不可以
教下」。孔子學說的毛病不完全都是外人無故惡意中傷，他的學
生就已經看出來了。既然晏嬰反對，齊景公最後考慮再三，還是
放棄了任用孔子的念頭：「齊景公待孔子，曰：『若季氏則吾不
能，以季、孟之閒待之。』曰：『吾老矣，不能用也。』」[34]齊
景公雖然暫時放棄了任用孔子的念頭，孔子身在齊國，齊景公對
他印象良好，假以時日，很難說齊景公就一定會一直堅持不用
他，因此只要孔子不走，他對齊國大臣的權位就會構成某種潛在
的威脅，史記說：「齊大夫欲害孔子」，[35]孔子在齊國待了一年
左右，看在齊國沒什麼發展的機會，而且生命也受到威脅，所以
最後就決定離開齊國。孟子說：「孔子之去齊，接淅而行」，[36]
孔子顯然聽到不利的風聲，因此離開齊國的時候，走的很匆忙，
拿著剛剛淘過的米還沒做飯就上路了。

　　孔子回到魯國以後，魯昭公人仍在齊國，政權操在季氏家族

33　《論語・子路第十三》，頁 86-87。
34　《論語・微子第十八》，頁 126。
35　司馬遷《史記・孔子世家》，第二冊，頁 1170。
36　《孟子・萬章下》，頁 142。

手中,而季氏的家臣對季氏也有貳臣之心,當時魯國政治相當紊亂,孔子在昭公客居異國,國內政治氣候不佳,在政府中也找不到一個理想職位的情況之下,便專心教學,編定《詩》、《書》、《禮》、《樂》這些書籍:

> 桓子嬖臣曰仲梁懷,與陽虎有隙。陽虎欲逐懷,公山不狃止之。其秋,懷益驕,陽虎執懷。桓子怒,陽虎因囚桓子,與盟而醳之。陽虎由此益輕季氏。季氏亦僭於公室,陪臣執國政,是以魯自大夫以下皆僭離於正道。故孔子不仕,退而脩詩書禮樂,弟子彌眾,至自遠方,莫不受業焉。[37]

孔子的學生眾多,來自全國各地,他向學生收的學費據他自己說,非常微薄;子曰:「自行束脩以上,吾未嘗無誨焉。」[38]但是因跟他求學的人數著實龐大,他的生活費還是不成問題。既然他的生活不成問題,孔子也不急著一定要在政府裡邊找個工作,要找也得找個理想的職位。孔子的學生不但人數眾多,而且人才濟濟,在當時顯然成了一個在野的極其龐大的政治集團,在這種情況之下,任何一個政府如果要聘用孔子,自然就得考慮容納以他為中心的整個政治集團,在這種情況之下,當然很少政府願意也能夠那麼做,再加上孔子是帝王之後,有他的自尊心,不願輕易屈就一個卑下的職位,所以孔子一等就等了近十五年才有他等

37　司馬遷《史記‧孔子世家》,第二冊,頁 1171。
38　《論語‧述而》,頁 42。

到的從政機會。

　　在他耐心等待的期間，孔子專心教學，過著不必看人臉色的愜意生活；子曰：「飯疏食飲水，曲肱而枕之，樂亦在其中矣。不義而富且貴，於我如浮雲。」[39]在這段恬靜的生活期間，孔子不但自己刻意準備從政，也用心培養他的學生，讓他們各個學有專精：

> 子路、曾皙、冉有、公西華侍坐。子曰：「以吾一日長乎爾，毋吾以也。居則曰：『不吾知也！』如或知爾，則何以哉？」子路率爾而對曰：「千乘之國，攝乎大國之間，加之以師旅，因之以饑饉；由也為之，比及三年，可使有勇，且知方也。」夫子哂之。「求！爾何如？」對曰：「方六七十，如五六十，求也為之，比及三年，可使足民。如其禮樂，以俟君子。」「赤！爾何如？」對曰：「非曰能之，願學焉。宗廟之事，如會同，端章甫，願為小相焉。」「點！爾何如？」鼓瑟希，鏗爾，舍瑟而作。對曰：「異乎三子者之撰。」子曰：「何傷乎？亦各言其志也。」曰：「莫春者，春服既成。冠者五六人，童子六七人，浴乎沂，風乎舞雩，詠而歸。」夫子喟然歎曰：「吾與點也！」三子者出，曾皙後。曾皙曰：「夫三子者之言何如？」子曰：「亦各言其志也已矣。」曰：「夫子何哂由也？」曰：「為國以禮，其言不讓，是故哂之。」「唯求則非邦也與？」「安見方六七十如五六十而非邦也

者？」「唯赤則非邦也與？」「宗廟會同，非諸侯而何？
赤也為之小，孰能為之大？」[40]

孔子以六藝教導他的學生，因材施教，鼓勵他們從事自己想做的
事情，這是他教育的一個特點。在孔子致力教學期間，魯國的政
局持續惡化。孔子四十二歲的時候，魯昭公客死在齊國，魯定公
即位。定公五年，權臣季平子去世，他的兒子季桓子繼承他的權
位，在權力交替的過程中，政局一般難免有很大的變數。季桓子
執政不久，他的家臣陽虎趁他在還沒鞏固權位之前「囚季桓
子」。[41]孔子對季氏放肆專權的作風素來不滿，當他早年看到季
氏違反當時的禮節，以陪臣的身分，徑自採用君主的祭禮，就曾
嚴厲地指摘過他。據左傳昭公二十五年的記載，當時孔子三十五
歲，魯國舉行祭襄公的大典：「將禘於襄公，萬者二人，其眾萬
於季氏」，[42]祭典上只有兩個人表演萬舞，而其他的舞蹈人員都
到季氏家廟中去表演了。孔子就季氏僭用君主專用的舞蹈慶禮毫
無保留地大加撻伐：「孔子謂季氏：『八佾舞於庭，是可忍也，
孰不可忍也？』」[43]佾是指舞蹈人員的行列，一行八人，八行六
十四人，是天子主持大典時參加舞蹈表演的人數，而季氏仗著他
的權勢，肆無忌憚襲用天子的禮儀，難怪孔子嚴厲地斥責他。陽
虎要奪季桓子的權，心知孔子對季氏專權一向不滿，因此想取得
孔子的支持，據《論語》的記載，當時陽貨特別前去拜訪孔子：

---

[40] 《論語·先進》，頁 75-76。
[41] 《左傳·定公五年》，頁 663。
[42] 《左傳·昭公二十五年》，頁 625。
[43] 《論語·八佾》，頁 12。

> 陽貨欲見孔子，孔子不見，歸孔子豚。孔子時其亡也，而
> 往拜之，遇諸塗。謂孔子曰：「來！予與爾言。」曰：
> 「懷其寶而迷其邦，可謂仁乎？」曰：「不可。」「好從
> 事而亟失時，可謂知乎？」曰：「不可。」「日月逝矣，
> 歲不我與。」孔子曰：「諾。吾將仕矣。」[44]

孔子對季氏擅權不滿，是因為他支持當時的宗法制度，認為魯國的國君應該是握有實際行政大權的領導；陽虎雖然反對季氏，但他的動機跟孔子並不一定相同，他並不一定堅持要把權力交還給魯國的君主，他極可能只是想把權力抓到自己手上。孔子當然考慮到他們分歧之處，所以他不正式明顯表態，他既不嚴拒陽虎的提議，也不熱切支持陽虎的行動。孔子是個小心謹慎的人，他不會在政局剛開始發生變化，情勢還不甚明朗之際就貿然投入鬧哄哄的政壇中，他對陽虎的反應應該還有伺機而動的意思。

魯定公八年，孔子五十歲，這是他一生中另一個轉捩點，他自己說：「五十而知天命。」[45]這一年魯國的政局起了劇烈的變動，《左傳》記載說陽虎計劃叛殺季桓子：「季寤、公鉏極、公山不狃皆不得志於季氏，叔孫輒無寵於叔孫氏，叔仲志不得志於魯，故五人因陽虎，陽虎欲去三桓，以季寤更季氏，以叔孫輒更叔孫氏，己更孟氏……將享季氏于蒲圃而殺之。」[46]《史記》也談到這件大事說陽虎與公山不狃裡應外合共同叛變：「定公八年，公山不狃不得意於季氏，因陽虎為亂，欲廢三桓之適，更立

---

[44] 《論語·陽貨第十七》，頁118-119。
[45] 《論語·為政第二》，頁7。
[46] 《左傳·定公八年》，頁670。

其庶孽陽虎素所善者，遂執季桓子。桓子詐之，得脫。」[47]這時反對季氏的勢力更加擴大，讓孔子頗為側目：

> 公山弗擾以費畔，召，子欲往。子路不說，曰：「末之也已，何必公山氏之之也。」子曰：「夫召我者而豈徒哉？如有用我者，吾其為東周乎？」[48]

孔子觀察當時的情勢，覺得他施展政治抱負的機會應該業已來臨，因此考慮接受公山弗擾的邀請，投入政壇，建立一個新的政治局面。但是人算不如天算，他的得意門生子路強烈反對，使得孔子不能不重新考慮他的對策。結果次年，「定公九年，陽虎不勝，奔于齊。」[49]老天決定了孔子的去向，因為陽虎、公山弗擾的叛變，季氏的權勢受到強烈的震撼，陽虎事敗，逃到齊國求助：「奔齊，請師以伐魯，曰，三加必取之，齊侯將許之。」[50]強鄰齊國因此虎視眈眈，極可能趁機侵犯魯國，魯國的情勢汲汲可危，在此一全國動蕩不安的情況下，魯國國君及季氏不能不有所作為，季氏因此決定邀請孔子協助治國：「其後定公以孔子為中都宰，一年，四方皆則之。由中都宰為司空，由司空為大司寇。」[51]孔子在他苦等了二三十年之後，終於等到了他想要的政治職位。

---

[47] 司馬遷《史記・孔子世家》，第二冊，頁 1171-1172。

[48] 《論語・陽貨第十七》，頁 120。

[49] 司馬遷《史記・孔子世家》，第二冊，頁 1172。

[50] 《左傳・定公九年》，頁 672。

[51] 司馬遷《史記・孔子世家》，第二冊，頁 1172。

孔子再度從政，在一年之內從地方官中都宰做到中央主管司法的大司寇一職，可說是平步青雲，扶搖直上。在他升到大司寇的位子以後，孔子做了兩件大事，一是夾谷之會，二是墮三都。夾谷之會提高了孔子的聲望，墮三都的決策卻種下了他失敗的遠因。先說夾谷之會，根據《左傳·定公十年》的記載：

> 夏，公會齊侯於祝其，實夾谷，孔丘相，犂彌言於齊侯曰，孔丘知禮而無勇，若使萊人以兵劫魯侯，必得志焉，齊侯從之，孔丘以公退，曰：「士兵之，兩君合好，而裔夷之俘，以兵亂之，非齊君所以命諸侯也，裔不謀夏，夷不亂華，俘不干盟，兵不偪好，於神為不祥，於德為愆義，於人為失禮，君必不然。」齊侯聞之，遽辟之，將盟，齊人加於載書曰，齊師出竟，而不以甲車三百乘從我者，有如此盟，孔丘使茲無還揖對曰，而不反我汶陽之田，吾以共命者，亦如之，齊侯將享公，孔丘謂梁丘，據，曰，齊魯之故，吾子何不聞焉，事既成矣，而又享之，是勤執事也，且犧象不出門，嘉樂不野合，饗而既具，是棄禮也，若其不具，用秕稗也，用秕稗君辱，棄禮名惡，子盍圖之，夫享所以昭德也，不昭不如其已也，乃不果享，齊人來歸鄆、讙、龜陰之田。[52]

夾谷之會是犂彌（《史記》作黎鉏）的建議，當時齊國在景公的統治下爭霸中原，勢力強大，計劃利用會盟，先使魯國屈服。魯

定公人很幼稚，以為與齊會盟是小事，準備乘用尋常的車輛，不用必須的武衛，孔子當時為大司寇，就勸他：「臣聞有文事者必有武備，有武事者必有文備。古者諸侯出疆，必具官以從。請具左右司馬。」[53]魯定公接受他的建議與會。孔子在齊國逗留的時候跟齊景公有過往來，齊景公對他印象良好，他與齊景公的關係頗佳，因此他便成了陪同魯定公在夾谷與齊景公會盟的最佳人選。在會場會盟開始的時候，齊景公聽信他臣子犁彌的意見，以表演歌舞的理由來教唆當地萊人陳兵威脅魯定公。孔子看到當地軍隊出現在會場上，就說齊景公採用威脅的手法對會盟不利，有損齊國的威望，「吾兩君為好會，夷狄之樂何為於此！請命有司。」[54]齊景公當下撤兵。在簽署盟約之前，齊景公臨時加了一個條款，要求魯國每次在齊國出兵的時候派三百輛戰車從行。孔子當場也相對的要求齊國歸還一年以前陽虎叛魯時送給齊國的汶陽之地。結果齊國歸還魯國的失地，會議圓滿結束。孔子在跟齊國結盟的這件事上做得相當成功，使魯國的國防有了額外安全的屏障，這對魯國來說是個重要的成就，孔子在魯國的威望因此提高，魯國的權臣季孫氏對孔子開始信賴，言聽計從，「三月不違」，[55]孔子的學生也成了季孫氏的家宰，孔子在魯國的勢力與影響可說達到顛峰。

　　再說墮三都之事。三都指魯國三個最有勢力的權臣季孫氏、叔孫氏、孟孫氏封地違建的大都會，當時季孫氏是魯國的司徒、叔孫氏是司馬、孟孫氏是司空，他們都是魯公的後代，魯國的政

---

[53]　司馬遷《史記·孔子世家》，第二冊，頁 1172。

[54]　司馬遷《史記·孔子世家》，第二冊，頁 1172-1173。

[55]　《漢魏古注十三經·公羊傳》，下冊，卷二十六，頁 183。

權主要操在他們手中，為鞏固一己的勢力，他們在各自的封地上建了堅固的城池，跟中央較量。他們平時都住在魯國的京城曲阜，他們的封地便各自交給他們的家臣管理，那些家臣像陽虎、公山之流不時憑據堅固的城池叛變，三家常常一籌莫展。孔子趁著他聲望如日中天，三家又信賴他的時候，提議把三家堅固的城池都拆毀。季氏因三年前陽虎作亂，鬧得他焦頭爛額，覺得應該可行，就同意了：

> 仲由為季氏宰。將墮三都，於是叔孫氏墮郈，季氏將墮費，公山不狃、叔孫輒帥費人以襲魯，公與三子入于季氏之宮，登武子之臺，費人攻之弗克，入及公側，仲尼命申句須，樂頎，下伐之，費人北，國人追之，敗諸姑蔑，二子奔齊，遂墮費，將墮成，公斂處父謂孟孫，墮成，齊人必至於北門，且成，孟氏之保障也，無成是無孟氏也，子偽不知，我將不墮，冬，十二月，公圍成弗克。[56]

孔子順利地拆毀了叔孫氏都城郈的城牆，季孫氏的家臣公山不狃固守費，率兵抵抗，結果失敗，孔子便把費的城牆也拆了，剩下孟孫氏的都城成。孟孫氏的家臣公斂處父跟陽虎和公山不狃不同，是一個相當忠心的家臣，當初陽虎叛變，企圖謀殺孟孫氏，就是因公斂處父事先有所警覺，通告孟孫氏，孟孫氏才沒被殺，所以孟孫氏對公斂處父也是相當感激的。孔子準備拆毀成，就公斂處父來看是不智之舉，因為齊國與魯國接壤，成是衝要之地，

---

[56] 《左傳‧定公十二年》，頁 678。

有捍衛魯國國防之效，不可輕言拆毀。公斂處父言之成理，孟孫氏就一己私益及國家的國防來看，不好反駁，因此便聽由公斂處父抗拒拆毀的命令。公斂處父足智多謀，禦城有方，魯公率兵攻城失敗，孔子一籌莫展，只能接受現實情勢，讓墮三都的既定政策不了了之。

正如晏嬰和宰我及子路所見，孔子的教導有迂泥不切實際的特色。政治問題的圓滿解決一般總是應該通過諮詢的程序，因專制獨裁而造成一言堂的情勢是非常危險的，孔子主張墮三都，把權力歸還給魯公，並不是切合實際的想法。在宗法制度的運作之下，當然魯公在魯國的權力應該最大，但是宗法制度的最高領導人是天子，當時的天子早已名存實亡，各地的諸侯基本上各行其是，不聽他的指揮，照孔子的想法，天子應該掌握全國最高的權力，他想把權力歸還給魯公就理想上來說也還不算是最徹底的做法，還只能算是妥協。即使孔子真能實現他的理想把權力交還給天子，問題是天子濫用權力怎麼辦。周朝的宗法制度到末期就是因為天子出了問題，周幽王看不清事理，把國家鬧得天翻地覆，所以才導致了諸侯離心離德，尋求自保之術。單就魯國來看，英明的君主實在有限，定公不一定是賢君，哀公也不算特別英明，如果在權力突然集中在魯公手中之後，他濫權傷害諸侯百姓，那時諸侯沒有制衡的能力，同樣會演出很大的問題。所以政治問題圓滿的解決應該不是把權力集中到一個人的身上就能順利達成的，一個人應該特別考慮到咨詢程序的正當運作。孔子在執行墮三都的政策上犯了一個明顯的錯誤，就是他沒做好咨詢的工作。孟孫氏不同意他的做法，照理說他應該儘量疏通，既然疏通失敗，孔子應該就此打住，待時機成熟以後，再行計劃。可惜在咨

詢觸礁的情況下，孔子仍然拘泥己見，決定強行執行，結果孟孫氏抵抗成功，孔子的威望一落千丈，導致他的失勢。孔子在朝不再受到往昔的尊重，他的弟子同時受到影響：

> 公伯寮愬子路於季孫。子服景伯以告，曰：「夫子固有惑志於公伯寮，吾力猶能肆諸市朝。」子曰：「道之將行也與？命也。道之將廢也與？命也。公伯寮其如命何！」[57]

子路是在孔子推薦之下做了季氏的家宰，孔子失勢，子路同時遭殃。公伯寮是孔子弟子中的敗類，他看孔子威望大不如昔，便開始中傷子路，子服景伯是孟孫氏的族人，孔子即使再不喜歡公伯寮，他畢竟是自己的學生，孟孫氏抗拒他墮三都的政策，他要懲罰孟孫氏都還來不及，這時在他威望大降之際，他不可能順從子服景伯的建議把他自己的學生殺了，所以他的答案是順其自然，聽從天命。

　　孔子在處境困難的時刻，如果能耐住性子，等待良機，再造時勢，也不是不可能重新贏得季氏的信賴，但孔子的決定卻是別尋出路。齊國在兩年前曾跟魯國約盟，這時為了增進兩國友好關係，特別送馬匹、馬車、女樂給魯國執政：

> 齊人歸女樂，季桓子受之。三日不朝，孔子行。[58]

57　《論語・憲問第十四》，頁 102。
58　《論語・微子第十八》，頁 127。

以上所引出自《論語》，根據此一記載，孔子見季桓子接受齊國
的美女，三日不朝，內心失望，因此離開魯國。孟子的看法跟
《論語》的記載不一樣，他不提季桓子三日不朝的事，只說季桓
子對孔子無禮：

> 孔子為魯司寇，不用，從而祭，燔肉不至，不稅冕而行。
> 不知者以為為肉也。其知者以為為無禮也。乃孔子則欲以
> 微罪行，不欲為苟去。君子之所為，眾人固不識也。[59]

孟子顯然以為《論語》的說辭有點過分，季桓子請假，三天不上
班，只要他把公事跟大家交代清楚，請別人代辦，季桓子在那幾
天喜歡跟女孩子在一起，應該不是什麼了不起的事，孔子不會因
他幾天沒上班就氣得走了。孟子別出心裁，因此想出了季桓子的
另一個罪狀，以為季桓子在大祭以後沒遵照常例給孔子送祭肉，
失禮，因此孔子決定馬上離開魯國，急得連帽子也不戴。《史
記》把《論語》和《孟子》的說法合在一起來解釋孔子離開魯國
的原因，並提供更詳細的理由，說是齊國因孔子執政而懼怕魯國
強盛，便使用美人計使季桓子無心執政：

> 齊人聞而懼，曰：「孔子為政必霸，霸則吾地近焉，我之
> 為先并矣。盍致地焉？」黎鉏曰：「請先嘗沮之；沮之而
> 不可則致地，庸遲乎！」於是選齊國中女子好者八十人，
> 皆衣文衣而舞康樂，文馬三十駟，遺魯君。陳女樂文馬於

---

[59] 《孟子·告子下》，頁179-180。

> 魯城南高門外，季桓子微服往觀再三，將受，乃語魯君為
> 周道游，往觀終日，怠於政事。子路曰：「夫子可以行
> 矣。」孔子曰：「魯今且郊，如致膰乎大夫，則吾猶可以
> 止。」桓子卒受齊女樂，三日不聽政；郊，又不致膰俎於
> 大夫。孔子遂行。[60]

歷史上君主因享樂而怠於政事的例子多的不可勝數，不是稀奇的事，季桓子只是三天不朝，不能算久，如果因執政三天不辦公，官員們都辭職了，這是笑話，政府也可以準備關門了。再說一般耽於享樂的君主，往往都把權力交給他寵信的臣子，重要決定常由旁人代理，如果季桓子因享樂而把權力都交給孔子，讓孔子能放心的去實施他的政治理想，那應該是孔子夢寐以求的事，不算惡事，孔子應該不會拒絕代理季桓子去處理政事，所以孔子因季桓子三日不朝而使性子離去的可能性應該不大。此外，就筆者所知，世上大概沒有一個人會渴望頂頭上司一年四季整天追蹤監督自己的行事，上司三天沒上班，正好鬆口氣，如果在上司不干涉的情況之下，又能按照自己的心意辦事，那更會是求之不得的事，絕對沒有人會因上司三天沒上班，而氣憤填膺，衝動到辭職的地步。大概正是因為這個說法難以令人完全信服，所以孟子決定不提這件事，而只說季桓子不送祭肉的事。其實季桓子沒送祭肉給孔子也不能算是什麼天大的事，那些祭肉能有多少斤，能值多少錢，從經濟的角度來看有沒有關係不大。如果孔子真要斤斤計較，一定要那些祭肉不可，而季桓子照例當送，那孔子婉轉地

60　《史記‧孔子世家》，第二冊，頁 1174。

跟季桓子提醒一聲，季桓子應該不會拼死不送，即使季桓子厚著臉皮真不送，孔子沒有理由一定堅持要季桓子把那幾斤肉補上，更沒理由連跟季桓子說都不說，帽子戴也不戴就走了。因此三日不朝和不送祭肉都不應該是孔子離開魯國的真正原因，孔子所以離開魯國而且走得那麼快，連跟季桓子都不打個招呼，真正的原因應該是他在墮三都失敗以後，大失臉面，在朝立足艱覷，辦事困難，他找了這些不能算非常嚴重的事情做為藉口，讓他下臺有個臺階，在表面上看來能在堂堂皇皇的情況下脫離進退兩難的政壇。這應該是當初晏嬰說孔子「倨傲自順，不可以為下」與墨子批評孔子說他「高浩居，倍本棄事而安怠傲」[61]的原因。

　　孔子在失望之下，離開了魯國，開始周遊列國。他先到衛，衛靈公問他：「居魯得祿幾何？」[62]他說：「粟六萬。」衛靈公也給他六萬，請他留在衛國。但是後來有人背後說他壞話，結果衛靈公派人監視他，他只好逃命，到了蒲。一個多月以後又回到衛。因為衛靈公對他不是非常尊敬，孔子又離開了衛，到了曹、宋、鄭、陳等國，後來再回到衛。這時候衛靈公的年紀已經大了，「怠於政，不用孔子」，[63]孔子最後再離開衛，去了陳。不久衛靈公去世，孔子這時也已經六十歲了。那時魯國的季桓子也死了，死前要他的兒子季康子用孔子：「我即死，若必相魯，相魯，必召仲尼。」[64]但是後來因為公之魚反對：「昔吾先君用之不終，終為諸侯笑。今又用之不能終，是再為諸侯笑。」公之魚

61　孫詒讓《校補定本墨子閒詁·非儒下》，頁543。

62　司馬遷《史記·孔子世家》，第二冊，頁1175。

63　司馬遷《史記·孔子世家》，第二冊，頁1177。

64　司馬遷《史記·孔子世家》，第二冊，頁1179。

反對孔子，表面上是為季康子著想，話說得很漂亮，他說如果事後季康子不能重用孔子，別人勢必會譏笑季康子，會弄得季康子沒面子，但真正的理由應該是孔子以前在推行墮三都的政策時，對當時的權貴進行無情的打擊，孔子此次有望捲土重來，來了以後，很可能會對公之魚自己的權勢造成威脅。既然他的大臣反對任用孔子，季康子退而求其次只好用孔子的學生子貢和冉求。冉求在魯國做得一帆風順，帶兵打敗了齊國，季康子問他：「子之於軍旅，學之乎，性之乎？」[65]冉求說：「學之於孔子。」孔子以前在推行墮三都的政策時，所以失敗，就是因為他被公斂處父擊敗，孔子沒有軍事秉賦，應該沒有太大的問題。冉求所以要把孔子說成一個傑出的軍事將領，理由是希望藉此說服季康子讓孔子返回魯國。果然，因為冉求的建議，季康子改變初衷，請孔子返魯。孔子在離開魯國十四年之後，於魯哀公十一年（前484）終於又回到魯，這時孔子六十八歲。孔子回到魯國以後，季康子並沒有給他執政的機會，只是把他當做一個退隱閒居的政壇前輩來看，遇到重要的事就咨詢孔子，一方面表示禮遇，另一方面也有爭取他的支持的意思，比如說，季康子想增加他自己的收入就先派孔子的弟子冉有打探他的口風：

> 季孫欲以田賦，使冉有訪諸仲尼，仲尼曰，丘，不識也，三發，卒曰，子為國老，待子而行，若之何子之不言也。仲尼不對，而私於冉有曰，君子之行也。度於禮，施取其厚，事舉其中，斂從其薄，如是則以丘亦足矣，若不度於

65　司馬遷《史記‧孔子世家》，第二冊，頁1182。

> 禮，而貪冒無厭，則雖以田賦，將又不足，且子季孫若欲
> 行而法，則周公之典在，若欲苟而行，又何訪焉，弗聽。[66]

冉有徵詢他老師的意見，希望孔子能表態支持，孔子不但不支持，反而反對，冉有是季康子的重臣，他知道季康子要他詢問孔子的意見，不過是表示禮貌，即使孔子反對，他還是決定增加稅收。孔子因這件事非常生氣，就鼓勵其他的學生批評冉有，對他施加壓力：

> 季氏富於周公，而求也為之聚斂而附益之。子曰：「非吾
> 徒也。小子鳴鼓而攻之，可也。」[67]

照孔子的看法，如果一個君王不聽臣子的話，臣子就應該辭職：「邦有道，穀；邦無道，穀，恥也。」[68]孔子遇到挫折動不動就要打退堂鼓的做法不是十全十美之計，一個臣子如果碰到君王不聽自己的建議就辭職，是相當任性的做法，這種做法對自己不一定好，對別人也不一定好，因為臣子只要在君王的旁邊，總是可以利用機會不斷進諫，如果一旦辭職，一個臣子對君王便不再具什麼影響力。小人奸臣是最巴不得君子辭職的，因為君子全走光了，君主就只能聽他們的一面之辭。所以一個君子能夠不辭，就最好不辭。冉有顯然看到這點，所以即使孔子希望他辭，他也不辭。

66　《左傳・哀公十一年》，頁709。
67　《論語・先進》，頁72。
68　《論語・憲問第十四》，頁94。

　　冉有沒有意氣用事辭掉他的官位是正確的做法，因為後來季康子還是不斷的通過他向孔子請教，比如季康子想攻打對他可能構成威脅的顓臾時，就照例先探探孔子的口氣：

> 　　季氏將伐顓臾。冉有、季路見於孔子曰：「季氏將有事於顓臾。」孔子曰：「求！無乃爾是過與？夫顓臾，昔者先王以為東蒙主，且在邦域之中矣，是社稷之臣也。何以伐為？」冉有曰：「夫子欲之，吾二臣者皆不欲也。」孔子曰：「求！周任有言曰：『陳力就列，不能者止。』危而不持，顛而不扶，則將焉用彼相矣？且爾言過矣。虎兕出於柙，龜玉毀於櫝中，是誰之過與？」冉有曰：「今夫顓臾，固而近於費。今不取，後世必為子孫憂。」孔子曰：「求！君子疾夫舍曰欲之，而必為之辭。丘也聞有國有家者，不患寡而患不均，不患貧而患不安。蓋均無貧，和無寡，安無傾。夫如是，故遠人不服，則修文德以來之。既來之，則安之。今由與求也，相夫子，遠人不服而不能來也；邦分崩離析而不能守也。而謀動干戈於邦內。吾恐季孫之憂，不在顓臾，而在蕭牆之內也。」[69]

當時一般諸侯追求的是富強，季康子當然也不例外，他不但要變得富有，他也要不斷鞏固自己的勢力，但是在沒有什麼正當的理由之下要出兵攻打顓臾顯然會被大家批評，在孔子的反對之下，季康子考慮再三，終於還是放棄了他原來動兵的計劃，由此可見

---

[69]　《論語・季氏第十六》，頁 112-114。

孔子所堅持的行事方針，所謂的「『陳力就列，不能者止。』危而不持，顛而不扶，則將焉用彼相矣」不一定是唯一可行的十全之計。其實冉有子路並不是「危而不持，顛而不扶」，他們自己說的很清楚，他們的想法季康子不一定每件事都聽，但是就討伐顓臾這件事來說，季康子畢竟還是聽了，所以一個人不必因上級有時不聽自己的意見，動不動就要辭職，這絕對不是正確的做法。

孔子一生行事非常堅持自己的意見，這有它好的一面，也有壞的一面。如果他堅持的是正確的原則，那是最好不過；但是如果他堅持的只是個人的想法，不是絕對的真理，而別人的意見跟他不一樣時，他跟別人相處就一定會有困難。孔子的這種個性註定他一生在官場上很難施展他的抱負，所以孔子在回到魯國以後，魯國終究不用他。孔子晚年在魯國就專心教導他的學生，同時寫了《春秋》這本書。

孔子晚年在魯國期間，為了自身的利益，做了一件撼動當時中國的事。根據《史記》的記載，孔子在得悉齊國準備入侵魯國的計劃之後，憂心忡忡，要求他的門徒解決此一危機：「田常欲作亂於齊，憚高、國、鮑、晏，故移其兵欲以伐魯。孔子聞之，謂門弟子曰：『夫魯，墳墓所處，父母之國，國危如此，二三子何為莫出？』子路請出，孔子止之。子張、子石請行，孔子弗許。子貢請行，孔子許之。」[70]墨子在分析這次歷史事件時指出孔子要他的弟子策劃打擊齊國的動機與早先齊國拒絕任用他因此心存報復的心理有關：

---

70 司馬遷《史記・仲尼弟子列傳》，頁 1356。

> 孔丘乃恚，怒於景公與晏子，乃樹鴟夷子皮於田常之門，
> 告南郭惠子以所欲為，歸於魯。有頃，聞〔聞〕齊將伐
> 魯，告子貢曰：「賜乎！舉大事於今之時矣！」乃遣子貢
> 之齊，因南郭惠子以見田常，勸之伐吳，以教高、國、
> 鮑、晏，使毋得害田常之亂，勸越伐吳。三年之內，齊、
> 吳破國之難，伏尸〔不可〕以言術數，孔丘之誅也。[71]

上文提到孔子在齊國避難的時候，齊景公有意任用孔子，晏嬰反
對，結果孔子只好離開齊國，孔子離開以後，顯然不能完全釋
懷。墨子所以譴責孔子，並不是因為孔子要救魯國，而是為了救
魯國而挑起其他國家之間大規模的戰爭，導致驚人的傷亡人數。
孔子委派門人子貢前往齊國進行遊說的工作，持用的理由陰險而
下流，完全從權臣的利益出發，置齊國的安全與人民的生命於不
顧之地：

> 子貢曰：「臣聞之，憂在內者攻彊，憂在外者攻弱。今君
> 憂在內。吾聞君三封而三不成者，大臣有不聽者也。今君
> 破魯以廣齊，戰勝以驕主，破國以尊臣，而君之功不與
> 焉，則交日疏於主。是君上驕主心，下恣群臣，求以成大
> 事，難矣。夫上驕則恣，臣驕則爭，是君上與主有郤，下與
> 大臣交爭也。如此，則君之立於齊危矣。故曰不如伐吳。
> 伐吳不勝，民人外死，大臣內空，是君上無彊臣之敵，下

---

[71] 孫詒讓《校補定本墨子閒詁・非儒下》，頁 556-558。《韓非子・說林
上》也有記載鴟夷子皮事田成子的事：「鴟夷子皮事田成子，田成子去
齊，走而之燕，鴟夷子皮負傳而從」（頁 174）。

無民人之過，孤主制齊者唯君也。」田常曰：「善。雖
然，吾兵業已加魯矣，去而之吳，大臣疑我，柰何？」子
貢曰：「君按兵無伐，臣請往使吳王，令之救魯而伐齊，
君因以兵迎之。」田常許之，使子貢南見吳王。[72]

子貢要田常攻擊吳國，讓齊國國破人亡，「民人外死，大臣內
空」，如此田常可以在齊國擅權，這種說辭出自孔子特派的使徒
子貢之口，與儒家平日滿口仁義道德的教導有黑白之別，充分顯
示出儒家說一套做一套虛偽的一面。

　　子貢到了吳國，又從吳王的角度來挑撥齊吳之間的關係，他
的作風與當時的縱橫家可說相差無幾：「今以萬乘之齊而私千乘
之魯，與吳爭彊，竊為王危之。且夫救魯，顯名也；伐齊，大利
也。以撫泗上諸侯，誅暴齊以服彊晉，利莫大焉。名存亡魯，實
困彊齊。」[73]當吳王夫差提到他的仇敵越國的時候，子貢立即以
吳國的利益為出發點，自告奮勇前往越國，要求越國出兵相助：
「臣請東見越王，令出兵以從，此實空越，名從諸侯以伐也」。
[74]子貢到了越國立即又以越王勾踐的利益為出發點，提出滅吳的
計劃：

子貢曰：「吳王為人猛暴，群臣不堪；國家敝以數戰，士
卒弗忍；百姓怨上，大臣內變；子胥以諫死，太宰嚭用
事，順君之過以安其私：是殘國之治也。今王誠發士卒佐

72　司馬遷《史記・仲尼弟子列傳》，頁 1356-1357。
73　司馬遷《史記・仲尼弟子列傳》，頁 1357。
74　司馬遷《史記・仲尼弟子列傳》，頁 1357-1358。

之徼其志，重寶以說其心，卑辭以尊其禮，其伐齊必也。彼戰不勝，王之福矣。戰勝，必以兵臨晉，臣請北見晉君，令共攻之，弱吳必矣。其銳兵盡於齊，重甲困於晉，而王制其敝，此滅吳必矣。」越王大說，許諾。[75]

子貢回到吳王夫差之處，以虛假的言辭來欺騙夫差，夫差於是出兵伐齊，此時子貢的做法較之縱橫家並無遜色之處：

報吳王曰：「臣敬以大王之言告越王，越王大恐，曰：『孤不幸，少失先人，內不自量，抵罪於吳，軍敗身辱，棲于會稽，國為虛莽，賴大王之賜，使得奉俎豆而修祭祀，死不敢忘，何謀之敢慮！』」[76]

子貢在騙夫差發兵以後，馬不停蹄，又到晉國勸晉君準備與夫差開戰：「『臣聞之，慮不先定不可以應卒，兵不先辦不可以勝敵。今夫齊與吳將戰，彼戰而不勝，越亂之必矣；與齊戰而勝，必以其兵臨晉。』晉君大恐，曰：『為之奈何？』子貢曰：『修兵休卒以待之。』晉君許諾。」[77]為了救魯，孔子派遣子貢挑起齊、吳、越、晉四國的生死之戰，為了自家的利益，孔子不惜犧牲別國，為了小我，孔子可以不顧大我，結果造成驚人的傷亡人數，這種自利損他的做法在儒家仁義道德的教導之下難免給人一種有格格不入的感覺。難怪晏子和墨子抨擊孔子說他以「邪術」

[75] 司馬遷《史記・仲尼弟子列傳》，頁1358。

[76] 司馬遷《史記・仲尼弟子列傳》，頁1358。

[77] 司馬遷《史記・仲尼弟子列傳》，頁1359。

教人，就孔子及其弟子的行事來看，似乎他們的評語並非空穴來風。《史記》就歷史事實來下評語說：「子貢一使，使勢相破」，[78]在孔子的指使之下，子貢使用欺騙卑下的伎倆，挑撥離間，造成各諸侯國之間互相殘殺的局面，委實有違仁者的風範。

魯哀公十六年，孔子去世，死的時候七十三歲。孔子死了以後，他的學生在他的墓地為他服了三年的喪，子貢因為做生意，是一個巨富，不須要擔心衣食，不急著工作，一個人在孔子的墓旁又住了三年以後才離開。顯然，孔子不但成功的壓制了當初宰我反對服三年喪事的不同意見，同時更進一步說服了他的門徒，一個人不僅應該為父母服三年喪，也可以為教師服三年喪。照這種教導，一個人有可能大半生都在為別人服喪，而不必從事重要的工作了。孔子的教導不切實際，由此可見，這是當時的晏嬰和墨子極力抨擊孔子的主要原因。

在探討孔子的一生之後，有幾件事情特別值得讀者反思，第一，孔子的父親屬於老一代的人物，對神靈不僅尊敬，而且有心取得神靈的祝福，他在孔子還未出生以前就為孔子的誕生而祈禱就是一個極其明顯的例子。在下一章討論孔子對鬼神的態度時，讀者可以看到孔子雖然仍尊敬鬼神，但是他拒絕尋求鬼神的祝福，當他的門徒子路要為他跟神靈祈禱時，孔子斷然拒絕，這種轉變不僅是孔子個人的決定，也是大時代的一種趨勢。前文提到在人神關係的發展上，春秋是一個起了決定性的關鍵時期，當時一般人因對周天子不滿，由懷疑神，到逐漸背離神，為風氣所使然，孔子順應背離神的時代大潮流，所以跟他父親不同，改而對

---

[78] 司馬遷《史記·仲尼弟子列傳》，頁 1359。

神採取避而遠之的態度。第二，孔子離開當時重用他的季桓子，為他人生最重大的失誤之處。事實證明，孔子在離開季桓子以後，不再能有同樣施展他理想抱負的機會，他的餘生大部分就是在周遊各國之間虛擲而過。他負氣離開季桓子不僅顯示他缺乏耐性，同時更表現出他的任性，這就是晏嬰和墨子批評他「浩裾自順」的部分理由。第三，孔子對邪惡沒有抗爭到底的思維，他離開季桓子，固然是任性及缺乏耐性的表現，同時也是他對邪惡有一貫妥協的心態。他不苛責齊桓公吃人的行為，也不批評易牙清蒸兒子的舉動，在稍遇挫折之後，直覺的反應就是逃避，所以他主張「危邦不入，亂邦不居」一種不負責任的態度。下文在討論墨子的思想時，讀者可以看到，孔子面對邪惡「三十六計，走為上策」的脫逃辦法，與墨子正好相反，墨子的思維是天下越黑暗，他就越戮力抗爭，直到消除邪惡為止。中國深受孔子的影響，在對付黑暗邪惡的勢力時，時時出現軟弱妥協退縮的現象，歷史證明，邪惡黑暗的勢力，不會因人的軟弱妥協退縮，而自動消失，而往往卻因人們的退縮逃避，而變得更為囂張跋扈，只有在人們採取堅定的立場，抱著背水一戰必勝的決心之後，才有可能剷除黑暗邪惡的勢力，受到上帝的祝福。

第九章　孔子的仁道

　　孔子在論述他自己的思想淵源時說：「述而不作，信而好古」，[1]表明他繼承先賢先聖的想法，而沒有自我創作的情形。在所有的先聖先賢中，孔子最推崇的是堯，他認為堯師法天道，彰顯了天道奇偉的精神與原則：「大哉，堯之為君也！巍巍乎！唯天為大，唯堯則之。蕩蕩乎！民無能名焉。巍巍乎！其有成功也；煥乎，其有文章！」[2]《中庸》明確的說孔子的思想來自堯、舜：「仲尼祖述堯、舜」。[3]孟子推尊孔子，也「言必稱堯、舜」，[4]在〈盡心下〉同時提出堯、舜、湯、文、孔子為中國道統的說法：「由堯、舜至於湯，五百有餘歲，若禹、皋陶，則見而知之；若湯，則聞而知之。由湯至於文王，五百有餘歲，若伊尹、萊朱則見而知之；若文王，則聞而知之。由文王至於孔子，五百有餘歲，若太公望、散宜生，則見而知之；若孔子，則聞而知之。」[5]漢代的楊雄在〈法言〉中以孟子的說法為基礎，在道統的名單上增添了禹和武王的名字：「仰聖人而知眾說之小

---

[1]　《四書集註・論語・述而第六》（臺北；世界書局，1966），頁41。

[2]　《四書集註・論語・太伯第八》，頁54。

[3]　《四書集註・中庸》，頁27。

[4]　《四書集註・孟子・滕文公上》，頁64。

[5]　《四書集註・孟子・盡心下》，頁218-9。

也,學之為王者事,其已久矣,堯、舜、禹、湯、文、武汲汲,仲尼皇皇,其已久矣。」唐代的韓愈在〈原道〉中再加上周公的名字,確立堯、舜、禹、湯、文、武、周公、孔子為中國的道統:「堯以是傳之舜,舜以是傳之禹,禹以是傳之湯。湯以是傳之文武周公,文武周公傳之孔子,孔子傳之孟軻。」[6]從此,韓愈的說法在儒家傳統中便成了定論,例如宋朝的黃榦也隨著說:「堯、舜、禹、湯、文、武、周公生,而道始行;孔子孟子生,而道始明」。[7]到了民國,孫文同樣強調:「中國有一個道統,堯、舜、禹、湯、周文王、周武王、周公、孔子相繼不絕,我的思想基礎就是這個道統;我的革命就是繼承這個正統思想來發揚光大!」[8]在中國儒家的傳統中,堯、舜和孔子的名字因此異常緊密的結合在一起,有不可分的趨勢,以致歷來儒者都以為孔子和堯、舜的思想在本質上完全相同,毫無差異。其實前文提到,孔子的思想雖然在表面上跟堯、舜、禹有些相似,但是他們思想的本質卻迥然不同。堯、舜、禹生長在公天下的時代,提倡的是公天下的精神與體制,而孔子生長在私天下的時代,支持的是私天下的精神與體制,兩者的時代不同,其思想本質自然也有根本歧異之處。

早在墨子的時代,墨子和他的門人就已經指出孔子的儒家思

6　韓愈《韓昌黎全集‧原道》(北京:中國書店,1994),卷十一,頁174。

7　《叢書集成初編‧黃勉齋先生文集‧徽州朱文公祠堂記》(上海:商務印書館,1936),卷五,頁107。

8　羅剛編著《中華民國國父實錄》(臺北:正中書局,1988),第五冊,頁3904。

想名義上說是祖述堯、舜、禹、湯、文、武之道，實質上卻是背道而馳，顛覆了堯、舜、禹思想的本質：「今逮至昔者三代聖王既沒，天下失義，後世之君子，或以厚葬久喪以為仁也，義也，孝子之事也；或以厚葬久喪以為非仁義，非孝子之事也。曰二子者，言則相非，行即相反，皆曰：『吾上祖述堯、舜、禹、湯、文、武之道者也。』而言即相非，行即相反，於此乎後世之君子，皆疑惑乎二子者言也。」[9]韓非在〈顯學篇〉中說：「孔子墨子俱道堯、舜，而取舍不同，皆自謂真堯、舜，堯、舜不復生，將誰使定儒墨之誠乎？」[10]韓非生長在戰國時代，沒能看到汲冢所發掘出來的《竹書紀年》及現代殷墟出土的甲骨文，對韓非來說，孔子與墨子的爭議是無解題，但是現代學者擁有大批韓非所不曾見過的史料，所以韓非所不能解決的問題，在我們這個時代不再是個問題，筆者從中國古代思想傳承的脈絡來探討孔子思想的特質，從而解決韓非所無法解決的問題。

私天下精神與制度的維護者

雖然子思說「仲尼祖述堯、舜」，但是孔子跟堯、舜等古聖王的思想在本質上可說是兩種有天壤之別的思想。一言以蔽之，孔子跟古代聖王最大的區分，就是他們對神的看法，特別是他們對人神之間關係的界定。換一個角度來說，他們之間的區分如上

9 清・孫詒讓，《校補定本墨子閒詁・非儒下》（臺北：藝文印書館，1981），頁 331-333。

10 戰國・韓非，《韓非子・顯學第五十》（北京：中華書局，2009），卷十九，頁 457。

文所說，也就是公天下與私天下精神的區分：堯是中國公天下精
神與制度的代表，孔子是私天下精神與制度的傳承與維護者。公
天下的精神如上文所說是以神或上帝聖潔、大公無私的兼愛或博
愛的精神為中心、重心與基礎，而私天下的精神卻是以人為本
位、嚴分階級、講究等差之愛並且一般具有韓非所說的「成其私
而遺社稷之利」[11]自私自利的特色。在分析完孔子跟堯、舜不同
之處以後，筆者進一步來探討孔子的學說。孔子的哲學思想以仁
為中心：「君子去仁，惡乎成名？君子無終食之間違仁，造次必
於是，顛沛必於是。」[12]「仁」這個字，歷來解說紛紜，莫衷一
是。在中國傳統中，孟子對仁的解釋應該是最具有權威性、最有
影響力的說法，筆者現在引述於下：

> 人皆有不忍人之心。先王有不忍人之心，斯有不忍人之政
> 矣。以不忍人之心，行不忍人之政，治天下可運之掌上。
> 所以謂人皆有不忍人之心者，今人乍見孺子將入於井，皆
> 有怵惕惻隱之心。非所以內交於孺子之父母也，非所以要
> 譽於鄉黨朋友也，非惡其聲而然也。由是觀之，無惻隱之
> 心，非人也；無羞惡之心，非人也；無辭讓之心，非人
> 也；無是非之心，非人也。惻隱之心，仁之端也；羞惡之
> 心，義之端也；辭讓之心，禮之端也；是非之心，智之端
> 也。人之有是四端也，猶其有四體也。有是四端而自謂不
> 能者，自賊者也；謂其君不能者，賊其君者也。凡有四端

11　韓非《韓非子・五蠹第四十九》（北京：中華書局，2009），卷十九，
　　頁456。
12　《四書集註・論語・里仁》，頁21。

於我者，知皆擴而充之矣，若火之始然，泉之始達。苟能充之，足以保四海；苟不充之，不足以事父母。[13]

本著孟子「惻隱之心，仁之端也」的說法，歷來學者在解釋仁的時候都特別強調情感，像錢穆就說仁是「真情相感通」，[14]馮友蘭也跟著說：「人與人相處所共有之同情。」[15]其實，孔子所說的「仁」筆者以為主要指的並不是情感。孟子理論的前題是人皆有不忍人之心，所謂人性皆善，但是這個前題對講究性惡說的人諸如荀子及其弟子就不能成立：「古者聖王以人性惡，以為偏險而不正，悖亂而不治，是以為之起禮義，制法度，以矯飾人之情性而正之，以擾化人之情性而導之也，始皆出於治，合於道者也。」[16]孔子講性只說「性相近也，習相遠也」，[17]既不說先天是善，也不說先天是惡，而強調後天的學習。在《論語》中有一段記載樊遲問仁，孔子回答說「愛人」[18]的文字，似乎「仁」是指的情感，但是細看以後又不一定如此。因為一個人在情感上可能不喜歡別人，在理智上卻仍然可以說服自己去幫助那個自己不喜歡的人，做「愛人」的事，如此孔子所說的「愛人」就並不一定牽涉到情感，孔子說：「夫仁者，己欲立而立人，己欲達而達人」，[19]

---

[13]　《四書集註·孟子·公孫丑上》，頁 46-47。
[14]　錢穆《孔子傳》（臺北：素書樓文教基金會，2000），頁 78。
[15]　馮友蘭《中國哲學史》（重慶：重慶出版社，2009），頁 97。
[16]　梁啟雄《荀子簡釋·性惡》（臺北：成文出版社，1956），頁 328。
[17]　《四書集註·論語·陽貨第十七》，頁 119。
[18]　《四書集註·論語·顏淵第十二》，頁 85。
[19]　《四書集註·論語·雍也第六》，頁 40。

跟感情沒什麼特別的關係。當然如果一個人很高興幫別人那是最好不過，但即使一個人心不甘、情不願，卻還是盡力幫別人，就孔子來說那仍然是仁。在《論語》中子張問仁的時候，孔子就解釋說：

> 孔子曰：「能行五者於天下，為仁矣。」請問之。曰：「恭、寬、信、敏、惠。恭則不侮，寬則得眾，信則人任焉，敏則有功，惠則足以使人。」[20]

孔子所舉的仁的五種特性「恭、寬、信、敏、惠」也並不一定跟感情有關，特別是寬大、守信及勤勞都跟感情沒什麼關係，這五種德行其實是良好的教育及習慣所造成的。從反面來看，不恭、不寬、不信、不敏、不惠有時候倒會是一個人內心真正的感覺，就孔子來說當一個人看人看事都不順心，而萌生不良的念頭時，因社會禮節的規定，不允許粗魯霸道的表現，這時一個人就得克服自己內心真正的感情，而依照禮節表現出「恭、寬、信、敏、惠」這五種德行。值得注意的是，孔子在解釋「恭、寬、信、敏、惠」這五種德行的時候，他並不從這些德行的本質上去解釋，而從它們在人際關係上的效用去解釋，此點顯示孔子所說的仁與人際關係有不可分割的關係，此點下文會進一步深入解釋。

孔子從人際關係的效用去解釋「恭、寬、信、敏、惠」這五種德行，與他對最得意的弟子顏淵解釋仁的時候說「克己復禮」，兩者在精神上完全一致，都有強調克制一己的涵義：

---

[20] 《四書集註·論語·陽貨第十七》，頁 124-125。

> 顏淵問仁。子曰：「克己復禮為仁。一日克己復禮，天下
> 歸仁焉。為仁由己，而由人乎哉？」顏淵曰：「請問其
> 目。」子曰：「非禮勿視，非禮勿聽，非禮勿言，非禮勿
> 動。」顏淵曰：「回雖不敏，請事斯語矣。」[21]

孔子在這一個地方所說的仁跟感情可以說是毫無關係，關鍵只是在能否遵照社會公認的禮節來行事。孔子在解釋實行仁道的具體準則時，也相應地使用雙重的否定語法「非……勿」來突出克制工夫的重要性。雖然顏淵很謙虛的說他性情上不屬於勤快的那種人，但那並不重要，重要的是一個人能努力克服自己不合乎禮節的性情，而在行事上處處遵守禮節，那個人就孔子來看便算是一個仁人了：「一日克己復禮，天下歸仁焉。」

梁漱溟在《東西文化及其哲學》中引了孔子跟宰我的一段對話來試圖證明孔子說的仁是指「不忍人之心」：「不安就是仁嘍。所謂安，不是情感薄直覺鈍嗎？而所謂不安，不是情感厚直覺敏銳是什麼？像所謂惻隱，羞惡，之心，其為直覺是很明顯的；為什麼對於一樁事情，有人就惻隱，有人就不惻隱」。[22]其實他對孔子跟宰我那一段對話的讀法也不合乎原文的意思，為便於分析，筆者在此將有關文字全部引述於下：

> 宰我問：「三年之喪，期已久矣！君子三年不為禮，禮必
> 壞；三年不為樂，樂必崩。舊穀既沒，新穀既升；鑽燧改

---

[21] 《四書集註‧論語‧顏淵第十二》，頁 77-78。

[22] 梁漱溟《東西文化及其哲學》（臺北：問學出版社，1979），頁 126。

火，期可已矣。」子曰：「食夫稻，衣夫錦，於女安
乎？」曰：「安！」「女安則為之。夫君子之居喪，食旨
不甘，聞樂不樂，居處不安，故不為也。今女安，則為
之。」宰我出。子曰：「予之不仁也！子生三年，然後免
於父母之懷。夫三年之喪，天下之通喪也；予也，有三年
之愛於其父母乎？」[23]

孔子與宰我在上文討論的焦點不在感情，而在時間上，主要是一
年或三年之爭。如果真如梁漱溟所說「不安就是仁」，那麼當后
稷的母親因奇異的事蹟而懷了后稷，她心中不安，決定不再祭
祀，同時也在棄出生後把棄給丟棄：「不康禋祀，居然生子，誕
寘之隘巷」，[24]在這種情況下，不安不但不是「仁」，而幾乎可
說是「仁」的相反。在上面孔子跟宰我有關三年之喪的對話中，
孔子並沒說宰我對他父母沒有愛心，他只是說沒有表現出來三年
的愛心，宰我他自己也沒說他不愛他的父母，他只是說他希望只
服一年的喪，不要服三年。歷史證明孔子的說法確是不合時宜，
在現代，就筆者所知，幾乎沒有人再服三年之喪了。這種歷史的
發展說明了宰我觀點正確的前瞻性。

　　由孔子對顏淵的解答來看，「克己」在仁的涵養過程中有舉
足輕重的地位，他所說的重點與孟子強調擴充一己的善性可說正
好相反：「凡有四端於我者，知皆擴而充之矣，若火之始然，泉
之始達。苟能充之，足以保四海；苟不充之，不足以事父母。」[25]

---

[23]　《四書集註・論語・陽貨第十七》，頁 124-125。

[24]　程俊英、蔣見元，《詩經注析・大雅・生民》，下冊，頁 950。

[25]　《四書集註・孟子・公孫丑上》，頁 47。

孔子主張「克己」自然是因為一己有不善的地方，所以才須要克服，而對孟子來說，涵養的重心不在克己，而在於擴充自己。就這一點來看，孔子的主張比較接近荀子的性惡說。

　　為徹底排除學者對孔子學說的誤解，並充分探討解析仁的意思，筆者在此將孔子在《論語》中其他說明仁的重要文字全部引述於下：

　　　　孝弟也者，其為仁之本與！（學而）

　　　　巧言令色，鮮矣仁！（學而）

　　　　唯仁者能好人，能惡人。（里仁）

　　　　回也，其心三月不違仁，其餘則日月至焉而已矣。（雍也）

　　　　仁者先難而後獲，可謂仁矣。（雍也）

　　　　知者樂水，仁者樂山；知者動，仁者靜；知者樂，仁者壽。（雍也）

　　　　仁遠乎哉？我欲仁，斯仁至矣。（述而）

　　　　知者不惑，仁者不憂，勇者不懼。（子罕）

　　仲弓問仁。子曰：「出門如見大賓，使民如承大祭。己所不欲，勿施於人。在邦無怨，在家無怨。」（顏淵）

　　司馬牛問仁。子曰：「仁者其言也訒。」（顏淵）

　　夫聞也者，色取仁而行違，居之不疑。在邦必聞，在家必聞。（顏淵）

　　樊遲問仁。子曰：「居處恭，執事敬，與人忠。雖之夷狄，不可棄也。」（子路）

　　子曰：「剛毅、木訥，近仁。」（子路）

　　子路曰：「桓公殺公子糾，召忽死之，管仲不死。」曰：「未仁乎？」子曰：「桓公九合諸侯，不以兵車，管仲之力也。如其仁！如其仁！」（憲問）

　　子貢問為仁。子曰：「工欲善其事，必先利其器。居是邦也，事其大夫之賢者，友其士之仁者。」（衛靈公）

　　子曰：「巧言令色，鮮矣仁。」（陽貨）

在上述的引文中，除了〈學而篇〉的「孝弟也者，其為仁之本與」與〈里仁篇〉的「唯仁者能好人，能惡人」及〈雍也篇〉的「知者樂水，仁者樂山；知者動，仁者靜；知者樂，仁者壽」三

句話，其他的文字跟感情可說是毫無關係。就是〈學而篇〉、〈里仁篇〉與〈雍也篇〉的那三句話，表面上看似乎是指感情，實際上卻是別有所指。就孝弟來說，那主要指的是合乎禮節規範的行為，並不指感情；就拿舜做例子，他父母和弟弟要殺他，舜向老天哭訴自己心中的委屈時，他心中對他父母弟弟邪惡的行徑絕對不會有好感，但那並不重要，重要的是舜能克服他心中對他父母弟弟陰狠行徑的惡感，而仍舊依照禮節表示出對他們友好的態度，儘可能保持良好的關係，這就孔子來看便是仁。就〈里仁篇〉的「唯仁者能好人，能惡人」一語細看，筆者以為孔子也並不是真正在說情感本身，理由很簡單，因為無論一個人仁或者不仁，都有自己的好惡情感，孔子並不是說只有仁者才有好惡情感，而不仁的人就沒好惡情感。如果說只有仁者才有好惡情感，而不仁的人都沒好惡情感，如此孔子大部分的弟子常常都達不到仁的境界，「回也，其心三月不違仁，其餘則日月至焉而已矣」，[26]那他們豈不全都沒情感了，這種說法是講不通的。所以孔子在〈里仁篇〉的「唯仁者能好人，能惡人」這句話裏，不在說情感本身，不是有無好惡情感的問題，而在說合不合乎禮節的行為規範。最後就「知者樂水，仁者樂山；知者動，仁者靜；知者樂，仁者壽」這句話來看，所謂「仁者樂山」有象徵的意義，就如同陶淵明有名的詩句「悠然見南山」[27]一般，是說一個仁人樂於見到自己像山一般的穩重鎮定，倒不是說仁者只喜歡山而不喜歡水，要不然第二句就解釋不下去了，所謂「知者動，仁者

26　《四書集註‧論語‧雍也第六》，頁 35。
27　《陶靖節集‧飲酒》（臺北：臺灣商務印書館，1980），頁 40。

靜」也並不是說仁者從來就不動的意思，而是說一個仁者的特徵是沉穩鎮靜，所以在此仁者樂山的重心不指情感本身，而指仁者的風格氣象。

　　仁既然不是指感情，那指的是什麼？筆者以為《中庸》的說法「仁者，人也」[28]說的非常扼要，是一個很重要的線索：孔子思想所關注的主體是人而不是神，以一己為出發點，「成己，仁也」。[29]孔子在《論語》中說：「夫仁者，己欲立而立人，己欲達而達人，能近取譬，可謂仁之方也已」，由自己的立身處世開始，「能近取譬」，然後擴展到他人，這也是《中庸》所說的「成己，仁也」的意思。《禮記‧坊記》中孔子說了一句話：「君子貴人而賤己，先人而後己」，[30]似乎是把別人看得比自己都重要；其實，孔子的意思並不是泛指所有的人都比自己重要，而是專門特指比自己地位高年紀大握有實權的人，比如君王和自己的父母，他們在中國傳統的社會中決定一個人的生死存亡，所以孔子隨著補充解釋說：「善則稱君，過則稱己……善則稱親，過則稱己」。[31]所謂「貴人而賤己」並不適用於比自己位低年紀

28　《四書集註‧中庸》，頁 15。《呂氏春秋‧開春論‧愛類》（上海：上海古籍出版社，2002）解釋仁所關注的對象就更明顯了一些：「仁於他物，不仁於人，不得為仁；不仁於他物，獨仁於人，猶若為仁。仁也者，仁乎其類者也」（下冊，頁 1472）。黃俊傑在《儒學傳統與文化創新》中說：「中國傳統乃是一個以人為本的文化，是一個人本主義的文化」（臺北：東大圖書公司，1983，頁 2）。確切的說，儒家所代表的傳統洵如其言，但堯舜禹及墨子所代表的傳統卻並非如此。

29　《四書集註‧中庸》，頁 22。

30　《禮記‧坊記》，卷十五，頁 188。

31　《禮記‧坊記》，卷十五，頁 188-189。

輕的弱勢群體。上文曾經解釋，這種勢利的說法在《論語》中可以得到最佳的證實，孔子自己很清楚的說：「無友不如己者」，一個人不可以跟一個不如自己的人交朋友。儒家講究階級，愛有等差，所以地位高、年紀大的人一般享有決定他人成敗的特權。在《禮記‧坊記》同一章中稍後孔子也說：「寡婦之子，不有見焉，則弗友也」，[32]寡婦在社會中一般屬於弱勢群體，即使貴為皇太后也可能是被欺負的對象，譬如周世宗的妻子符太后才做寡婦不久，就被迫將她幼子的帝位拱手交給逼宮篡位的趙匡胤。依照孔子的講法，一個寡婦的兒子如果沒有什麼特殊成就，不但「貴人而賤己」一原則不適用，就連跟他做朋友都不行。《論語》中孔子「無友不如己者」的說法和《禮記‧坊記》中避免跟孤兒寡婦弱勢群體打交道的教導是基於階級區分而發展衍生出來的一種非常勢利的看法，證明所謂「貴人而賤己」事實上是「貴大人」，須要依照階級等差來施行的，其出發點是一己的生死存亡，跟一己的利害絕對有密不可分的關係。

如此，孔子所說的仁既不是指堯、舜所強調的以神為中心、重心及基礎的聖潔、大公無私兼愛的公天下精神；也不是墨子所說的，先服侍神，再濟助世人的主張：「古聖王治天下也，故必先鬼神而後人者」；[33]它跟《大戴禮‧禮三本》列為首位的人天關係也沒甚麼干涉：「禮有三本：天地者，性之本也；先祖者，類之本也；君師者，治之本也。無天地焉生？無先祖焉出？無君師焉治？三者偏亡，無安之人。故禮，上事天，下事地，宗事先

32　《禮記‧坊記》，卷十五，頁 191。

33　《墨子‧明鬼下》，頁 452。

祖，而寵君師，是禮之三本也。」孔子的學說將《大戴禮‧禮三本》所列舉的跟一個人最切身、最親密、最重要的人神關係排斥出去，把它貶成名存實亡、可有可無、毫無實質重要性的關係。在《論語》中孔子沒有一處提到上帝，他也不說神：「子不語怪、力、亂、神。」[34]孔子避免談論神的做法與古時流傳下來依然保留在《禮記》中的思想可說是背道而馳：「天下之禮，致反始也，致鬼神也」[35]。當孔子的學生想跟堯、舜一般在人神的關係上下工夫的時候，孔子毫不猶豫、斬釘截鐵的禁止他們建立培養人神的親密關係：「季路問事鬼神。子曰：『未能事人，焉能事鬼？』敢問死。曰：『未知生，焉知死？』」[36]孔子只談事人而不談事神與保存在《禮記》中的古代思想也大相徑庭：「夫祭有十倫焉；見事鬼神之道焉，見君臣之義焉，見父子之倫焉」[37]。他的弟子樊遲問他有關智慧的問題，他說：「務民之

---

[34]　《四書集註‧論語‧述而第七》，頁45。

[35]　《禮記‧祭義》，卷十四，頁171。

[36]　《四書集註‧論語‧先進第十一》，頁71。《禮記‧哀公問》中哀公與孔子的一段對話把事鬼神當做禮首要的功能：「孔子曰：『丘聞之：民之所由生，禮為大。非禮無以節事天地之神也，非禮無以辨君臣上下長幼之位也，非禮無以別男女父子兄弟之親、昏姻疏數之交也』」（卷十五，頁182）。此種把侍奉鬼神列為人的首要任務的說法與《論語》中記載的有關孔子的想法互相矛盾，所以它不可能是孔子自己的話。先侍奉鬼神後侍奉人的想法是古代遺留下來，墨子繼承並繼續提倡的思想，上引《禮記‧哀公問》中的對話有可能是受到墨家影響的儒者假藉孔子的名義表達出來的。《禮記》中不乏此種後人假藉孔子之口陳述跟孔子的思想互相矛盾的文字。

[37]　《禮記‧祭統》，卷十四，頁177。

義，敬鬼神而遠之，可謂知矣」，[38]給他的弟子一個自相矛盾的答案，既要他們敬重神，又要他們遠離神。[39]子路出於善意，在孔子身體不適時，準備替孔子祈禱，孔子便即刻當頭給他澆冷水：

> 子疾病，子路請禱。子曰：「有諸？」子路對曰：「有之。誄曰：『禱爾于上下神祇。』」子曰：「丘之禱久矣。」[40]

當子路提出代禱的請求後，孔子一開始便毫不保留的表示他對祈禱的存在與否或其是否靈驗有所懷疑的態度。子路引用經書來澄清孔子提出的疑問後，孔子當即再以自己的行事便是祈禱為理由來堅拒子路的請求。在孔子質疑祈禱的作用時，他顯然忘記在他尚未出生以前他父親在尼山禱告求子的事情，「禱於尼丘得孔子」。[41]他的出世雖然並不一定就是他父親禱告的結果，但是他父親為了他的誕生而禱告應該值得他感謝。在這一點上，孔子不但不對他父親表示感謝，反而對祈禱的存在或效應提出質難，如此不免給人一種忘恩負義的感覺。上文提到，孔子對鬼神採取避

38　《四書集註・論語・雍也第六》，頁38。

39　筆者在大學的課堂上問學生孔子這句話有什麼自相矛盾的地方時，他們馬上就說既然一個靈值得敬重，一個人要親近都還來不及，為什麼反而要遠離神。這些年來，可說是百試不爽，本科生能培養一己獨立思考的能力，看出孔子學說的破綻，這是學術界青出於藍勝於藍的進步常軌，遠比抄襲古人殭化的說法要強的多。

40　《論語・述而》，頁48-49。

41　《史記・孔子世家》，第二冊，頁1167。

而遠之的態度，固然是他個人的抉擇，但是也是當時一般人逐漸背離神的風氣所使然。孔子順應當時的潮流，以是摒棄了神。筆者在此須要特別重複強調的是，孔子避鬼神的做法與政治有極其密切無法分割的關係，周天子明令禁止他人與上帝建立親密的關係，違背法令禮則者當然可能成為全國上下口誅筆伐的對象，甚至可能身家不保，為了性命安全，孔子自然不會以身試法，選擇跟君主對抗，觸犯當時一般人極其忌諱的政治話題，試圖與上帝建立親密的關係。

可以想見的，中國歷來受到儒家薰陶的學者對孔子的反應都讚不絕口，稱他「聖人未嘗有過，無善可遷，其素行固以合於神明」，[42]把孔子推尊為完人。其實，孔子當代有名的齊國賢臣晏嬰曾經深入的批評過孔子的缺失：

---

[42]　《論語‧述而第七》，頁 49。筆者在下面引了一些歷代具有代表性的註解：魏‧何晏集解，唐‧陸德明音義，宋‧邢昺疏，《論語注疏》，「孔子素行合於神明，故曰丘之禱久矣」（臺北：世界書局，1988，第七十冊，頁 73）；梁‧皇侃《論語義疏》，「聖人德合神明，豈為神明所禍而祈之乎」（北京：中華書局，1999，第三冊，頁 73）；宋‧張栻《論語解》，「聖人之心，則所謂天且弗違，而況於鬼神乎」（臺北：世界書局，1988，第七十冊，頁 243）；宋‧蔡節《論語集說》，「聖人表裏純一，未嘗有過」（臺北：世界書局，1988，第七十冊，頁 383）；清‧劉寶楠《論語正義》，「夫子平時心存兢業，故恭肅於鬼神，自知可無大過，不待有疾而後禱也」（北京：中華書局，2007，第二冊，頁 284），其實小過也須要禱告；錢穆《論語新解》，「孔子謂我日常言行，無不如禱求福，素行合於神明」（臺北：素書樓文教基金，2000，頁 223）。兩千多年來儒家學者解釋孔子和子路的這段對話，大抵雷同，寫來寫去就是那麼幾句話，了無新意，早已形成了殭化的局面。

仲尼之齊，見景公，景公說之，欲封之以爾稽，以告晏
子。晏子對曰：「不可。彼浩裾自順，不可以教下；好樂
緩於民，不可使親治；立命而建事，不可守職；厚葬破民
貧國，久喪道哀費日，不可使子民；行之難者在內，而傳
者無其外，故異於服，勉於容，不可以道眾而馴百姓。自
大賢之滅，周室之卑也，威儀加多，而民行滋薄；聲樂繁
充，而世德滋衰。今孔丘盛聲樂以侈世，飾弦歌鼓舞以聚
徒，繁登降之禮，趨翔之節以觀眾，博學不可以儀世，勞
思不可以補民，兼壽不能殫其教，當年不能究其禮，積財
不能贍其樂，繁飾邪術以營世君，盛為聲樂以淫愚其民。
其道也，不可以示世；其教也，不可以導民。今欲封之，
以移齊國之俗，非所以導眾存民也？。」公曰：「善。」
於是厚其禮而留其封，敬見不問其道，仲尼迺行。[43]

晏嬰指責孔子高傲自是，「浩裾自順」，用心不正，「繁飾邪術
以營世君」。墨子在〈非儒下〉也用「奉賊」「行邪」的字眼來
描述孔子不當的行為：「今孔丘深慮同謀以奉賊，勞思盡知以行
邪……非賢人之行也」。[44]孔子在當代人的眼中顯然並不全是一
個完人。孔子描述他自己生平的經驗說：「吾十有五而志於學，
三十而立，四十而不惑，五十而知天命，六十而耳順，七十而從
心所欲，不踰矩。」[45]照孔子自己的說法，他在七十歲以前的行

---

[43] 晏子《晏子春秋・外篇》（臺北：臺灣商務印書館，1968），頁 72-
73。《墨子閒詁・非儒下》，頁 543-545，也有類似的記載。

[44] 《墨子閒詁・非儒下》，頁 553。

[45] 《論語・為政》，頁 7。

為舉止難免仍有缺失之處，子路在孔子身側，自然觀察到孔子一些平日為人不是特別完美的地方，出於善意，希望為孔子代禱，應該不是完全沒有理由根據。後世的學者受到儒家教育的影響，把孔子神化，對孔子的認知因此常有偏頗。

　　李厚澤在解釋孔子和子路這一段對話時除了堅持孔子完美的人品以外，更提出人的尊嚴一觀念來為孔子的言行辯護：

> 孔子言「天」言「命」而不言「禱」，頗不同於諸多宗教，不去刻意請求上帝鬼神的特殊保護和幫助。盡倫盡責也就心安理得，即使功敗垂成，也無可追悔怨恨。如前面已講，儒學主張「盡人事而聽天命」，並不希冀偶然、神意、奇蹟。「天命」者，非人力所能控制、主宰。人雖然能「參天地，贊化育」，但畢竟有一定限度，遇到極限而失敗毀滅，也不求分外之恩寵神賜，這才真正保持了人的尊嚴。[46]

李厚澤的想法基本上沿承孔子的宿命論，就他看來，一個人即使遭遇失敗甚至毀滅，都應該嚴拒神的恩典，如此便顯示了人的尊嚴。這種儒家的想法有很大的問題，首先，儒家的思想是以君王為中心，孔子一生尋求的便是君王的恩典，他的目標是能夠取得一官半職，無論君王的為人邪惡與否，他並不嚴求，即使像齊桓公那般吃人的君主，他也可以逢迎，就筆者來看，這不是人的尊嚴，應該是人的墮落。神是聖潔的靈，造就天地萬物，包括人的

46　《論語今讀》（北京：三聯書店，2004），頁 220。

生命，尋求祂的恩賜是理所當然合情合理的事，與其像儒家一般卑躬屈膝去逢迎邪惡的當權者，希冀一些小恩小惠，接受失敗毀滅甚至被君王無情無義屠殺的命運，還不如順服全能聖潔的神，祈求神無盡的恩典，以便成就每個人完美成功的一生，如此就筆者看方為人真正的尊嚴。

　　當然，孔子所以要遠離神還有一個連他自己也並不一定完全清楚的理由，那便是他的選擇牽涉到一個非常現實，而且有關生死的重大問題。自從周朝禁止君主以外的人跟神交通以後，神便成了一個一般大家忌諱的話題，就如同共黨統治下的中國，主張無神論，能夠不談神，就最好不談，因為談得稍有不當，便會招來執政者的敵意，甚者且會引來殺身之禍，這是《論語》為什麼說孔子不談神而遠離神的重要原因之一，「子不語怪、力、亂、神」。[47]在孔子那個時代，因禮法的規定，大家早已習慣接受君王意圖壟斷上帝與世人交通的現象，不再有早先如周朝的始祖棄以平民身分祭天的想法。在孔子和當時為數不少的人的潛意識中，試圖建立一種與上帝親密的關係，就如同後世一般人嘗試私下進入天壇祭天的情形一樣，冒犯天子，罪責必然不輕。無怪乎在《論語》中「神」的話題跟動「亂」、「暴亂」或「叛亂」的「亂」和暴力等令人怵目驚心的事件相提並論。在此一情況之下，如果能夠避免捲入鬼神這一高度敏感具有潛在危險性的領域，自然就最好避免。孔子和當時一般人在政府的威嚇之下，被迫將他們的注意力從神轉移到人世，這是一般學者不很了解的人文主義在中國產生的一個極其重要的原因。

---

[47]　《墨子閒詁・明鬼下》，頁 453-454。

　　孔子表面上尊敬鬼神但實際上卻逃避鬼神的做法跟堯、舜、禹、墨子衷心順服神的精神毫無疑問是背道而馳：「古者聖王必以鬼神為，其務鬼神厚矣」。[48]孔子自己說，他的思想是承襲前人的，他表面上讚美堯、舜、禹，但實際上他承襲的並不是堯、舜、禹以神為基石的思想，而是受到當代頗為流行的無神論影響的人文主義。墨子力斥當時流行的無神論，認為此一思潮為社會動亂的根源：

　　　　今執無鬼者曰：「鬼神者，固無有。」旦暮以為教誨乎天
　　　　下，疑天下之眾，使天下之眾皆疑惑乎鬼神有無之別，是
　　　　以天下亂。是故子墨子曰：「今天下之王公大人士君子，
　　　　實將欲求興天下之利，除天下之害，故當鬼神之有與無之
　　　　別，以為將不可以不明察此者也。既以鬼神有無之別，以
　　　　為不可不察已。」[49]

孔子選擇了與墨子不同的道路，與無神論妥協，採取表裏不一的立場，口頭上尊敬神，實際上卻背離祂。本書在第五章中，曾經討論到中國人對神的觀念到了西周末年特別是孔子的年代所以開始起重大變化的原因，主要是因當時天子無能，天下經常動蕩不安，人們生活在災難頻仍的時代，因此對周天子無能表示出強烈的不滿。因周王把天壟斷成一己的專寵不容他人染指歲月已經異常長久，大家早已習慣把周王看成老天唯一的兒子，周王無道，

48　《墨子閒詁・明鬼下》，頁 453-454。
49　《墨子閒詁・明鬼下》，頁 435-434。

人們對周王的不滿自然也波及到天，變得對天不滿。孔子誕生的時候，受到當代思潮的影響，他雖然言必稱堯、舜，但是就對神的看法來說，他跟堯、舜可說相去十萬八千里，迥然不同，只是他也不完全贊同他那個時代對神蔑視的看法，因此他採取了中庸的作法，一方面敬重神，但另一方面又主張逃避神，他這種矛盾的做法此後便成了中國思想的主導。

當神在孔子的思想體系中不再佔有傳統的軸心地位之後，君王的地位顯著的上升，幾乎有取代神的趨勢。在《論語》中孔子解釋人際關係的時候，都把君王放在父親前邊：「齊景公問政於孔子。孔子對曰：『君君，臣臣，父父，子子』」，[50]君王在他的學說裡顯然成了一個人最須要重視、最須要培養的關係主體，這跟《大戴禮・禮三本》所界定的一個人須要重視培養的三種重要的關係次序可說正好相反。《大戴禮・禮三本》把天地放在首位，君王放在最後；而孔子改變次序，把君王放在首位，對神置之不理。孔子心目中理想的君臣關係是臣子對國君盡忠：「臣事君以忠。」如果君王行不義之事，做臣子的在進諫以後，君王不聽，也只有沉默或退隱的路：「陳力就列，不能者止」；而不能弒君，「弒父與君，亦不從也。」[51]孔子要一個臣子順服君王，而不允許篡弒，這對歷代君王來說，當然比堯、舜、禹把神放在首位君王放在第三位的教導要好多了；同時孔子教導一個人對神可以置之不理，但對君王卻一定要服從，這跟堯、舜、禹要人服從上帝的說法當然更讓歷代帝王傾心；另外，孔子為了保持和諧

50　《四書集註・論語・顏淵第十二》，頁 82。

51　《四書集註・論語・先進第十一》，頁 74。

的關係而願意犧牲正義，這更是歷代帝王所特別欣賞的地方，這些孔子學說中的特質就是促使了歷代帝王推崇孔子，而對堯、舜、禹卻興趣乏然的最主要的原因。

仁的課題：和諧

在孔子的學說架空了神或上帝以後，天便名存實亡，孔子所說的「仁」便是在此一大前提下發展出來的。歷來學者所以對仁有異常多的說法，主要的原因是對孔子的思想在中國思想的大脈絡中所具有的特色不甚瞭然，同時也跟孔子自身對「仁」有很多不同的講法有關。孔子所以會對「仁」有很多不同的說法最主要的原因如上文所說是他遠離了神，撇棄了超越時空的神的永恒定則而專注於受到時、地、事、人等諸多因素限制的相對的社會禮則，因此在《論語》一書中孔子解說仁，說法勢必會有不同；同時因為孔子所說的「仁」的焦點是人際關係，而世上的事情往往沒有比人際關係更複雜、更具有變化性、更捉摸不定，更無可避免地受到時、地、事、人等諸多因素的限制與影響，「仁」因此不能也不是一條死的教條。「仁」這種以人為本位所牽涉到的心態在不同的時間、地點、事務及人物關節上勢必會有也應該有不同的因應反應。為因應不同的時間、地點、事務、人物而產生的不同的情況，一個人須要隨時有不同的反應，方能達到預期中的和諧關係。孔子的教導遂順理成章因時、地、事、人等因素而異，以致於孔子對仁有很多不同甚至互相矛盾的解釋。譬如，上文提到孔子說他自己跟仁的關係就先後相反。在〈述而篇〉，他

先滿懷自信地說：「仁乎遠哉？我欲仁，斯仁至矣。」[52]而在同一篇稍後，他又虛懷若谷地說：「若聖與仁，則吾豈敢。抑為之不厭，誨人不倦，則可謂云爾已矣。」[53]正因為他對仁的解釋常常不同，甚至有時互相矛盾，所以連他的學生對仁的意思也不是都很清楚。上邊提到孔子形容自己與仁的關係的兩種相反的說法，就是在他這種教導下必然的產物。再看下邊一個例子，他的學生子路和冉有問同樣的問題，他的答案卻完全相反：

> 子路問：「聞斯行諸？」子曰：「有父兄在，如之何聞斯行之？」冉有問：「聞斯行諸？」子曰：「聞斯行之。」公西華曰：「由也問聞斯行諸，子曰有父兄在。求也問聞斯行諸，子曰聞斯行之。赤也惑，敢問。」子曰：「求也退，故進之；由也兼人，故退之。」[54]

因為子路和冉有的個性不同，為了要讓他們都能圓滿處世，建立理想和諧的人際關係，完美地達到仁的境界，他們所要做的工夫、重點也就相對的不同，難怪他的學生對他的教導有時會感到困惑，而後人對他所說的「仁」的本質也總是捉摸不定。例如李澤厚對仁便有如下一段評語：

> 「仁」字在《論語》中出現百次以上，其含義寬泛而多變，每次講解並不完全一致。這不僅使兩千年來從無達

52　《四書集註‧論語‧述而第七》，頁 47。

53　《四書集註‧論語‧述而第七》，頁 48。

54　《四書集註‧論語‧先進第十一》，頁 73。

> 話，也使後人見仁見智，提供了各種不同解說的可能。強
> 調「仁者愛人」與強調「克己復禮為仁」，便可以實際也
> 作出了兩種對立的解釋。看來，要在這百次講「仁」中，
> 確定哪次為最根本或最準確，以此來推斷其他，很難做
> 到，在方法上也未必妥當。[55]

雖然歷來學者對「仁」的解釋捉摸不定，但這並不表示「仁」沒
有一種正確的講法。李澤厚以為仁「可以實際也作出了兩種對立
的解釋」，便是對仁沒有透徹的理解。孔子自己說：「吾道一以
貫之」，[56]孔子的學說雖然龐雜，但是他的中心思想像他自己所
說確是有一個中心主旨。他的中心主旨便是如同上文所說的，以
個人為本位、嚴分階級、講究等差之愛並且一般具有自私自利特
色的思想。[57]簡單而具體的說，孔子所謂的「仁」就是和諧的人
際關係，它可以包含情感，但情感並不是最重要的因素，最重要
的便是和諧，他對「仁」的解釋與教導完全是從這個角度出發，
如何保持各種和諧的人際關係便成了「仁」最重要的課題。從字
形來看，「仁」這個字在早期還有別的寫法，但是從漢代傳到現
代的就是現今仍然使用的「仁」字，現存的這個「仁」字是兩個
人的意思，指人際關係，有人跟人在一起和諧相處的涵意，也是

---

[55] 李澤厚《中國古代思想史論》（北京：三聯書店，2008），頁 10。

[56] 《論語・衛靈公第十五》，頁 105。

[57] 太素生〈昭墨篇〉引自王治心《墨子哲學》（北京：北京圖書館出版
　　 社，2002）：「偽儒孽派，數典忘祖，自私自利之見，中于人心，習為
　　 風俗」（頁 15）。

許慎在《說文解字》中所謂的「親也」[58]的意思。

　　「仁」在孔子的學說中因此不是一個獨立自足的道德觀念，沒有絕對的道德內涵，而是一個建基於人際關係之上的相對的社交或者社會的觀念，因人、事、時、地而有不同的道德、非道德甚至於不道德的內涵。換一句話來說，也就是離開了人際關係，仁便不具任何獨立自足的道德意義。因此孔子對仁的解釋，一定要從人際關係的角度來看，才有確切適當的意思，上面所引的孔子對仁的評語都可以從這一觀點來探討。譬如，「愛人」、「己欲立而立人，己欲達而達人」、和「恭、寬、信、敏、惠」都跟人事有不可分的關係。特別是孔子在解釋「恭、寬、信、敏、惠」五種德行時，並不從德行的本身去解說，而從人事關係上去分析，「恭則不侮，寬則得眾，信則人任焉，敏則有功，惠則足以使人。」一般人在解釋「信」的涵義時，大概都會從這一德性的特徵上去說，大體上表示是一個人「說話算數」的意思；而孔子卻從人際關係的角度上去分析：「信則人任焉」，略過個人「說話算數」的特徵，而從能取得別人信任的人際關係的效應上去解釋。最典型的一個例子莫過於「仁者壽」這種說法了。當孔子說「仁者壽」的時候，他並不是說自己如同一個傑出的醫生，

---

[58]　許慎《說文解字》，頁 161 下。梁啟超對仁的看法跟筆者有些相近，只是他把「仁」解釋成「人格」，便有些扞格不入：「論語中許多仁字，各人問仁，孔子答的都不同。若懂得仁字是人格的抽象名詞，句句都通了。」（《孔子》〔臺北：中華書局，1962〕，頁 12。）如果「仁」是「人格」的抽象名詞，那麼孔子說的「仁遠乎哉，我欲仁，斯仁至矣」的話就不好解了，照他的說法，一個人的人格便可以跟人的本身分開了。

可以從生理學的觀點來斷定一個人健康與否和早夭或晚死，也不是說他猶如一個先知，有預卜生死之明，而是說一個能取得和諧關係的人，不太必要擔心旁人會找麻煩，陷害一己，這種人不會像屈原、岳飛一般的忠臣因不能取得和諧的社會關係而常被別人陷害早逝。只有從人際關係的角度上來說，「仁者壽」此一說法才有其確切適當的意義。

在維持人際關係的課題上，最重要的工夫就孔子看來是「克己復禮」——孔子對他最得意的弟子的解釋。跟「克己復禮」息息相關、相生相成的就是「己所不欲，勿施於人」，如此方能避免跟他人結怨：「在邦無怨，在家無怨」，[59]賴以維持和諧的人際關係。「克己復禮」的核心便是忍，表現在語言上就是孔子所說的「仁者其言也訒。」[60]「居處恭，執事敬，與人忠」[61]就孔子來看都是有助於維持人際關係的行為。「愛人」當然就更不必提了，所以「仁者愛人」[62]跟「克己復禮」並不像李澤厚所說的是「兩種對立的解釋」，而是兩種互通互補的說法。孔子形容自己與仁的關係時，著眼點即在此：「仁遠乎哉？我欲仁，斯仁至矣。」此處的仁應該不是指感情、不忍人之心或者愛心，因為如果說是指感情的話，那麼孔子內心平常似乎沒什麼愛心、不忍人之心或者感情，而是要等到某個特定時刻有慾望的時候需要感情，感情才會順應他的請求應聲而來，如此解釋原文，就會顯得牽強不通。此處的仁應該還是指克己的工夫，也就是說不論什麼

59　《論語‧顏淵》，頁78。
60　《論語‧顏淵》，頁79。
61　《論語‧子路》，頁91。
62　《論語‧顏淵》，頁85。

時刻，只要孔子有意，他就能克制自己，他的行為視聽言動就能
完全合乎禮，這也是孔子在陳陷入困境時跟子路特別強調的觀
念：「在陳絕糧，從者病，莫能興。子路慍見曰：『君子亦有窮
乎？』子曰：『君子固窮，小人窮斯濫矣。』」[63]即使在危險的
困境中，生命受到威脅，一個人仍然能堅持這種「克己復禮」的
工夫，就孔子來說，這就是「仁」。當一個人能夠克己復禮，與
四周的人取得和諧的關係時，他的內心一般自然會產生一種安寧
的感覺，沒有憂慮，「仁者不憂」的話就是指一個取得和諧關係
的人不太須要擔心別人會構陷傷害他的寧靜心態。

孔子「仁」說的缺失

　　生長在深受孔子思想影響的時代中，當「獨尊儒術，罷黜百
家」的政策依然有形無形的支配著眾多中國人的思想，一般人很
難想像孔子的學說會有任何的缺失。但是生長在「獨尊儒術，罷
黜百家」的政策實施以前的世代裡，在不少學者的眼中，孔子的
思想顯然不是十全十美。與孔子同時的人，本書業已指出，如晏
嬰、墨子都強烈的抨擊孔子的學說，即使孔子的弟子子路、宰我
也毫不保留的批評孔子的想法，比孔子稍晚的韓非、李斯，進一
步指出孔子的思想為國家社會的公敵。筆者除了同意上述學者對
孔子學說所持的觀點以外，就筆者觀察所得，孔子建基於仁的學
說更隱含了極大的缺陷，大體上註定了深受其影響的中國文化的
命運。筆者在下文就以前學者所不曾說到的孔子學說的缺點，從

63　《四書集註・論語・衛靈公第十五》，頁105。

孔子學說中心思想「仁」施行時的問題，作更深一層的解析。

孔子在給顏回界定「仁」的定義時：「克己復禮為仁」，筆者以為，並沒深刻的考慮到人性的弱點會導致他的學說窒礙難行，以致往往無法實施。照他自己在〈述而〉篇第三十條的說法，「仁」似乎很容易做到：「仁遠乎哉？我欲仁，斯仁至矣。」但是這種說法，並不完全真實，因為在〈述而〉同一篇中，第三十四條，僅隔了三條，就有記載孔子否定仁很容易實踐的矛盾說法：「若聖與仁，則吾豈敢？抑為之不厭，誨人不倦，則可謂云爾已矣。」乍看之下，似乎孔子有可能在鼓勵學生上進的時候，說仁很容易做到；在表示自己謙虛的態度或鼓勵學生謙虛的時候，才又指出仁並不容易做到。但細看之下，問題並不如此單純，如果孔子只是自己謙虛或要他的學生謙虛時，才如此說，那孔子在總結他一生重要的轉捩點時，並不牽涉到謙虛的問題，卻仍然表示「仁」非常難做到：「吾十有五而志于學，三十而立，四十而不惑，五十而知天命，六十而耳順，七十而從心所欲，不踰矩。」就孔子幾乎是一生的經歷來說，「克己復禮」並不像他在〈述而〉篇第三十條的說法，「我欲仁，斯仁至矣」，不是他想做什麼，就會做得異常完美，也絕非尊孔的學者所想像的總是仁的體現，或完全合乎禮。孔子晚年對一生經驗客觀的歸納，並不是要向大家表示謙虛，而主要目的是在總結自己心路歷程中，不同的進程與階段。其實參照孔子在〈雍也〉篇的評論：「回也，其心三月不違仁，其餘則日月至焉而已矣」，孔子指出，在眾多的弟子當中，只有顏回能夠有三個月之久的時間達到不違背仁的地步，而其餘所有的弟子，只不過是幾天或一個月的時間能夠不違背仁。這句話也是客觀的評價，跟謙虛毫無關涉，

所以應該視為孔子對他弟子實踐仁的情形真實的描述。根據孔子對他弟子客觀的描述，和對他自己一生客觀的總結，筆者以為，仁的體現，並不是像孔子在〈述而〉篇第三十條的說法，無論什麼時候，都是那麼容易，「我欲仁，斯仁至矣。」孔子自己真正的體驗是：仁很難做到，「若聖與仁，則吾豈敢？」這應該是孔子真實客觀的結論，並非是謙虛的客套話。

據筆者的分析，孔子對仁很難做到的評語應是可信，因為有一段時間，筆者明明知道吸煙對身體可能造成不好的影響，而筆者也已不斷決志要禁煙，但總是無法「克己」。筆者在這方面的經歷與《聖經・羅馬書》第七章第十五節所描述的一個人在善與惡之間做抉擇時，內心不時會經歷痛苦而無助的掙扎可說完全相同：「我不知道自己在做什麼，因為我不做我要做的事，卻做我所痛恨的事 ὃ γὰρ κατεργάζομαι οὐ γινώσκω: οὐ γὰρ ὃ θέλω τοῦτο πράσσω, ἀλλ' ὃ μισῶ τοῦτο ποιῶ。」吸煙在一個人的日常生活中，不是一件什麼驚天動地的大事，但是要「克己」就已經如此困難，遑論其他。有些讀者可能會說吸煙牽涉到化學品，上癮以後，人不由己，自然很難克己。筆者因此舉一個別的例子，此事關涉到大學時代，現在業已去世的一個同學。他深好佛理，當時另外一個同學沒事，路過他的住處，順便找他閒聊，他人不在，桌上放著他的日記，那個同學順手翻了一下，只見日記裡，不時記載著「手淫」，「又手淫」的字眼，字裡行間顯示出甚深的無奈與內疚之感，他顯然不希望手淫，但是卻不能克己，不斷做自己覺得不應該做的事。那個同學在沒有外界的影響下，做一點小事都覺得困難，力不從心，何況那些集權力和金錢於一身的君王，四周不時出現各種難以抗拒的誘惑，要他們克己復禮，同時

抵抗外界的誘惑，那就有些近乎天方夜譚，不切實際了。筆者在此以影響宋朝晚期國運的哲宗為例，做一說明。哲宗「皇帝年紀輕輕的，照現在的學制來說，小學畢業沒多久就跟女孩發生了曖昧的關係，同時也讓女孩懷孕」。[64]當時的御史劉安世在他的奏折中寫道：「臣竊謂陛下富於春秋，尚未納后，紛華盛麗之好，必不能動蕩淵衷，雖聞私議，未嘗輒信。近日傳者益眾，考之頗有實狀……乃謂陛下稍疏先王之經典，浸近後庭之女寵，此聲流播，實損聖德。」[65]劉安世的言論充斥著幻想，說什麼「紛華盛麗之好，必不能動蕩淵衷。」除非哲宗是一個被閹割的男子，如果一個生理心理都很正常的男子被國色天香的佳麗重重包圍，要那個男子在被誘惑的時候，克己不動心，那就給人有些痴人說夢的感覺。所以孔子在敘說「仁」很難做到的論點時，應是對人性脆弱客觀屬實的描述。

　　「仁」既然很難做到，一個人即使盡心盡力，但往往發現既不能克己，又不能復禮，以致燒殺搶奪，為害他人，雖然不時良心不安，但是總是無法自救自拔，而社會的安寧同時又受到致命性的威脅，至於如何具體處理方是，孔子便避諱不言。顯然孔子在這一方面，並沒有徹底的考慮到他的學說所必然衍生出來的極其嚴重的問題。他一意的主張「克己復禮」，並不深究到「克己復禮」可行性的問題。他當然知道在現實社會中，刑法可以糾正個人的缺失，維繫社會的安全，但是在他的理論中，他貶抑刑

---

[64] 楊東聲《蘇軾的心路歷程：一代文宗的作品、行誼與相關史實》（桃園：國立中央大學出版中心，2017），頁311。

[65] 宋・李燾《續資治通鑑長編》（北京：中華書局，2004），第十七冊，卷四百三十六，頁10509。

法，忽視它在現實社會中不可或缺的功能與重要性，他只大體表示：「道之以政，齊之以刑，民免而無恥；道之以德，齊之以禮，有恥且格。」[66]孔子以邏輯學中的兩難式的方式提出他的看法，主張只有「克己復禮」有效；要破解一個兩難式，就有必要也用兩難式的方式進行答覆。筆者以為，「道之以政，齊之以刑」，並不一定就「民免而無恥」。自從《聖經》記載人類墮落的事件以後，古今中外的歷史不約而同的顯示，犯罪的事例就不曾中止過，要說所有的人在「道之以政，齊之以刑」的情況下，都能夠避「免」犯罪，那是違背史實的。此外，一個從小就受到家國灌輸政治理念與遵守法律的人，並不一定就沒有羞恥的觀念；相反的，他的羞恥感有時反而可能比身受「道之以德，齊之以禮」薰陶的人更強。同樣的道理，「道之以德，齊之以禮」，就不一定「有恥且格」。一個惡人生下來就帶有邪惡的思維，即使再如何「道之以德，齊之以禮」，他還是可能犯罪，在一個現實的社會中，要改造惡人，就筆者所知，成功率一般幾乎不可能達到百分之百。《聖經》描述耶穌以神的身分跟他的門徒朝夕相處，用孔子的話「道之以德，齊之以禮」來形容耶穌對他的門徒盡心盡力的教導，可說並不非常離譜，但是他的門徒猶大出賣他，其他十一個使徒在耶穌被逮捕的時候，又全部背棄他：「所有的門徒遺棄了他而逃跑 οἱ μαθηταὶ πάντες ἀφέντες αὐτὸν ἔφυγον」（馬太福音 26:56）。照孔子的說法，耶穌所有的門徒都應該「有恥且格」，絕對不會背棄他，但事實上卻並不一定如此，那些門徒雖然在事情發生前，都表示要跟隨耶穌，但一旦事

66　《四書集註・論語・為政第二》，頁 7。

情發生，他們全部都失去了克己的能力。再說哲宗，他有當時全國一流的人才來「道之以德，齊之以禮」，結果年幼就不免親近女色，同時也沒有強烈的羞恥觀念，完全不像孔子所說，遑論一般百姓，沒有哲宗那麼上好的教育環境，如果只是依靠父母教師的教導，而沒有社會的監督與執法，要他們全部「有恥且格」，那可以說是奢想。人性的弱點，由此可見，絕非如孔子所說的「道之以德，齊之以禮，有恥且格」那麼理想，因此刑法在現實社會中有不可或缺的功能與重要性。

孔子認為重刑不是解決個人與社會的根本辦法，但是他的學說在排斥重刑之後，卻不能提出取代重刑的有效措施，他一味的強調克己，但又提供不出不能克己的時候，如何應對的辦法。當季康子提出重刑的功能時，孔子只是堅持仁的功效，拒絕承認仁有行不通的時候，以及如何處置不仁的問題：

> 季康子問政於孔子曰：「如殺無道，以就有道，何如？」
> 孔子對曰：「子為政，焉用殺？子欲善，而民善矣。君子之德風，小人之德草。草上之風，必偃。」[67]

在回答季康子的問題時，孔子「子欲善，而民善矣」的說法，就古今中外的具體歷史而言，顯然不符合事實，為一廂情願的想法。筆者想不出人類歷史上有這麼一個能力等同上帝的人物，只要他願意，「子欲善」，所有的人民百姓就會跟隨他的想法，「而民善矣」。中國知識分子包括孔子所特別推崇的堯，在他的

統治下，還是有瞽叟全家企圖殺害舜的事情，仍然有人作惡，季康子的行政才華理當不會遠遠超過堯，照孔子的說法，堯做不到的事情，季康子可以輕易做到，此種說法很難令人信服。就孔子來看，「仁」在政治上不會行不通，他並沒細想，在他心目中的聖人堯、舜、禹執政的時代，惡人依然存在，仍然須要用重刑的事例。其實，在日常政治實際的運作上，刑法的重要性至少等同於德性，甚至超過德性。

更有甚者，孔子的「敬鬼神而遠之」的學說自我矛盾，如果鬼神不善，自然須要疏遠，但既然鬼神如孔子所說，值得崇敬，怎麼又要疏遠，其矛盾不通，顯而易見。他忽視了神對感化一個人的重要性，不當的排除宗教在歷史上對人類昇華所具有的奇妙的功能，一個人在實踐「克己復禮」的工夫上，感到艱辛力拙時，正是須要神的恩典幫助的時候，孔子對神自相矛盾的說法，就這一方面來說，是造成了他的學說出現無可彌補的漏洞的主要原因。當一個人不能克己，傷害他人，孔子建立在仁的基礎上的學說便捉襟見肘，缺陷暴露無遺。因此孔子的學說，只能當作個人單純的理想來看，不但無法在日常實際的生活當中成功圓滿地運作，而且因不當的排斥刑法而導致國家社會的災難，同時他又沒能適當地考慮到以神為代表的宗教在提昇人類精神生活上所具有的奇妙功能，中國歷史上的災難頻仍，與孔子提倡的思維有不可或分的關係。

中庸

就維持發展社會的人際關係來看，「中庸」不言可喻成了孔

子學說中，不可或缺用來判定一個人的行為準繩，只有採取「中」的立場才可能達成黑白善惡兩頭兼顧，不得罪人和諧相處的目標，也只有持大家普遍接受的尋「常」觀點才可能與他人站在一條線上：「子曰：『中庸之為德也，其至矣乎！民鮮久矣。』」。[68]就孔子來看，一個與眾不同、標新立異的人在維持人際關係的前提下是不具什麼太大價值的。《論語・子罕》中有一句形容孔子的話，「子絕四：毋意，毋必，毋固，毋我。」[69]這句話並不是如傳統的解釋說孔子的個性絲毫沒有固執的地方，其實照晏嬰和墨子所觀察到的，孔子「浩裾自順」，是一個頗為固執己見的人，《論語》中記述他和宰我對三年之喪的辯論，他和子路對禱告、為政一些事情的爭執，處處顯示出孔子確如晏嬰和墨子所說的相當固執。所以上述《論語》中這句話不是說孔子的個性沒有絲毫固執的地方，而是在敘說孔子為人的最高指導的原則是中庸，在中庸的大前提下，孔子杜絕個人有與眾不同的意見，不必一定要自己想做什麼就做什麼，不固執自己的想法和作法，避免小我對抗大眾。宰我跟孔子就三年之喪的辯論顯示孔子立論的根據是，大家怎麼做，他就怎麼做，「夫三年之喪，天下之通喪也」，所謂的中庸；宰我反是，他從三年之喪的禮則對人生所造成的重大的負面衝擊來理論，他獨立的思維與眾不同，不合乎中庸的原則。管仲幫助齊桓公組成了諸侯的聯合陣線，維持君臣之間和諧穩定的關係，達到維穩的目的，就孔子看是功莫大焉，當然是一個仁人：「桓公九合諸侯，不以兵車，管仲之力

68　《四書集註・論語・雍也第六》，頁40。

69　《四書集註・論語・子罕第九》，頁56。

也。如其仁！如其仁！」從維持君臣和諧關係的角度來看，齊桓公在孔子眼中便成了一個了不起的政治人物：「齊桓公正而不譎。」[70]至於周王稱職與否，就不是孔子評價的考慮要素；特別是，齊桓公在吃盡山珍海味之後，還意有不足，要吃人肉，結果他的廚子易牙為了滿足他無恥的慾望，把自己的兒子殺了做成人肉菜餚，讓齊桓公大快朵頤：「夫易牙以調和事公，公曰：『惟烝嬰兒之未嘗』，於是烝其首子而獻之公。」[71]這椿令人髮指的事更不是孔子特別專注重視的地方了，甚至可以說是孔子刻意迴避不願正視的地方。在維持人際關係的大前提下，孔子毫無疑問地以為善與公義是可以犧牲的，齊桓公吃人的事就孔子來說是微不足道不屑一提的。

「毋意，毋必，毋固，毋我」在孔子的學說中，自然與親親不可分，它的出發點是與個人利益捆綁在一起的共同體，就是俗語說的小圈圈，以父母子女為基本的單元。所以當葉公跟孔子說他知道一個正直的人曾經作證說他的父親偷了羊，孔子就說這不是「直」：「葉公語孔子曰：『吾黨有直躬者，其父攘羊，而子證之。』孔子曰：『吾黨之直者異於是。父為子隱，子為父隱，直在其中矣。』」[72]孔子認為父子為利益共同體，「直」應該是「父為子隱，子為父隱」，父子互相包庇，即使危害到社會也必須視而不見。《呂氏春秋》對這件事記載的更為詳細：

70　《四書集註‧論語‧顏淵第十二》，頁97。

71　管子《管子‧小稱》，房玄齡註，六冊，（北京：北京圖書館出版社，2004），第三冊，卷十一，頁9。

72　《四書集註‧論語‧衛靈公第十三》，頁91。

> 楚有直躬者，其父竊羊而謁之上，上執而將誅之。直躬者
> 請代之。將誅矣，告吏曰：「父竊羊而謁之，不亦信乎？
> 父誅而代之，不亦孝乎？信且孝而誅之，國將有不誅者
> 乎？」荊王聞之，乃不誅也。孔子聞之曰：「異哉直躬之
> 為信也，一父而載取名焉。」故直躬之信，不若無信。[73]

直躬不僅正直到能夠舉報他的父親，他的愛心也大到能為他的父
親犧牲，但是孔子只說他「信」，而不說他為正直。照呂不韋的
解釋，孔子主張「父為子隱，子為父隱」，因此直躬舉報他父親
是多此一舉，既不表示他的正直，也不表示他的愛心，直躬最好
的反應就孔子來看就是包庇。韓非十分清楚的看到孔子這種包庇
親人的教導對國家社會所可能造成的傷害：

> 楚之有直躬，其父竊羊而謁之吏，令尹曰：「殺之」，以
> 為直於君而曲於父，報而罪之。以是觀之，夫君之直臣，
> 父之暴子也。魯人從君戰，三戰三北，仲尼問其故，對
> 曰：「吾有老父，身死莫之養也。」仲尼以為孝，舉而上
> 之。以是觀之，夫父之孝子，君之背臣也。故令尹誅而楚
> 姦不上聞，仲尼賞而魯民易降北。上下之利若是其異也，
> 而人主兼舉匹夫之行，而求致社稷之福，必不幾矣。古者
> 蒼頡之作書也，自環者謂之私，背私謂之公，公私之相背
> 也，乃蒼頡固以知之矣。今以為同利者，不察之患也。[74]

73　呂不韋《呂氏春秋·仲冬紀·當務》，上冊，頁 603。

74　韓非《韓非子·五蠹第四十九》，卷十九，頁 449-450。

就韓非來看，孔子包庇親人的教導是一種自私自利的思想，對社
會大眾會構成致命的威脅。筆者同意韓非的觀點，孔子的這種教
導對中國社會的確造成不良的影響，在中國史上貪官污吏層出不
窮，《紅樓夢》用「官官相護」[75]一詞來形容中國官場的特質，
無數的人往往為了人事關係而不顧是非正義，筆者以為這跟孔子
的教導不能說沒有關係。此外，為一己之私，孔子甚至鼓勵一個
人在戰場上臨陣脫逃，中國成語「逃之大吉」與儒家以自我為出
發點的思維有密不可分的關係。

倫理關係的特徵：服從

本書上文在分析禮的特質時，解釋公天下時代的禮傳到私天
下的時代，在本質上出現了劇烈的變化，特別是經過周公在維穩
的考慮下所制定出來的禮則，具有如同鎖鏈般連接整合的效用。
孔子敬仰周公，遵循當代的禮則，因此他所提倡的倫理人際關係
如同《禮記》中規定的禮則，難免也有點像軍隊的服從鎖鏈，人
與人之間沒有平等的關係，而是隸屬或服從的銜接，如此自然容
易達成控制整合社會的目的，造成和諧一致的表象。孔子要一個
臣子服從君王，也要一個兒子孝順父親。雖然父親在中國的傳統
社會中地位非常重要，孔子除了在《論語・顏淵》章中提到做父
親的要像做父親的話——「父父」[76]——以外，他對做父親的應
該做什麼在《論語》中一個字都沒說。孔子對做兒子的應該怎麼

75　曹雪芹《紅樓夢》（臺北：大眾書局，1977），第二冊，頁972。
76　《四書集註・論語・顏淵第十二》，頁82。

做卻說得不少，也很詳細，他要做兒子的服侍父親，對父親要順從「無違」，[77]即使父母不對，兒子還是要服從他們：「事父母幾諫，見志不從，又敬不違。」[78]孔子的這個教導如同本書前文所引的《禮記》的規定，「父母怒、不說，而撻之流血，不敢疾怨，起敬起孝」，同樣有很大的問題，因為如果一個父親為惡多端，而他的兒子必須順服，一個孝子因順服父親也變成惡人，這是不應該也是不必要的事。在中國歷史上，父子很少反目成仇，除了極少數因牽涉到權力鬥爭而發生的篡弒的例子之外，父子一般有非常密切而不可分的關係，文革期間林彪和林立果的關係就是一個典型的例子。雖然基督教也教人「尊敬你的父親和母親 כַּבֵּד אֶת אָבִיךָ וְאֶת אִמֶּךָ」（出埃及記 20:12），但是更重要的是服從神：「他說自己的父母，我不曾看見；他也不承認自己的弟兄，也不認識自己的兒女。這是因為他們〔利未人〕遵行您的話，謹守您的約。הָאֹמֵר לְאָבִיו וּלְאִמּוֹ לֹא רְאִיתִיו וְאֶת-אֶחָיו לֹא הִכִּיר וְאֶת-בָּנָו לֹא יָדָע: כִּי שָׁמְרוּ אִמְרָתֶךָ וּבְרִיתְךָ יִנְצֹרוּ.」（申命記 33:9）一個基督徒可以也應該因服從神聖潔的旨意，而跟父母親——如果他們違背神——斷絕關係：「凡是遵行我天父旨意的人，就是我的弟兄姐妹和母親了。ὅστις γὰρ ἂν ποιήσῃ τὸ θέλημα τοῦ πατρός μου τοῦ ἐν οὐρανοῖς αὐτός μου ἀδελφὸς καὶ ἀδελφὴ καὶ μήτηρ ἐστίν.」（馬太 12:50）

美國革命期間很有名的一個人物叫班傑民・法蘭克林（Benjamin Franklin 1706-1790），他跟他的兒子威廉姆・法蘭克林（William Franklin 約 1730-1813）就因政治見解不同而分道

77　《四書集註・論語・為政第二》，頁 8。
78　《四書集註・論語・里仁第四》，頁 23。

揚鑣，班傑民・法蘭克林主張美國獨立，而他兒子覺得那是背叛神的行為，堅持效忠英王，兩人自此到老死可說幾乎是陌路之人：「威廉姆・法蘭克林和加樂維・約瑟夫與獨立的美國和〔班傑民・〕法蘭克林之間存在著不可彌補的隔閡，最後在英國渡過了他們的晚年 William Franklin and Joseph Galloway ended their lives in England, estranged from independent America and from Franklin。」[79]美國南北戰爭期間，兼跨南北地區的密蘇里州不少父子因政見不同而干戈相見，這種情形在私天下體制下的中國是不容易看到的。孔子主張互相統屬如同鎖鏈般的人際關係自然也是歷代帝王所需求的，有助於掌控全國，造成一言堂的運作局面，無怪乎歷代帝王對孔子所提倡的思想情有獨鍾。

　　本書前文曾經解釋，在私天下的宗法制度中，禮是君王用來鉗制臣民的工具，「禮者君之大柄也」，[80]它有如孫悟空頭上戴的緊箍咒，牢牢的套在臣服在君王腳下每個人的頭上，嚴密地控制他們的思想行為及情感，使他們在每件事上都必須俯首聽命。它最終的目標是要消滅個人意志，使所有的臣民都變成君王稱心如意的工具，在君王指定的範圍中運作，不能少做，也不能多

[79] 摩爾根・思・艾德蒙 Edmund S. Morgan，《法蘭克林・班傑民 *Benjamin Franklin*》（康州紐黑芬 New Haven: 耶魯大學出版社 Yale University Press, 2002），頁 223-224；瑞・艾斯蒙 Esmond Wright，《法蘭克林・班傑民筆下的一生 *Benjamin Franklin: His Life as He Wrote It*》（麻州劍橋 Cambridge, MA: 哈佛大學出版社 Harvard University Press, 1990），頁 213；and 羅培茲・安・克羅德 Claude Anne Lopez，《我跟法蘭克林・班傑民 *My Life with Benjamin Franklin*》（康州紐黑芬 New Haven: 耶魯大學出版社 Yale University Press, 2000），頁 174。

[80] 《漢魏古注十三經・禮記・禮運第九》，上冊，卷七，頁 81。

做，過與不及都不佳，不多不少，要做到所謂的「中庸」，正中君王心懷最好，純善不行，全惡也不好，與時俱進，善惡兼容方為理想。[81]《韓非子》中記載了一段有關子路的故事相當生動的描述了禮的鉗制力量：

> 季孫相魯，子路為郈令。魯以五月起眾為長溝，當此之為，子路以其私秩粟為漿飯，要作溝者於五父之衢而餐之。孔子聞之，使子貢往覆其飯，擊毀其器，曰：「魯君有民，子奚為乃餐之？」子路怫然怒，攘肱而入請曰：「夫子疾由之為仁義乎？所學於夫子者仁義也，仁義者，與天下共其所有而同其利者也。今以由之秩粟而餐民，不可何也？」孔子曰：「由之野也！吾以女知之，女徒未及也，女故如是之不知禮也！女之餐之，為愛之也。夫禮，天子愛天下，諸侯愛境內，大夫愛官職，士愛其家，過其所愛曰侵。今魯君有民而子擅愛之，是子侵也，不亦誣

---

[81] 錢穆在《中國思想史》中說：「在中國思想裏，好像很少注重到自由。其實孔子說克己，克，勝也，任也，克己是由己擔任義之義，由己，即就是自由。」（臺北：素書樓文教基金會，2001，頁 12）。這種說法相當牽強，克己不是由己，而是由己的相反，正是沒有自由的意思。筆者以為錢先生穆把個人意志抉擇的自由與個人能否行動的自由兩件事給攪混了，每個人可以抉擇對錯，這是個人意志的自由，但這與表示個人意志而採取行動的自由不同；一個人能否採取一個行動，就孔子來看，不能完全由個人意志決定，而一定要依靠禮則來進行，而禮則基本上是一種控制的工具，所以在專制的中國，一向不太注重自由。即使個人意志的抉擇，孔子也表明一定要依照禮則來做，所以個人意志的自由，在受儒家影響的中國思想裏，也是微乎其微。

乎！」言未卒，而季孫使者至，讓曰：「肥也起民而使
之，先生使弟子令徒役而餐之，將奪肥之民耶？」孔子駕
而去魯。以孔子之賢，而季孫非魯君也，以人臣之資，假
人主之術，蚤禁於未形，而子路不得行其私惠，而害不得
生，況人主乎？[82]

按照孔子的講法，愛人不能多愛，也不能少愛，要合乎禮才最理
想，子路不可以愛天下，也不可以愛地方上的老百姓，他只能愛
他的官職和他的家庭，他用自己的錢財幫助照顧老百姓，讓當地
的老百姓對他感恩戴德，相對的，使他的上司失去了自我表現的
機會，所謂功高震主，犯了政壇的大忌，子路沒有體貼他上司的
心意，即使他做的是好事，但是因不合乎禮，照孔子看就是不
好，就是必須嚴加譴責的壞事。這種禮教的核心標準完全建立在
別人的臉色特別是上司臉色的基礎上，無所謂絕對的善，也無所
謂絕對的惡，只要上司不滿意，好事就可以被看成惡事，相反的
來說，只要上司滿意，壞事也可以被解釋成好事。從這種禮教發
展出來的心態就是不要多管閒事，自掃門前雪，即使路上有餓
莩，只要上司滿意，別的事最好不理會。

　　子路不是孔子唯一不知禮的門徒，子貢也有同樣的誤解。
《論語》中有下面一段子貢和孔子的對話：

　　　子貢曰：「如有博施於民而能濟眾，何如？可謂仁乎？」
　　　子曰：「何事於仁，必也聖乎！堯、舜其猶病諸！夫仁

[82]　韓非《韓非子‧外儲說右上第三十四》，卷十三，頁314-315。

者，己欲立而立人，己欲達而達人。能近取譬，可謂仁之
方也已。」[83]

照孔子來看，仁最主要的個體是自己，最主要的關係是家庭，所
謂「立人」「達人」不是沒有限制的去幫助照顧別人，而是首先
照顧自己，再以自己為基礎去幫助家人，如果有官職，再把精力
放在追求事業上，至於造福地方，那是地方首長的事，與自己並
沒有絕對的關係，全國百姓的幸福是君王的事，跟自己也沒有絕
對的關係，孔子所說的「不在其位，不謀其政」，[84]不要多管閒
事，多做反而可能不對，就是這個意思。

宿命論

「命運」的說法，據文獻的記載，在桀的時候開始出現：
「夏王有罪，矯誣上天，以布命于下。」[85]紂沿承他的說法，說
自己「有民有命」。[86]孔子不但繼承這種說法，而且賦予「命」
異常重要的哲學意義，「命」在孔子的思想中所佔的地位及其重
要性幾乎可與「仁」等同而觀，他描述他一生的經歷時說：「吾
十有五而志于學，三十而立，四十而不惑，五十而知天命，六十

---

[83] 《四書集註・論語・雍也第六》，頁 40。

[84] 《四書集註・論語・泰伯第八》，頁 53。

[85] 《漢魏古注十三經・尚書・仲虺之誥》，上冊，頁 21。墨子首先指出
在桀的時代，「命」一觀念開始出現：「此言湯之所以非桀之執有命
也。」（孫詒讓《校補定本墨子閒詁・非命上》，頁 516。）

[86] 《漢魏古注十三經・尚書・泰誓上》，上冊，頁 35。

而耳順，七十而從心所欲，不踰矩。」「命」在他個人的成長過程中，與「學」、「立」、「不惑」、「耳順」、「不踰矩」一樣，都有極其特殊的意義與價值，顯然有不可或缺的重要性。他在五十歲左右，順利進入政壇，開始施展他的抱負，當時政局雖然動盪不安，對他人可能不利，但對孔子個人的發展卻造成有利的契機，所以在他看來，那是天命對他的眷顧，也是他的思想與行為所必須依賴順從的準則。孔子既然認定他從政一事是上天的恩命，所以當他在執行墮三都的政策失敗以後，遭逢逆境，他仍然如同紂一般滿腹信心的稱揚自己不可動搖的命運：

> 公伯寮愬子路於季孫。子服景伯以告，曰：「夫子固有惑志於公伯寮，吾力猶能肆諸市朝。」子曰：「道之將行也與？命也。道之將廢也與？命也。公伯寮其如命何！」[87]

他的弟子公伯寮背叛他以後，他並不採取有效應對的措施，而只一味依賴他心目中的命運，強調公伯寮絕對不會對他造成任何傷害：「道之將行也與？命也。道之將廢也與？命也。公伯寮其如命何！」此後，孔子周遊列國，每逢逆境，便以「命」為理由，安於現狀，拒絕改弦更張，匡人誤認他為陽虎，要殺他，他不以為意：「文王既沒，文不在茲乎？天之將喪斯文也，後死者不得與於斯文也；天之未喪斯文也，匡人其如予何？」[88]孔子路經宋國，受到桓魋的威脅，也不特別在乎：「天生德於予，桓魋其如

---

[87]　《四書集註・論語・憲問第十四》，頁102。
[88]　《四書集註・論語・子罕》，頁56。

予何？」[89]就孔子學說的大脈絡來看，《論語‧子罕》中的記載，「子罕言利，與命，與仁」，[90]「與」字因此絕不是連接詞「和」的意思，而應該是稱許的意思，指出孔子學說的中心思想是「命」和「仁」。孔子晚年，返回魯國，在政壇無法取得一官半職，而他得意的弟子顏回又短命去世，孔子因此發出「噫！天喪予！天喪予！」[91]的哀嘆，依然表示他認命的想法，毫無抗爭的思維。

　　孔子不但把自己的事歸諸命運，別人的事也同樣用命運來解釋：「伯牛有疾，子問之，自牖執其手，曰：『亡之，命矣夫！斯人也而有斯疾也！斯人也而有斯疾也！』」[92]他學生伯牛的疾病及死亡，就孔子來看，也全是命中註定的：「亡之，命矣夫！」。孔子的學生子夏用八個字非常簡潔扼要的把孔子的宿命論如下描繪出來：「子夏曰：商聞之矣：『死生有命，富貴在天。』」[93]朱熹說子夏「聞之矣」是「聞之夫子」，[94]在沒有證據之下，筆者無法肯定子夏一定是從孔子那裡聽到的「死生有命，富貴在天」那句話，但就孔子的學說來看，朱熹把「死生有命，富貴在天」的說法歸給孔子，無疑分析得非常正確；孔子的確是一個不折不扣的宿命論者，人世間所有的事，包括死生富貴，就孔子來看，與個人的努力沒有絕對的關係，無非是命運的

---

[89]　《四書集註‧論語‧述而》，頁46。

[90]　《四書集註‧論語‧子罕》，頁55。

[91]　《四書集註‧論語‧先進》，頁70。

[92]　《四書集註‧論語‧雍也第六》，頁36。

[93]　《四書集註‧論語‧顏淵》，頁79。

[94]　《四書集註‧論語‧顏淵》，頁79。

安排。孔子不但自己順服命運，而且也要求他人順從：「孔子
曰：『君子有三畏：畏天命，畏大人，畏聖人之言。』小人不知
天命而不畏也，狎大人，侮聖人之言。」[95]不知命的人，就孔子
來看，只能算是個小人。「命」在孔子學說中的地位重要到所有
的君子都一定要「知命」才稱得上君子一名：「子曰：『不知
命，無以為君子也。』」[96]照孔子的看法，「命」與「仁」因此
應該等量齊觀，是一個君子所須要時時講究遵守的理念。

　　梁啟超在批評宿命論的缺失時，說：「我國幾千年的社會，
實在被這種命定主義阻卻無限的進化。」[97]中國傳統因受孔子思
想影響的緣故，宿命論在中國人的思維中因此通常具有無比的主
導力量，例如眾人耳熟能詳的項羽，被劉邦的軍隊追殺，逃到烏
江，上天好意安排了對他特別友善的烏江亭長在烏江上等著他，
一心要幫他和他的手下渡河：「江東雖小，地方千里，眾數十萬
人，亦足王也。願大王急渡。今獨臣有船，漢軍至，無以渡。」
[98]項羽不但不感激上天在他遭遇危難的時候，給他做了善意的安
排，反而以宿命論的觀點來歸罪老天：「天之亡我，我何渡
為！」[99]項羽在中國歷史上，誠如他自己所說，是一個少見的軍
事天才：「吾起兵至今八歲矣，身七十餘戰，所當者破，所擊者
服，未嘗敗北，遂霸有天下」；[100]但是他把自己失敗的原因一

95　《四書集註・論語・季氏》，頁116。

96　《四書集註・論語・堯曰》，頁139。

97　梁啟超《墨子學案》，頁52。

98　《史記・項羽本紀第七》，第一冊，頁183。

99　《史記・項羽本紀第七》，第一冊，頁183。

100　《史記・項羽本紀第七》，第一冊，頁182。

再歸給老天，「然今卒困於此，此天之亡我，非戰之罪也。」
[101]確實是他在受到宿命論的影響之下，不自覺做出的一個自我
毀滅的結論。老天在他身陷困境的時刻，特意給他安排了一條出
路，如果項羽能夠接受老天給他的幫助，渡河以後，吸取往日失
敗的教訓，改弦更張，重整旗鼓，捲土重來，屆時鹿死誰手，應
該還是個未知數。但是項羽不但不領情，反而怪罪老天，拒絕東
山再起。在堅拒老天盛情的情況之下，項羽的結局，就筆者來
看，可說是咎由自取，絕對不能歸罪老天，只能怪自己執迷於宿
命論。

語言與德行

在討論孔子的思想時，有很多可以談的，但這兒篇幅有限，
筆者只能就他思想中特別重要的層面來說。在結束討論孔子的思
想以前，筆者還須要提到的是孔子對語言文學的觀念。孔子在說
到他弟子的專長時，曾把語言文學和德行列在一起：「德行：顏
淵、閔子騫、冉伯牛、仲弓。言語：宰我、子貢。政事：冉有、
季路。文學：子游、子夏。」[102]孔子（或他弟子）的這個分法
有些奇怪，因為語言、文學和政事都是專業，而德行指一個人的
個性為人，並不是專業，在《論語》中卻被當做跟語言、政事及
文學相類的專業，而且因為德行被排在首位，顏淵又是孔子最得
意的門生，所以在傳統中一般人都比較推崇德行而貶抑其他三門

---

[101]　《史記‧項羽本紀第七》，第一冊，頁 182。
[102]　《四書集註‧論語‧先進第十一》，頁 69。

專業特別是語言和文學，此外一般人更有不切實際的推論，以為德行跟其他三門專業特別是語言和文學有互不相容的趨勢。在西方思潮特別重視語言的影響之下，現代學者不好再持續貶抑言語一項，錢穆因此改變詮釋，主張德行一項隱含包括了其他三項：「至於德行一科，非指其外於言語、政事、文學而特有此一科，乃是兼於言語、政事、文學而始有此一科。」[103]這種說法很難讓人信服，因為德行一項下名列榜首的是孔子最得意的弟子顏淵，「終日不違如愚」，[104]為人沉默寡言，《論語》中記載他發言辯論的記錄不多，要說他擅長語言，那是相當牽強的說法，至於政事，顏淵更沒從政的事功，要說他兼於政事，那就更讓人覺得有些莫明其妙了。貶抑言語的看法倒並不是在孔子以後才出現的，其實孔子他自己就是這麼教導他學生的：「巧言，令色，足恭，左丘明恥之，丘亦恥之。」[105]在孔子的眼中，能言善辯、和顏悅色的跟異常恭敬的人都難免沾上了一些虛偽的氣息，不是一個有德行的君子所願意做的：「巧言令色，鮮矣仁。」[106]孔子特別指出他所以不喜歡能言善辯的人是因為他以為他們會顛倒是非：「巧言亂德。」[107]此外孔子又說：「剛、毅、木、訥近仁。」[108]就孔子來看，那些刻板不通融不擅言辭的人才比較老實可靠。這種說法相當武斷，沒有什麼事實的根據。錢

---

[103] 錢穆《孔子傳》，頁 98。

[104] 《四書集註・論語・為政第二》，頁 9。

[105] 《四書集註・論語・公冶長第五》，頁 31。

[106] 《四書集註・論語・學而第一》，頁 2。

[107] 《四書集註・論語・衛靈公第十五》，頁 110。

[108] 《四書集註・論語・子路第十三》，頁 93。

穆在《論語要略》中解說剛毅木訥是一個人的真性情，同樣牽強：「剛毅木訥近仁者，為不失其真情也。」[109]有的人天生就柔和靈巧而善於言辭，不能說那就不是他們的真性情。後世學者尊孔，人云亦云，不深入思索，草率附和的大有人在：「四者本質善良……性情真誠不欺。」[110]其實顛倒是非黑白跟一個人能言善道並沒有絕對的關係，一個不怎麼會說話的人同樣可能說謊，也同樣可能毀謗別人。在這種想法之下，孔子自己當然就不重視行文的藝術：「辭達而已矣。」[111]照孔子的看法，一個人說話或寫文章，只要把話說到，就行了，所謂點到而止，不必講究修辭、風格、氣勢和技巧。這種說法，下文會解釋，比較適用於一般農人的生活形態，而有害於商業的活動與發展，對講究諮商的政治體系的運作更是不利。

　　本書前文業已提及孔子的學說是中國文化的結晶，他自己聲明他只是沿襲中國的傳統思想，而沒什麼自己創新的想法：「述而不作」，所以孔子對人世的觀察往往微妙的反映出中國傳統社會的特質。中國自古以來以農立國，傳統社會重農輕商：

> 古先聖王之所以導其民者，先務於農。民農非徒為地利也，貴其志也。民農則樸，樸則易用，易用則邊境安，主位尊。民農則重，重則少私義，少私義則公法立，力專一。民農則其產復，其產復則重徙，重徙則死處而無二

---

[109] 錢穆《論語要略》（臺北：臺灣商務印書館，1965），頁 83。

[110] 吳武雄《孔子智慧實證：論語言詮》（臺北：文史哲出版社，2008），頁 45。

[111] 《四書集註‧論語‧衛靈公第十五》，頁 113。

慮。舍本而事末則不令，不令則不可以守，不可以戰。民
舍本而事末則其產約，其產約則輕遷徙，輕遷徙，則國家
有患，皆有遠志，無有居心。民舍本而事末則好智，好智
則多詐，多詐則巧法令，以是為非，以非為是。后稷曰：
「所以務耕織者，以為本教也。」是故天子親率諸侯耕帝
籍田。[112]

農夫長年在田裡苦幹，無論刮風下雨，酷熱酷寒，心裡再不情願
也得到田裡工作，因而他須要有剛毅的個性。而他工作的對象主
要是田地植物，須要動手動腳，而不怎麼須要動口。一個人整天
單獨在田裡工作的時候，根本不必說話，如此難免會形成木訥的
習性。同時他們整天忙著種地，沒很多時間跟社會上的人士打交
道，因此他們消息一般不很靈通，對政府通常也不會有很多建
議，容易控制統御，對孔子講究和諧的人際關係來說是理想的聽
眾，所以孔子說：「剛、毅、木、訥近仁」，讚許一般農人的習
性。相形之下，商人就大不相同了。他接待的對象是顧客，為了
服務顧客，他須要動用他那三寸不爛之舌，為了推銷產品，他更
須要運用語言的技巧來鼓勵顧客投資，同時他對待顧客必須客
氣，中國的成語所謂「和氣生財」就是這個意思，除非他希望關
門大吉，否則他對顧客不能板著一張死面孔，愛理不理，即使他
心裡再不高興也只能笑臉相迎，要不然顧客一不高興，掉轉頭揚
長而去，他也就不必做生意了。同時商人辦事一般得講求效率，

---

[112] 呂不韋《呂氏春秋・士容論・上農》（上海：上海古籍出版社，2002），
下冊，頁 1718-1719。

整天跟社會不同層面的人打交道，消息靈通，因此會不時地向政府提意見。此外，他們資金龐大，常會左右中國的政局，像秦朝的呂不韋，就一手掌控當時的政治，這對統治者來說常是一個威脅。孔子承襲中國重農輕商的傳統，因此一面提倡農夫的習性，說它們接近仁的德行，一方面貶抑商家的作風，蔑視能說會道、笑臉相迎、打恭作揖的特點：「巧言，令色，足恭，左丘明恥之，丘亦恥之。」孔子的這種說法自然跟維持社會的穩定有很密切的關係。

再說到政治，特別是現代議會的政治，溝通諮詢為不可或缺的要素，執政者要推行一個對大眾民生有深遠影響的政策，不是也不能一句話或一紙命令就完事，一定要通過不同渠道跟社會各階層的人進行自由充分的溝通、分析與論辯，這不是孔子所說的「辭達而已矣」就可以順利圓滿的達成目標，而一定要運用語言的各種技巧，生動而清晰的使民眾感同身受，讓大家對執政者政策的推行能在全盤了解之後，全心全意的支持政府。中國的議會政治不彰，跟孔子所沿承及支持的私天下思維，所謂「木訥近仁」的想法，自然有不可或分的關係。

私天下的思維與體制所以鼓勵木訥的心態，是因為在天下只屬於一個人，而其他所有的人都是奴才的情況下，獨霸天下的人要做什麼，就做什麼，予取予求，沒有與民眾什麼溝通諮商的必要，所以如孔子所說，「木訥」應該是每個人理想的習性。但是，相對之下，在以神為基石的公天下，每天每個人，甚至有時候每時，都得跟神密切交流，事事得尋求神的旨意。在跟神交通禱告的時候，就如耶穌在《新約‧馬太福音》中教導的，章法必得有條不紊，緊密而周全：

⁹ 因此你們應該這樣禱告：我們在天之父，願您的名被尊
為聖潔之名。Οὕτως οὖν προσεύχεσθε ὑμεῖς: Πάτερ ἡμῶν
ὁ ἐν τοῖς οὐρανοῖς· ἁγιασθήτω τὸ ὄνομα σου ¹⁰ 願您的國度
降臨，您的旨意在世上如同在天國一般被奉行。ἐλθέτω ἡ
βασιλεία σου· γενηθήτω τὸ θέλημα σου, ὡς ἐν οὐρανῷ καὶ
ἐπὶ γῆς ¹¹ 我們今日所需的糧，請今日賜給我們。τὸν
ἄρτον ἡμῶν τὸν ἐπιούσιον δὸς ἡμῖν σήμερον ¹² 赦免我們的
債，如同我們饒恕欠我們債的人。καὶ ἄφες ἡμῖν τὰ
ὀφειλήματα ἡμῶν, ὡς καὶ ἡμεῖς ἀφήκαμεν τοῖς ὀφειλέταις
ἡμῶν ¹³ 帶領我們不要受到誘惑，將我們從罪惡中拯救出
來。καὶ μὴ εἰσενέγκῃς ἡμᾶς εἰς πειρασμόν, ἀλλὰ ῥῦσαι ἡμᾶς
ἀπὸ τοῦ πονηροῦ. ¹¹³

按照耶穌的教導，一個人在跟神禱告的時候，首先須要稱頌聖潔
的神，把一個人生活的中心與重心放在神身上，表達自己成就神
的事業，遵循神的旨意的決心。隨後再把注意力放在一己身上，
向神祈求恩典，請神賜給我們當今生活所需，饒恕我們過往的錯
誤，最後，帶領我們走向一個不受邪惡誘惑及控制的未來。每天
每個人在與神交流溝通的時刻，就是一個人須要運用心智口語的
時節，對語言一定要有正確精美的掌控，靈活運用的能力，如
此，口才幾乎是每個人所必須具備的素質。此外，公天下屬於每
個人，一個執政者制定有關大眾的政策，本書前文提到，須要徵

---

¹¹³ 《希臘文新約 *The Greek New Testament*》（德國 Germany: Deutsche
Bibelgesellschaft, 1998），頁 18。路加福音第十一章第三節也有措辭大
同小異的經文。

詢神，也須要諮商大眾，因此得成功有效地運用口語來跟民眾進行全面透徹的溝通。所以在以神為基石的公天下的思維與體制之下，一個人不但不能木訥，而且一定要有口語表達的完好能力。

　　以中西歷史為例，十九世紀的慈禧太后雖然不是一個君王，但權力抓在自己手中，專制跋扈，為一己享樂，決定花費巨資興建頤和園，朝廷沒錢，因此一個命令，不用諮商，就把海軍建軍維修必須的經費挪了過來，蓋了頤和園；[114]至於甲午海戰，海軍因經費被她挪去修建頤和園，以致船艦老舊，無法更新，戰役之中，彈藥不繼，結果遭到慘敗，割地賠款，喪權辱國，那就不是她願意負責任的事了。在私天下的思維體制之下，誠如孔子所說「木訥近仁」，大臣噤口不言，只要維持跟慈禧良好的關係，自己榮華富貴，至於中國遭遇喪權辱國之恥，割地賠款之痛，都是次要的事。相較之下，英國十六世紀的伊麗莎白一世女王，即使在她領導全國於 1588 年，擊敗當時世上海軍勢力超級強大的西班牙艦隊，英國晉昇為世上數一數二的軍事強權；十四年之後，因物價上漲、收成欠佳及持續的愛爾蘭戰事，英國民眾的情緒開始不滿，她為防禦西班牙入侵愛爾蘭，急需軍費，在賣了大量的皇室土地與珠寶後，金額仍然不足，為形勢所迫，特別召集國會，在 1601 年對國會發表演說。[115]在口頭講話中，她以未婚

---

[114] 郭廷以《中國近代史綱》（香港：香港中文大學出版社，1986），上冊，頁 245。

[115] 參閱瑞查斯・赳娣斯 Judith M. Richards，《伊麗莎白一世女王》*Elizabeth I*（Oxon: Routledge, 2012），頁 180-181；托瑪世・簡瑞許 Jane Resh Thomas，《伊麗莎白一世女王的生平》*Behind the Mask: The Life of Queen Elizabeth I*（New York: Houghton Mifflin Harcourt Publishing Company,

處女君王的身分，異常謙下的強調她在神的帶領下，對國家人民的熱愛，在英國史上是前無古人，後無來者，空前絕後：「雖然你們以前有，以後還可能會有，許多比我更為能幹睿智的君主坐在這個寶座上，但是你們從來沒有，以後也不可能會再有，一個比我更為細心慈愛的君主 And though you have had, and may have, many princes more mighty and wise sitting in this seat, yet you never had nor shall have, any that will be more careful and loving」。她激情的演說感動在場所有的 141 個國會議員，有的聲淚俱下，譜成英國史上一齣令人迄今盛讚不絕的「黃金演說（golden speech）」動人的歷史劇。在她離開以後，國會徵求志願者，前往皇宮，代表國會表達對她的演說的回饋時，結果全體 141 個國會議員都要求參與，伊麗莎白因此在她的皇宮接見所有的 141 個議員。最後，國會撥給她所需要的經費，英國在愛爾蘭的戰事也獲得勝利的戰果。[116]她不帶講稿，當場口頭的演說，所以能感召所有的國會議員，就是她傑出的口才，孔子所痛詛的「巧言」。伊麗莎白如果沒有精湛的口語訓練與技能，國會會不會同意她增加賦稅的要求就是未知數了。如果溝通無效，國家會不會因此爆發全面的抗爭或內戰，就更難說了。口才對政治溝通之重要，於此可見。

　　孔子狹隘的語言觀不但對中國議會政治的發展具有逆向的抵

　　1998），頁 175-176；威廉姆斯‧訥沃 Neville Williams，《伊麗莎白的生平和時代》 The Life and Times of Elizabeth I（New York: Doubleday, 1972），頁 208。

[116] 麥卡菲‧華里斯 Wallace MacCaffrey，《伊麗莎白一世》 Elizabeth I（London: Edward Arnold, 1993），頁 432。

制效應，而且也對中國頂尖的一流文學語言人才產生必然的衝擊作用。因篇幅的關係，筆者在此只舉兩個例子來做說明。第一個是家喻戶曉的屈原。屈原「嫻于辭令」，[117]是個能說會道的交際人才，楚懷王當初任命他代表自己接待國君的賓客，他也是文學創作的天才，楚懷王也要他代寫詔書，後來他的政敵上官大夫造謠說他德行不佳，楚懷王因此開始不信任他，最後把他貶出京師。屈原的政敵很顯然看到了文學語言在以儒家為本的中國傳統社會中有跟德行對立的趨勢，他因此利用這種潛藏的矛盾給屈原致命的一擊，楚懷王果真中了他的圈套，屈原此後就再沒有翻身的機會。

　　第二個例子就是上文提到的中國史上罕見的文學天才蘇軾。當蘇軾有希望做宰相的時候，他的政敵就是利用文學與德行在儒家學說中的矛盾來打擊他，說他的文學秉賦與成就便是他德行不足與不佳的鐵證。當時在朝的監察御史孫升引用這個理由堅持蘇軾不可升為宰相：

> 祖宗之用人，創業佐命如趙普，守成致理如王旦，受遺定策如韓琦，此三人者文章學問不見於世，然觀其德業器識，功烈行治，今日輔相未有其比……蘇軾文章學問中外所服，然德業器識有所不足，此所以不能自重，坐譏訕，得罪於先朝也。今起自謫籍，曾未逾年為翰林學士，討論古今，潤色帝業，可謂極其任矣，不可以加矣。[118]

---

[117] 《史記・屈原賈生列傳第二十四》，頁 1556。

[118] 李燾《景印文淵閣四庫全書・續資治通鑑長編》（臺北：臺灣商務印書館，1983），第三百二十冊，卷三百八十八，頁 631。

孫升把德業器識跟文章學問分開，以為兩者互不相容，高舉德業器識，貶低文章學問。蘇軾學問文章傑出，因此他的德業器識照孫升看當然就不行了。

稍後朝上的左司諫楊康國如法炮製，也是用同樣的理由來攻擊蘇軾跟他的弟弟蘇轍：

> 轍有六事而陛下不以為過，此恐陛下以轍兄弟並有文學，所以眷獎之厚而用轍之堅也。果如此，則尤不可也。陛下豈不知王安石、章敦、呂惠卿、蔡確亦有文學乎？而所為如此。若謂轍兄弟無文學則非也，蹈道則未也……其所為美麗浮侈、艷歌小詞則並過之，雖轍亦不逮其兄矣，兄弟由此故多得名於戚里、中貴人之家。其學如此，安足為陛下謀王體、斷國論，與共緝熙天下之事哉……此皆治亂所繫，非同尋常彈奏庶官違法害公之事而已。臣今所言，上可以繫朝廷安危，下可以繫生民休戚，此事甚大，不可不慮也。[119]

楊康國的說辭跟孫升的論點一致，都是抓著文學這一點來發揮，他們以為只要一個人有文學的秉賦，那個人的德行就一定不佳，尤其蘇軾腦筋動得快，能說會道，處處為老百姓的喉舌，對當時官員的貪污腐化抨擊不遺餘力，別人不敢說的，他不但說，而且不顧一己的生死，一說再說，再加上他人跟屈原一樣堅守正直的

---

[119] 《續資治通鑑長編》（北京：中華書局，2004），第十八冊，卷 455，頁 10908-10909。

原則，這些才能在以私天下精神體制為基礎的中國傳統儒家社會中肯定吃不開。[120]屈原和蘇軾兩個例子證明儒家學說中將語言文學與德行分開對立的觀念是不正確的，這種不當的想法系統化地嚇阻了敢言之士，強有力地鼓勵一般怯懦的人對周遭的事噤口不言，從而助長了一言堂的發展，對中國社會確實有不良的影響。

　　行文至此，筆者可就韓非在兩千多年前提出的一件學術界公案進行答覆。孔子是私天下思想與制度的支持者，他在表面上尊崇堯、舜、禹，在實質上卻顛覆了他們的思想體系，改變了堯、舜、禹以神為中心、重心與基礎的思想，將焦點完全轉移到人的身上，把君王列為人倫關係的首位，要臣子順服君王，而對神採取避之惟恐不及的態度。為了維持和諧的人際關係，真理正義可以犧牲，為了討好握有權勢的人，特別是父母，甚至自己都可以犧牲。筆者分別從語言、文字、哲學、神學四方面分析證明堯、舜、禹的精神與儒家背道而馳，而與墨子一致，更和西方先進的文明國家所崇奉的基督教如出一轍。因此中國的道統不是如儒家所宣稱的為堯、舜、禹、孔子，而應該是如墨子所說的堯、舜、禹、墨子。

　　儒墨兩家的分別與衝突可由孟子對墨子的嚴厲抨擊見其端倪：「楊氏為我，是無君也；墨氏兼愛，是無父也。無父無君，是禽獸也。」[121]梁啟超在《墨子學案》中質疑孟子推理的邏輯性：「孟子以距楊墨為職志，他說的摩頂放踵利天下為之，卻真

---

[120] 參閱楊東聲《蘇軾的心路歷程：一代文宗的作品、生平與相關史實》（桃園：國立中央大學出版中心；臺北：遠流出版事業公司，2017）。

[121] 《孟子・滕文公下》，頁91。

能傳出墨子精神，不是罪案，倒是德頌了。但他說兼愛便是無父，因此兼愛便成了禽獸。這種倫理學，不知從那裏得來？」[122]如果墨子真如孟子所稱只因崇拜神便是無父的禽獸，那麼西方先進的文明國家絕大多數的人都崇拜神似乎必然也是無父的禽獸了。近世中國與西方衝突就如同儒家與墨家的衝突，有時固然牽涉到現實利益，但最主要的是兩者在思想上的分歧有天壤之別。公天下思想為西方傳統文化的核心，而在漢武帝以後的中國，孔子私天下的思想獨霸學界，兩者形同水火，互不相容，勢必發生激烈的角力爭戰。《禮記》貶抑孔子私天下的思想而推崇堯、舜、禹公天下的思想，「大道之行也，與三代之英，丘未之逮也。」[123]孟子及其後的學者在討論公天下和私天下的思維時，在表面上，似乎都推尊公天下的思維，但實際上，他們所思所行卻是遵照私天下的思維而發，此外，為自身利益，他們更不時以衛道之名，竭力詆譭公天下的思維，此洵為中國文化中值得特別反思的現象。

---

[122] 梁啟超《墨子學案》，頁 67。

[123] 《漢魏古注十三經‧禮記‧禮運第九》，上冊，頁 79。

第十章　墨子的博愛

　　自從私天下的思維和體制在中國盛行以後，神和世人的交通逐漸被君王所壟斷，直到東周時期，君權式微，當時朝廷所賴以控制全國的禮則隨著大規模的崩壞，神和世人的交通因此再度全面開放，墨子生在此一神人交通重新開放的時刻，獲得數千載難逢的機會，成功地重建了與神密切無比的關係，在中國宗教與哲學史上大放異采。墨子不僅成為春秋戰國時代墨家的創始人，而且也在中國的思想、宗教、科學及政治領域中取得巨大的成就，是中國歷史上一個罕見的偉大傑出的人物，一顆直到如今仍然放出巨大光芒熠熠閃爍的巨星。他的思想繼承光大了堯、舜、禹時代以神為礎石平等兼愛的公天下的精神，糾正了以個人及家族為基礎講究階級特權的孔子儒家思想的缺失。在漢武帝推行獨尊儒術罷黜百家的政策以後，墨子的學說從漢代到清末，表面上是銷聲匿跡了，實際上它的精神卻變成中國文化優良不朽的結晶，形成了「路見不平，拔刀相助」[1]一成語所描述的見義勇為的精神，而在中國廣大的社會及悠久的文化中長存下來，不斷滋養孕育著中華民族。

---

[1] 元・楊顯之《續修四庫全書集部戲劇類・元曲選二・鄭孔目風雪酷寒亭雜劇・楔子》，第 1761 冊，頁 593；吳敬梓《儒林外史》（上海：上海古籍出版社，1990），第十二回，第四冊，頁 10。

　　因為漢武帝獨尊儒術罷黜百家的政策，猛烈抨擊孔子的墨子受到強烈的衝擊，被司馬遷及其後所謂的正統史家打入冷宮，備受歧視。司馬遷在他的《史記》中拒絕為墨子單獨立傳，勉為其難的把他給附在〈孟子荀卿列傳〉的末尾，而且只用了寥寥的二十四個字敷衍了事的提一提墨子：「蓋墨翟，宋之大夫，善守御，為節用。或曰并孔子時，或曰在其後」。即使在這寥寥的二十四個字當中，司馬遷又有模棱兩可的說法，「或曰并孔子時，或曰在其後。」[2]清代的孫詒讓慧眼獨具，用後半生的精力闡釋墨子之學，貢獻甚多，此後研究墨子之學的人雖日漸增多，但發明有限，以至時至今日，墨子的姓氏、年代、籍貫仍未有令人信服的定論，筆者在闡述墨子學說之前，有必要就這些重要事項進行深入的探討。

一、墨子的姓名

　　根據《呂氏春秋》、[3]《淮南子》和《史記》，墨子姓墨名

2　司馬遷《史記‧孟子荀卿列傳》，第三冊，卷 74，頁 1447。司馬遷的時候，政府獨尊儒術，罷黜百家，墨家因為與君王對抗，提倡非攻，特別不受好大喜功的漢武帝的青睞，所以司馬遷可以為完全以自我為中心的老子寫傳記，而只敷衍了事般將墨子的名字附在孟子和荀子之後，用短短的一句話二十四個字就把墨子的一生給打發過去。在這二十四個字中，有關墨子的信息，不是說錯，就是語焉不詳。真正說對的，就是「善守御，為節用」六個字。以現代學術界的眼光來看，有如笑話。筆者不完全在指摘司馬遷，而特別是同時指出在專制體制下，政治壓力可以把學術思想擠壓成殘疾的狀態。

3　呂不韋《呂氏春秋‧不苟論‧博志》：「蓋聞孔丘、墨翟，晝日諷誦習

翟。錢穆引申清末學者江瑔的說法，[4]認為墨不是姓，而是黥面的罪刑：「墨為刑徒，轉辭言之，便為奴役。墨家生活菲薄，其道以自苦為極，故遂被稱為墨了。」[5]馮友蘭接受這種說法，也把墨子的墨解釋成黥刑，同時再推廣開來，稱墨家的墨就是形容「刑徒奴役之流」[6]的字眼：

> 墨子節用，短葬，非樂，等見解，皆趨於極端，與當時大夫君子之行事相反，其生活刻苦，又與勞工同。故從其學者，當時稱之謂墨者，意謂此乃刑徒奴役之流耳。墨子貴義篇謂楚獻惠王「使穆賀見子墨子。子墨子說穆賀。穆賀大說，謂子墨子曰：『子之言則成善矣。而君王，天下之大王也，毋乃曰：賤人之所為，而不用乎？』」墨子所主張者為「賤人之所為」；此其所以見稱為墨道也。然墨子即樂於以墨名其學派。[7]

馮友蘭在上面的假設不太令人信服。首先，受到黥刑的罪犯與下賤人並不是對等的詞彙。在《墨子》中，賤人一般跟大人相對，指沒有官職的平民。馮友蘭引《墨子·貴義》中「賤人之所為」的「賤人」一詞來證明墨子的「墨」代表囚犯是沒有根據的。其實，墨子在馮友蘭引的那段文字後邊還跟著解釋說：

業」（下冊，頁 1628）。

4　江瑔《讀子卮言》（臺北：文海出版社，1967），頁 129-151。

5　錢穆《墨子》（北京：北京圖書館出版社，2003），頁 3。

6　馮友蘭《中國哲學史》，頁 109。

7　馮友蘭《中國哲學史》，頁 109-110。

今農夫入其稅於大人，大人為酒醴粢盛以祭上帝鬼神，豈曰「賤人之所為」而不享哉？故雖賤人也，上比之農，下比之藥，曾不若一草之本乎？且主君亦嘗聞湯之說乎？昔者，湯將往見伊尹，令彭氏之子御。彭氏之子半道而問曰：「君將何之？」湯曰：「將往見伊尹。」彭氏之子曰：「伊尹，天下之賤人也。若君欲見之，亦令召問焉，彼受賜矣。」[8]

在上引《墨子・貴義》的解釋中，「賤人」跟有官銜的「大人」對襯，不是說墨子是一個囚犯。墨子的此種用法在〈明鬼下〉更為清楚：「正長之不強於聽治，賤人之不強於從事也」，[9]「正長」行政長官和「賤人」互相對襯；此外，在《墨子・節葬下》，「王公大人」[10]和「匹夫賤人」也相對，所以「賤人」在《墨子》中不是指罪犯，而是用來指一般的平民應該是不爭的事實。其實，《墨子・貴義》說墨子皮膚很黑：「先生之色黑」，[11]並沒說他受了黥刑。墨子所以皮膚黑跟他常年在戶外奔走，「墨子無煖席」，[12]幫助弱小的諸侯國進行防禦的工作，因而曝晒在大太陽下的時間很多，並不是他犯了罪受到墨刑的處分。墨子本人不可能把形容罪行類別的詞彙用來形容他自己或他的學派，就如同歷史上不曾有人用死刑、鞭刑、詐欺、謀殺等描寫罪

8　孫詒讓《校補定本墨子閒詁・貴義》，頁 820-821。

9　孫詒讓《校補定本墨子閒詁・明鬼下》，頁 431。

10　孫詒讓《校補定本墨子閒詁・節葬下》，頁 334。

11　孫詒讓《校補定本墨子閒詁・貴義》，頁 829。

12　劉安《淮南子・修務訓》，下冊，頁 1993。

行的字眼來描述自己的學派是同樣的道理。此外，一般罪犯在受
到刑罰之後，內心常有抑鬱怨憤的感覺，這跟墨子崇高愛人的思
想正好相反，所以從他的思想內容來看，墨子也絕不可能是受過
刑罰的罪人。就筆者所知，一個罪犯真正能夠改過自新已經是難
能可貴了，遑論改頭換面，搖身一變頓然成為一個舉世知名處處
為他人犧牲的賢者，那更近乎幻想。儒家排斥非儒家的想法，論
證不都是完全客觀公允，手段也不都是非常光明正大，早在錢穆
之前，孟子就曾經說墨子「是禽獸也」，[13]這是惡意中傷跟自己
想法不同的誹謗之詞，下文會深入探討此一問題。傳統的說法以
墨為其姓，筆者以為這可能是一種演化的結果，墨原先或是指他
的膚色，之後成了他的外號，再由外號進而取代了他原來的姓。

二、墨子出生的年代

根據司馬遷的《史記》，墨子可能是跟孔子同一個時代或稍
後的人，「或曰並孔子時，或曰其後」。就《墨子・公孟》中公
孟與墨子的對話來看，當時孔子應該仍然活著，要不然他們不會
討論讓孔子做王的問題：「公孟子謂子墨子曰：『昔者聖王之列
也，上聖立為天子，其次立為卿、大夫，今孔子博於詩、書，察
於禮樂，詳於萬物，若使孔子當聖王，則豈不以孔子為天子

---

[13] 《孟子・滕文公下》，頁 91。梁啟超在《墨子學案》中就覺得孟子對
墨子的攻擊顯得相當無理：「孟子以距楊墨為職志，他說的摩頂放踵利
天下為之，卻真能傳出墨子精神，不是罪案，倒是德頌了。但他說兼愛
便是無父，因此兼愛便成了禽獸。這種倫理學，不知從那裏得來？」
（頁 67）。

哉？』子墨子曰：『夫知者，必尊天事鬼，愛人節用，合焉為知矣。今子曰：「孔子博於詩書，察於禮樂，詳於萬物」，而曰可以為天子，是數人之齒，而以為富』。」[14]公孟子在討論過往的歷史時，用「昔者」一詞，而在提到孔子時，用「今」這個字，稍後墨子也用「今」來表示「現在」的時間觀念，所以當公孟跟墨子在討論孔子的時候，孔子應該仍然活著。此外，墨子在〈非儒下〉引用晏嬰批評孔子的話時也用「今」來描述孔子在當代的行為：「今孔丘深慮同謀以奉賊，勞思盡知以行邪……非賢人之行也」。[15]晏嬰是跟孔子同一個時代的人物，他在批評孔子的時候也用「今」這個字，由上述這些記載來看，墨子應該是跟孔子同一個時代的人。

《墨子‧耕柱》還記載了一段關於葉公跟孔子討論政事的故事，證明墨子跟孔子應該是同一個時代的人：

> 葉公子高問政於仲尼曰：「善為政者若之何？」仲尼對曰：「善為政者，遠者近之，而舊者新之。」子墨子聞之曰：「葉公子高未得其問也，仲尼亦未得其所以對也。葉公子高豈不知善為政者之遠者近也，而舊者新是哉？問所以為之若之何也。不以人之所不智告人，以所智告之，故葉公子高未得其問也，仲尼亦未得其所以對也。」[16]

葉公在《論語》中有兩次跟孔子討論政事的記錄，其中一次是有

14　孫詒讓《校補定本墨子閒詁‧公孟》，頁838。

15　孫詒讓《校補定本墨子閒詁‧非儒下》，頁553。

16　孫詒讓《校補定本墨子閒詁‧耕柱》，頁779-780。

關一般為政的原則問題：「葉公問政。子曰：『近者說，遠者來。』」[17]大概就是這段問答，經過別人轉述，輾轉傳到墨子耳中，墨子隨即表示了一己的看法。上述引文中「子墨子聞之」的這個語詞表示墨子不是讀到有關孔子和葉公對話的文字記載，而是聽到他們對話的傳聞，而且在聽到當時的傳聞以後，墨子便立即表示意見，墨子說話的語氣顯示出當他提到孔子和葉公的時候，孔子和葉公仍然活著。此外，墨子在〈非儒下〉攻擊孔子時，清晰地表示他對孔子的了解來自他所聽到的有關消息，他的語氣同樣顯示孔子是跟他同一個時代的人：「夫一道術學業仁義者，皆大以治人，小以任官，遠施周偏，近以脩身，不義不處，非理不行，務興天下之利，曲直周旋，〔不〕利則止，此君子之道也。以所聞孔丘之行，則本與此相反謬也」。[18]因此墨子跟孔子應屬同一個時代的人。

因為孔子沒提到墨子，而墨子卻提到孔子，孔子成名要比墨子早，而且《墨子・耕柱》記載孔子的學生子夏的門人曾經請教過墨子，「子夏子徒問於子墨子」，[19]墨子可能屬於子夏那一個輩份，所以孔子的歲數應該比墨子大一些。此外，墨子書中「多古字」，[20]比如說疲倦的「倦」字，墨子用古字「卷」：「歿世而不卷」，[21]而《論語》已經用後起字「倦」：「誨人不倦」，[22]

17 《論語・子路》，頁90。
18 孫詒讓《校補定本墨子閒詁・非儒下》，頁 549-552。筆者根據《墨子閒詁》的說法，將文中的訛誤之處以括弧註出，增補一個「不」字。
19 孫詒讓《校補定本墨子閒詁・耕柱》，頁777。
20 孫詒讓《校補定本墨子閒詁・序》，頁13。
21 孫詒讓《校補定本墨子閒詁・節用中》，頁322。「卷」是「倦」的本字。

所以墨子成書的年代應該早於《論語》，就兩書的成書的時間來看，墨子也應該是跟孔子同時的人，不會比孔子晚太多。就《墨子》書中各種證據顯示，墨子應該在孔子死前二十多年，周敬王二十年（公元前 500 年）左右出生，當時孔子約五十歲左右；活了八十多歲，在周威烈王十年（前 416）之前去世。在諸家的考證中，胡適的說法與我的看法頗為相合，讀者可參考他論證的細節，[23]筆者在此就不再贅述。

三、墨子的籍貫

歷來研究墨子的人對他的籍貫有幾種不同的說法：宋人，楚人，魯人，齊人。[24]自從清代的學者孫詒讓推考墨子的籍貫為魯國以後，現代一般的學者都沿承他的說法主張墨子是魯國人：「以本書考之，似當以魯人為是」。[25]其實，孫詒讓引用的證據

22　《四書集註・論語・述而》，頁 41。

23　胡適《中國哲學史大綱》，頁 152-154。

24　胡懷琛在《墨子學辨》（北京：北京圖書館出版社，2003）中說：「墨子之思想，若天志明鬼之神致，論理物理之科學，皆中國學術思想系統中所無，則說為外來之學術，亦深有由致」（頁 309），主張墨子為印度人，這是對中國傳統的誤解，不值得考慮。

25　孫詒讓《校補定本墨子閒詁・墨子後語上》，頁 1267。現代學者主張墨子為魯人的包括有：胡適《中國哲學史大綱：古代哲學史》，頁 152；錢穆《墨子》（北京：北京圖書館出版社，2003），頁 9；王治心《墨子哲學》（北京：北京圖書館出版社，2002），頁 4；支偉成《墨子綜釋》嚴靈峰編（臺北：成文出版社，1975），頁 3；張默生《墨子文選》（臺北：成文出版社，1957），頁 1；陳顧遠，《墨子政治哲學》（北京：北京圖書館出版社，2003），頁 5；伍非百《墨子大

有些問題。孫詒讓引的第一條證據出自《墨子・貴義》的一句
話：「子墨子自魯即齊，過故人」；[26]第二條證據是《墨子・魯
問》的一段故事：「遂為公尚過束車五十乘，以迎子墨子於
魯」。[27]這兩條證據都是說墨子當時住在魯國，他既然住在魯
國，所以孫詒讓認為墨子應該是魯人。筆者以為，墨子當時住在
魯國並不一定就表示他是魯人，這跟孔子在很多地方包括衛國都
住過，我們不能因為他在衛國住過就說他是衛國人是同樣的道
理。筆者以為從《墨子・公輸》的記載來看，墨子可能是齊人。
《墨子・公輸》記載墨子阻止楚國伐宋的計劃，說：「子墨子聞
之，起於齊，行十日十夜而至於郢，見公輸盤」，[28]文中指出墨
子當時住在齊，所以墨子有可能是齊國人。齊國與魯國接壤，兩
國一北一南是鄰居，關係向來密切，孔子早年就在齊國住過一段
時間，所以墨子遷到魯國居住絕對是合情合理的說法。清代的學
者包括孫詒讓根據《呂氏春秋・開春論・愛類篇》的記載：「公
輸般為高雲梯，欲以攻宋。墨子聞之，自魯往，裂裳裹足，日夜
不休，十日十夜而至於郢，見荊王曰：『臣北方之鄙人也，聞大
王將攻宋，信有之乎？』」，[29]和《淮南子・脩務篇》的記載：
「昔者楚欲攻宋，墨子聞而悼之，自魯趨而十日十夜，足重繭而

義述》（北京：北京圖書館出版社，2003），頁 310；胡懷琛《墨子學
辨》（北京：北京圖書館出版社，2003），頁 309。

26　孫詒讓《校補定本墨子閒詁・貴義》，頁 818。

27　孫詒讓《校補定本墨子閒詁・魯問》，頁 877-878。

28　孫詒讓《校補定本墨子閒詁・公輸篇》，頁 890。

29　呂不韋《呂氏春秋・開春論・愛類篇》（上海：上海古籍出版社，
2002），頁 1473。

不休息，裂衣裳裹足，至於郢，見楚王」，[30]認為「齊」是一個錯字，正確的字應該是「魯」。問題是《呂氏春秋》和《淮南子》都是晚於《墨子》的作品，用後期的作品來更改早期的作品不是不可行，但是如果要改，就一定要有強有力的證據，但是清代的學者並沒有提供任何令人信服的證據，只是說《呂氏春秋》和《淮南子》都是「魯」字，所以《墨子》中的「齊」應該改成「魯」：「本書作齊，今據《呂氏春秋》《淮南子》改」。[31]這種做法不一定可靠，因為《墨子》是墨子和他的弟子撰寫的作品，是研究墨子的第一手資料，而《呂氏春秋》和《淮南子》都是後起的雜家作品，就研究墨子來說最多只能算第二手資料，要以第二手的資料為標準來改動第一手的資料，勢必要有充分的證據，但是筆者並沒看到此類的證據，所以筆者的意見是在沒有看到讓人信服的證據之前，第一手的資料不當改動。根據《墨子·公輸》的記載，墨子因此可能是齊人。

　　墨子是齊人的說法在一般學者引的第一條證據中，即上引《墨子·貴義》的話：「子墨子自魯即齊，過故人」，可以得到支持。文中說墨子住在魯國，他到齊國之後，「過故人」，顯然墨子在齊國有親朋好友，這個「故人」不是一般的人，他跟墨子的關係很特殊，特別關心墨子，他的想法跟墨子不同，好意勸他不要誤用他的時間和精力。雖然墨子不同意那個「故人」的看法，但是在感情上他又有必要見那個「故人」，從此點來看，那個「故人」很可能是墨子的親人。筆者因此以為墨子在齊魯都住

30　劉安《淮南子·修務訓》，下冊，頁 2001。
31　孫詒讓《校補定本墨子閒詁·墨子後語上》，頁 1272。

過相當長的一段時間，而他在齊國有「故人」，所以他的故鄉極
可能是齊國而不是魯國。

　　此外，從墨子的思想來看，他是齊國人的可能性極大。本書
上文提到，從太公望和周公分別被封到齊國和魯國那時開始，齊
國實施「尊賢上功」[32]的政策，此一政策此後便成為齊國治國的
傳統，與墨子強調任賢尚利的學說一致，而魯國實施「親親上
恩」的政策，為魯國治國的傳統，與孔子強調維護家族的思想一
致，可是卻與墨子的思想背道而馳，更是墨子所極力抨擊的地
方。此外，據《韓非子》的記載，早在齊桓公之時，齊國已經開
始禁止厚葬，推行節喪的政策：

> 齊國好厚葬，布帛盡於衣衾，材木盡於棺槨，桓公患之，
> 以告管仲曰：「布帛盡則無以為蔽，材木盡則無以為守
> 備，而人厚葬之不休，禁之奈何？」管仲對曰：「凡人之
> 有為也，非名之則利之也。」於是乃下令曰：「棺槨過度
> 者戮其尸，罪夫當喪者。」夫戮死無名，罪當喪者無利，
> 人何故為之也？[33]

墨子提倡節喪，立論與管仲相似，自然可能受到齊國政治傳統的
影響。墨子也批評君主妻妾過多，以致造成人民年長無法娶妻的
現象，從而主張君主避免把過多的婦女納入後宮：

32　呂不韋《呂氏春秋・仲冬紀・長見》，上冊，頁612。

33　韓非《韓非子・內儲說上》（北京：中華書局，2009），卷九，頁
　　228。

> 雖上世至聖，必蓄私，不以傷行，故民無怨。宮無拘女，
> 故天下無寡夫。內無拘女，外無寡夫，故天下之民眾。當
> 今之君，其蓄私也，大國拘女累千，小國累百，是以天下
> 之男多寡無妻，女多拘無夫，男女失時，故民少。君實欲
> 民之眾而惡其寡，當蓄私不可不節。[34]

他的這種主張應該也是受到齊桓公和管仲所執行的政策的影響：

> 一曰。桓公微服而行於民間，有鹿門稷者，行年七十而無
> 妻，桓公問管仲曰：「有民老而無妻者手？」管仲曰：
> 「有鹿門稷者，行年七十矣而無妻」桓公曰：「何以令之
> 有妻？」管仲曰：「臣聞之，上有積財則民臣必匱乏於
> 下，宮中有怨女則有老而無妻者。」桓公曰：「善。」令
> 於宮中女子未嘗御出嫁之，乃令男子年二十而室，女年十
> 五而嫁。則內無怨女，外無曠夫。[35]

這些墨子思想在多方面繼承齊國政治傳統的事實應該也是墨子生長在齊國而非魯國的有力的旁證。

墨子反對孔子，他們兩人在思想上的區分就地域傳統來看，在某個程度上，可以說是齊魯兩個政治文化傳統的區分。如果說墨子是魯人，我們便很難解釋為什麼墨子的思想與孔子所代表的魯國的政治文化傳統恰恰相反，但是如果我們斷定他為齊人，他

---

[34]　孫詒讓《校補定本墨子閒詁・辭過第六》，頁 80-81。
[35]　韓非《韓非子・外儲說右下》，卷十四，頁 345。

的思想主旨與齊國的政治文化傳統卻正相契和。基於《墨子》一書的原文和墨子本人的思想，筆者因此推斷墨子為齊人。

四、墨子的學說

墨子的學說繼承了堯、舜、禹時代以神為基礎的公天下精神。孔子說禹「菲飲食，而致孝乎鬼神」，墨子同樣崇尚鬼神，過著簡樸的生活。《莊子・天下篇》特別強調墨子跟禹同樣為世人的福祉而獻身社會的行徑：

> 墨子稱道曰：「昔者禹之湮洪水，決江河而通四夷九州也，名山三百，支川三千，小者無數。禹親自操稿耜而九雜天下之川，腓無胈，脛無毛，沐甚雨，櫛疾風，置萬國。禹，大聖也，而形勞天下也如此。」使後世之墨者多以裘褐為衣，以跂蹻為服，日夜不休，以自苦為極，曰：「不能如此，非禹之道也，不足謂墨。」[36]

誠如莊子所說，墨子非常讚許禹，禹為了治水，在外七年，三過家門而不入，墨子為了幫助世人抗拒侵略，帶領他的門人四處奔波，即使自身受到傷害也在所不惜，「墨子服役者百八十人，皆可使赴火蹈刃，死不還踵，化之所致也」，[37]即使猛烈抨擊墨子

36　吳康《莊子衍義・天下篇》（臺北：臺灣商務印書館，1966），頁229。
37　劉安《淮南子・泰族訓》，下冊，頁2123。

的孟子也承認說：「墨子兼愛，摩頂放踵，利天下為之」。[38]
《淮南子‧要略》說墨子「背周道而用夏政」，[39]那是臆測之
詞，與事實不合，漢武帝罷黜百家以後，《淮南子》的作者顯然
已經感受到當時禁令所造成的負面影響，不再研讀墨子的作品，
因此對墨子的思想不甚瞭然。其實，墨子除了讚許禹，也稱揚
堯、舜、湯、文、武，所以他絕不是如《淮南子》所說的「背周
道」。下面一段論述周文王的文字證明《淮南子》對於墨子學說
的解釋，如本書序文所說，有指鹿為馬之嫌：

> 何知先聖六王之親行之也？子墨子曰：「吾非與之並世同
> 時，親聞其聲，見其色也。以其所書於竹帛，鏤於金石，
> 琢於槃盂，傳遺後世子孫者知之。」〈泰誓〉曰：「文王
> 若日若月，乍照光於四方於西土。」即此言文王之兼愛天
> 下之博大也，譬之日月，兼照天下之無有私也。即此文王
> 兼也。雖子墨子之所謂兼者，於文王取法焉。[40]

墨子不是以夏朝為他行事為人的標準，而是以公天下時代包括禹
的順服神兼愛天下的思想為他立身處世的原則，商湯王、文王和
武王雖然生活在私天下的體制之下，他們的思維卻有很濃厚的公
天下色彩，所以墨子也稱揚他們，並非像淮南子所說的「背周道
而用夏政」，以朝代為唯一標準來論人或論事。

　　墨子的思想與儒家在戰國時期同為顯學，《孟子‧滕文公》

38　《孟子‧盡心上》，頁196。
39　劉安《淮南子‧要略》，下冊，頁2199。
40　孫詒讓《校補定本墨子閒詁‧兼愛下第十六》，頁244。

篇說：「楊朱、墨翟之言盈天下，天下之言，不歸於楊，即歸墨」。[41]孫詒讓稱他：「勞身苦志以振世之急，權略足以持危應變，而脫履利祿不以累其心，所學尤該，綜道藝，洞究象數之微。其於戰國諸子，有吳起商君之才，而濟以仁厚；節操似魯連而質亦過之，彼韓呂蘇張輩復安足算哉！」[42]胡適也說：「試問中國歷史上，可曾有第二個『摩頂放踵利天下為之』的人麼？」[43]梁啟超顯然贊同他們的看法：「墨子真算千古的大實行家，不惟在中國無人能比，求諸全世界也是少見。」[44]在研究公天下思想的傳承上墨子是一個特別值得注意的「甚大人物」。[45]

（一）信仰神

當孔子的學說背離了神，顛覆了堯、舜、禹的思想體系，脫離了公天下的精神，轉而以個人的利益為思想的中心以後，墨子依然強調上帝的誡命，師承堯、舜、禹公天下的精神，以神和世人的利益為思想的中心。[46]梁啟超在《墨子學案》中說：「墨子學說，件件都是和時代潮流反抗；宗教思想亦其一也。說天說

---

[41]　《孟子・滕文公下》，頁 90。

[42]　孫詒讓《校補定本墨子閒詁・墨子後語上》，頁 1266。

[43]　胡適《中國哲學史大綱：古代哲學史》（臺北：臺灣商務印書館，2008），頁 157。

[44]　梁啟超《墨子學案》，頁 67。

[45]　馮友蘭《中國哲學史》，頁 106。

[46]　張世欣在《中國古代思想道德教育史》中說墨子思想「以平民為本位」（杭州：浙江大學出版社，2010，頁 135）並不正確。墨子的思想其實是以神為本位，因順從神而關注大眾。

鬼，原始古代祝史的遺教。」[47]墨子的思想的確是由公天下時代的思想發展出來的，跟堯、舜、禹一樣，建立在神的基石上。在墨子的時代，戰亂頻仍，天災人禍不斷發生，社會問題日趨嚴重，政治情況顯著惡化，人們對神的信仰淡化，類似馬克思的無神論開始浮現，很多人不再信神。在墨子的眼中，無神論者就如同背離父母的子女一樣：

> 且吾所以知天之愛民之厚者有矣，曰以磿〔曆〕為日月星辰，以昭道之；制為四時春秋冬夏，以紀綱之；雷降雪霜雨露，以長遂五穀麻絲，使民得而財利之；列為山川谿谷，播賦百事，以臨司民之善否；為王公侯伯，使之賞賢而罰暴；賊〔賦〕金木鳥獸，從事乎五穀麻絲，以為民衣食之財。自古及今，未嘗不有此也。今有人於此，驩若愛其子，竭力單務以利之，其子長，而無報子求〔乎〕父，故天下之君子與謂之不仁不祥。今夫天兼天下而愛之，撽遂萬物以利之，若豪之末，〔無〕非天之所為〔也〕，而民得而利之，則可謂否〔厚〕矣，然獨無報夫天，而不知其為不仁不祥也。此吾所謂君子明細而不明大也。[48]

上天撫育萬物百姓，讓日月星辰運轉不息，一年四季相生相因，連續不斷，並以雨雪滋潤大地，使農作物欣欣向榮，而人們在飽暖之餘，對神卻毫無感恩之心，「而民得而利之，則可謂否

---

[47]　梁啟超《墨子學案》，頁 45-46。

[48]　孫詒讓《校補定本墨子閒詁‧天志中第二十七》，頁 391-392。筆者根據《墨子閒詁》的說法，將文中的訛誤之處以括弧註出。

〔厚〕矣，然獨無報夫天」，這是深令墨子扼腕嘆息的。

梁啟超在《墨子學案》中說墨子「利用古代迷信的心理，把這新社會建設在宗教基礎之上。他的性格，本來是敬虔嚴肅一路，對於古代宗教，想來也有熱誠的信仰，所以借『天志』『明鬼』這些理論，來做主義的後援。」[49]梁啟超在短短的這麼一段話裏便前後矛盾，他先說墨子「利用古代迷信」來宣揚他的學說，接著馬上又說墨子「想來也有熱誠的信仰」，顯而易見，梁啟超不太能決定到底墨子信不信神。要回答這個問題很簡單，首先，一個人須要在理智和情感上進入墨子自己的心態，來確定一件事實，就是從墨子的角度來看，信仰神是信仰真理，不是迷信。如果信仰神是迷信，那麼西方先進的文明國家信奉基督教便真是無藥可救，但事實上，他們卻是世上一流的大國。梁啟超的錯誤出在他不能以墨子的心態來看待神，他以自己主觀的想法來認定信仰神就是迷信，而迷信當然就是一種不好的事。既然墨子是古聖賢，梁啟超想為他辯護，便主張墨子只是「利用古代迷信的心理」；但是墨子的學說和行為全部都建立在神的基礎上，梁啟超又覺得墨子不該是「利用古代迷信的心理」，他應該真的相信上帝，因此他前後的說明便出現了矛盾。在研究墨子或任何一個歷史人物時，我們須要首先進入他們的心態，從他們的角度來探視問題，在徹底瞭解了有關歷史人物的心態後，我們方能進一步從個人的角度來客觀地分析圍繞他們所發生的各種事件與現象。

49　梁啟超《墨子學案》，頁 7。梁啟超在《子墨子學說》（北京：北京圖書館出版社，2002）中重複這種說法：「墨子之鬼神論，非原本於絕對的迷信，直借之以為改良社會之一方便法門云爾」（頁 11）。

墨子研讀歷史，觀察當時混亂的局面，深深的認識到自從公天下的時代消失以後，私天下社會的問題所以層出不窮，根本的原因就是因為人們失去了對神的信仰：

> 逮至昔三代聖王既沒，天下失義，諸侯力正，是以存夫為人君臣上下者之不惠忠也，父子弟兄之不慈孝弟長貞良也，正長之不強於聽治，賤人之不強於從事也，民之為淫暴寇亂盜賊，以兵刃毒藥水火，退〔迫〕無罪人乎道路率〔述〕徑，奪人車馬衣裘以自利者並作，由此始，是以天下亂。此其故何以然也？則皆以疑惑鬼神之有與無之別，不明乎鬼神之能賞賢而罰暴也。今若使天下之人，偕若信鬼神之能賞賢而罰暴也，則夫天下豈亂哉！50

要徹底解決社會的問題，墨子認為人們首先須要對神有虔誠的信仰，深摯的認識，確實了解神賞善罰惡的特性，嚴格遵守神的教訓，如此大家就不願也不會作惡。墨子的說法跟《聖經》所說的「對耶華神的敬畏是智慧的開始；凡遵守祂的誡命的人都是有智慧的人 רֵאשִׁית חָכְמָה יִרְאַת יְהוָה שֵׂכֶל טוֹב לְכָל-עֹשֵׂיהֶם」（《詩篇》111：10）有相通之處。

就墨子來看，人們所以對神失去信心，最根本的原因是對神的本質不很清楚，聽到無神論者的說法，便誤以為鬼神根本不存在：

---

50 孫詒讓《校補定本墨子閒詁·明鬼下第三十一》，頁 431-433。筆者根據《墨子閒詁》的說法，將文中的訛誤之處以括弧註出。

今執無鬼者曰：「鬼神者，固無有。」旦暮以為教誨乎天
下，疑天下之眾，使天下之眾皆疑惑乎鬼神有無之別，是
以天下亂。是故子墨子曰：「今天下之王公大人士君子，
實將欲求興天下之利，除天下之害，故當鬼神之有與無之
別，以為將不可以不明察此者也。既以鬼神有無之別，以
為不可不察已。」[51]

在古今中外的歷史記載中，大概沒有任何一個題材是像談論鬼神
的事情一般那麼大量、持久並且普遍的存在著，「夫天下之為聞
見鬼神之物者，不可勝計也」。[52]墨子首先舉了周宣王（前 841-
782）殺杜伯的例子來證明鬼神存在於天地之間是有目共睹，載
之史冊的不爭的事實：

若以眾之所同見，與眾之所同聞，則若昔者杜伯是也。周
宣王殺其臣杜伯而不辜，杜伯曰：「吾君殺我而不辜，若
以死者為無知則止矣；若死而有知，不出三年，必使吾君
知之。」其〔後〕三年，周宣王合諸侯而田於圃，田車數
百乘，從〔徒〕數千，人滿野。日中，杜伯乘白馬素車，
朱衣冠，執朱弓，挾朱矢，追周宣王，射之車上，中心折
脊，殪車中，伏弢而死。當是之時，周人從者莫不見，遠
者莫不聞，著在周之《春秋》。為君者以教其臣，為父者
以誡其子，曰：「戒之慎之！凡殺不辜者，其得不祥，鬼

---

51 孫詒讓《校補定本墨子閒詁・明鬼下第三十一》，頁 435-434。
52 孫詒讓《校補定本墨子閒詁・明鬼下第三十一》，頁 434-435。

神之誅，若此之憯遬也！」以若書之說觀之，則鬼神之
有，豈可疑哉？[53]

根據《太平廣記‧報應十八杜伯》，宣王有一個愛妾名叫女鳩，
對杜伯情有所鍾，希望跟杜伯私通，但杜伯不願意。女鳩被拒，
就在宣王面前造謠，說她跟杜伯有私通之情。宣王聽信了她的謊
言，派薛甫和司空錡把杜伯殺了，杜伯的朋友左儒在宣王面前諫
了九次，宣王就是不聽。杜伯被殺了以後，他的幽靈追著宣王不
放，指責宣王問他有什麼罪，「恆之罪何哉？」。[54]宣王被杜伯
的幽靈纏得坐臥不寧，就召見他的祭司名叫祝，跟他講述被杜伯
的幽靈纏身的事，問祝怎麼辦。祝問宣王：「始殺杜伯，誰與王
謀之？」[55]宣王就回答說：「司空錡也。」祝就建議把錡殺了來
謝罪，「何以不殺錡以謝之？」[56]宣王接納祝的建議，就把錡殺
了，同時要祝代表他跟杜伯道歉。但是杜伯的幽靈依然纏著宣王
不放，不斷說他自己無辜。宣王的一個問題沒解決，第二個問題
又出現了，這時被殺的司空錡的幽靈也來跟宣王訴冤，問宣王說
他有什麼罪。宣王就跟皇甫說：「祝也為我謀而殺人，吾殺者又

---

[53] 孫詒讓《校補定本墨子閒詁‧明鬼下第三十一》，頁 435-438。筆者根
據《墨子閒詁》的說法，將文中的訛誤之處以括弧註出。

[54] 《景印四庫全書‧太平廣記‧報應十八杜伯》（臺北：臺灣商務印書
館，1987），第 1043 冊，卷一一九，頁 649。

[55] 《景印四庫全書‧太平廣記‧報應十八杜伯》，第 1043 冊，卷一一
九，頁 649。

[56] 《景印四庫全書‧太平廣記‧報應十八杜伯》，第 1043 冊，卷一一
九，頁 649。

皆為人而見訴，奈何？」[57]皇甫也建議：「殺祝以謝，可也。」宣王就把祝也殺了來謝罪。結果全不管用，杜伯、司空錡和祝的三個幽靈一起顯現，跟宣王討公道。在杜伯被殺了三年之後，宣王在一個大白天帶著大批隨從打獵的時候，「從人滿野」，[58]杜伯、司空錡和祝的三個幽靈駕著一輛幽靈車將宣王射殺。墨子說這個故事當時有很多人經歷過，而且記載在周朝的史書中，是鬼神存在的一個例證。

接著，墨子引了另外一個有名的歷史人物秦穆公（前 621）的事跡來說明鬼神存在於天地之間獎勵善人：

> 昔者鄭〔秦〕穆公，當晝日中處乎廟，有神入門而左，鳥身，素服三絕〔玄純〕，面狀正方。鄭〔秦〕穆公見之，乃恐懼奔，神曰：「無懼！帝享女明德，使予錫女壽十年有九，使若國家蕃昌，子孫茂，毋失。」鄭〔秦〕穆公再拜稽首曰：「敢問神名？」曰：「予為句芒。」若以鄭〔秦〕穆公之所身見為儀，則鬼神之有，豈可疑哉？[59]

秦穆公是秦朝一個有名的賢君，《史記》中記載他任用賢臣百里奚治國，對三百多個老百姓分食他走失的一匹善馬不但不懲罰，反而賜他們美酒的善政：「初，繆公亡善馬，岐下野人共得而食

---

[57] 《景印四庫全書·太平廣記·報應十八杜伯》，第 1043 冊，卷一一九，頁 650。

[58] 《景印四庫全書·太平廣記·報應十八杜伯》，第 1043 冊，卷一一九，頁 650。

[59] 孫詒讓《校補定本墨子閒詁·明鬼下第三十一》，頁 438-440。

之者三百餘人，吏逐得，欲法之。繆公曰：『君子不以畜產害人。吾聞食善馬肉不飲酒，傷人。乃皆賜酒而赦之。』」[60]難怪神要多給他十九年的壽命，神派遣告知秦穆公的使者生著翅膀，跟《聖經》中所描寫的天使顯然是同一個類型。

墨子在舉了諸侯國的例子以後，就轉到朝廷說古代的君主堯、舜、禹、湯、文、武都是敬拜神的：

> 若以眾之耳目之請，以為不足信也，不以斷疑。不識若昔者三代聖王堯、舜、禹湯文武者，足以為法乎？故於此乎，自中人以上皆曰：若昔者三代聖王，足以為法矣。若苟昔者三代聖王足以為法，然則姑嘗上觀聖王之事。昔者，武王之攻殷誅紂也，使諸侯分其祭曰：「使親者受內祀，疏者受外祀。」故武王必以鬼神為有，是故攻殷伐紂，使諸侯分其祭。若鬼神無有，則武王何祭分哉？[61]

墨子舉武王派人祭宗廟和山川的神明為例，證明在周朝建立伊始的時候，當時的君王是崇拜神的。墨子進一步說古代聖王其實把侍奉神放在首位，然後以神為基石來治理天下，造福百姓：

> 非惟武王之事為然也，故聖王其賞也必於祖，其僇也必於社。賞於祖者何也？告分之均也；僇於社者何也？告聽之中也。非惟若書之說為然也，且惟昔者虞夏、商、周三代

---

[60]　司馬遷《史記・秦本紀》，頁86-87。

[61]　孫詒讓《校補定本墨子閒詁・明鬼下第三十一》，頁449-450。

之聖王，其始建國營都日，必擇國之正壇，置以為宗廟；
必擇木之脩茂者，立以為菆位〔叢社〕；必擇國之父兄慈
孝貞良者，以為祝宗；必擇六畜之勝腯肥倅，毛以為犧
牲；珪璧琮璜，稱財為度；必擇五穀之芳黃，以為酒醴粢
盛，故酒醴粢盛，與歲上下也。故古聖王治天下也，故必
先鬼神而後人者此也。[62]

墨子說夏商周三代繼承堯、舜、禹公天下以神為重心的精神，在
建國營都的時候仍然遵守以神為優先的原則，先設計營造宗廟與
神社。墨子的說法在《禮記》中可以得到證實：「君子將營宮
室：宗廟為先，廄庫為次，居室為後。凡家造：祭器為先，犧賦
為次，養器為後。無田祿者不設祭器；有田祿者，先為祭服。君
子雖貧，不粥祭器。」[63]上引《禮記》中的一段話必然是堯、
舜、禹公天下時代一直流傳下來的理念。此一公天下的理念與耶
穌的教導在精神上可說完全一致。[64]《聖經・馬太福音》中記載
耶穌回答一個律法師的問題時說：「『你要全心全靈魂全意地愛
主你的神。』這是第一偉大的誡命。第二條跟它相像：『你要愛
你的鄰居就如同愛你自己一樣。』ἀγαπήσεις κύριον τὸν θεόν σου
ἐν ὅλῃ καρδίᾳ σου καὶ ἐν ὅλῃ τῇ ψυχῇ σου καὶ ἐν ὅλῃ τῇ διανοίᾳ
σου· αὕτη ἐστὶν ἡ μεγάλη καὶ πρώτη ἐντολή. δευτέρα δὲ ὁμοία
αὐτῇ, Ἀγαπήσεις τὸν πλησίον σου ὡς σεαυτόν.」（22:37-39）耶穌

---

[62]　孫詒讓《校補定本墨子閒詁・明鬼下第三十一》，頁 450-452。

[63]　《漢魏古注十三經・禮記・曲禮下第二》，上冊，卷一，頁 11。

[64]　梁啟超在《墨子學案》中把墨子比成耶穌基督：「墨子是個小基督」
　　　（頁 43），他的比喻非常恰當。

教導他的門徒，要他們首先順服神，然後再照顧人。孔子教導的
焦點從神轉移到人的身上，要人遠離神而強調服從人，這跟古代
聖王堯、舜、禹的思想有本質上的差異，所以墨子贊同古代聖王
提倡的敬神的思想，而反對孔子所提倡的後期的以人為本位的儒
家思想。

　　古代聖王不但以身作則，領導全國崇拜信奉神，而且不遺餘
力從事後代敬奉禮拜神的教育工作，使用各種方法來確保後世與
神之間密切的關係能夠延續不斷：

> 古者聖王必以鬼神為，其務鬼神厚矣，又恐後世子孫不能
> 知也，故書之竹帛，傳遺後世子孫；咸恐其腐蠹絕滅，後
> 世子孫不得而記，故琢之盤盂，鏤之金石，以重之；有恐
> 後世子孫不能敬著〔威〕以取羊，故先王之書，聖人一尺
> 之帛，一篇之書，語數鬼神之有也，重有重之。此其故
> 何？則聖王務之。今執無鬼者曰：「鬼神者，固無有。」則
> 此反聖王之務。反聖王之務，則非所以為君子之道也！[65]

從古代聖王與鬼神之間密切的關係出發，墨子得到的結論是凡是
無神論者都是反聖王的。墨子接著指出，周朝奉為規臬的《詩
經》充滿了崇拜神的紀錄：

> 今執無鬼者之言曰：「先王之書，（慎無）一尺之帛，一
> 篇之書，語數鬼神之有，重有重之，亦何書之有哉？」子

---

[65]　孫詒讓《校補定本墨子閒詁・明鬼下第三十一》，頁 453-454。

> 墨子曰：「《周書》、《大雅》有之，《大雅》曰：『文
> 王在上，於昭于天，周雖舊邦，其命維新。有周不顯，帝
> 命不時。文王陟降，在帝左右。穆穆文王，令問不已』。
> 若鬼神無有，則文王既死，彼豈能在帝之左右哉？此吾所
> 以知《周書》之鬼也。」[66]

墨子所引的詩句出自《詩經・大雅・文王之什》，《毛詩》說這
首詩的主旨在講述神授命文王建立周朝的事跡：「文王受命作周
也。」[67]詩的開頭說文王功德彪炳，受到神的垂青和祝福，因此
建立周朝。結尾形容他跟神之間的關係就如同在神的左右一般親
密，上文提到這種親密的人神關係跟孔子所提倡的「敬鬼神而遠
之」[68]遠離神的思想相去甚遠，可說有天壤之別。

　　墨子說不僅周朝的典籍充滿了密切的人神關係的紀錄，而且
商朝的文獻也同樣有類似的記載：

> 且《周書》獨鬼，而《商書》不鬼，則未足以為法也。然
> 則姑嘗上觀乎商書，曰：「嗚呼！古者有夏，方未有禍之
> 時，百獸貞蟲，允及飛鳥，莫不比方〔順從〕。矧隹人
> 面，胡敢異心？山川鬼神，亦莫敢不寧。若能共允，隹天
> 下之合，下土之葆」。察山川鬼神之所以莫敢不寧者，以
> 佐謀禹也。此吾所以知商書之鬼也。[69]

---

[66] 孫詒讓《校補定本墨子閒詁・明鬼下第三十一》，頁 454-455。

[67] 《漢魏古注十三經・詩經・大雅・文王之什》，第一冊，頁 117。

[68] 《四書集註・論語・雍也第六》，頁 38。

[69] 孫詒讓《校補定本墨子閒詁・明鬼下第三十一》，頁 455-456。

墨子這段引文跟《尚書‧伊訓》中的一些文字相似：「古有夏先后，方懋厥德，罔有天災，山川鬼神，亦莫不寧」。[70]兩段文字都在說商書記載夏朝太平的時候，鬼神非常安寧，人類和鬼神之間顯然有著密切互動的關係，鬼神安寧，人類也隨著安寧。墨子特別指出，禹在各方面卓越的建樹都受到鬼神的關照；照墨子來看，禹所以得到後世的推崇，可說是受賜於鬼神，「察山川鬼神之所以莫敢不寧者，以佐謀禹也」。

在舉夏朝的文獻為例子時，墨子引了〈禹誓〉這篇文字，來說明夏朝時人神密切的關係：

> 且商書獨鬼，而夏書不鬼，則未足以為法也。然則姑嘗上觀乎夏書禹誓曰：「大戰于甘，王乃命左右六人，下聽誓于中軍，曰：『有扈氏威侮五行，怠棄三正，天用剿絕其命。』有曰：『日中。今予與有扈氏爭一日之命。且爾卿大夫庶人，予非爾田野葆士之欲也，予共行天之罰也。左不共于左，右不共于右，若不共命，御非爾馬之政，若不共命』。是以賞于祖而僇于社。賞于祖者何也？言分命之均也。僇于社者何也？言聽獄之事也。故古聖王必以鬼神為賞賢而罰暴，是故賞必於祖而僇必於社。此吾所以知夏書之鬼也。故尚者夏書，其次商周之書，語數鬼神之有也，重有重之，此其故何也？則聖王務之。以若書之說觀之，則鬼神之有，豈可疑哉？於古曰：『吉日丁卯，周代祝社方，歲於社者考，以延年壽』。若無鬼神，彼豈有所

延年壽哉！」[71]

墨子引的上面一段文字跟《尚書‧甘誓》中的文字大體上非常類似，從兩者的用辭和語法來看，《尚書‧甘誓》跟現代漢語的結構比較接近，比〈禹誓〉要容易通曉一些，應該是經過後人稍加翻譯改動之後的版本：

> 啟與有扈戰于甘之野，作〈甘誓〉。〈甘誓〉。大戰于甘，乃召六卿。王曰：「嗟！六事之人，予誓告汝：有扈氏威侮五行，怠棄三正，天用勦絕其命，今予惟恭行天之罰。左不攻于左，汝不恭命；右不攻于右，汝不恭命；御非其馬之正，汝不恭命。用命，賞于祖；弗用命，戮于社，予則孥戮汝。」[72]

墨子所說的討伐有扈的人是禹，莊子也說「禹攻有扈國」，[73]而《尚書》中所記載與有扈征戰的人為啟，有扈可能分別跟禹和啟在不同的時間因不同的原因征戰過。啟在征服有扈以後，有可能沿用了禹的誓師之詞，稍作刪改，變為替自己辯解的文獻。在談到古代禹跟神的關係時，墨子又提出了兩個重要的觀念：神是公義的，祂懲惡揚善，「必以鬼神為賞賢而罰暴」；[74]祂可以改變

71　孫詒讓《校補定本墨子閒詁‧明鬼下第三十一》，頁 456-459。

72　《漢魏古注十三經‧尚書‧甘誓》，上冊，頁 18。

73　《莊子衍義‧人間世》，頁 31。

74　孫詒讓《校補定本墨子閒詁‧明鬼下》，頁 459。

人的壽命，增添人的年歲，「若無鬼神，彼豈有所延年壽哉！」[75]
墨子特別強調懲惡揚善的觀念對治理國家的重要性：

> 是故子墨子曰：「嘗〔當〕若鬼神之能賞賢如罰暴也。蓋
> 本施之國家，施之萬民，實所以治國家利萬民之道也。若
> 以為不然，是以吏治官府之不絜廉，男女之為無別者，鬼
> 神見之；民之為淫暴寇亂盜賊，以兵刃毒藥水火，退無罪
> 人乎道路，奪人車馬衣裘以自利者，有鬼神見之。是以吏
> 治官府，不敢不絜廉，見善不敢不賞，見暴不敢不罪。民
> 之為淫暴寇亂盜賊，以兵刃毒藥水火，退無罪人乎道路，
> 奪車馬衣裘以自利者，由此止，是以天下治」。[76]

墨子認為真正能使全國的人奉公守法的原動力其實來自人們對神
的認識與信仰，如果君王、大臣、老百姓都能清楚地看到神懲惡
揚善的特性，就墨子來看，沒有人會願意挺而走險觸犯法律，天
下自然就遍地安寧。

　　為支持他的看法，墨子舉了夏桀為例，說明夏桀不信神，處
處違背神的教導，倒行逆施，殘暴狠毒，因此神派遣了湯來懲治
桀：

> 故鬼神之明，不可為幽閒廣澤，山林深谷，鬼神之明必知
> 之。鬼神之罰，不可為富貴眾強，勇力強武，堅甲利兵，

---

[75]　孫詒讓《校補定本墨子閒詁・明鬼下》，頁 460。
[76]　孫詒讓《校補定本墨子閒詁・明鬼下》，頁 460-461。

　　鬼神之罰必勝之。若以為不然，昔者夏王桀，貴為天子，
　　富有天下，上詬天侮鬼，下殃傲〔殺〕天下之萬民，祥上
　　帝伐元山〔上〕帝行，故於此乎，天乃使湯至明罰焉。湯
　　以車九兩，鳥陳鴈行，湯乘大贊，犯遂〔逐〕夏眾，入之
　　郊遂，王手〔手〕禽推哆大戲。故昔夏王桀，貴為天子，
　　富有天下，有勇力之人推哆大戲，生列兕虎，指畫殺人，
　　人民之眾兆億，侯盈厥澤陵，然不能以此圉鬼神之誅。此
　　吾所謂鬼神之罰，不可為富貴眾強、勇力強武、堅甲利兵
　　者，此也。[77]

雖然桀貴為君王，擁有龐大的軍隊，掌握無比的資源，旗下的將
領能獵殺老虎野牛，湯相對之下，兵力單薄，資源有限，但是因
為神的帶領和祝福，順利的擊敗桀，完成神交托給他的任務：
「天乃使湯至明罰焉」。

　　除了用桀做例子以外，墨子也舉了紂來說明神懲惡揚善的精
神。紂的惡行較之桀可說是有過之而無不及：

　　且不惟此為然。昔者殷王紂，貴為天子，富有天下，上詬
　　天侮鬼，下殃傲〔殺〕天下之萬民，播棄黎老，賊誅孩
　　子，楚毒〔焚炙〕無罪，刳剔孕婦，庶舊鰥寡，號咷無告
　　也。故於此乎，天乃使武王至明罰焉。武王以擇車百兩，
　　虎賁之卒四百人，先庶國節窺戎，與殷人戰乎牧之野，王
　　乎〔手〕禽費中、惡來，眾畔百走。武王逐奔入宮，萬年

---

[77]　孫詒讓《校補定本墨子閒詁・明鬼下》，頁 461-464。

梓株折紂而繫之赤環，載之白旗，以為天下諸侯僇。故昔者殷王紂，貴為天子，富有天下，有勇力之人費中、惡來、崇侯虎指寡〔畫〕殺人，人民之眾兆億，侯盈厥澤陵，然不能以此圉鬼神之誅。此吾所謂鬼神之罰，不可為富貴眾強、勇力強武、堅甲利兵者，此也。且禽艾之道之曰：「得璣無小，滅宗無大」。則此言鬼神之所賞，無小必賞之；鬼神之所罰，無大必罰之。[78]

紂跟桀雖然一樣貴為君王，同樣擁有龐大的軍隊，掌握無比的資源，但是武王以四百個勇士，一百輛戰車為他武力的中堅，最後還是擊敗了紂，因此墨子得到一個定論，就是神懲惡揚善的原則放諸四海而皆準：「鬼神之所賞，無小必賞之；鬼神之所罰，無大必罰之」；神不會因人富貴或貧窮，強大或弱小，地位尊卑有所不同而改變祂執行公義的原則。最後，墨子做了一個總結說，追求聖王造福天下，剷除邪惡的政策就必須要崇奉彰顯神明：「今天下之王公大人士君子，中實將欲求興天下之利，除天下之害，當若鬼神之有也，將不可不尊明也，聖王之道也」。[79]

（二）行天意

照墨子看來，信仰神的人如果希望取得神的祝福，就會以神的旨意做為他行事的標準，事事遵循天意：

---

[78]　孫詒讓《校補定本墨子閒詁・明鬼下》，頁 464-468。
[79]　孫詒讓《校補定本墨子閒詁・明鬼下》，頁 470。

然則奚以為治法而可？故曰莫若法天。天之行廣而無私，其施厚而不德，其明久而不衰，故聖王法之。既以天為法，動作有為，必度於天，天之所欲則為之，天所不欲則止。然而天何欲何惡者也？天必欲人之相愛相利，而不欲人之相惡相賊也。奚以知天之欲人之相愛相利，而不欲人之相惡相賊也？以其兼而愛之，兼而利之也。奚以知天兼而愛之，兼而利之也？以其兼而有之，兼而食之也。[80]

神的意旨超越人世，兼顧所有人的利益，是絕對的；人的意旨受時地空的限制，偏重個人的利益，是相對的。所以一個信仰神的人在天意和人意兩者之間有衝突之時，會摒棄人為相對的標準，而選擇天意絕對的規範：

然則奚以為治法而可？當〔儻〕皆法其父母，奚若？天下之為父母者眾，而仁者寡，若皆法其父母，此法不仁也。法不仁不可以為法。當〔儻〕皆法其學，奚若？天下之為學者眾，而仁者寡，若皆法其學，此法不仁也。法不仁不可以為法。當〔儻〕皆法其君，奚若？天下之為君者眾，而仁者寡，若皆法其君，此法不仁也。法不仁不可以為法。故父母、學、君三者，莫可以為治法。[81]

---

[80] 孫詒讓《校補定本墨子閒詁・法儀第四》，頁 58-59。王治心《墨子哲學》：「這一層與基督教絕對相同」（頁39）。

[81] 孫詒讓《校補定本墨子閒詁・法儀第四》，頁 57-58。

一個人的父母、師長、君王都必須遵行天意，而天意卻不可因父母、師長、君王而受到忽視或扭曲。墨子把天意的重要性放在父母、師長、君王之前，這應該是孟子批評墨子最主要的原因。從天的角度來看，所有的國家都在神的支配之下運作，都是神所掌控的國度，所有的人都受到神的意旨的左右，都是神所創造的子民：

> 今天下無大小國，皆天之邑也。人無幼長貴賤，皆天之臣也。此以莫不犓〔芻牛〕羊、豢犬豬，絜為酒醴粢盛，以敬事天，此不為兼而有之，兼而食之邪？天苟兼而有食之，夫奚說以不欲人之相愛相利也？故曰：「愛人利人者，天必福之，惡人賊人者，天必禍之。」曰：「殺不辜者，得不祥焉。夫奚說人為其相殺而天與禍乎？是以知天欲人相愛相利，而不欲人相惡相賊也。」[82]

對神來說，大家都是平等的，「人無幼長貴賤，皆天之臣也」。儒家遵守《禮記》「少事長，賤事貴」的規定，建立一個異常勢利的專制的階級社會；墨子打破儒家勢利的階級觀念，「無幼長貴賤」，在聖潔的聖靈中，建立一個平等的社會，推選賢能的人做大眾的僕人，為大眾跑腿，給大眾做事，而不盲目服從自私自利頤指氣使的暴君。神公平對待所有的人，祂不偏袒任何一個人，祂不會幫助強者欺負弱者，祂也不會協助富有的人剝削貧窮的人，祂賞罰公平，懲罰所有作惡的人，獎勵所有行善的人，

---

[82] 孫詒讓《校補定本墨子閒詁・法儀第四》，頁59-60。

「愛人利人者，天必福之，惡人賊人者，天必禍之。」即使貴為君王，也不例外，同樣受到神獎善懲惡一定則的絕對規範：

> 昔之聖王禹、湯、文、武，兼愛天下之百姓，率以尊天事鬼，其利人多，故天福之，使立為天子，天下諸侯皆賓事之。暴王桀、紂、幽、厲，兼惡天下之百姓，率以詬天侮鬼。其賊人多，故天禍之，使遂失其國家，身死為僇於天下。後世子孫毀之，至今不息。[83]

禹、湯、文、武因行善而受到老天的祝福，由臣子變成君王，桀、紂、幽、厲因作惡而受到老天的詛咒，結果不是被殺就是被趕下王位。墨子所說的天會獎善懲惡與基督教的「神會根據每個人的作為來獎賞懲罰他們」（羅馬書 2:6），兩者的說法完全一致。

（三）兼相愛

在說完了墨子對神的看法以後，筆者再繼續探討他對人間社會的主張。墨子處在春秋戰國天下動亂的時代，社會問題層出不窮，就他觀察所得，追根究底，他認為問題的根源來自人們自私的心理。上文提到，無神論會導致社會的腐化，其所以如此，就是因為在失去了對神的信仰以後，一個人自私的心理總是拒絕神的制約，因此無神論與自私的思維不免有相輔相成之效。當人們只看到自己的需求，只追求自己的利益，而漠視他人的死活，不

---

83 孫詒讓《校補定本墨子閒詁・法儀第四》，頁 60。

顧他人的幸福，墨子說社會問題必然接踵而來：

> 當察亂何自起？起不相愛。臣子之不孝君父，所謂亂也。
> 子自愛不愛父，故虧父而自利；弟自愛不愛兄，故虧兄而
> 自利；臣自愛不愛君，故虧君而自利，此所謂亂也。雖父
> 之不慈子，兄之不慈弟，君之不慈臣，此亦天下之所謂亂
> 也。父自愛也不愛子，故虧子而自利；兄自愛也不愛弟，
> 故虧弟而自利；君自愛也不愛臣，故虧臣而自利。是何
> 也？皆起不相愛。[84]

孟子在〈滕文公下〉說：「楊氏為我，是無君也；墨氏兼愛，是
無父也；無父無君，是禽獸也。」[85]幾千年來，不少中國人在孟
子的影響下，不分青紅皂白，信口雌黃，把墨子說成「無父」是
「禽獸」，對墨子學說肆意污衊。朱熹繼承孟子的想法，在《四
書集註》中說：「墨子愛無差等而親，其至親無異眾人，故無
父」。王陽明的《傳習錄》進一步詳細解釋儒家所以反對墨家的
原因：

> 「程子云『仁者以天地萬物為一體』，何墨氏『兼愛』反
> 不得謂之仁？」先生曰：「此亦甚難言，須是諸君自體認
> 出來始得。仁是造化生生不息之理，雖瀰漫周遍，無處不
> 是，然其流行發生，亦只有箇漸，所以生生不息。如冬至

84　孫詒讓《校補定本墨子閒詁·兼愛上第十四》，頁 207-208。
85　《四書集註·孟子·滕文公下》，卷 3，頁 90-91。

一陽生，必自一陽生，而後漸漸至於六陽，若無一陽之
生，豈有六陽？陰亦然。惟其漸，所以便有箇發端處；惟
其有箇發端處，所以生；惟其生，所以不息。譬之木，其
始抽芽，便是木之生意發端處；抽芽然後發幹，發幹然後
生枝生葉，然後是生生不息。若無芽，何以有幹有枝葉？
能抽芽，必是下面有個根在。有根方生，無根便死。無根
何從抽芽？父子兄弟之愛，便是人心生意發端處，如木之
抽芽。自此而仁民，而愛物，便是發幹生枝生葉。墨氏兼
愛無差等，將自家父子兄弟與途人一般看，便自沒了發端
處；不抽芽便知得他無根，便不是生生不息，安得謂之
仁？」[86]

王陽明回答說「此亦甚難言」，基本的意思就是他自己也並不很
清楚墨子兼愛的本質是什麼，為什麼兼愛不能被視為仁。王陽明
以為仁的發端處是父母，那是很淺近的看法，墨子自己說仁的發
端不是父母，而是神或者天地，比儒家的看法要深遠許多。

其實，在墨子的時候，顯然已經有人在孟子之前提出類似孟
子的批評，以為「兼相愛，交相利」是「無父」不孝，墨子解釋
說這種說法並不正確：

然而天下之非兼者之言，猶未止，曰：「意不忠親之利，
而害為孝乎？」子墨子曰：「姑嘗本原之孝子之為親度
者。吾不識孝子之為親度者，亦欲人愛利其親與？意欲人

86　王陽明《傳習錄》（長沙：岳麓書社，2004），頁79。

之惡賊其親與？以說觀之，即欲人之愛利其親也。然即吾惡先從事即得此？若我先從事乎愛利人之親，然後人報我愛利吾親乎？意我先從事乎惡人之親，然後人報我以愛利吾親乎？即必吾先從事乎愛利人之親，然後人報我以愛利吾親也。然即之交〔兼〕孝子者，果不得已乎，毋先從事愛利人之親者與？意以天下之孝子為遇〔愚〕而不足以為正乎？姑嘗本原之先王之所書，《大雅》之所道曰：『無言而不讎，無德而不報』『投我以桃，報之以李。』即此言愛人者必見愛也，而惡人者必見惡也。不識天下之士，所以皆聞兼而非之者，其故何也？」[87]

清人俞樾說：「孟子以楊墨並言，辭而闢之，然楊非墨匹也，楊子之書不傳，略見於《列子》之書，自適其適而已。墨子則達於天人之理，熟於事務之情，又深察春秋戰國百餘年間時勢之變，欲補弊扶偏，以復之於古」。[88]墨子主張兼相愛，他認為子女應該愛父親，父親應該愛子女，並不是像孟子所說的沒有父親的概念，絕對不是禽獸。儒家一面倒，強調子女要絕對服從父母，即使父母為非作歹，做兒女的別無選擇，還是要服從父母：「父母有過，下氣怡色，柔聲以諫。諫若不入，起敬起孝，說則復諫；不說，與其得罪於鄉黨州閭，寧孰諫。父母怒、不說，而撻之流血，不敢疾怨，起敬起孝。」[89]這跟墨子強調父母子女雙方都有義務責任培養親情的關係迥然不同，是孟子所以要攻擊墨子的原

---

[87]　孫詒讓《校補定本墨子閒詁・兼愛下第十六》，頁243-244。
[88]　《墨子・序》，頁5。
[89]　《漢魏古注十三經・禮記・內則第十二》，上冊，卷八，頁99。

因。新墨家思想學派的學者專欄刊登了一篇論文說：「兼愛，怎麼就無父了呢？這個胡說八道的說法，孟軻自己說不清楚，後世一腦袋漿糊的儒生們除了會鸚鵡學舌，也說不出所以然來。」[90] 語氣雖然相當強烈火爆，但是語義就筆者看卻非常中肯。

墨子兼相愛的教導和耶穌基督的說法完全一致，他們都以愛為他們學說的本質，墨子說：

> 若使天下兼相愛，愛人若愛其身，猶有不孝者乎？視父兄與君若其身，惡施不孝？猶有不慈者乎？視弟子與臣若其身，惡施不慈？故不孝不慈亡有，猶有盜賊乎？故視人之室若其室，誰竊？視人身若其身，誰賊？故盜賊亡有。猶有大夫之相亂家、諸侯之相攻國者乎？視人家若其家，誰亂？視人國若其國，誰攻？故大夫之相亂家、諸侯之相攻國者亡有。[91]

如果一個人能夠愛別人如同愛己一般，「愛人若愛其身」，墨子以為所有的社會問題都會迎刃而解。上文提到，耶穌也說一個人應該愛他人如同愛己一樣：

> 你要全心全靈魂全意地愛主愛你的神。這是第一偉大的誡命。第二條跟它相像：「你要愛你的鄰居就如同愛你自己

90　http://www.xinmojia.com/view.php?tid=1220&cid=56。

91　孫詒讓《校補定本墨子閒詁・兼愛上》，頁 209-210。王治心《墨子哲學》：「我們把他（墨子）所講的愛，歸納起來，可以見其大旨與基督相同」（頁 28）。

一樣」。ἀγαπήσεις κύριον τὸν θεόν σου ἐν ὅλῃ καρδίᾳ σου καὶ ἐν ὅλῃ τῇ ψυχῇ σου καὶ ἐν ὅλῃ τῇ διανοίᾳ σου· αὕτη ἐστὶν ἡ μεγάλη καὶ πρώτη ἐντολή. δευτέρα δὲ ὁμοία αὐτῇ· Ἀγαπήσεις τὸν πλησίον σου ὡς σεαυτόν.（馬太福音 22:37-39）

耶穌的門徒約翰在《新約・約翰一書》第三章第十六節中解釋說：「由此我們知道〔神的〕愛，因為祂為我們捨棄了祂的生命，我們也應該為我們的弟兄捨棄我們的生命。ἐν τούτῳ ἐγνώκαμεν τὴν ἀγάπην, ὅτι ἐκεῖνος ὑπὲρ ἡμῶν τὴν ψυχὴν αὐτοῦ ἔθηκεν καὶ ἡμεῖς ὀφείλομεν ὑπὲρ τῶν ἀδελφῶν τὰς ψυχὰς θεῖναι.」墨子和耶穌不但在學說上主張愛人如己，為他人犧牲自己，而且更在實際生活中身體力行，耶穌將他自己的身軀捐給這個世界，墨子「摩頂放踵，利天下為之。」這種崇高的教導與偉大的楷模，不是孟子一生汲汲尋求一己仕宦的機會，結果一官半職也沒謀到，空口說白話，以狹隘的眼光來觀察墨子所能夠徹底了解的。

（四）交相利

如果每個人都能愛人如己，每個人就會如同耶穌的門徒約翰所說的做有利別人的事，甚至犧牲自己。墨子的想法一樣，他用「交相利」這個詞來解釋說只要大家兼相愛，大家就會一起互相做有利他人的事：「今若夫攻城野戰，殺身為名，此天下百姓之所皆難也，苟君說之，則士眾能為之。況於兼相愛，交相利，則與此異。夫愛人者，人必從而愛之；利人者，人必從而利之；惡

人者，人必從而惡之；害人者，人必從而害之。此何難之有！特上弗以為政，士不以為行故也。」。[92]墨子說「兼相愛，交相利」就是古代聖王思想的核心與行為的準則：

> 古者禹治天下，西為西河漁竇，以泄渠孫皇之水；北為防原泒，注后之邸，呼池之竇，洒為底柱，鑿為龍門，以利燕、代、胡、貉與西河之民；東方漏之陸防孟諸之澤，灑為九澮，以楗東土之水，以利冀州之民；南為江、漢、淮、汝，東流之，注五湖之處，以利荊、楚、干、越與南夷之民。此言禹之事，吾今行兼矣。昔者文王之治西土，若日若月，乍光于四方于西土，不為大國侮小國，不為眾庶侮鰥寡，不為暴勢奪穡人黍、稷、狗、彘。天屑臨文王慈，是以老而無子者，有所得終其壽；連〔離〕獨無兄弟者，有所雜於生人之間；少失其父母者，有所放依而長。此文王之事，則吾今行兼矣。昔者武王將事泰山隧，傳曰：「泰山，有道曾孫周王有事，大事既獲，仁人尚作，以祗商夏，蠻夷醜貉。雖有周親，不若仁人，萬方有罪，維予一人。」此言武王之事，吾今行兼矣。[93]

墨子說禹奔走大江南北，為百姓謀求福利，使他們能夠安居樂業；文王治理國家，照顧年老無依及幼小無人照顧的孤兒；武王盡心祭祀，服侍神明，起用賢人，為眾人承擔罪過，這些聖王所

92　孫詒讓《校補定本墨子閒詁‧兼愛中》，頁215。
93　孫詒讓《校補定本墨子閒詁‧兼愛中》，頁219-227。

做的事情墨子自己全都做到。墨子分析古代聖王大公無私的精神，指出愛為他們共同的出發點，投身於利他的事業，所謂「雖有周親，不若仁人」，不對自己或親屬懷有特殊的私心，這種原則如《書經》所說來自上帝：「皇天無親，唯德是輔」，[94]用來描寫中國古代大公無私的精神可說深中肯綮。古代聖王不但不偏袒自己的親屬，而且為這個世界承擔罪過，「萬方有罪，維予一人」，此一思維用來形容為世人贖罪而自願被釘死在十字架上的耶穌基督可說更是恰當不過。

梁啟超在《先秦政治思想史》中對墨子兼相愛的說法提出一個問題，表示墨子的思想在理論上「為人類最高理想」，[95]但是在實行的時候可能不很適用：

> 今所欲質墨子者，似彼所言之心理狀態，兼耶別耶？假令愛利有實際不能兼施之時——例為凶歲，二老飢欲死，其一吾父，其一人之父也，墨子得飯一盂，不能「兼」救二老之死，以奉其父耶？以奉人之父耶？吾意「為親度」之墨子，亦必先奉其父矣。信如是也，則墨子亦「別士」也。如期不然，而曰吾父與人父等愛耳，無所擇，則吾以為孟子「兼愛無父」之斷案，不為虐矣。是故吾儕終以墨氏兼愛之旨為「雖然而不可用。」[96]

94　《書經‧蔡仲之命》，上冊，卷十，頁65。

95　梁啟超《先秦政治思想史》（北京：北京國家圖書館，2003），頁98。

96　梁啟超《先秦政治思想史》，頁98。

梁啟超想的非常細膩，只是他的命題本身就有問題，因為就墨子來說，上帝獎善懲惡，一個順服神的人是絕對不會遭逢缺乏食物而瀕臨死亡的厄運，這如同一個健康的人絕對不會不能呼吸，如果一個人不能呼吸，那就表示他有疾病。同理可推，如果一個人因飢餓而垂垂待斃，就墨子來看，那就表示他叛離神，而受到神的懲罰，一個順服神的人便不當紂為虐，幫助一個不義之人為非作歹。墨子法天，而天以仁義為眾人的行為準則，「雖有周親，不若仁人」，如果一個人的父親是一個背離上帝違反天意的人，他的子女可以跟他斷絕親情，如此便涉及不到奉養的問題，就墨子來看，奉養與別的問題一樣都須要取決於天意。即使梁啟超的命題能夠成立，一個人只有一碗飯，而兩個人都須要靠那碗飯才能存活，對墨子來說，那仍不會成為一個問題，因為他的學說是法天，上同於天，因此他會像商朝的帝王一樣，在這件事上特別尋求上帝的旨意，神要他怎麼做，他就怎麼做，上帝的抉擇就是墨子的決定，墨子是不會違反上帝的抉擇的。當然，商朝的帝王尋求上帝旨意的方法是占卜，而墨子可用的方法應該就是禱告。梁啟超所以會有類似的問題，主要的原因自然是他是活在孔子後的思想體系中，上帝受到忽視，而墨子繼承了堯、舜、禹的思想，上帝是他生命的中心。對堯、舜、禹、墨子來說，上帝每時每刻都在帶領他們，而梁啟超事事一般都要自己做主，所以他對堯、舜、禹、墨子的想法無法全部瞭然。

　　兼相愛的反面是分別彼此，在儒家來說即是分別親疏遠近的關係，確立高下厚薄的待遇。梁啟超說：「儒家專主『以己度』，因愛己身，推而愛他人；因愛己家，推而愛他家；因愛己國，推而愛他國。有『己』則必有『他』以相對待；己與他之

間；總不能不生差別。故有所謂『親親之殺尊賢之等』，有所謂『度量分界』。」[97]墨子反對儒家的想法，他認為一個惡人之所以作惡是因為他把自己跟別人區分開來，把自己看得比別人都重要，所以如果要糾正這種缺失，就必須要消除分別自己和他人，摒棄認定自己比別人都重要的心理，以「兼相愛，交相利」的原則來取代分別之心：

> 子墨子曰：「非人者必有以易之，若非人而無以易之，譬之猶以水救〔水〕火〔救火〕也，其說將必無可焉。」是故子墨子曰：「兼以易別。然即兼之可以易別之故何也？曰：藉為人之國，若為其國，夫誰獨舉其國以攻人之國者哉？為彼者由〔猶〕為己也。為人之都，若為其都，夫誰獨舉其都以伐人之都者哉？為彼猶為己也。為人之家，若為其家，夫誰獨舉其家以亂人之家者哉？為彼猶為己也，然即國、都不相攻伐，人家不相亂賊，此天下之害與？天下之利與？即必曰天下之利也。姑嘗本原若眾利之所自生，此胡自生？此自惡人賊人生與？即必曰非然也，必曰從愛人利人生。分名乎天下愛人而利人者，別與？兼與？即必曰兼也。然即之交兼者，果生天下之大利者與。」是故子墨子曰：「兼是也。且鄉吾本言曰：『仁人之事者，必務求興天下之利，除天下之害。』今吾本原兼之所生，天下之大利者也；吾本原別之所生，天下之大害者也。」

　　　　是故子墨子曰：「別非而兼是者，出乎若方也」。[98]

在此處，墨子並不是主張分別自己和他人之心就完全不對，而是說一個人不應該用私心把自己和別人區分開來。區分自己和別人當然有其必要，特別是在區別善惡，碰到惡人，「兼相愛，交相利」的原則實施起來困難重重的時候，一個人必須有應變的措施。當一個人遭到挫折，無法成功地運用「兼相愛，交相利」的原則時，一個人有必要靈巧地使用機智來尋求相應可行之道，使自己避免受到無謂的傷害，並繼續與邪惡周旋抗爭，「聖〔人〕將為世除害，興師誅罰」。[99]在上引約翰一書的文字中，「我們也應該為我們的弟兄捨棄我們的生命」，約翰特別指明是為了神的信徒，主內的弟兄而犧牲，並不是毫無選擇無緣無故地任由邪惡的人去宰割。墨子應該是清楚這種情形的，針對那些專事侵犯迫害他人的邪惡勢力，墨子的因應之道是組織一個龐大的防禦隊伍，遇到必要，就以武力抗爭，「天下害不除，是為群殘父母，而深賤〔賊〕世也」。[100]雖然在學說上，墨子沒有對這一方面特別去解釋說明，但是就他的實際行動來說，「兼相愛，交相利」在墨子的心目中絕對要跟區別善惡的原則來一起運用實施，並且以強大的自衛能力為後盾。

　　墨子所說的「兼相愛，交相利」必須跟區別善惡的原則一起運用實施由墨子自己在下面所舉的例子中可以得到證實：

---

[98]　孫詒讓《校補定本墨子閒詁・兼愛下》，頁 229-230。

[99]　孫詒讓《校補定本墨子閒詁・非儒下》，頁 548。

[100]　孫詒讓《校補定本墨子閒詁・非儒下》，頁 548。

> 禹曰：「濟濟有群，咸聽朕言，非惟小子，敢行稱亂，蠢
> 茲有苗，用天之罰，若予既率爾群對諸群，以征有苗。」
> 禹之征有苗也，非以求以重富貴、干福祿、樂耳目也，以
> 求興天下之利，除天下之害。即此禹兼也。雖子墨子之所
> 謂兼者，於禹求焉。[101]

就墨子來看，禹征伐有苗不是為了滿足一己的私慾，而是奉行天
命，本著利他的原則，為人除害，即使動用武力，也是兼相愛的
表現。所以在墨子的學說中，「兼相愛，交相利」的原則是跟懲
惡揚善有息息相關密不可分的關係。

在討論墨子除惡的思想時，筆者在此須要澄清耶穌在「山上
寶訓」中與墨子似乎有些互相矛盾的教導。耶穌在《聖經・新
約・馬太福音》中說：「你們聽過前人說：『以眼還眼，以牙還
牙。』Ἠκούσατε ὅτι ἐρρέθη, Ὀφθαλμὸν ἀντὶ ὀφθαλμοῦ καὶ ὀδόντα
ἀντὶ ὀδόντος. 但是我告訴你們，不要抵抗邪惡，如果有人打你的
右臉頰，把你的左臉頰也轉過來給他〔打〕。ἐγὼ δὲ λέγω ὑμῖν
μὴ ἀντιστῆναι τῷ πονηρῷ· ἀλλ' ὅστις σε ῥαπίζει εἰς τὴν δεξιὰν
σιαγόνα [σου], στρέψον αὐτῷ καὶ τὴν ἄλλην·」（5:38-39）耶穌引
了《聖經・舊約・出埃及記》中摩西教導的一段經文，「以眼還
眼，以牙還牙」，來說明他教導的重點與《聖經・舊約》中摩西
的教導有別。稍後，耶穌還說：「你們聽說過：『愛你的鄰居，
恨你的敵人。』Ἠκούσατε ὅτι ἐρρέθη, Ἀγαπήσεις τὸν πλησίον σου
καὶ μισήσεις τὸν ἐχθρόν σου. 但是我跟你們說：你們要愛你們的

---

[101] 孫詒讓《校補定本墨子閒詁・兼愛下》，頁239。

敵人，為那些迫害你們的人禱告。ἐγὼ δὲ λέγω ὑμῖν, ἀγαπᾶτε τοὺς ἐχθροὺς ὑμῶν καὶ προσεύχεσθε ὑπὲρ τῶν διωκόντων ὑμᾶς.」（馬太福音 5:43-44）在《聖經‧舊約》中，神透過摩西命令以色列人消滅他們的敵人；而在《聖經‧新約》中，耶穌卻教導他的門徒去愛他們的敵人。因而世上研究聖經的正統學者都異口同聲的說耶穌的教導與《聖經‧舊約》不同。[102]耶穌的教導在表面上看，

---

[102] 參看 Matthew Henry 馬太亨利, *A Commentary on the Holy Bible* 聖經詮釋 (Chicago: W.P. Blessing, n.d.), v. 5, p. 37; Edwin K. Broadhead, *The Gospel of Matthew on the Landscape of Antiquity* (Tübingen, Germany: Mohr Siebeck, 2017), p. 43; Herman C. Waetjen, *Matthew's Theology of Fulfillment, Its Universality and Its Ethnicity: God's New Israel as the Pioneer of God's New Humanity* (London: Bloomsbury T & T Clark, 2017), pp. 80-84; David L. Turner, *Israel's Last Prophet: Jesus and the Jewish Leaders in Matthew 23* (Minneapolis, MN: Fortress Press, 2015), pp. 184-185; Craig A. Evans, *Matthew* (Cambridge: Cambridge University Press, 2012), pp. 140-141; Grant R. Osborne, *Matthew: Zondervan Exegetical Commentary on the New Testament* (Grand Rapids, MI: Zondervan, 2010), p. 208; Curtis Mitch and Edward Sri, *The Gospel of Matthew* (Grand Rapids, MI: Baker Academic, 2010), p. 100; Craig S. Keener, *A Commentary on the Gospel of Matthew* (Grand Rapids, MI: William B. Eerdmans, 2009), p. 195; David L. Turner, *Matthew* (Grand Rapids, MI: Baker-Academic, 2008), p. 174; R. T. France, *The Gospel of Matthew* (Grand Rapids, MI: Eerdmans, 2007), pp. 217-218; Jeffrey A. Gibbs, *Matthew 1:1-11:1* (Saint Louis: Concordia Publishing House, 2006), p. 302; Stanley Hauerwas, *Matthew* (Grand Rapids, MI: Brazos Press, 2006, p. 72); Glen H. Stassen, *Living the Sermon on the Mount: A Practical Hope for Grace and Deliverance* (San Francisco, CA: Jossey-Bass, 2006, p. 89); Ben Witherington III, *Matthew* (Macon, GA: Smyth & Helwys, 2006), p. 135; John Noland, *The Gospel of Matthew* (Grand Rapids, MI: Eerdmans, 2005), p. 257; Dale C. Allison, Jr.,

Matthew: A Short Commnetary (London: T & T Clark International, 2004), p. 83; Paul Foster, *Community, Law and Mission in Matthew's Gospel* (Germany: Mohr Siebeck, 2004), p. 122; Howard Clarke, *The Gospel of Matthew and Its Readers: A Historical Introduction to the Frist Gospel* (Bloomington, IN: Indiana UP, 2003), p. 74; Erasmo Leiva-Merikakis, *Fire of Mercy, Heart of the Word* (San Francisco, CA: Ignatius P, 1996), p. 1006; Hans Dieter Betz, *The Sermon on the Mount: A Commentary on the Sermon on the Mount, including the Sermon on the Plain* (Matthew 5:3-7:27 and Luke 6:20-49) (Minneapolis: Fortress P, 1995), pp. 274-289; Leon Morris, *The Gospel of Matthew* (Grand Rapids, MI: Wm. B. Eerdmans, 1992), p. 126; Richard B. Gardner, *Matthew* (Scottdale, PA: Herald P, 1991), p. 109; W. D. Davies and Dale Allison, *The Gospel According to Matthew* (Edinburgh: T. & T. Clark, 1988), p. 540; Daniel Patte, *The Gospel According to Matthew* (Philadelphia, PA: Fortress P, 1987), p. 81; H. N. Ridderbos, *Matthew* (Grand Rapids, MI: Zondervan, 1987), p. 113; Ulrich Luz, tr. James E. Crouch, *Matthew 1-7: A Commentary* (Minneapolis, MN: Fortress P, 1985), p. 329; R. T. France, *The Gospel according to Matthew* (Leicester, England: Inter-Varsity P, 1985), p. 126; David Hill, *The Gospel of Matthew* (Grand Rapids, MI: Wm. B. Eerdmans, 1972), p. 127; John Calvin (1509-1564), *Calvin's Commentaries*: "The present subject is retaliation. To restrain his disciples from that kind of indulgence, he forbids them to render evil for evil" (Grand Rapids, MI: Baker Books, 2003, v. 16, p. 298); and Augustine of Hippo (354-430), *Augustin: Sermon on the Mount, Harmony of the Gospels, Homilies on the Gospels*: "It is not easy to find anyone who, when he has received a blow, wishes merely to return only one... Such a spirit was in great measure restrained by the law, where it was written, 'An eye for an eye, and a tooth for a tooth;' by which expressions a certain measure is intended, so that the vengeance should not exceed the injury. And this is the beginning of peace: but perfect peace is to have no wish at all for such vengeance" (Peabody, MA: Hendrickson, 1888, p. 24).

似乎與《聖經‧舊約》中摩西的教導或墨子「除天下之害」的主張有矛盾，其實細思之下，卻並非如此。理由不難理解，因為在耶穌教導他的門徒的時候，以色列亡國業已六百多年，當時留在以色列家鄉的猶太人，都生活在征服他們的羅馬人的統治之下，不少猶太人不甘心接受外族的統治，選擇叛變的途徑，結果都失敗，被殺的不乏其人。猶太人當初所以亡國，是因為他們背叛了神，在神對他們不斷勸說無效的情況下，神決定對他們施以懲罰，讓他們經歷亡國的苦痛：「我會讓邪惡降臨到這個族群……因為他們不聽我的話　אָנֹכִי מֵבִיא רָעָה אֶל-הָעָם הַזֶּה …… כִּי עַל-דְּבָרַי לֹא הִקְשִׁיבוּ」（耶律米書 6:19）。耶穌就是在這種特殊的背景下，要求猶太人謙下地接受神對他們的懲罰，以耐心和愛心來對待征服者，爭取他們的好感，不要因不必要的抗拒，而遭到征服者進一步的打擊與迫害，甚或滅門之災。以色列人遵守神的教訓的時候，神祝福他們，將敵人交到他們手中，神透過摩西給他們的命令是剷除他們的敵人：「當耶華，你的神，將他們交到你手中的時候，你要擊殺他們，把他們滅絕，不可與他們立約，也不可憐憫他們。　וּנְתָנָם יְהוָה אֱלֹהֶיךָ, לְפָנֶיךָ וְהִכִּיתָם הַחֲרֵם תַּחֲרִים אֹתָם לֹא-תִכְרֹת לָהֶם בְּרִית וְלֹא תְחָנֵּם」（申命記 7:2）以色列人背離神的教訓以後，神詛咒他們，將他們交到他們敵人的手中，此時神通過先知耶律米給他們的命令便是順服敵人以保全性命：「我對以色列的王契得可牙夫說這些話：『你們把你們的頸子放到巴比倫王的桎軛下，服侍他和他的老百姓，如此你們才可活下去。　וְאֶל צִדְקִיָּה מֶלֶךְ יְהוּדָה דִּבַּרְתִּי כְּכָל הַדְּבָרִים הָאֵלֶּה לֵאמֹר הָבִיאוּ אֶת צַוְּארֵיכֶם בְּעֹל מֶלֶךְ בָּבֶל וְעִבְדוּ אֹתוֹ וְעַמּוֹ וִחְיוּ׃』」（耶律米 27:12）所以耶穌在「山上寶訓」中的教導與《聖經‧舊約》中先知耶律米的教導完全一致，絲毫沒有與《聖

經・舊約》有互相矛盾衝突的地方。墨子除惡的教導與《聖經・舊約》中摩西消除邪惡、剷除敵人的教導一致，都與亡國後須要順服征服者的行為無關，所以與耶穌的教導並無矛盾之處。

在解釋完了墨子與耶穌「山上寶訓」的關係以後，筆者在此可以繼續討論墨子兼愛的學說。墨子「兼相愛，交相利」一原則崇高無比的表現就是在上帝要懲罰世人的時候，一個順服神的人能將自己當犧牲，獻給上帝，取得上帝的歡心，好讓神能因此減輕對世人的懲罰：

> 湯曰：「惟予小子履，敢用玄牡，告於上天后曰：『今天大旱，即當朕身履，未知得罪于上下，有善不敢蔽，有罪不敢赦，簡在帝心。萬方有罪，即當朕身，朕身有罪，無及萬方。』即此言湯貴為天子，富有天下，然且不憚以身為犧牲，以祠說于上帝鬼神。即此湯兼也。雖子墨子之所謂兼者，於湯取法焉」。[103]

當旱災降臨，全國受難，湯能夠毅然負起責任，請求上帝懲罰他一個人，赦免全國人民的罪惡，把自己當做犧牲，獻給上帝，替國人贖罪，「萬方有罪，即當朕身，朕身有罪，無及萬方」。上文提到古代聖王這種做法跟耶穌基督以自己為犧牲替世上的罪人贖罪的道理可說是異曲同工。《新約・羅馬書》第十二章第一節說：「透過神的愛，我因此懇求你們眾弟兄，把你們的身體當做聖潔的活祭品，讓神悅納，這是你們應有的侍奉心態。Παρακαλῶ

---

[103] 孫詒讓《校補定本墨子閒詁・兼愛下》，頁 240-242。

οὖν ὑμᾶς, ἀδελφοί, διὰ τῶν οἰκτιρμῶν τοῦ θεοῦ παραστῆσαι τὰ σώματα ὑμῶν θυσίαν ζῶσαν ἁγίαν εὐάρεστον τῷ θεῷ, τὴν λογικὴν λατρείαν ὑμῶν」就墨子和基督教來說，愛最崇高的表現勢必是把神的利益放在自己的利益之前，而神要大家照顧世間的大眾，因此世人的利益自然也大過自己的利益，為了神，自我犧牲，即是理所當然的事。

墨子認為「兼相愛，交相利」在表面上看似乎很難做到，但是只要一個君王有心實施，上行下傚，全國自然會形成一種無法抗拒的善良風氣：

意以為難而不可為邪？嘗有難此而可為者。昔荊靈王好小要，當靈王之身，荊國之士飯不踰乎一，固據而後興，扶垣而後行。故約食為其〔甚〕難為也，然後為而靈王說之，未踰於世而民可移也，即求以鄉其上也。昔者越王句踐好勇，教其士臣三年，以其知為未足以知之也，焚舟失火，鼓而進之，其士偃前列，伏水火而死，有不可勝數也。當此之時，不鼓而退也，越國之士可謂顫矣。故焚身為其〔甚〕難為也，然後為之越王說之，未踰於世而民可移也，即求以鄉上也。昔者晉文公好苴服，當文公之時，晉國之士，大布之衣，牂羊之裘，練帛之冠，且〔粗〕苴之屨，入見文公，出以踐之朝。故苴服為其〔甚〕難為也，然後為而文公說之，未踰於世而民可移也，即求以鄉其上也。是故約食、焚舟、苴服，此天下之至難為也，然後為而上說之，未踰於世而民可移也。何故也？即求以鄉其上也。今若夫兼相愛，交相利，此其有利且易為也，不

可勝計也，我以為則無有上說之者而已矣。苟有上說之
者，勸之以賞譽，威之以刑罰，我以為人之於就兼相愛交
相利也，譬之猶火之就上，水之就下也，不可防止於天
下。[104]

墨子說楚靈王希望見到他的臣下有纖細的腰身，越王勾踐要求他
的臣子在戰場上赴湯蹈火，晉文公喜歡大家穿著粗麻製作的衣
服，這些要求不一定完全合理，也不是每個人都喜歡做的，但是
在君王的倡導之下，曾幾何時，全國居然都能遵照君王的心願，
做到讓君王喜悅的地步。相較之下，墨子認為「兼相愛，交相
利」不但合理，而且也是大家喜好的，如果君王能夠提倡，全國
必然會如影隨形，力行實踐。墨子的結論是一個聖王要使天下太
平，勢必要推行「兼相愛，交相利」的思想與政策：「故兼者聖
王之道也，王公大人之所以安也，萬民衣食之所以足也。故君子
莫若審兼而務行之，為人君必惠，為人臣必忠，為人父必慈，為
人子必孝，為人兄必友，為人弟必悌。」[105]就墨子來看，如果
全國人都能遵行「兼相愛，交相利」的原則，一個君惠、臣忠、
父慈、子孝、兄友、弟悌的和諧社會必然會出現。

　　墨子在提出了「兼相愛，交相利」的主張以後，接著指出此
一處世原則的標準來源是神，按照他的說法，人世間最高的行為
準則完全是「天志」或「天意」：

---

[104] 孫詒讓《校補定本墨子閒詁・兼愛下》，頁 245-248。
[105] 孫詒讓《校補定本墨子閒詁・兼愛下》，頁 248。

> 然則天亦何欲何惡？天欲義而惡不義。然則率天下之百姓
> 以從事於義，則我乃為天之所欲也。我為天之所欲，天亦
> 為我所欲。然則我何欲何惡？我欲福祿而惡禍祟。若我不
> 為天之所欲，而為天之所不欲，然則我率天下之百姓，以
> 從事於禍祟中也。然則何以知天之欲義而惡不義？曰天下
> 有義則生，無義則死；有義則富，無義則貧；有義則治，
> 無義則亂。然則天欲其生而惡其死，欲其富而惡其貧，欲
> 其治而惡其亂，此我所以知天欲義而惡不義也。[106]

就墨子來看，神獎善懲惡，所以世人為追求幸福，討神的喜悅，
自然會遵守神的教訓而善善惡惡，「故於富且貴者，當天意而不
可不順，順天意者，兼相愛，交相利，必得賞。反天意者，別相
惡，交相賊，必得罰」。[107]既然「兼相愛，交相利」是「天
志」或「天意」，不因人意而轉變，也不受到時地空條件的限
制，墨子的主張因此具有超越時地空的永恆意義，與孔孟所提倡
的以人為本位受到時地空限制的相對的道德原則本質上有天壤之
別。就這一點來看，墨子的思想和西方先進的文明國家所遵循的
基督教的道德規範可謂一致。神在《聖經·出埃及記》第二十章
第五和第六節中給摩西十大誡命中的一誡就是說明祂懲惡揚善的
特性：「我懲罰父親們的罪直到恨我的人的第三四代 פֹּקֵד עֲוֹן
אָבֹת עַל בָּנִים עַל שִׁלֵּשִׁים וְעַל רִבֵּעִים לְשֹׂנְאָי；但是祝福那些愛我和遵守我
誡命的人直到幾千代 וְעֹשֶׂה חֶסֶד לַאֲלָפִים לְאֹהֲבַי וּלְשֹׁמְרֵי מִצְוֹתָי」。根據

106　孫詒讓《校補定本墨子閒詁·天志上》，頁 377-378。

107　孫詒讓《校補定本墨子閒詁·天志上》，頁 380。

耶穌在《聖經・馬太福音》第五章第十八節中的解釋，以神懲惡揚善的特性為基礎的誡命是超越時地空的絕對準則，有永恆的意義：「我跟你們實說，在天地消失之前，沒有一個小到不能再小的字，沒有一個細到不能再細的筆劃會從律法中消失，直到所有的事情都實現了 ἀμὴν γὰρ λέγω ὑμῖν ἕως ἂν παρέλθῃ ὁ οὐρανὸς καὶ ἡ γῆ ἰῶτα ἓν ἢ μία κεραία οὐ μὴ παρέλθῃ ἀπὸ τοῦ νόμου ἕως [ἂν] πάντα γένηται」。

最後，墨子在〈天志上〉解釋他所以提倡「兼相愛，交相利」的主張是因為神愛世人，所以世人如同神一般也就須要兼相愛：

> 然則何以知天之愛天下之百姓？以其兼而明之。何以知其兼而明之？以其兼而有之。何以知其兼而有之？以其兼而食焉。何以知其兼而食焉？四海之內，粒食之民，莫不犓牛羊，豢犬彘，潔為粢盛酒醴，以祭祀於上帝鬼神，天有邑人，何用弗愛也？且吾言殺一不辜者必有一不祥。殺不辜者誰也？則人也。予之不祥者誰也？則天也。若以天為不愛天下之百姓，則何故以人與人相殺，而天予之不祥？此我所以知天之愛天下之百姓也。[108]

墨子在上邊引文中表達的思想和《聖經・約翰一書》第四章第七節中所宣揚的理念可說完全一致：「親愛的弟兄們，讓我們兼相愛，因為愛來自神，凡是有愛心的都是從神誕生，是認識神的人

---

[108] 孫詒讓《校補定本墨子閒詁・天志上》，頁 382-383。

Ἀγαπητοί, ἀγαπῶμεν ἀλλήλους, ὅτι ἡ ἀγάπη ἐκ τοῦ θεοῦ ἐστιν, καὶ πᾶς ὁ ἀγαπῶν ἐκ τοῦ θεοῦ γεγέννηται καὶ γινώσκει τὸν θεόν」。

（五）推行義政

如果一個君王能秉承天意以「兼相愛，交相利」的原則為施政的方針，墨子說這個君王便是一個聖王，而這個政府所貫徹的政策便是一個義政；反之，如果一個君王違反天意，以「別相惡，交相賊」的手段來統治全國，這個君王便是一個暴君，而這個政府所推行的政策便是暴政：

> 「順天意者，義政也。反天意者，力政也。然義政將柰何哉？」子墨子言曰：「處大國不攻小國，處大家不篡小家，強者不劫弱，貴者不傲賤，多詐者不欺愚。此必上利於天，中利於鬼，下利於人，三利無所不利，故舉天下美名加之，謂之聖王，力政者則與此異，言非此，行反此，猶倖馳也。處大國攻小國，處大家篡小家，強者劫弱，貴者傲賤，多詐欺愚。此上不利於天，中不利於鬼，下不利於人。三不利無所利，故舉天下惡名加之，謂之暴王。」[109]

孟子在討論政治之時，用相似的詞「王道」「霸道」來區分愛民和傷民的政策，墨子的詞「義政」就筆者來看要比「王道」來得清晰妥當，因為「王」就字面上來看，可以是聖王，也可以是如同紂王一般的暴君，正反兩面的意義都可以有，而「義」卻必然

---

[109] 孫詒讓《校補定本墨子閒詁・天志上》，頁383。

是純正善良的意思。

在儒家的學說裏，君王居於核心的地位，臣子只能聽命於君王；墨子糾正儒家學說的這種說法，以神為核心的地位，君王和臣子都須要聽命於神：

> 今天下之人曰：「當若天子之貴於諸侯，諸侯之貴於大夫，儌明知之。然吾未知天之貴且知於天子也。」子墨子曰：「吾所以知天之貴且知於天子者有矣。曰：天子為善，天能賞之；天子為暴，天能罰之；天子有疾病禍祟，必齋戒沐浴，潔為酒醴粢盛，以祭祀天鬼，則天能除去之，然吾未知天之祈福於天子也。此吾所以知天之貴且知於天子者。不止此而已矣，又以先王之書馴〔訓〕天明不解〔懈〕之道也知之。曰：『明哲維天，臨君下土。』則此語天之貴且知於天子。不知亦有貴知夫天者乎？曰：天為貴，天為知而已矣。然則義果自天出矣。」[110]

墨子指出神比君王尊貴明智，操有懲罰獎勵君王的能力，而且決定君王禍福存亡的命運，可說是君王的君王，人類的主宰。就這一點來說，墨子的思想在本質上是繼承堯、舜、禹、益正義聖潔的思想，而孔子雖然在名義上效法堯、舜，實際上卻提倡遠離神而尊君的思想，在本質上背棄了神，與堯、舜、禹尊神的思想業已分道揚鑣。

---

[110] 孫詒讓《校補定本墨子閒詁·天志上》，頁 385-386。根據文義，「解」應該是「懈」的本字。

　　就墨子來看，世上的特權階級所以會欺凌弱勢團體，極盡迫害他人之能事，「強之暴寡，詐之謀愚，貴之傲賤」，全是因為這些特權階級背叛了神，違背天意，以至於肆無忌憚，胡作非為，為了一己的利益，動輒就要置他人於死地：

> 子墨子曰：「天之意不欲大國之攻小國也，大家之亂小家也，強之暴寡，詐之謀愚，貴之傲賤，此天之所不欲也。不止此而已，欲人之有力相營，有道相教，有財相分也。又欲上之強聽治也，下之強從事也。上強聽治，則國家治矣，下強從事則財用足矣。若國家治財用足，則內有以潔為酒醴粢盛，以祭祀天鬼；外有以為環璧珠玉，以聘撓四鄰。諸侯之冤不興矣，邊境兵甲不作矣。內有以食飢息勞，持養其萬民，則君臣上下惠忠，父子弟兄慈孝。故唯毋明乎順天之意，奉而光施之天下，則刑政治，萬民和，國家富，財用足，百姓皆得煖衣飽食，便寧無憂。」是故子墨子曰：「今天下之君子，中實將欲遵道利民，本察仁義之本，天之意不可不慎也！」[111]

要解決世上這些問題，墨子指出大家就必須遵循天意，本著「兼相愛，交相利」的原則，「有力相營，有道相教，有財相分」，[112]師法堯、舜、禹、益敬天畏神的精神，「故古者聖王明知天鬼之所福，而辟天鬼之所憎，以求興天下之利，而除天下之害。

---

[111] 孫詒讓《校補定本墨子閒詁・天志上》，頁 387-388。
[112] 孫詒讓《校補定本墨子閒詁・天志上》，頁 387。

是以天之為寒熱也節，四時調，陰陽雨露也時，五穀孰，六畜遂，疾災戾疫凶饑則不至」，[113]分享神的祝福，共同締造大同的世界。

1.「尚同」：團結一致

在處理各種行政事物時，墨子強調從天子到鄉長都應該上下團結一致，遵循天意，褒揚善良，消除邪惡：

> 國君者，國之仁人也。國君發政國之百姓，言曰：「聞善而不善。必以告天子。天子之所是，皆是之，天子之所非，皆非之。去若不善言，學天子之善言；去若不善行，學天子之善行，則天下何說以亂哉。」察天下之所以治者何也？天子唯能壹同天下之義，是以天下治也。[114]

> 夫既尚同乎天子，而未上同乎天者，則天菑將猶未止也。故當若天降寒熱不節，雪霜雨露不時，五穀不孰，六畜不遂，疾菑戾疫、飄風苦雨，荐臻而至者，此天之降罰也，將以罰下人之不尚同乎天者也。故古者聖王，明天鬼之所欲，而避天鬼之所憎，以求興天下之〔利，除天下之〕害。是以率天下之萬民，齊戒沐浴，潔為酒醴粢盛，以祭祀天鬼。其事鬼神也，酒醴粢盛不敢不蠲潔，犧牲不敢不腯肥，珪璧幣帛不敢不中度量，春秋祭祀不敢失時幾，聽獄不敢不中，分財不敢不均，居處不敢怠慢。曰其為正長

---

[113] 孫詒讓《校補定本墨子閒詁・天志上》，頁 389。

[114] 孫詒讓《校補定本墨子閒詁・尚同上第十一》，頁 163。

若此，是故天鬼之福可得也。萬民之所便利而能彊從事
焉，則萬民之親可得也。其為政若此，是以謀事，舉事
成，入守固，上者天鬼有厚乎其為政長也，下者萬民有便
利乎其為政長也。天鬼之所深厚而〔能〕彊從事焉，則出
誅勝者。[115]

以儒家思想為基礎的中國傳統政治一向強調忠君的概念，墨子也
說忠君，但是他的忠君思想不是如傳統一般所遵守的，即盲目的
對邪惡君王的效忠，而是對正直的能夠服從神的君主的忠心，
「國君者，國之仁人也」；最重要的是，孔子避免談論上帝，而
墨子卻堅持所有的人尤其是君王都應該對上帝效忠，關懷世人，
「明天鬼之所欲，而避天鬼之所憎，以求興天下之〔利，除天下
之〕害」。君臣上下行事都應該合乎義的原則：「若苟上下不同
義，上之所賞，則眾之所非……上之所罰，則眾之所譽……則此
非所以治民一眾之道。」[116]所以按照墨子的想法，君臣百姓全
國所有的人勢必要在公理正義中取得一致的默契。如果君王背棄
了上帝，暴虐無道，上天懲罰禍國殃民的暴君，臣子百姓自然要
遵守天意，上同於天，而與君王分道揚鑣：「昔者禹征有苗，湯
伐桀，武王伐紂……則非所謂攻也，所謂誅也」。[117]墨子所謂
的「尚同」不是同流合污，而是認同上帝的公理正義，任何人背

[115] 孫詒讓《校補定本墨子閒詁·尚同中第十二》，頁 171-173。

[116] 孫詒讓《校補定本墨子閒詁·尚同中》（北京：中華書局，1986），上
册，頁 179。

[117] 孫詒讓《校補定本墨子閒詁·非攻下》（北京：中華書局，1986），上
册，頁 134。

離了上帝所教導的公理正義，根據墨子的主張，都應該被世人所唾棄。

2.自由民主

過去有一些學者對墨子有關君王的主張不甚清楚，以致有所誤解，比如梁啟超說：「篇名尚同，尚即上字，凡以發明『上同於天子』一義而已。以俗語釋之，則『叫人民都跟著皇帝走也』。」[118]梁啟超這麼有名的一個學者在讀〈尚同篇〉的時候居然把墨子最重要的一句話給忽略過去了，上引墨子的文字中，墨子明明說「夫既尚同乎天子，而未上同乎天者，則天菑將猶未止也。」上帝或天是墨子所有思想的基礎，也是他行為的準則，以他跟不同君王接觸的經驗來說，他深知當時幾乎所有的君主如果有能力都希望攻城略地，侵佔他人的領土，他對君王是絕對不會像梁啟超所想像的有那樣幼稚無知的幻覺，他因此絕不可能會叫所有的人盲目地「跟著皇帝走」。墨子順服上帝，所以他才會組織龐大的社會政治軍事力量來抵抗那些不順服上帝的君王，他自己都不盲目地「跟著皇帝走」，怎麼可能叫別人盲目地「跟著皇帝走」。詹劍峰看到墨子提倡服從天志來對抗為非作歹的君王，但是他隨即自我否定說：「墨子思想缺乏反抗性，他沒有用『天志』去鼓動和組織『門庭庶子、國中之眾、四鄙之萌人』以及在國在鄙的大量農奴、工奴和商奴，拿起刀槍向統治階級作鬥

---

[118] 梁啟超《先秦政治思想史》，頁 111。雖然詹劍峰在《墨子的哲學與科學》（武漢：華中師範大學出版社，2007，頁 47）中說「墨子的『尚同』並不提倡君主專制」，但是他隨著又說「這樣的政制是有獨裁的意味」（頁 52），先後矛盾，對墨子的想法並不完全清楚。

爭。」[119]就筆者所知，在中國思想史中，沒有第二個有名的思想家是像墨子一樣對君王那麼具有反抗性。墨子本人和他的門徒都拿起了刀槍與為非作歹的王公大人對抗，準備隨時犧牲自己，幫助被壓迫的弱勢群體進行抗爭。在中國歷史上因一己私利領導民眾企圖以武力篡奪政權的人不少，但墨子與他們不同，他不認為他應該因自己的私利去迫害別人或鼓動民眾非法奪取政權，然後自己取而代之。如果人人都能像墨子一樣，對為非作歹的王公大人進行理性的抗爭，中國大眾的生活肯定會有突破性的改進。郎擎霄在《墨子哲學》中也注意到墨子叫人順服上帝的主張，因而解釋說：「這蓋慮非其人而居上位，不足為民之極，故仍欲上同於天，天志禁偽，於此而善惡是非之去取有定，人間行義之表〔標〕準無所逃於天下了，這是墨子一種託天改制的意思」。[120]郎擎霄把墨子順服天的主張看成是「託天改制」，並不正確，因為墨子沒有假藉天來從事任何活動的意思，他的行為就他來看都是遵循天意的具體表現。

　　如同郎擎霄，陳柱也留意到墨子順服天的思想，只是陳柱在探討墨子順從天意的主張時，感覺相當困惑，似乎墨子的話對他來說不具有太多實際的意義：

> 墨子雖有上同於天之說，然天之賞罰，本至茫昧而無稽。故天子上同於天之事，不過理想空談；而天子國君，大權在握，其使民上同之實，乃根深蒂固而不可移矣。如是則

---

119 詹劍峰《墨子的哲學與科學》，頁50。
120 郎擎霄《墨子哲學》，頁54。

> 上肆其專制之威，而下奮其爭利之念；上之壓力愈重，下
> 之痛苦愈甚，而反抗之力乃愈猛；故人人咸感受專制政體
> 之不良，而思有以革除之。[121]

首先，天的賞罰並不是像陳柱所想像的「茫杳而無稽」，墨子舉
了堯、舜、禹、湯、文、武、桀紂等多人為例，顯然對墨子來
說，天的賞罰是百試不爽的。順服天也不是如陳柱所說是「空
談」，要不然墨子和他的門徒不會不惜犧牲自己去順服天。墨子
順服天，從天領受了兼相愛交相利善善惡惡各種聖潔的思想，並
因此建構了春秋戰國時最偉大的宗教組織墨家，為了普天下的利
益，犧牲自我，赴湯蹈火，在所不辭，這不是「空談」，這是在
中國歷史甚至世界歷史上再紮實不過的崇高情操與偉大作為。

　　此外，陳柱又以為「墨子之主義，以天下為單位，以天為標
準，以天之意志為意志，而絕不許有個人之自由。」[122]他的說
法基本上沿襲梁啟超的見解，因為梁啟超在他之前就已經提出了
同樣的觀點：「墨家卻純屬霍氏一流論調，而意態之橫厲又過

---

[121] 陳柱《墨學十論》（臺北：臺灣商務印書館，1934），頁 140。王讚源
在《墨子》中不但重複陳柱的想法，並乾脆否定墨子對天的說法，把墨
子當成一個騙子，強調天並不存在：「尚同理論是否行得通，關鍵在
『天』對天子的約束力。但事實上，墨子所說的『天』並不存在，以不
存在的『天』來選立天子，來『正』天子，乃客觀上的不可能，這是他
的無效性。在政治的運作上，天子掌握最高而且絕對的權力，卻無有效
控制權力的制度，又規定百姓『要上之所是必皆是之，上之所非必皆非
之』，勢必成為天子一人的是非為天下人的是非而鋪路」（頁 178）。
對墨子來說，天不但存在，而且掌控這個世界。

[122] 陳柱《墨學十論》，頁 97。

之。彼蓋主張絕對的干涉政治，非僅不許人民行動言論的自由，乃並其意念之自由而干涉之。夫至人人皆以上之所是非為是非，則人類之個性，雖有存焉寡矣。此墨家最奇特之結論也」。[123]他們這種說法對墨子的學說有很大的誤解。首先，世上的自由是一個相對的觀念，沒有一個國家准許一個公民擁有不受任何限制的絕對的自由，一個公民必須遵守國家的法律，不能犯法去做邪惡諸如謀殺偷盜或搶劫之類的事，如果一個公民遵守法律，並不表示他失去了個人的個性、意志和自由，他當然繼續擁有個人意志和自由去判斷他想做及應該做的合法的事情。同樣的道理，如果一個人遵守神的教導誡命，這個信徒自然繼續擁有個人意志和自由去決定他想做善事的自由。正如一個公民遵守國家社會的法律並不就表示一個公民失去了個人的個性、意志和自由，同樣的道理，一個遵守神的教導的人也並不就表示那個人失去了個人的個性、意志和自由，這種道理顯而易見。梁啟超和陳柱所關心的焦點應該在於一個社會允許不允許一個人適當合法地應用個人的意志和自由。在以君主為絕對領導的專制獨裁的國家，答案幾乎都是否定的，但這也並不就表示一個人就完全失去個人的意志和自由了，即使在這種絕對專制的體制下，一個人仍然還有他自己的意志和自由在善與惡之間做一抉擇，問題主要在那個人願意做什麼決定。

在現今的民主社會中，一般人最珍惜的自由莫過於思想與言論的自由，墨子自己常主動跟別人溝通，探詢別人的觀點，為發覺事實的真相，常跟別人討論甚至辯論問題，這都是追求真理的

---

[123] 梁啟超《先秦政治思想史》，頁 112。

正當途徑。他不像孔子，在《論語》中的孔子既不喜歡詢問別人的觀點，也不想跟別人探討辯論問題，他聽到不同的意見時，一心就希望別人封口，服從他自己的權威，墨子批評孔子「高浩居」，[124]自以為是，就是針對他的專制作風而言的，這也是晏子批評孔子「浩裾自順，不可以教下」[125]的理由。相較之下，墨子避免專制跋扈的作風，而以愛心及耐心來和別人溝通追求真理的作法，這才是真正自由的表現與範例。

其次，墨子只是說順服天的意志，而沒有說一個人不能有個人的意志，同時墨子所說的天的意志就是要人行善：「既以天為法，動作有為，必度於天，天之所欲則為之，天所不欲則止。然而天何欲何惡者也？天必欲人之相愛相利，而不欲人之相惡相賊也。」墨子說一個人應該兼相愛交相利，而不可做傷天害理的事。因此，順服天意去愛人，對他人伸以援手，不但不表示一個人失去了個人意志和自由，而且正好相反，一個人其實是完美地運用了個人的自由意志去做一個人應該做的事：「然則天亦何欲何惡？天欲義而惡不義。然則率天下之百姓以從事於義，則我乃為天之所欲也。我為天之所欲，天亦為我所欲。然則我何欲何惡？我欲福祿而惡禍祟。若我不為天之所欲，而為天之所不欲，然則我率天下之百姓，以從事於禍祟中也。」如墨子所說，當一個人順服天意，神就會給每個人他們所應得的恩典，這不是失去自由，而是賦予個人自由不可動搖的保障。

上帝創造世人，每個人都不一樣，都有自己的特性，祂沒有

---

[124] 孫詒讓《校補定本墨子閒詁·非儒下》，頁 543。

[125] 晏子《晏子春秋·外篇第八》（臺北：臺灣商務印書館，1968），頁 72-73。

把所有的人都複製成完全相同的一種個性，這就表示上帝喜歡多元化的社會，墨子既不像孟子說每個人都性善，也不像荀子說每個人都性惡，因為他深知每個人的個性都不一樣，善惡參差不齊，智能也有差別，高低不等。十億人就有十億個獨特的人品，要在十億人中形成一個自由和諧尊重個人意志的社會，勢必要有相同的原則，而這個原則就是墨子所說的上帝教導的善善惡惡兼相愛交相利的原則。在遵奉上帝的宗教史上，宗教領袖因為個人私慾而不當的抑制他人自由意志的事固然層出不窮，但同樣顯著或者更令人嘆為觀止的倒是個人意志和自由的伸張。墨子之後墨家一分為三：「自墨子之死也，有相里氏之墨，有相夫氏之墨，有鄧陵氏之墨」，[126]此一事實表示墨家有其高度的個人意志和自由的空間，清代的太平天國洪秀全和石達開的分道揚鑣也是個人意志和自由的表現。再看西方的歷史就更令人咋舌了，直至今日，信奉上帝的宗派多達一千多種，無奇不有，這不是梁啟超和陳柱所說的失去了個人的意志和自由的現象；這正好相反，而是個人的意志和自由幾乎是過度伸張的表現。

3.愛民利民

就墨子來看，治國最重要的原則就是「兼相愛，交相利」——他一貫主張的為人處世之道——君王須要照顧百姓，推行對百姓有利的政策：「古者明王聖人，所以王天下，正諸侯者，彼其愛民謹忠，利民謹厚，忠信相連，又示之以利，是以終身不饜，歿世而不卷」。[127]這跟孔孟所代表的儒家可說是有天壤之

---

[126] 韓非《韓非子・顯學第五十》（北京：中華書局，2009），卷十九，頁457。
[127] 孫詒讓《校補定本墨子閒詁・節用中》，頁 322。「卷」應該是「倦」的本字。

別。孔子對有關金錢利益的事避而不談：「子罕言利」；[128]孟子在回答梁惠王有關治國的問題時，斬釘截鐵地叫梁惠王不要追求利益：「王何必曰利，亦有仁義而已矣」。[129]孔孟的想法不但不切實際，而且說法混淆不清，因為仁義跟利並不一定就是相反或相對立的觀念，其實如墨子所說，仁義跟利可以有很密切相輔相依的關係，當一個人不侵佔別人的利益，做有利他人以及一己的事時，所謂「兼相利」，就是在力行仁義：「今欲為仁義，求為上士，尚欲中聖王之道，下欲中國家百姓之利，故當若非攻之為說」。[130]

　　胡適解釋「利」字說：「墨子的應用主義所以容易被人誤會，都因為人把這『利』字『用』字解錯了。這『利』字並不是『財利』的利，這『用』也不是『財用』的用。墨子的『用』和『利』都只指人生行為而言。」[131]其實，墨子說的利固然指的是人的行為，但是也可以包括「財利」和「財用」，就如梁啟超所說：「墨家所謂利之觀念，自然不限於物質的。然不能蔑棄物質以言利，抑甚章章矣。」[132]墨子在討論神對世人的愛心的時候，就特別提到財利，就墨子來看，神愛世人最具體的表現就是祂供給每個生命他們賴以生存的必要的生活條件：「且吾所以知

---

[128]　《四書集註・論語・子罕》，頁 55。

[129]　《四書集註・孟子・梁惠王上》，卷 3，頁 1。

[130]　孫詒讓《校補定本墨子閒詁・非攻下第十九》，頁 300。

[131]　胡適《中國哲學史大綱：古代哲學史》，頁 165。

[132]　梁啟超《先秦政治思想史》，頁 101。梁啟超在筆者之先就已經注意到墨子和儒家對「利」的看法相去甚遠：「儒家（就中孟子尤甚）以義與利為極端不相容的兩個概念，墨家正相反，認兩者為一」（《先秦政治思想史》，頁 99）。

天之愛民之厚者有矣，曰以磨〔曆〕為日月星辰，以昭道之；制
為四時春秋冬夏，以紀綱之；雷降雪霜雨露，以長遂五穀麻絲，
使民得而財利之。」[133]墨子主張順服神，所以官府須要照顧人
民，協助人民過著充足富裕的生活：「賢者之長官也，夜寢夙
興，收斂關市、山林、澤梁之利，以實官府，是以官府實而財不
散。賢者之治邑也，蚤出莫入，耕稼、樹藝、聚菽粟，是以菽粟
多而民足乎食。」[134]「財利」和「財用」不僅是政府施政中最
基本的一環，也是人們在日常生活中不可或缺的一部分，一般人
通常都把財利和財用看做是表達愛心的一個重要的證據。愛和利
兩者之間異常密切的關係在《聖經‧雅各書》中解釋得特別清
楚：

> 我的弟兄們，如果一個人說他〔對神〕有信心，但是沒有
> 行為，那有什麼用處？那種信心能救他嗎？Tí τὸ ὄφελος,
> ἀδελφοί μου, ἐὰν πίστιν λέγῃ τις ἔχειν ἔργα δὲ μὴ ἔχῃ; μὴ
> δύναται ἡ πίστις σῶσαι αὐτόν; 如果一個弟兄姐妹赤裸著身
> 體，也沒有日用的食物，ἐὰν ἀδελφὸς ἢ ἀδελφὴ γυμνοὶ
> ὑπάρχωσιν καὶ λειπόμενοι ὦσιν τῆς ἐφημέρου τροφῆς, 但是
> 你們之中的一個人對他們說：「平平安安地去吧，願你們
> 穿得暖，吃得飽」，但是卻不給他們身體所需要的，這有
> 甚麼益處？εἴπῃ δέ τις αὐτοῖς ἐξ ὑμῶν, Ὑπάγετε　ἐν εἰρήνῃ,
> θερμαίνεσθε καὶ χορτάζεσθε, μὴ δῶτε δὲ αὐτοῖς τὰ ἐπιτήδεια

---

[133] 孫詒讓《校補定本墨子閒詁‧天志中第二十七》，頁391。
[134] 孫詒讓《校補定本墨子閒詁‧尚賢中第九》，頁115。

τοῦ σώματος, τί τὸ ὄφελος; 如此，如果信心沒有行為，就
是死的。οὕτως καὶ ἡ πίστις, ἐὰν μὴ ἔχῃ ἔργα, νεκρά ἐστιν
καθ' ἑαυτήν.（《聖經‧雅各書》2:14-17）

一個聲稱順服神的人在口頭上都會說愛人，但是有時候在行動上
所表現的卻往往相反，常做害人的事，他們說一套，做一套，所
說的言辭和所表現行動沒有必然的關聯。雅各因此在《聖經》中
教導神的信徒，如果一個人真的言如其實，順服神的教導，兼愛
他人，他勢必會在金錢財務及其他各種事務上協助有需要的人，
來證實他對別人的愛真誠而不虛假。墨子的說法與《聖經》的教
導一致，他提倡兼相愛，並不是空言，而是在日常生活中，由實
際行動具體表現出來，協助弱者，包括在生活上對有需要的人提
供必要的支援與服務，他所提供的這種支援與服務最崇高的表現
便是犧牲自我。

　　梁啟超在《墨子學案》中說墨子學說雖然在漢武帝獨尊儒術
以後長期遭到壓制，但是他的精神卻長存於中國民族性之中：

> 本書既概述墨學之全體大用，而結論則太息於秦漢以後墨
> 學之中絕。及細思之，而有以知其未盡然也。凡一切眾生
> 所造之共業不共業，其種子必持續於後而永不滅。雖極微
> 細之事相且有然，況墨學者，戰國二百餘年間，其言盈天
> 下；而謂易代之後，遂如饕風捲葉，一掃無跡；天下寧有
> 是理？吾嘗諦觀思惟：則墨學精神，深入人心，至今不
> 墜，因以形成吾民族特性之一者，蓋有之矣。墨教之根本
> 義，在肯犧牲自己。《墨經》曰：「任：士損己而益所為

也。」《經說》釋之曰：「任：為身之所惡以成人之所急。」墨子之以言教以身教者，皆是道也……夫所謂「糜頂至踵利天下」者，質言之，則損己以利他而已。利億萬人固利他，利一二人亦利他也。汎愛無擇固利他，專注於其所親亦利他也。[135]

梁啟超在上引的文字中把儒家的主張跟墨子的學說混在一起了，「專注於其所親亦利他也」。當然，墨子所說的「交相利」，可以也應該包括親人，但是本書前文已經解釋過，交相利的指導原則是天志，善善惡惡，而不是盲目的助長邪惡勢力，不是所謂的「專注於其所親」。當一個人摒棄天志，不講究善惡，而一味包庇親人，「專注於其所親」，如同孔子所說「父為子隱，子為父隱」，常會變成狼狽為奸的局面。在中國歷史上此種例子層出不窮，比如蔡京蔡絛父子誤國殃民就是一個典型的例子。墨子所說的「交相利」跟儒家親親的主張是兩種截然不同的學說，絕對須要區分開來。

4.勤奮

墨子主張治國另外一個重要的原則便是勤奮，君王和官員都應該早出晚歸，投身於工作行列之中，執行對國家社會及老百姓有利的事情：

賢者之治國者也，蚤朝晏退，聽獄治政，是以國家治而刑法正。賢者之長官也，夜寢夙興，收斂關市、山林、澤梁

---

[135] 梁啟超《墨子學案》，頁1-2。

之利，以實官府，是以官府實而財不散。賢者之治邑也，
蚤出莫入，耕稼、樹藝、聚菽粟，是以菽粟多而民足乎
食。故國家治則刑法正，官府實則萬民富。上有以絜為酒
醴粢盛，以祭祀天鬼；外有以為皮幣，與四鄰諸侯交接，
內有以食飢息勞，將養其萬民。外有以懷天下之賢人。是
故上者天鬼富之，外者諸侯與之，內者萬民親之，賢人歸
之，以此謀事則得，舉事則成，入守則固，出誅則彊。故
唯昔三代聖王堯、舜、禹、湯、文、武，之所以王天下正
諸侯者，此亦其法已。[136]

中國歷來以農立國，農民日興而作，日入而歸，即使颳風下雨，
也固定到田間工作，一般人因此養成了勤奮的習慣。墨子沿承中
國這種原有的良好的習俗，進一步將其推廣到政界，要求王公大
人與農民一樣形成良好的習性，「蚤朝晏退，聽獄治政」。

5.節儉節慾

在中國良好的習俗中，與勤奮息息相關的就是節儉。一個農
民平常固定勤奮地到田間工作，自然很難養成奢侈豪華的習性。
墨子將這個理念同樣推廣到政界，凡是奢侈的生活方式與豪華的
用品對他來說不但不必要，而且統治者為了維持奢侈的生活，往
往提高稅收，強徵民夫，興建奢華的建築，對國計民生造成傷
害：

古之民，未知為宮室時，就陵阜而居，穴而處，下潤濕傷

---

[136] 孫詒讓《校補定本墨子閒詁・尚賢中第九》，頁 114-116。

民，故聖王作為宮室。為宮室之法，曰：室高足以辟潤濕，邊足以圉風寒，上足以待雪霜雨露，宮牆之高，足以別男女之禮，謹此則止。凡費財勞力，不加利者，不為也。〔以其常〕役，脩其城郭，則民勞而不傷；以其常正，收其租稅，則民費而不病。民所苦者非此也，苦於厚作斂於百姓。是故聖王作為宮室，便於生，不以為觀樂也。作為衣服帶履，便於身，不以為辟怪也，故節於身，誨於民，是以天下之民可得而治，財用可得而足。[137]

除了衣食住行四方面須要節省以外，「凡費財勞力，不加利者，不為也」，本書前文提到墨子還特別針對帝王將相往往淫欲過度，霸佔甚多女子，以致導致一些男子無法成家的現象提出批評：

雖上世至聖，必蓄私，不以傷行，故民無怨。宮無拘女，故天下無寡夫。內無拘女，外無寡夫，故天下之民眾。當今之君，其蓄私也，大國拘女累千，小國累百，是以天下之男多寡無妻，女多拘無夫，男女失時，故民少。君實欲民之眾而惡其寡，當蓄私不可不節。[138]

墨子要王公貴族體恤百姓，過勤儉節慾的生活，對一般君王來說是異常困難的，只有經過患難的人物如越王勾踐才能夠做到臥薪

---

[137] 孫詒讓《校補定本墨子閒詁・辭過第六》，頁 71-72。
[138] 孫詒讓《校補定本墨子閒詁・辭過第六》，頁 80-81。

嚐膽的地步，但正因為越王勾踐能夠力行臥薪嚐膽——勤儉節慾
——的生活，越國方能由一個蕞爾小國一躍成為舉足輕重的強
國，墨子揭櫫的治國原則有其必然的適用性。

6.選用賢能

在政治建設上，墨子除了注重精神教育，提倡兼相愛交相利
的思想，在生活上鼓勵人們培養勤儉的習性，他也講求用人的標
準與原則。墨子取法老天生育萬物之意，主張天下的領導應該是
那些最能夠照顧幫助別人生活的賢能人士：「故古聖王以審以尚
賢使能為政，而取法於天。雖天亦不辯貧富、貴賤、遠邇、親
疏、賢者舉而尚之，不肖者抑而廢之」。[139]墨子的觀點與公天
下的思想一致，他主張天子應該像堯、舜、禹一般，由賢能的人
才中選拔出來：「是故選天下之賢可者，立以為天子」。[140]此
一觀念直接繼承公天下的傳統，與私天下的想法正好是背道而
馳，但是與現代民主政治的觀念卻是若合符節。

陳柱在討論墨子選立全國最高統治者的主張時，排除墨子有
民選思想的傾向。他說：

> 乃今之談墨學者，見〈尚同篇〉選天下之賢可者立以為天
> 子之語，遂謂墨子主張民選天子。而不知墨子之怡大
> 謬……里長則國君所選，三公國君則天子所選，國中所用
> 賢良之士，又王公大人所選；凡若此者，墨子皆無民選之
> 意，豈有最高之天子，而反委諸民選者乎？然則墨子之

---

[139] 孫詒讓《校補定本墨子閒詁・尚賢中第九》，頁 129。
[140] 孫詒讓《校補定本墨子閒詁・尚同上第十一》，頁 160。

意，以誰爲選立者乎？亦歸之於天而已。[141]

墨子在〈尚同篇〉解釋選立天子的觀念，他討論的是一個選擇賢能的原則問題，而不是選舉的技術枝節問題。墨子所關注的重心是行政長官都應該是通過各種渠道選拔出來的賢能人士，至於如何選擇，其技術層面，墨子並沒有特別深入去說明。就墨子的整體思想來看，他主張所有的人都應該順服神，在神的面前一律平等，「人無幼長貴賤，皆天之臣也」，而每個人都有責任與義務來表達他們對時事的看法，「凡聞見善者，必以告其上，聞見不善者，亦必以告其上」，[142] 所以墨子不但不會排除民主，反而會絕對支持民主，這一點是無庸置疑的。墨子雖然沒談到選舉技術的層面問題，但是他的學說很明顯地表示他所贊成的選拔過程勢必不會是專制霸道的黑箱作業，而是民主透明的公開程序。

王讚源在《墨子》一書中堅持說：「天是天子的上級，當然天子由天來選立，不可能由最下層的人民來選舉。」[143] 他又說：「墨子主張『天』選立天子，更屢次舉出古聖王堯、舜、禹湯文武，『天鬼賞之，立爲天子』以爲證據。」[144] 筆者在上文

---

[141] 《墨學十論》，頁 99-100。

[142] 孫詒讓《校補定本墨子閒詁·尚同中第十二》，頁 160。

[143] 王讚源《墨子》（臺北：東大圖書公司，1996），頁 171。

[144] 王讚源《墨子》，頁 172。薛保綸在《墨子的人生哲學》中也提出類似的說法：「墨子由天選立天子之說，雖或別有用意，可能係爲人民著想，而以天下萬民之公利託之於天，藉天之名義以制天子，並課天子以責任。然就墨子思想體系之本身言，選立天子者仍爲天，而非人民」（頁 140）。在墨子學說中，凡墨子說到天，都不是假託或藉口，而應該解讀成真實如此。

說到，墨子討論的是選舉的原則問題，而不是選舉的技術枝節問題。天意一般都通過人在人世間表達出來，《尚書·泰誓中》說：「天視自我民視，天聽自我民聽」[145]，就是指人天之間密切交通的關係。所以天選立天子，並不一定就表示人民完全被排除在選舉過程之外，天和人民不是絕對互不相容的兩個對立體，其實可以互相交通，天自然可以用直接任命的方式來設立君王，但天的任命絕對包含了人的自由決擇，天命與人意兩者自由互動，互相輝映。就墨子不贊同世襲制而主張賢能的選舉來看，在現代民主制度盛行的時代似乎不足為奇，但是大家得記得，在春秋戰國時代，當時世襲制早已成了根深蒂固理所當然的體制和思維，墨子與眾不同的想法絕對是一種近乎革命的民主思維。在當時那種大環境下，他提倡天立的思維本身就是民主的一種進程，絕對不是像專制世襲制一般完全獨裁由私人壟斷。王讚源引的例子裏邊，堯、舜、禹和湯、文、武選立的過程雖然有不同之處，例如堯、舜、禹獲得了前任君主的認可，而湯、文、武卻無此種認可，但是就部屬百姓的擁戴來說，堯、舜、禹和湯、文、武之間便沒有根本的區分，特別是武王，根據《史記》，商朝朝廷的官員擁立他，「太師疵、少師彊抱其樂器而奔周」；[146]商朝的諸侯也擁立他，「諸侯不期而會盟津者八百諸侯」；[147]當然他自己的人民也擁立他。這些選立的過程細節，雖然墨子並沒討論，但是讀者可以確定的是，它們絕不是獨裁專制，而是經過一種漫長的周詳的經過眾人討論、協商甚至某種形式的票決的過程

---

[145] 《漢魏古注十三經·尚書·泰誓中》，上冊，頁36。

[146] 《史記》，頁57。

[147] 《史記》，頁57。

而得到的結果，總的來說，就是民主選立的過程與精神。依常理來判斷，武王伐紂，就當時的法律體制來說，是叛變，如果失敗，凡是推選武王的勢必身首異處，茲事體大，不能不慎。特別是，紂不僅在當時的法律上站得住腳，是個名正言順合法繼位的君王，他同時掌握了全國絕大部分的資源，兵力也遠遠超過武王，武王除了以上帝的名義來爭取大家的支持以外，他同樣須要以個人開明的作風來吸引大家為他獻身。各個諸侯在決定何去何從，投誰一票的時候，可以想見，會以不同的形式展開徹底甚至激烈的辯論，最後大家取得共識，冒著危險，投下武王一票。這種選立的精神與過程稱之為民主應該不會名非其實。

在討論墨子的選立思想時，筆者須要澄清並強調的一點是墨子心中理想的領導者，不是一個貪圖逸樂無能的特權階級，而是必須為大眾奔走服務、奉獻、犧牲的公僕。世上貪圖逸樂希望享受特權的人多得不可勝數，而真正志願奉獻犧牲為大眾奔走服務的公僕，人數卻是寥寥無幾，如果以個人指派的方式確立領導，有時候可能根本找不到自願捐軀的人。如果以推選的方式產生領導，可行性反而可能更大。就以《聖經》為例，上帝要摩西領導祂的子民以色列人，結果摩西推脫再三：「我的主啊！請你派遣別的你想派遣的人 וַיֹּאמֶר בִּי אֲדֹנָי שְׁלַח־נָא בְּיַד־תִּשְׁלָח」（出埃及記4:13），最後還是神提到摩西的哥哥，他代表以色列人歡迎摩西，摩西才接受神的任命。以後摩西任命他的行政長官便是依照選舉的原則來進行，「你們選舉有智慧有見識享有聲譽的男人，我立他們做你們的領導 הָבוּ לָכֶם אֲנָשִׁים חֲכָמִים וּנְבֹנִים וִידֻעִים לְשִׁבְטֵיכֶם וַאֲשִׂימֵם בְּרָאשֵׁיכֶם」（申命記 1:13）。耶穌任命十二使徒的過程，《聖經》沒有多說，表面上看似乎一帆風順，但細看卻並不一定

如此。譬如耶穌在呼召彼得的時候，彼得的答覆是：「主啊！你離開我，因為我是一個罪人 ἔξελθε ἀπ᾽ ἐμοῦ, ὅτι ἀνὴρ ἁμαρτωλός εἰμι, κύριε」（路加福音 5:8）。耶穌的十二個使徒中有一個是背叛他的猶大，其中部分的原因就是自願奉獻犧牲的人委實不多，耶穌也只好將就實際的情況去做人事上的安排。耶穌去世以後，教會為填補猶大自殺以後所遺留下來的領導位置而舉行選舉：

> 因此他們提出了兩個人：約瑟夫名巴撒巴斯姓郵斯托斯，以及馬席安。Καὶ ἔστησαν δύο, Ἰωσὴφ τὸν καλούμενον Βαρσαββᾶν ὃς ἐπεκλήθη Ἰοῦστος καὶ Μαθθίαν. 他們祈禱說：「主啊，您知道所有的人的心，求您顯示在這兩個人之中您選擇了哪一個，καὶ προσευξάμενοι εἶπαν, Σὺ κύριε καρδιογνῶστα πάντων, ἀνάδειξον ὃν ἐξελέξω ἐκ τούτων τῶν δύο ἕνα 來取代猶大因背叛跌倒，去了他該去的地方，而空出來服務教會及使徒的位子。」λαβεῖν τὸν τόπον τῆς διακονίας ταύτης καὶ ἀποστολῆς ἀφ᾽ ἧς παρέβη Ἰούδας πορευθῆναι εἰς τὸν τόπον τὸν ἴδιον. 然後他們抽籤，結果抽到的籤顯示是馬席安；他就跟其他十一個使徒一樣也成了使徒。καὶ ἔδωκαν κλήρους αὐτοῖς καὶ ἔπεσεν ὁ κλῆρος ἐπὶ Μαθθίαν καὶ συγκατεψηφίσθη μετὰ τῶν ἕνδεκα ἀποστόλων.（使徒行傳 1:23-26）

不但教會中最重要的十二使徒之一的產生如上述是經過選舉的程序，而且教會中次要的領導執事也同樣是經過選舉的程序而產生：「弟兄們，你們從你們當中選出七個名聲很好、充滿聖靈和

智慧的男人，我們就委派他們管理這件事情 ἐπισκέψασθε δέ, ἀδελφοί, ἄνδρας ἐξ ὑμῶν μαρτυρουμένους ἑπτὰ πλήρεις πνεύματος καὶ σοφίας, οὓς καταστήσομεν ἐπὶ τῆς χρείας ταύτης:」（使徒行傳6:3）。上邊引述《聖經》中的例子顯示上帝選立人民領導的過程是一種公開民主的過程，一般是投票，偶而抽籤，無論如何，不是以專制獨裁黑箱作業的方式來決定。

　　一個由上帝所選出的君王，在墨子的學說中，當然可以通過相似的公開民主的程序來遴選值得信賴的賢能的助手，以期達到輔佐君王治理國家的目的：「天子立，以其力為未足，又選擇天下之賢可者，置立之以為三公。」[148]君王賢能的助手也須要賢能的部屬來幫助他們處理行政事物：「以其力為未足，又選擇其國之賢可者，置立之以為正長。」[149]在選拔全國各階層的行政長官時，從天子到鄉長，從最高層到最低層，墨子毫無例外一貫強調任用賢能的原則：

　　　何以知尚賢之為政本也？曰自貴且智者，為政乎愚且賤者，則治；自愚且賤者，為政乎貴且智者，則亂。是以知尚賢之為政本也。故古者聖王甚尊尚賢而任使能，不黨父兄，不偏貴富，不嬖顏色，賢者舉而上之，富而貴之，以為官長；不肖者抑而廢之，貧而賤之以為徒役，是以民皆勸其賞，畏其罰，相率而為賢。者〔是〕以賢者眾，而不肖者寡，此謂進賢。然後聖人聽其言，跡其行，察其所

---

[148] 孫詒讓《校補定本墨子閒詁・尚同上第十一》，頁160。
[149] 孫詒讓《校補定本墨子閒詁・尚同上第十一》，頁160。

> 能，而慎予官，此謂事能。故可使治國者，使治國，可使
> 長官者，使長官，可使治邑者，使治邑。凡所使治國家，
> 官府，邑里，此皆國之賢者也。[150]

古今中外所有強盛的國家之所以強盛總是離不開這兩個原則，用人公正無私，「不黨父兄，不偏貴富」，以正直能力為標準；反過來說，如果一個國家都是腐敗無能的貪官污吏，那個國家勢必會走向滅亡之路。墨子說堯、舜治理國家之所以斐然有成正是因為他們能夠以任用賢能為原則：

> 故古者聖王之為政，列德而尚賢，雖在農與工肆之人，有
> 能則舉之，高予之爵，重予之祿，任之以事，斷予之令，
> 曰：「爵位不高則民弗敬，蓄祿不厚則民不信，政令不斷
> 則民不畏」，舉三者授之賢者，非為賢賜也，欲其事之
> 成。故當是時，以德就列，以官服事，以勞殿〔定〕賞，
> 量功而分祿。故官無常貴，而民無終賤，有能則舉之，無
> 能則下之，舉公義，辟私怨，此若言之謂也。故古者堯舉
> 舜於服澤之陽，授之政，天下平；禹舉益於陰方之中，授
> 之政，九州成；湯舉伊尹於庖廚之中，授之政，其謀得；
> 文王舉閎天泰顛於罝罔之中，授之政，西土服。故當是
> 時，雖在於厚祿尊位之臣，莫不敬懼而施，雖在農與工肆
> 之人，莫不競勸而尚意〔德〕。故士者所以為輔相承嗣

---

[150] 孫詒讓《校補定本墨子閒詁・尚賢上第八》，頁 113-114。根據孫詒讓的註，筆者將「者」改成「是」。

〔丞司〕也。故得士則謀不困，體不勞，名立而功成，美章而惡不生，則由得士也。是故子墨子言曰：「得意賢士不可不舉，不得意賢士不可不舉，尚欲祖述堯、舜、禹湯之道，將不可以不尚賢。夫尚賢者，政之本也。」[151]

中國的政治問題往往層出不窮，最根本的一個原因就是政府任用既不賢又不能的官吏，官員貪污腐敗，自然會危害到國家百姓。墨子指出當時一般的政治問題就在於任用親戚而不能任用賢能，以致親戚裙帶關係充斥於政界：

今王公大人其所富，其所貴，皆王公大人骨肉之親，無故富貴、面目美好者也。今王公大人骨肉之親，無故富貴、面目美好者，焉故必知哉！若不知，使治其國家，則其國家之亂可得而知也。今天下之士君子皆欲富貴而惡貧賤。然女何為而得富貴，而辟貧賤哉？曰莫若為王公大人骨肉之親，無故富貴、面目美好者。王公大人骨肉之親，無故富貴、面目美好者，此非可學能者也。使不知辯，德行之厚若禹、湯、文、武不加得也，王公大人骨肉之親，躄、瘖、聾，暴為桀、紂，不加失也。是故以賞不當賢，罰不當暴，其所賞者已無故〔功〕矣，其所罰者亦無罪。是以使百姓皆攸〔悠〕心解體，沮以為善，垂〔舍〕其股肱之力而不相勞來也；腐臭餘財，而不相分資也，隱慝〔匿〕良道，而不相教誨也。若此，則飢者不得食，寒者不得

[151] 孫詒讓《校補定本墨子閒詁・尚賢上第八》，頁109-113。

衣，亂者不得治。[152]

墨子所說的問題基本上一直延續到今，不但沒有消失，而且有方興未艾之勢，血緣支配著中國的政治，「宗於父兄故舊，以為左右，置以為正長」，[153]這與儒家強調人倫有密不可分的關係。墨子主張國家的領導不能依賴血緣而產生，而必須完全要憑個人本身的品德能力脫穎而出，這種說法可想見的在歷史上是不太受專制帝王的垂青的。

7.共體時艱

當國家民生物品供應不足之際，墨子主張君王大臣有義務在金錢上分攤人民的負擔，他們的薪俸與供給都須要依照國家艱苦的程度按比例往下調：

> 故食不可不務也，地不可不力也，用不可不節也。五穀盡收，則五味盡御於主，不盡收則不盡御。一穀不收謂之饉，二穀不收謂之旱，三穀不收謂之凶，四穀不收謂之餽，五穀不收謂之饑。歲饉，則仕者大夫以下皆損祿五分之一。旱，則損五分之二。凶則損五分之三。餽，則損五分之四。饑，則盡無祿，稟食而已矣。故凶饑存乎國，人君徹鼎食五分之三，大夫徹縣，士不入學，君朝之衣不革制，諸侯之客，四鄰之使，雍食〔飧〕而不盛，徹驂騑，

---

152 孫詒讓《校補定本墨子閒詁·尚賢下第九》，頁144-146。

153 孫詒讓《校補定本墨子閒詁·尚同中第十二》，頁177。

塗不芸，馬不食粟，婢妾不衣帛，此告不足之至也。[154]

墨子顯然不把君王和大臣當做特權階級來看待，當舉國維艱之際，就墨子看來，全國人都有分攤艱困財政的義務，無人例外。

8.預防七患

在以兼相愛勤儉節慾的精神治理一個國家時，無論是君王或臣子都須要注意國家社會的問題，運用智慧來處理解決國家所可能陷入的各種不同的困境：

> 子墨子曰：國有七患。七患者何？城郭溝池不可守而治宮室，一患也。邊國至境四鄰莫救，二患也。先盡民力無用之功，賞賜無能之人，民力盡於無用，財寶虛於待客，三患也。仕者持祿，游者愛佼，君脩法討臣，臣懾而不敢拂，四患也。君自以為聖智而不問事，自以為安彊而無守備，四鄰謀之不知戒，五患也。所信者不忠，所忠者不信，六患也。畜種菽粟不足以食之，大臣不足以事之，賞賜不能喜，誅罰不能威，七患也。以七患居國，必無社稷；以七患守城，敵至國傾。七患之所當，國必有殃。[155]

墨子列舉一個國家常見的七大憂患：國防武備薄弱，卻建造宮室，講求安逸，清朝的慈禧便是如此治國，結果災難降臨到全國；在國際上孤立無援，被攻擊時，無國際友邦的支援，清朝末

---

[154] 孫詒讓《校補定本墨子閒詁・七患第五》，頁 63-66。括弧中的字乃據《校補定本墨子閒詁》的註改訂。

[155] 孫詒讓《校補定本墨子閒詁・七患第五》，頁 61-63。

年的許多戰役率皆如此；官員自私自利，君王極盡迫害臣子之能事，而臣子噤如寒蟬，懼怕而不敢言，這是中國歷朝歷代專制體制特別是文革的寫照；君王驕傲自大，對鄰國毫無戒心，北宋和南宋末年便是如此；識人不明，用人不當，除了堯、舜、禹那些聖王的時代，中國歷朝歷代一向都是如此；食用不足，賞罰不當，中國每個專制朝代都有此種現象。如果一個國家各個階層的領導都很賢能，時時採取有效措施來防範各種不同問題的發生，墨子認為一個國家的太平盛世必然會迅速出現。

（六）否定宿命論

在討論人神之間的關係時，墨子堅決反對宿命論。在他的時代，宿命論顯然相當流行，本書前文提到孔子主張宿命論，列子〈力命篇〉更是毫無保留的支持宿命論：

> 力謂命曰：「若之功奚若我哉？」命曰：「汝奚功於物而欲比朕？」力曰：「壽夭窮達，貴賤貧富，我力之所能也。」命曰：「彭祖之智不出堯、舜之上，而壽八百；顏淵之才不出眾人之下，而壽十八。仲尼之德不出諸侯之下，而困於陳蔡；殷紂之行不出三仁之上，而居君位。季札無爵於吳，田恆專有齊國。夷齊餓於首陽，季氏富於展禽。若是汝力之所能，奈何壽彼而夭此，窮聖而達逆，賤賢而貴愚，貧善而富惡邪？」力曰：「若如若言，我固無功於物，而物若此邪，此則若之所制邪？」命曰：「既謂之命，奈何有制之者邪？朕直而推之，曲而任之。自壽自

天，自窮自達，自貴自賤，自富自貧，朕豈能識之哉？」[156]

在上述的引文中，「力」代表個人的意志，跟命運相對立，照列子的看法，每個人一生下來，一切都已經命定，一個人即使再努力也無法改變一個人的命運。梁啟超說：「我國幾千年的社會，實在被這種命定主義阻卻無限的進化，墨子大聲疾呼排斥他，真是思想界一線曙光。」[157]墨子對中國思想的遺害確實有振衰起弊之用。

墨子深知宿命論助紂為虐，會剝奪人們努力向上的決心，因此他寫了〈非命〉一篇來說明這種觀念的短處：

> 子墨子言曰：「執有命者以集於民閒者眾。執有命者之言曰：『命富則富，命貧則貧；命眾則眾，命寡則寡；命治則治，命亂則亂；命壽則壽，命夭則夭；命雖強勁，何益哉？』以上說王公大人，下以駔百姓之從事，故執有命者不仁。故當執有命者之言，不可不明辨。」[158]

當時人們提出來的說法「命富則富，命貧則貧」，跟日後傳到中國的佛教的教義頗為類似。佛教講究因果輪迴，主張今世發生的事情都是前世註定的；在墨子的時代主張宿命論的人雖然並不熟悉佛教因果輪迴的觀念，但是他們同樣認為今世發生的事是以前

---

[156] 列禦寇《列子・力命篇》（臺北：金楓出版有限公司，1988），頁179-180。

[157] 梁啟超《墨子學案》，頁52。

[158] 孫詒讓《校補定本墨子閒詁・非命上》，頁506。

就註定的，在這一點上，他們與佛教徒的想法可說殊途同歸。

　　無論是墨子時代的宿命論，還是佛教的前世因果論，它們都試圖從命運無法更改的命題上來解釋今世的事情，特別是災難。墨子說這種想法很容易造成消極悲觀懶怠的現象：

> 是故古之聖王發憲出令，設以為賞罰以勸賢，是以入則孝慈於親戚，出則弟長於鄉里，坐處有度，出入有節，男女有辨。是故使治官府，則不盜竊，守城則不崩叛，君有難則死，出亡則送。此上之所賞，而百姓之所譽也。執有命者之言曰：「上之所賞，命固且賞，非賢故賞也。上之所罰，命固且罰，不暴故罰也。」是故入則不慈孝於親戚，出則不弟長於鄉里，坐處不度，出入無節，男女無辨。是故治官府則盜竊，守城則崩叛，君有難則不死，出亡則不送。此上之所罰，百姓之所非毀也。執有命者言曰：「上之所罰，命固且罰，不暴故罰也。上之所賞，命固且賞，非賢故賞也。」以此為君則不義，為臣則不忠，為父則不慈，為子則不孝，為兄則不良，為弟則不弟，而強執此者，此特凶言之所自生，而暴人之道也。[159]

墨子認為一個人應得的賞罰取決於一己的行為表現，不能把它看成宿命，如果是宿命，事先就註定，一個人就不會有努力向上的決心，也不太可能會盡忠職守。懶怠而貧窮的人接受了宿命論之後便可能拒絕辛勤工作，暴虐的君王接受了宿命論便會肆無忌

---

[159] 孫詒讓《校補定本墨子閒詁・非命上》，頁 512-515。

憚，為所欲為，盡做傷天害理的事。為制止一個人懶怠兇暴的行為，墨子認為摒棄宿命論是必要的措施。宿命論的思維在中國形成了一個令人心驚膽戰並具有致命性毀滅能力的日常用語「認命」，本書前文提到，驪姬陷害世子申生，申生「認命」被殺，趙高要殺太子扶蘇，扶蘇「認命」自殺，中國歷史上「認命」而枉死的可說不計其數，其思想淵源來自孔子提倡的宿命論。

墨子否定宿命論的觀點與《聖經‧耶律米書》第十八章第七到第十節中所宣揚的理念大體一致：「如果我在任何一個時刻，對一個國家或者一個王國說我要剷除，打擊，消滅它，רֶגַע אֲדַבֵּר עַל גּוֹי וְעַל מַמְלָכָה לִנְתוֹשׁ וְלִנְתוֹץ וּלְהַאֲבִיד: 但是我說的那個國家摒棄了邪惡，我就會改變我原來計劃要降給他們的災難；וְשָׁב הַגּוֹי הַהוּא מֵרָעָתוֹ אֲשֶׁר דִּבַּרְתִּי עָלָיו וְנִחַמְתִּי עַל הָרָעָה אֲשֶׁר חָשַׁבְתִּי לַעֲשׂוֹת לוֹ: 如果在任何一個時刻，我對一個國家或者一個王國說我要建立栽培它，וְרֶגַע אֲדַבֵּר עַל גּוֹי וְעַל מַמְלָכָה לִבְנוֹת וְלִנְטוֹעַ: 但是它在我的眼裡做惡事而不聽我的話，我就會改變我的計劃，不賜給他們我說過要給的恩典 וְעָשָׂה הָרַע בְּעֵינַי לְבִלְתִּי שְׁמֹעַ בְּקוֹלִי וְנִחַמְתִּי עַל הַטּוֹבָה אֲשֶׁר אָמַרְתִּי לְהֵיטִיב אוֹתוֹ: 。」神至高至上至強至能，祂賦予人類自由意志，人類的自由意志具有異常奇妙的創造力，在自由意志的主導之下，人類因此可以參天地之造化，絕非宿命論者眼中毫不起作用的無助之人。

除了上引的經文解釋上帝和人互動的原則之外，《聖經‧列王記下》也記載了一則祂和人互動的事例，清楚地說明人的自由意志可以改變上帝的全能意志：

בַּיָּמִים הָהֵם חָלָה חִזְקִיָּהוּ לָמוּת וַיָּבֹא אֵלָיו יְשַׁעְיָהוּ בֶן־אָמוֹץ הַנָּבִיא וַיֹּאמֶר

אֵלָיו כֹּה־אָמַר יְהוָה צַו לְבֵיתֶךָ כִּי מֵת אַתָּה וְלֹא תִחְיֶה: 那時，希惹期亞
戶病的快死了，阿牟思的兒子，即先知惹暇亞戶，來到他
跟前對他說，「耶華如此說，『把你家中的事情安排好，
因為你即將死亡，不會活了。』」 וַיַּסֵּב אֶת־פָּנָיו אֶל־הַקִּיר
וַיִּתְפַּלֵּל אֶל־יְהוָה לֵאמֹר: 於是他把他的臉轉向了牆壁，跟耶華
禱告說， אָנָּה יְהוָה זְכָר־נָא אֵת אֲשֶׁר הִתְהַלַּכְתִּי לְפָנֶיךָ בֶּאֱמֶת וּבְלֵבָב שָׁלֵם
וְהַטּוֹב בְּעֵינֶיךָ עָשִׂיתִי וַיֵּבְךְּ חִזְקִיָּהוּ בְּכִי גָדוֹל: 「耶華啊！求你念著我
如何在你面前真誠專一的行事，做那些你眼裡認可的好
事。」希惹期亞戶哭得很是傷心。 וַיְהִי יְשַׁעְיָהוּ לֹא יָצָא חָצֵר
הַתִּיכֹנָה וּדְבַר־יְהוָה הָיָה אֵלָיו לֵאמֹר: 在惹暇亞戶還沒離開中庭之
前，耶華的話就降臨到他那裡，說， שׁוּב וְאָמַרְתָּ אֶל־חִזְקִיָּהוּ
נְגִיד־עַמִּי כֹּה־אָמַר יְהוָה אֱלֹהֵי דָּוִד אָבִיךָ שָׁמַעְתִּי אֶת־תְּפִלָּתֶךָ רָאִיתִי אֶת־
「回去跟我的子民
的統帥希惹期亞戶說，『你父親大衛的神，即耶華，如此
說，【我聽到了你的禱告，看見了你的眼淚，瞧！我會醫
治你，在第三天，你會到我的殿堂。】』」 דִּמְעָתֶךָ הִנְנִי רֹפֶא לָךְ בַּיּוֹם הַשְּׁלִישִׁי תַּעֲלֶה בֵּית יְהוָה:
וְהֹסַפְתִּי עַל־יָמֶיךָ
חָמֵשׁ עֶשְׂרֵה שָׁנָה וּמִכַּף מֶלֶךְ־אַשּׁוּר אַצִּילְךָ וְאֵת הָעִיר הַזֹּאת וְגַנּוֹתִי עַל־הָעִיר
「我會給你的壽命添加十五年的
時間，我會把你和這個城從亞述王的手中解救出來，為了
我自己的緣故，為了我的僕人大衛的緣故，我會保衛這個
城市。】 הַזֹּאת לְמַעֲנִי וּלְמַעַן דָּוִד עַבְדִּי:
וַיֹּאמֶר יְשַׁעְיָהוּ קְחוּ דְּבֶלֶת תְּאֵנִים וַיִּקְחוּ וַיָּשִׂימוּ עַל־הַשְּׁחִין וַיֶּחִי:
惹暇亞戶於是說，「你們拿一塊無花果的餅來。」他們拿
來貼在他發炎的地方，他就痊癒了。（列王記下 20:1-7）

按照上帝最初的安排，以色列的君王希惹期亞戶只有約三十七年

的壽命可活，但是當先知惹暇亞戶告訴他即將壽終正寢之時，他乞求上帝顧念他往日聖潔公義的行為，對他施恩，上帝因此改變初衷，多給他十五年的壽命。在人神互動的過程中，依照《聖經》的說法，個人的自由意志可以改變神的全能意志。墨子也有同樣的觀念，在本書早先引的文字中，有一段《墨子》的記錄，提到上帝因秦穆公正直的行為，給他添加十九年壽命的事例：「昔者鄭〔秦〕穆公，當晝日中處乎廟，有神入門而左，鳥身，素服三絕〔玄純〕，面狀正方。鄭〔秦〕穆公見之，乃恐懼奔，神曰：『無懼！帝享女明德，使予錫女壽十年有九，使若國家蕃昌，子孫茂，毋失。』」照《墨子》的記載，秦穆公正直的人品感動了上帝，上帝特別派遣一個天使去告知秦穆公，說明上帝多給了他十九年的壽命之原因。在人神關係的溝通互動上，墨子與《聖經》的看法一致，同樣認為一個人正直公義的行為，可以影響上帝的安排。

　　墨子特別指出歷史上的暴君所以殘暴，拒絕推行義政，他們有恃無恐的原因就是宿命論，而推行義政的往往是那些否定宿命論的君王。他以桀紂為例，說明他們因信仰宿命論而推行暴政，處處危害百姓，最後導致國家的滅亡；相對的，湯和武王照墨子的看法，就是因否定宿命論而實行義政，最後統一中國：

　　　然則何以知命之為暴人之道？昔上世之窮民，貪於飲食，惰於從事，是以衣食之財不足，而飢寒凍餒之憂至，不知曰「我罷不肖，從事不疾」，必曰「我命固且貧」。昔上世暴王不忍其耳目之淫，心涂之辟，不順其親戚，遂以亡失國家，傾覆社稷，不知曰「我罷不肖，為政不善」，必

曰「吾命固失之。」於仲虺之告曰：「我聞于夏人，矯天
命布命于下，帝伐之惡，龔喪厥師。」此言湯之所以非桀
之執有命也。於太誓曰：「紂夷處，不肯事上帝鬼神，禍
厥先神禔不祀，乃曰吾〔有民〕有命，無廖排漏〔僇其
務〕，天亦縱棄之而弗葆。」此言武王所以非紂執有命
也。今用執有命者之言，則上不聽治，下不從事。上不聽
治，則刑政亂；下不從事，則財用不足，上無以供粢盛酒
醴，祭祀上帝鬼神，下無以降綏天下賢可之士，外無以應
待諸侯之賓客，內無以食飢衣寒，將養老弱。故命上不利
於天，中不利於鬼，下不利於人，而強執此者，此特凶言
之所自生，而暴人之道也。[160]

上面的引文說明在神的眼中，祂決定給人的獎賞或懲罰，祝福或
詛咒，沒有絕對不可以改變的。人們所以會遭逢好壞不同的境
遇，就墨子來看，關鍵主要在於個人自己努力與否，如果一個人
或一個國家行不義之事，其結果就是懲罰和詛咒，「覆天下之義
者，是立命者也，百姓之誶也」；[161]相反的，如果一個人或一
個國家行正義之事，其結果即為獎賞和祝福，「義人在上，天下
必治，上帝山川鬼神，必有幹主，萬民被其大利」。[162]宿命論
日後隨著獨尊儒術，罷黜百家政策的施行，與佛教的傳入和流
行，日趨壯大，最終發展成為中國思想上幾乎是無人可以抗拒的
一股巨大的逆流，使得傳統社會中的人一般都相當欠缺反抗邪惡

---

[160] 孫詒讓《校補定本墨子閒詁・非命上》，頁 515-517。
[161] 孫詒讓《校補定本墨子閒詁・非命上》，頁 509-510。
[162] 孫詒讓《校補定本墨子閒詁・非命上》，頁 510。

勢力的決心與毅力，要改善中國社會，墨子主張勢必須要徹底排除宿命論。

（七）儒家的失誤

自從漢武帝「獨尊儒術，罷黜百家」以後，儒家在幾乎所有中國人的眼中，特別是知識分子，都是不可能、不會、也不可以有任何缺失的，幾乎所有的中國人也都不敢、不能、也不會去批評孔子。孔子自己說：「七十而從心所欲，不踰矩」，表示除了最後兩三年的時間，他一生沒有不犯錯的時間，並不是如同後代專制體制所企圖神化的孔子，毫無瑕庛可言。本書前文提到，孔子的學生子路說孔子「迂」腐：「子之迂也！」，宰予公開反對三年之喪，與孔子同時稍微年長的晏嬰，和與孔子同時稍微年幼的墨子，對孔子的學說也都力持反對的態度。他們四個都是與孔子同一時代的人，看得遠較漢武帝以後的人要清楚多了，特別是墨子，對孔子的思想有深刻的研究，洞悉孔子學說的缺點，因此批評更是不遺餘力，下邊是他對孔子所代表的儒家評論的要點：

1.迷信命運

就墨子來看，儒家是主張宿命論的學派，他們的學說充滿缺失，對中國的政治社會有致命的影響，是他堅決排斥的學派：

> 有強執有命以說議曰：「壽夭貧富，安危治亂，固有天命，不可損益。窮達賞罰幸否有極，人之知力，不能為焉。」群吏信之，則怠於分職；庶人信之，則怠於從事。吏不治則亂，農事緩則貧，貧且亂政之本，而儒者以為道

教，是賊天下之人者也。[163]

雖然墨子沒有引用孔子的話來證明他的觀點，但是就《論語》中的記載來看，本書前文指出，孔子確實如墨子所說具有宿命論的思想。例如，魯定公十三年（前 497），孔子五十五歲，在魯地位因墮三都政策失敗，一落千丈，孔子弟子中的敗類公伯寮落井下石，打擊孔子，孔子就說：「道之將行也與？命也。道之將廢也與？命也。公伯寮其如命何！」[164]他把他前途的吉凶，看成是前生早已註定的命運，旁人是無法更改的，此種宿命論的思維與紂所謂「有命」的想法如出一轍。此外，孔子在五十六歲的時候（前 496），經過匡，被誤認為陽虎，有被殺的危險，也說：「文王既沒，文不在茲乎？天之將喪斯文也，後死者不得與於斯文也；天之未喪斯文也，匡人其如予何？」[165]孔子以為老天如果要滅絕他傳授的知識，他就必死；如果老天不滅絕他傳授的知識，他就必活，匡人雖想殺他，應該是痴人做夢，這也是宿命論的想法。四年之後，孔子六十歲（前 492），路經宋國，受到桓魋的威脅，也說過類似的話：「天生德於予，桓魋其如予何？」[166]孔子依然以為老天賜給自己美德，桓魋是無法傷害他的，這同樣是宿命論的說詞。因前文對孔子的宿命論業已有詳盡的分析，筆者在此就不多贅述。

---

[163] 孫詒讓《校補定本墨子閒詁·非儒下》，頁 542。

[164] 《論語·憲問第十四》，頁 102。

[165] 《四書集註·論語·子罕》（臺北：世界書局，1966），頁 56。

[166] 《四書集註·論語·述而》，頁 46。

2.等差之愛

　　孔子所提倡的儒家學說，除了宿命論以外，也把愛的對象分成不同的級別，墨子以儒者服喪時間的長短為例來說明儒者把家中成員分成不同級別待遇的不當之處：

> 儒者曰：「親親有術，尊賢有等。」言親疏尊卑之異也。其禮曰：「喪父母三年，妻，後子三年，伯父叔父弟兄庶子其，戚族人五月。」若以親疏為歲月之數，則親者多而疏者少矣，是妻後子與父同也。若以尊卑為歲月數，則是尊其妻子與父母同，而親〔視〕伯父宗兄而〔如〕卑子也，逆孰大焉。其親死，列尸弗斂，登屋窺井，挑鼠穴，探滌器，而求其人矣。以為實在則贛愚甚矣；如其亡也必求焉，偽亦大矣！取妻，身迎，袆端為僕，秉轡授綏，如仰嚴親，昏禮威儀，如承祭祀。顛覆上下，悖逆父母，下則妻子，妻子上侵事親，若此可謂孝乎？儒者：「迎妻，妻之奉祭祀，子將守宗廟，故重之。」應之曰：「此誣言也，其宗兄守其先宗廟數十年，死喪之其，兄弟之妻奉其先之祭祀弗散，則喪妻子三年，必非以守奉祭祀也。夫憂妻子以大負絫，有曰『所以重親也』，為欲厚所至私，輕所至重，豈非大姦也！」[167]

　　就墨子來看，儒家區分家庭成員為不同的等級，然後按照他們的等級給予不同的待遇，是武斷不合理的措施；他說儒家在服喪的

---

[167] 孫詒讓《校補定本墨子閒詁·非儒下》，頁537-542。

時候，把嫡長子看成跟父母親和妻子同等重要的成員，要服三年喪，而別的兒子和兄弟姐妹卻只要為他們服五個月的喪，表現出錯亂的價值觀。

3.厚葬久喪

除了價值觀的錯亂以外，墨子同時指出儒家主張奢侈的葬禮與長期服喪荒誕不經的地方：

> 今逮至昔者三代聖王既沒，天下失義，後世之君子，或以厚葬久喪以為仁也，義也，孝子之事也；或以厚葬久喪以為非仁義，非孝子之事也。曰二子者，言則相非，行即相反，皆曰：「吾上祖述堯、舜、禹湯文武之道者也。」而言即相非，行即相反，於此乎後世之君子，皆疑惑乎二子者言也。若苟疑惑乎之二子者言，然則姑嘗傳而為政乎國家萬民而觀之。計厚葬久喪，奚當此三利者？我意若使法其言，用其謀，厚葬久喪實可以富貧眾寡，定危治亂乎，此仁也，義也，孝子之事也，為人謀者不可不勸也。仁者將〔求〕興之天下，誰賈〔設置〕而使民譽之，終勿廢也。意亦使法其言，用其謀，厚葬久喪實不可以富貧眾寡，定危理亂乎，此非仁非義，非孝子之事也，為人謀者不可不沮也。仁者將求除之天下，相廢而使人非之，終身勿為。[168]

墨子說在他的時候，有兩種處理喪葬不同的主張，一是儒家厚葬

---

[168] 孫詒讓《校補定本墨子閒詁・節葬下》，頁331-333。

久喪的說法，一是墨子自己反儒家的說法，而儒墨兩家都聲稱是「祖述堯、舜、禹、湯、文、武之道」。[169]墨子因此從厚葬久喪對社會的影響來分析儒墨兩家在處理喪葬的態度上，哪個合理，哪個不合理，哪個真是祖述堯、舜、禹的大道：

> 我意若使法其言，用其謀，厚葬久喪實可以富貧眾寡，定危治亂乎，此仁也，義也，孝子之事也，為人謀者不可不勸也。仁者將興之天下，誰貫而使民譽之，終勿廢也。意亦使法其言，用其謀，厚葬久喪實不可以富貧眾寡，定危理亂乎，此非仁非義，非孝子之事也，為人謀者不可不沮也。仁者將求除之天下，相廢而使人非之，終身勿為。[170]

墨子指出如果厚葬久喪對國家社會有無比的好處，可以使國家社會安定富強，他自己便會毫不猶豫地支持這種習俗。如果反是，厚葬久喪就應該廢止。

墨子觀察到儒家提倡厚葬久喪的做法不但導致自我虐待，而且有鼓勵陪葬之嫌，[171]危害社會甚巨：

> 王公大人有喪者，曰棺槨必重，葬埋必厚，衣衾必多，文繡必繁，丘隴必巨；存乎匹夫賤人死者，殆竭家室；〔存〕乎諸侯死者，虛車府，然後金玉珠璣比乎身，綸組

---

[169] 孫詒讓《校補定本墨子閒詁・節葬下》，頁331。

[170] 孫詒讓《校補定本墨子閒詁・節葬下》，頁332。

[171] 當今中國鄉下仍然盛行紙人陪葬的風氣，顯然是當初真人陪葬遺留下來的陋習。

節約，車馬藏乎壙，又必多為屋幕。鼎鼓几梃壺濫，戈劍羽旄齒革，寢而埋之，滿意。（若）送〔死若〕從〔徒〕，曰天子殺殉，眾者數百，寡者數十。將軍大夫殺殉，眾者數十，寡者數人。處喪之法將柰何哉？曰哭泣不秩聲翁〔咽〕，縗絰垂涕，處倚廬，寢苫枕塊，又相率強不食而為飢，薄衣而為寒，使面目陷陬，顏色黧黑耳目不聰明，手足不勁強，不可用也。又曰上士之操喪也，必扶而能起，杖而能行，以此共三年。若法若言，行若道使王公大人行此，則必不能蚤朝，〔必不能治〕五官六府，辟草木，實倉廩。使農夫行此。則必不能蚤出夜入，耕稼樹藝。使百工行此。則必不能修舟車為器皿矣。使婦人行此，則必不能夙興夜寐，紡績織紝。（細）計厚葬，為多埋賦之財者也。計久喪，為久禁從事者也。財以成者，扶〔抶〕而埋之；後得生者，而久禁之，以此求富，此譬猶禁耕而求穫也，富之說無可得焉。[172]

因為儒家厚葬久喪的主張，民間有人為此傾家蕩產，「匹夫賤人死者，殆竭家室」，歷代君王為修建自己的墓地，極其奢侈之能事，勞民傷財，遑論殺人陪葬。宰我對此一主張稍微表示懷疑，便被孔子斥為不仁，墨子異常深刻的分析也無法根本撼動這種陋說，一直要等到到數千年後的現代，在西方潮流的強大衝擊之下，儒家歷久不衰的厚葬久喪的說法才煙消雲散，儒家勢力之頑強，令人咋舌。

---

[172] 孫詒讓《校補定本墨子閒詁・節葬下》，頁 333-340。

墨子說厚葬久喪的做法不僅對國家社會有很大的害處，而且對鬼神更是冒犯，不討鬼神的喜悅：

> 欲以干上帝鬼神之福，意者可邪？其說又不可矣。今唯無以厚葬久喪者為政，國家必貧，人民必寡，刑政必亂。若苟貧，是粢盛酒醴不淨潔也；若苟寡，是事上帝鬼神者寡也；若苟亂，是祭祀不時度也。今又禁止事上帝鬼神，為政若此，上帝鬼神，始得從上撫之曰：「我有是人也，與無是人也，孰愈？」曰：「我有是人也，與無是人也，無擇也。」則惟上帝鬼神降之罪屬之禍罰而棄之，則豈不亦乃其所哉！[173]

儒者在厚葬久喪期間更禁止祭祀上帝，「今又禁止事上帝鬼神」，如此，墨子說上帝勢必會摒棄厚葬久喪的人。[174]

在指出儒家厚葬久喪的弊病之後，墨子進一步討論堯、舜、禹所提倡的以簡樸為原則的喪葬規定：

> 故古聖王制為葬埋之法，曰：「棺三寸，足以朽體；衣衾

---

[173] 孫詒讓《校補定本墨子閒詁·節葬下》，頁 345-346。

[174] 墨子在處理父親後事這一點上，於某種程度上受到了私天下傳統的影響，在埋葬父親以後，他雖然反對三年之喪，但對祭祖卻並沒同樣堅決地反對：「哭往哭來，反從事乎衣食之財，俾乎祭祀，以致孝於親。」（孫詒讓《校補定本墨子閒詁·節葬下》，頁 359）前邊引的一小段墨子的文字，在解釋薄葬短喪對祭祖的幫助，雖然墨子的語言沒反對祭祖，但他的意思是不反對別人祭祖，至於他自己祭祖與否，並沒明說。從墨子整個思想的內涵來看，墨子祭上帝，但他本人應該是不祭祖的。

三領，足以覆惡。以及其葬也，下毋及泉，上毋通臭，壟
若參耕之畝，則止矣。死則既以葬矣，生者必無久哭，而疾
而從事，人為其所能，以交相利也。」此聖王之法也。[175]

墨子所引述的堯、舜、禹時喪葬的規定和西方以基督教為主流的
喪葬措施非常接近，二者都奉行誠摯簡易的原則。《聖經・新
約・馬太福音》第十章第二十一到第二十二節記載了耶穌和他的
一個門徒如下一段有關喪葬的對話：「於是門徒中有一個人說：
『主啊，讓我先回去把我父親埋了 ἕτερος δὲ τῶν μαθητῶν
[αὐτοῦ] εἶπεν αὐτῷ, Κύριε, ἐπίτρεψόν μοι πρῶτον ἀπελθεῖν καὶ
θάψαι τὸν πατέρα μου』。但是耶穌對他說：『跟我走，讓那些死
者埋葬他們自己的死者 ὁ δὲ Ἰησοῦς λέγει αὐτῷ, Ἀκολούθει μοι,
καὶ ἄφες τοὺς νεκροὺς θάψαι τοὺς ἑαυτῶν νεκρούς』」。耶穌教導
一個活人不必為死人的喪葬過分操心，西方人在基督教的影響下
對喪葬因此一般都以非常簡易的方式來處理。
　　墨子說堯、舜、禹不但提倡儉樸的葬禮，而且以身作則，死
時他們的葬禮都是以儉樸的方式進行：

今執厚葬久喪者之言曰：「厚葬久喪雖使不可以富貧眾
寡，定危治亂，然此聖王之道也。」子墨子曰：「不然。
昔者堯北教乎八狄，道死，葬蛩山之陰，衣衾三領，穀木
之棺，葛以緘之，既窆而後哭，滿埳〔坎〕無封。已葬，
而牛馬乘之。舜西教乎七戎，道死，葬南己之市，衣衾三

---

[175] 孫詒讓《校補定本墨子閒詁・節葬下》，頁 346-347。

領，轂木之棺，葛以緘之，已葬，而市人乘之。禹東教乎
九夷，道死，葬會稽之山，衣衾三領，桐棺三寸，葛以緘
之，絞之不合，通之不埳，土地之深，下毋及泉，上毋通
臭。既葬，收餘壤其上，壟若參耕之畝，則止矣。若以此
若三聖王者觀之，則厚葬久喪果非聖王之道。故三王者，
皆貴為天子，富有天下，豈憂財用之不足哉？以為如此葬
埋之法。」[176]

堯、舜、禹是國家的君王，他們自然不必擔心喪葬的費用，然而
他們都選擇以儉樸的原則來處理他們的後事。相對之下，在私天
下的時代，中國的君王一般窮奢極欲，生前不但壟斷天下的資
源，死後也恨不得把天下所有珍貴的財寶全部帶走：

「今王公大人之為葬埋，則異於此。必大棺中棺，革闠三
操，璧玉即〔既〕具，戈劍鼎鼓壺濫，文繡素練，大鞅萬
領，輿馬女樂皆具，曰必捶涂〔塗〕差通〔美道〕，壟雖
凡山陵。此為輟民之事，靡民之財，不可勝計也，其為毋
用若此矣。」是故子墨子曰：「鄉者，吾本言曰，意亦使
法其言，用其謀，計厚葬久喪，請可以富貧眾寡，定危治
亂乎，則仁也，義也，孝子之事也，為人謀者，不可不勸
也；意亦使法其言，用其謀，若人厚葬久喪，實不可以富
貧眾寡，定危治亂乎，則非仁也，非義也，非孝子之事
也，為人謀者，不可不沮也。是故求以富國家，甚得貧

---

[176] 孫詒讓《校補定本墨子閒詁·節葬下》，頁 347-353。

馬；欲以眾人民，甚得寡焉；欲以治刑政，甚得亂焉；求
以禁止大國之攻小國也，而既已不可矣；欲以干上帝鬼神
之福，又得禍焉。上稽之堯、舜、禹湯文武之道而政逆
之，下稽之桀紂幽厲之事，猶合節也。若以此觀，則厚葬
久喪其非聖王之道也。」[177]

墨子說在私天下的時代，湯和文王武王仍然能夠秉承公天下時代
的精神，遵照節葬的原則，但是其他的君王就肆無忌憚，「輟民
之事，靡民之財，不可勝計」。

　　天下的儒者遵從厚葬久喪的說法，誤以為只要世上很多人都
這麼做就證明厚葬久喪的習俗必定正確合理，墨子反駁這種以人
數多寡做為鑑定是非真理的標準的看法：

今執厚葬久喪者言曰：「厚葬久喪，果非聖王之道，夫胡
說中國之君子，為而不已，操而不擇哉？」子墨子曰：
「此所謂便其習而義其俗者也。昔者越之東有輆沐之國
者，其長子生，則解而食之。謂之『宜弟』；其大父死，
負其大母而棄之，曰鬼妻不可與居處。此上以為政，下以
為俗，為而不已，操而不擇〔釋〕，則此豈實仁義之道
哉？此所謂便其習而義其俗者也。楚之南有炎人國者，其
親戚死朽其肉而棄之，然後埋其骨，乃成為孝子。秦之西
有儀渠之國者，其親戚死，聚柴薪而焚之，燻上，謂之登
遐，然後成為孝子。此上以為政，下以為俗，為而不已，

[177] 孫詒讓《校補定本墨子閒詁・節葬下》，頁353-355。

操而不擇，則此豈實仁義之道哉？此所謂便其習而義其俗
者也。若以此若三國者觀之，則亦猶〔由〕薄矣。若以中
國之君子觀之，則亦猶〔由〕厚矣。如彼則大厚，如此則
大薄，然則葬埋之有節矣。故衣食者，人之生利也，然且
猶尚有節；葬埋者，人之死利也，夫何獨無節於此乎。」
子墨子制為葬埋之法曰：「棺三寸，足以朽骨；衣三領，
足以朽肉；掘地之深，下無菹漏，氣無發洩於上，壟足以
期其所，則止矣。哭往哭來，反從事乎衣食之財，佴乎祭
祀，以致孝於親。故曰子墨子之法，不失死生之利者，此
也。」[178]

墨子舉食人國為例，解釋說如果一個地方所有的人都有吃人的習
俗並不表示吃人的習俗就一定正確。孔子在跟宰我辯論三年之喪
的時候，就是引用習俗來證明厚葬久喪的觀點是正確的，「夫三
年之喪，天下之通喪也」。就墨子來說，即使厚葬久喪如孔子的
說法是天下的「通喪」，也不能證明孔子對厚葬久喪一習俗的觀
念就一定合理正確。

《莊子・天下篇》批評墨子薄葬的主張是既不愛人，也不愛
己的作法：「古之喪禮，貴賤有儀，上下有等，天子棺槨七重，
諸侯五重，大夫三重，士再重。今墨子獨生不歌，死不服，桐棺
三寸而無槨，以為法式。以此教人，恐不愛人；以此自行，固不

---

[178] 孫詒讓《校補定本墨子閒詁・節葬下》，頁 355-359。《墨子閒詁》說
「猶」是「已」的意思，文義仍然不通，筆者以為「猶」應該是「由」
的假借字。

愛己。」[179]一個人去世以後還要大批的財寶跟自己一起埋在地下，那是貪婪的表現，全不顧及他人的作法。王充《論衡·案書篇》以厚葬久喪為理由表示支持儒家，攻擊墨子：「人情欲厚惡薄，神心猶然。」他的論調顯然與事實不合，西方先進的文明國家所崇拜的神既不喜歡厚葬，一般西方人跟墨子一樣也不贊成厚葬，王充盲目追從儒家，自以為是，不足取法，而現代卻仍有學者跟進，變本加厲，說：「節葬之過，勢必流於殘忍可知」，[180]甚至把墨子誣蔑成殘忍的人。這些說法不但對墨子的看法有誤解，同時也更顯出墨子學說的可貴。

4.自是無用

墨子說儒家除了持宿命論、愛有等差及厚葬久喪的錯誤觀點以外，還有以繁瑣的禮節來迷惑人，自以為是，高傲怠慢，不務正業，好吃懶做，喜歡佔人便宜等諸多習性上的缺點：

> 且夫繁飾禮樂以淫人，久喪偽哀以謾親，立命緩貧而高浩居，倍本棄事而安怠傲，貪於飲食，惰於作務，陷於飢寒，危於凍餒，無以違之。是若人氣〔乞〕，鼪鼠藏，而羝羊視，賁彘起。君子笑之。怒曰：「散人！焉知良儒。」夫夏乞麥禾，五穀既收，大喪是隨，子姓皆從，得厭飲食，畢治數喪，足以至矣。因人之家以為翠，恃人之野以為尊，富人有喪，乃大說，喜曰：「此衣食之端

---

[179] 《莊子衍義·天下》，頁 228。

[180] 陳柱《墨學十論》，頁 164。

也。」[181]

墨子所說的「立命緩貧而高浩居」與現代作家魯迅筆下的貧困的阿 Q 頗有類似之處：「阿 Q 又很自尊，所有未莊的居民，全不在他眼神裏」，這是墨子和魯迅所觀察到的儒家的缺失之處。除了墨子以外，本書前文提及，晏子親自跟孔子接觸過，對孔子的評價極低，也有類似的評語：

> 彼浩裾自順，不可以教下；好樂緩於民，不可使親治；立命而建事，不可守職；厚葬破民貧國，久喪道哀費日，不可使子民；行之難者在內，而傳者無其外，故異於服，勉於容，不可以道眾而馴百姓。自大賢之滅，周室之卑也，威儀加多，而民行滋薄；聲樂繁充，而世德滋衰。今孔丘盛聲樂以侈世，飾弦歌鼓舞以聚徒，繁登降之禮，趨翔之節以觀眾，博學不可以儀世，勞思不可以補民，兼壽不能殫其教，當年不能究其禮，積財不能贍其樂，繁飾邪術以營世君，盛為聲樂以淫愚其民。其道也，不可以示世；其教也，不可以導民。[182]

晏子對儒術的冷心由他的評語「繁飾邪術以營世君」可以看出，他毫不留情地稱儒術為「邪術」。

---

[181] 孫詒讓《校補定本墨子閒詁・非儒下》，頁 543-545。根據《墨子閒詁》，筆者將原文「因人之家翠，以為」改為「因人之家以為翠」。

[182] 晏子《晏子春秋・外篇第八》，頁 72-73。孫詒讓《校補定本墨子閒詁・非儒下》，頁 554-556。

5.泥古

　　墨子指出儒家除了上述諸多的弊端以外，還有另外一個缺
點，就是不講究創新，泥古不化：

> 儒者曰：「君子必服古言然後仁。」應之曰：「所謂古之
> 言服者，皆嘗新矣，而古人言之，服之，則非君子也。然
> 則必服非君子之服，言非君子之言，而後仁乎？」又曰：
> 「君子循而不作。」應之曰：「古者羿作弓，伃作甲，奚
> 仲作車，巧垂作舟，然則今之鮑函車匠皆君子也，而羿、
> 伃、奚仲、巧垂皆小人邪？且其所循人必或作之，然則其
> 所循皆小人道也？」[183]

孔子自己說：「述而不做，信而好古」，[184]確實是有泥古不化
的傾向。墨子說，古時候的想法、事務、體制在才開始出現的時
候都是新的，只是在過了一段時間之後才變成古老的東西，就此
點來說，孔子為了好古而好古，是沒有很大的意義的。就墨子來
看，任何事務應該不論新舊，而只論其對人世的功能成效，如果
新的發展對社會有利，大家自然應該接受。

6.除惡不盡

　　此外，墨子也注意到儒家有除惡不能務盡的心態，在打擊敵
人取得勝利的時機，儒家往往會網開一面，斬草不除根：

---

[183] 孫詒讓《校補定本墨子閒詁・非儒下》，頁 545-547。
[184] 《論語・述而》，頁 41。

又曰：「君子勝不逐奔，揜函弗射，施則助之胥車。」應
之曰：「若皆仁人也，則無說而相與。仁人以其取舍是非
之理相告，無故從有故也，弗知從有知也，無辭必服，見
善必遷，何故相〔與〕？若兩暴交爭，其勝者欲不逐奔，
揜函弗射，施則助之胥車，雖盡能猶且不得為君子也。意
暴殘之國也，聖將為世除害，興師誅罰，勝將因用儒術令
士卒曰『毋逐奔，揜函勿射，施則助之胥車。』暴亂之人
也得活，天下害不除，是為群殘父母，而深賤世也，不義
莫大焉！」[185]

墨子的意思是既然兩軍對決，己方在取得勝利的時機以後，務必
要斬草除根，除惡務盡，如果此時對敵人網開一面，縱虎歸山，
會對社會造成莫大的傷害，「暴亂之人也得活，天下害不除，是
為群殘父母，而深賤世也，不義莫大焉！」。在抗戰前夕，蔣中
正勝利在握，但卻突然網開一面，允許殘存延安的兩萬多共黨分
子存活下來，事後造成國家空前的大浩劫，這應該就是墨子批評
儒家的用心所在。雖然墨子沒有解釋孔子的儒家思想為何會導致
除惡不盡的做法，單就孔子的學說和為人是以中庸為最高指導原
則一事來看，讀者應該可以推斷出，儒家為避免極端的作法，在
與敵人作戰時，自然會產生除惡不盡的現象。

---

[185] 孫詒讓《校補定本墨子閒詁・非儒下》，頁 547-549。根據《墨子閒
詁》，筆者將可能的脫文「與」補入，「相與」在古籍中即「相敵」之
意。此外，《墨子閒詁》認為「賤乃賊字之誤」，因「賤」的意思在文
中依然明曉通順，筆者保留原文，不做更改。

7.虛偽作態

墨子隨即指出，儒家除了除惡不能務盡以外，為善也不能做到完美的地步，往往扭捏作態，該說的不說，該做的不做：

> 又曰：「君子若鍾，擊之則鳴，弗擊不鳴。」應之曰：「夫仁人事上竭忠，事親得孝，務善則美，有過則諫，此為人臣之道也。今擊之則鳴，弗擊不鳴，隱知豫力，恬漠待問而後對，雖有君親之大利，弗問不言，若將有大寇亂，盜賊將作，若機辟將發也，他人不知，己獨知之，雖其君親皆在，不問不言。是夫大亂之賊也！以是為人臣不忠，為子不孝，事兄不弟，交，遇人不貞良。夫執後不言之朝物，見利使〔便〕己雖〔唯〕恐後言，君若言而未有利焉，則高拱下視，會噎為深，曰：『唯其未之學也。』用誰〔雖〕急，遺行遠矣。夫一道術學業仁義者，皆大以治人，小以任官，遠施周偏，近以脩身，不義不處，非理不行，務興天下之利，曲直周旋，〔不〕利則止，此君子之道也。以所聞孔丘之行，則本與此相反謬也。」[186]

墨子說他所聽到的有關孔子的行為，顯示出孔子做事不遵守獻身正義的絕對原則，設身處地往往以自己的利益為出發點，如果事情對一己有利，就怕話說得太慢，「〔唯〕恐後言」；如果事情對一己不利，即使是君王關心的國家大事，也推諉不已，「則高

---

[186] 孫詒讓《校補定本墨子閒詁‧非儒下》，頁 549-552。筆者根據《墨子閒詁》的說法，將文中的訛誤之處以括弧註出。《墨子閒詁》註「豫」與「捨」同義。

拱下視，會嘻為深，曰：『唯其未之學也。』」

　　墨子在分析孔子學說的弊病以後，更從孔子的為人行事來說明他人格上的缺失之處，指出他表裡不一，說一套，做一套。墨子提到孔子在齊國避難的時候，齊景公有意任用孔子，晏嬰反對，結果孔子只好離開齊國，心中對齊景公和晏嬰有不快的感覺，事後並利用機會對齊實施報復：

> 孔丘乃恚，怒於景公與晏子，乃樹鴟夷子皮於田常之門，告南郭惠子以所欲為，歸於魯。有頃，閒〔聞〕齊將伐魯，告子貢曰：「賜乎！舉大事於今之時矣！」乃遣子貢之齊，因南郭惠子以見田常，勸之伐吳，以教高、國、鮑、晏，使毋得害田常之亂，勸越伐吳。三年之內，齊、吳破國之難，伏尸〔不可〕以言術數，孔丘之誅也。[187]

墨子說因為孔子對齊景公和晏嬰拒絕任用他而銜恨於心，回國以後，乘齊國準備攻打魯國之際，指示他的門徒子貢設計摧毀齊國，引發了一連串規模極其龐大的戰役，造成了驚人的傷亡人數，並且導致了齊國和吳國的破滅。墨子表示孔子為報復齊國，指派子貢執行他的計劃，挑起臨近諸國的戰爭。子貢在執行他的計劃時，運用卑下欺騙的伎倆，造成龐大驚人的人命與財產的損失，為了一己個人的安逸而嫁禍他國，居心不善，墨子以為不是一個仁者應有的風範。這一段歷史，墨子扼要的記錄下來，《史記》有更詳盡的敘述，本書上文已經討論過，在此不再重複。

---

[187] 孫詒讓《校補定本墨子閒詁・非儒下》，頁 556-558。

　　儒家的思想以一己為出發點，為了一己的利益，他人的死活往往不是考慮的重點。譬如孟子常說王政，表面上他似乎非常關心老百姓的福祉，但是在一己利益的前提之下，老百姓的死活便成了次要的事。《史記》中同樣記載了一段關於孟子勸齊王乘燕國內亂的時候攻擊燕國，名義上他還說王政，但是實際上他真正講究的是齊王的勢力：

> 三年，國大亂，百姓恫恐。將軍市被與太子平謀，將攻子之。諸將謂齊湣王曰：「因而赴之，破燕必矣。」齊王因令人謂燕太子平曰：「寡人聞太子之義，將廢私而立公，飭君臣之義，明父子之位。寡人之國小，不足以為先後。雖然，則唯太子所以令之。」太子因要黨聚眾，將軍市被圍公宮，攻子之，不克。將軍市被及百姓反攻太子平，將軍市被死，以徇。因搆難數月，死者數萬，眾人恫恐，百姓離志。孟軻謂齊王曰：「今伐燕，此文、武之時，不可失也。」王因令章子將五都之兵，以因北地之眾以伐燕。士卒不戰，城門不閉，燕君噲死，齊大勝。[188]

齊湣王是一個自大的君王，在位三十六年的時候跟秦王一起稱帝，[189]為了稱霸，不顧老百姓的死活，最後不得好死，在孟子眼中卻是周文王武王一般的賢君，這可說是因一己利益而顛倒是非的例子。

---

188 司馬遷《史記‧齊召公世家》，第二冊，卷三十四，頁 957。

189 司馬遷《史記‧田敬仲完世家》，第二冊，卷四十六，頁 1160。

墨子同時認為孔子在魯國擔任司寇的職務時，存有私心，把季孫氏的事情看得比魯國公家的事重要的多：「孔丘為魯司寇，舍公家而奉季孫。」[190]此外，墨子也指出孔子有言行先後不一致的缺點：

> 孔丘窮於蔡陳之閒，藜羹不糝，十日，子路為享豚，孔丘不問肉之所由來而食；號〔裭〕人衣以酤酒，孔丘不問酒之所由來而飲。哀公迎孔子，席不端弗坐，割不正弗食，子路進，請曰：「何其與陳、蔡反也？」孔丘曰：「來！吾語女，曩與女為苟生，今與女為苟義。」夫飢約則不辭妄取，以活身，贏飽則偽行以自飾，汙邪詐偽，孰大於此！[191]

墨子說孔子在飢餓困頓和保暖得意的時候，行為舉止幾乎完全相反，就墨子來看，孔子言行先後不一致的行為可說是虛偽欺騙的表現，「汙邪詐偽，孰大於此」。墨子得到的結論是有其師，必有其弟子，孔子虛偽不實，跟他學習的弟子就更不必說了：

> 孔丘與其門弟子閒坐，曰：「夫舜見瞽叟孰〔蹙〕然，此時天下圾〔岌〕乎！周公旦非其人也邪？何為舍其家室而託寓也？」孔丘所行，心術所至也。其徒屬弟子皆效孔丘。子貢、季路輔孔悝亂乎衛，陽貨亂乎齊，佛肸以中牟叛，漆雕刑殘，莫大焉。夫為弟子後生，其師，必脩其

---

190 孫詒讓《校補定本墨子閒詁・非儒下》，頁 558。
191 孫詒讓《校補定本墨子閒詁・非儒下》，頁 559-561。

言，法其行，力不足，知弗及而後已。今孔丘之行如此，儒士則可以疑矣。[192]

墨子所見到的孔子是一個城府很深，心術不正的人物，他的學生在不同的國家也常參與製造動亂，行跡卑劣，墨子因此不遺餘力，揭發儒家虛假不實的面目。

五、儒墨的區分

韓非子在〈顯學篇〉中說：「孔子、墨子俱道堯、舜，而取舍不同，皆自謂真堯、舜，堯、舜不復生，將誰使定儒、墨之誠乎？」[193]雖然孔子和墨子都推崇堯、舜，孔子提倡的是以人為中心，具有自私自利色彩的私天下思想，與堯、舜公天下的思想迥異；而墨子宣揚的是以神為中心，具有平等意識的公天下思想，「人無幼長貴賤，皆天之臣也」，與堯、舜完全一致。兩者誰勝誰劣，不言可喻。在現今的世界中，墨子的學說顯然遠比孔子合乎西方思想的主流。墨子當時所說的儒家的諸多弊端，特別是厚葬久喪，在中國帝王的庇護之下，雖然持續了兩千多年，但是在跟西方潮流接觸之下，最後如同摧枯拉朽一般，瞬間煙消雲散。在現代統治者的提倡之下，控制了中國人兩千多年的儒家思想不但沒有完全消失，反而有捲土重來的趨勢，殘存於眾多現代中國人的腦海之中，為了使國人能徹底看清儒家的弊端，摒棄其

---

[192] 孫詒讓《校補定本墨子閒詁・非儒下》，頁 561-564。

[193] 韓非《韓非子・顯學第五十》（北京：中華書局，2009），卷十九，頁 457。

鄙陋的專制思維，筆者在分別探討完孔子和墨子的思維以後，於此進一步綜合總結儒墨兩家的優劣長短。

（一）專制特權與民主平等

墨子和孔子兩個人思想最大的區別是墨子的思想具有平等的色彩，而孔子思想的特色卻是維護特權階級的專制精神。墨子主張所有的人不分貴賤貧富強弱大小都應該兼愛，「使天下兼相愛，愛人若愛其身」。[194]孔子強調的是絕對服從，弱者服從強者，臣子服從君王，子女服從父母，幼小的服從年長的，「事父母幾諫，見志不從，又敬不違，勞而不怨。」[195]儒家遵循的經典《禮記》解釋父母跟子女之間的關係是一種絕對專制的關係：「父母有過，下氣怡色，柔聲以諫。諫若不入，起敬起孝，說則復諫；不說，與其得罪於鄉黨州閭，寧孰諫。父母怒、不說，而撻之流血，不敢疾怨，起敬起孝。」[196]即使父母有錯，還把子女打得遍體鱗傷，子女仍然要服從。此種專制精神的教養從小由一個人的家裏開始，在進入社會後，通過君王的主導往往變得更為嚴酷，比如朱元璋可以在朝堂之上將他不喜歡的大臣毒打致死。《禮記》中規定君王跟臣和百姓之間的關係的條文甚多，筆者在此僅引一條涵蓋全國，並深入精神領域，具有代表性的規定：「天子有善，讓德於天；諸侯有善，歸諸天子；卿大夫有善，薦於諸侯；士、庶人有善，本諸父母，存諸長老；祿爵慶

---

[194] 孫詒讓《校補定本墨子閒詁・兼愛上》，頁 209。

[195] 《四書集註・論語・述而第六》（臺北：世界書局，1966），頁 23。

[196] 《漢魏古注十三經・禮記・內則第十二》，上冊，卷八，頁 99。

賞，成諸宗廟；所以示順也。」[197]天子、諸侯、卿大夫、士與
庶人形成一條索鏈般的關係，上環扣下環，層層服從，此種專制
服從的原則不但適用於人體，也適用於人的精神領域，不但在肢
體行為上，下級要順從上級，弱者要服從強者，而且在精神思想
上，下級也要感謝上級，弱者要感謝強者，一個臣子及老百姓原
來對神應有的感恩心理最終也被君王視為規範控制的對象，轉而
變成下級對上級完全順服的感情定則，專制在外在行為和內在思
想的規範上可說都達到極點。

（二）親親與尊賢

孔子的思維所以會呈現出專制特權的特色跟他講究親親的思
想本質如同一物的兩面，有必然而不可分的關係。周公召集諸侯
所制定出的禮則，以維穩為首要目標，形成了鞏固周朝長達幾百
年的宗法制度，孔子沿承這些維護專制特權的禮則，再賦予哲學
的闡釋與意義。堯、舜、禹崇敬神，兼愛天下，以賢能為施政的
准繩，毫不考慮親親的原則，墨子沿承公天下的思維，自然有公
天下思維中民主、兼愛、尊賢諸種的特色。

（三）個人利害與社會公益

《墨子‧貴義》中記述墨子為了公義事宜，積極奔走各地，
世人越邪惡，世局越腐敗，他就越發勤奮去施展他的抱負：

> 子墨子自魯即齊，過故人，謂子墨子曰：「今天下莫為

義，子獨自苦而為義，子不若已。」子墨子曰：「今有人於此，有子十人，一人耕而九人處，則耕者不可以不益急矣。何故？則食者眾，而耕者寡也。今天下莫為義，則子如勸我者也，何故止我？」子墨子南游於楚，見楚獻惠王，獻惠王以老辭，使穆賀見子墨子。子墨子說穆賀，穆賀大說，謂子墨子曰：「子之言則成〔誠〕善矣！而君王，天下之大王也，毋乃曰『賤人之所為』，而不用乎？」子墨子曰：「唯其可行。譬若藥然，草之本，天子食之以順其疾，豈曰『一草之本』而不食哉？今農夫入其稅於大人，大人為酒醴粢盛以祭上帝鬼神，豈曰『賤人之所為』而不享哉？故雖賤人也，上比之農，下比之藥，曾不若一草之本乎？且王君亦嘗聞湯之說乎？昔者，湯將往見伊尹，令彭氏之子御。彭氏之子半道而問曰：『君將何之？』湯曰：『將往見伊尹。』彭氏之子曰：『伊尹，天下之賤人也。若君欲見之，亦令召問焉，彼受賜矣。』湯曰：『非女所知也。今有藥〔於〕此，食之則耳加聰，目加明，則吾必說而強食之。今夫伊尹之於我國也，譬之良醫善藥也。而子不欲我見伊尹，是子不欲吾善也。』因下彭氏之子，不使御。彼苟然，然後可也」。[198]

墨子的看法是天下越黑暗，他就越努力，即使別的人都不做，他會做得更積極，「今有人於此，有子十人，一人耕而九人處，則耕者不可以不益急矣」。他的想法與孔子見風轉舵，腳底抹油，

---

[198] 孫詒讓《校補定本墨子閒詁・貴義》，頁818-821。

所謂「溜之大吉」的做法有天壤之別。孔子周遊列國，名義上是實施他的政治理想，實際上是希望取得一官半職，如果工作理想，他便欣然接受，工作不理想，他撒手就走，只希望接受現實的利益，不希望為未來進行耕耘，付出代價：

> 子曰：「……危邦不入，亂邦不居。天下有道則見，無道則隱。邦有道，貧且賤焉，恥也；邦無道，富且貴焉，恥也。」[199]

> 子曰：「……邦有道，則仕；邦無道，則可卷而懷之。」[200]

> 子曰：「甯武子邦有道則知，邦無道則愚。其知可及也，其愚不可及也。」[201]

> 子謂顏淵曰：「用之則行，舍之則藏，惟我與爾有是

---

[199] 《四書集註·論語·泰伯》，頁53。

[200] 《四書集註·論語·衛靈公》，頁 107。郎擎霄在《墨子哲學》（北京：北京國家圖書館，2003）中也注意到這點：「墨子之救世主義，與儒不同。孔雖欲用世，但卻主張『可以仕則仕，可以止則止，可以久則久，可以速則速。』此暗隱相機用世之義也。彼之弟子又『扣則鳴，不扣則不鳴』之信條。有人謂彼『達則兼善天下，窮則獨善其身』。墨子根本否認有此獨善之事，對於事，只認定彼是義的即行之，不問阻力之有無，即就道不行，彼仍不改起初之念頭，由此可見彼甚有毅力，亦可見救世之心切矣」（頁50）。

[201] 《四書集註·論語·公冶長》，頁30-31。

夫！」[202]

在舉世黑暗的時候，正是一個正人君子應該特別努力的時節，結果照孔子的說法，腳底抹油，三十六計走為上策，他常強調的責任義務此時幾乎是蕩然無存，這種做法相當現實勢利，只貪圖一己個人的利益，不顧他人的死活，如果大家都照孔子的說法去做，沒人願意為改善混亂的政治環境而獻身，混亂的政治環境不可能自動變好，只可能變得越來越惡劣。要創造一個良好的政治環境，就須要多數人的獻身。在改良社會的執著、決心與毅力上，孔子遠不如墨子有自我犧牲奉獻社會天下的精神。兩者在對抗黑暗勢力的態度上有著天壤之別，墨家熱心公義衍生出「路見不平，拔刀相助」的成語；儒家的自保冷漠發展出「溜之大吉」，「三十六計走為上策」的俗語，兩種哲學或多或少分別支配著各個中國人的思維。

（四）人的禮法與天的定則

墨子的行為是以對上帝和人類的愛為礎石，以上帝的教導為規臬，凡合乎上帝的教導便力行不懈，不合者廢之，清晰扼要並合乎理性：

> 子墨子曰：「凡言凡動，利於天鬼百姓者為之；凡言凡
> 動，害於天鬼百姓者舍之；凡言凡動，合於三代聖王堯、
> 舜、禹湯文武者為之；凡言凡動，合於三代暴王桀紂幽厲

---

[202] 《四書集註・論語・述而》，頁43。

　　者舍之。」[203]

這種愛與教導具有超越的絕對性，不因時間地點或人物而改變。反觀儒家卻是以武斷、牽強又繁瑣的社會禮儀做為一切行為的標準：「非禮勿視，非禮勿聽，非禮勿言，非禮勿動」，而這些禮儀常因人物時間和地點而不斷有所變動，以致遵從這些禮儀法則的人在行為上常做出自我矛盾的事。

（五）中庸調和與分別是非

　　孔子說「君子和而不同，小人同而不和。」[204]此處的同，不指與仁相輔的禮，因為上文說過，三年之喪的禮則，孔子堅持要所有的人都遵守，沒有可能例外不同。孔子也說「克己復禮」，大家都須要遵照禮則，不許不同，所以從下文來看，不同應該是指君子與小人一切完全為己的作風不同。雖然君子和小人的作風不同，但孔子提倡中庸，君子和小人仍然應該保持和諧的關係。上帝的教導，是就是是，非就是非，是非善惡分明，邪惡一定要消滅，兩者絕無調和的可能。墨子承繼公天下的思維，對此點特別強調，兼愛就必須分別是非善惡，消滅邪惡，「天下害不除，是為群殘父母，而深賤〔賊〕世也」。

（六）自利與均享

　　墨子提倡兼相愛交相利，其具體的表現就是樂於跟別人分享

---

[203] 孫詒讓《校補定本墨子閒詁‧貴義》，頁 821。

[204] 《四書集註‧論語‧子路》，頁 92。

自己的財富：「據財不能以分人者，不足與友」。[205]國家的執政須要遵守天意，均分財富，「分財不敢不均」；[206]而孔子對有關金錢利益的事卻避而不談：「子罕言利」。[207]金錢利益的交通輸送是一個人生活中非常實際重要的課題，孔子略而不論只顯示出他學說的局限性。孔子不但不談均享，而且強調自利，要求他人履行對自己利益的輸送。孔子說：「自行束脩以上，吾未嘗無誨焉。」[208]言下之意就是如果學生不繳學費，他就不考慮提供資訊服務，至於貧窮的學生付不起學費，他自然不太樂意免學費，更不必說對他的學生在生活上提供金錢的支助了。更有甚者，孔子自己知道利益對他一己存活的重要性，他的學生可以對他輸送利益，但是如果別人談到利益，在他的眼中便有淪為小人的可能性：「君子喻於義，小人喻於利。」[209]其實，義和利的關係絕非如孔子所說有如水火，毫不相容，而應該可以是相輔相成的。一個有義氣的人，一定會在金錢上願意幫助他的朋友；相對的，一個一毛不拔，拒絕在經濟上幫助朋友的人，應該算不上是一個有義氣的君子。

（七）保守與創新

　　孔子的思想極端保守，他自己說他「述而不作」，一味泥古，不講究創作。墨子跟他在這一點上也有很大的不同：

---

[205] 孫詒讓《校補定本墨子閒詁・脩身》，頁 43。
[206] 孫詒讓《校補定本墨子閒詁・尚同中第十二》，頁 171-173。
[207] 《四書集註・論語・子罕》，頁 55。
[208] 《四書集註・論語・述而》，頁 42。
[209] 《四書集註・論語・里仁》，頁 23。

> 公孟子曰:「君子不作,術而已。」子墨子曰:「不然,
> 人之其〔甚〕不君子者,古之善者不誅〔述〕,今也
> 〔世〕善者不作。其次不君子者,古之善者不遂,己有善
> 則作之,欲善之自己出也。今誅〔述〕而不作,是無所異
> 於不好遂而作者矣。吾以為古之善者則誅〔述〕之,今之
> 善者則作之,欲善之益多也。」[210]

墨子認為繼承古人優良的文化遺產固然很重要,但是不斷創造新
的卓越的當代文化同樣重要。一言以蔽之,孔子所主張的文化是
一種保守殭化的文化,而墨子提倡的文化卻是順應時代異常靈活
並具有前瞻性的文化,他比當時頂尖的工程師公輸班(前 507-
444)更具有創造能力,在國防工業的發明上應該是中國當時最
偉大的發明家之一了。

(八)追求利祿與奉獻犧牲

比較儒墨兩家,就不能不比較孔子和墨子兩個人的行事與作
風。孔子為自己的生涯一生周遊列國,希望能尋得合意的一官半
職,結果並沒如願以償;墨子一生為他人的福祉,奔波於大江南
北,席不暇煖,時時準備犧牲自我,結果渡過豐富的一生,獲得
永垂不朽的成就。特別就孔子指示子貢挑撥離間,引起齊、吳、
越、晉四國的戰爭來說,與墨子計劃犧牲自己來救贖宋國的崇高
行為更有天壤之別。根據《墨子》的記載,公輸班在發明了攻城

---

[210] 孫詒讓《校補定本墨子閒詁·耕柱第四十六》,第二冊,頁 784-785。
括弧中的字皆據孫詒讓《校補定本墨子閒詁》的註改訂。

的雲梯之後，準備幫助楚國向宋國發動攻擊，墨子日夜趕路到楚
國去阻止他侵宋的計劃：

> 公輸盤為楚造雲梯之械，成，將以攻宋。子墨子聞之，起
> 於齊，行十日十夜而至於郢，見公輸盤。公輸盤曰：「夫
> 子何命焉為？」子墨子曰：「北方有侮臣，願藉子殺
> 之。」公輸盤不說。子墨子曰：「請獻十金。」公輸盤
> 曰：「吾義固不殺人。」子墨子起，再拜曰：「請說之。
> 吾從北方，聞子為梯，將以攻宋。宋何罪之有？荊國有餘
> 於地，而不足於民，殺所不足，而爭所有餘，不可謂智。
> 宋無罪而攻之，不可謂仁。知而不爭，不可謂忠。爭而不
> 得，不可謂強。義不殺少而殺眾，不可謂知類。」公輸盤
> 服。子墨子曰：「然，乎不已乎？」公輸盤曰：「不可。
> 吾既已言之王矣。」子墨子曰：「胡不見我於王？」公輸
> 盤曰：「諾」。[211]

當子貢聽從孔子的指示，遊說齊、吳、越、晉等國的時候，他從
個人自私黑暗的角度來打動各國執政；而墨子卻以光明正大公義
愛人的角度來說服公輸班。公輸班理屈，引薦墨子給楚王，墨子
在見到楚王之後同樣以公義愛人的理由來勸阻楚王的不當之舉：

> 子墨子見王，曰：「今有人於此，舍其文軒，鄰有敝轝，
> 而欲竊之；舍其錦繡，鄰有短褐，而欲竊之；舍其粱肉，

---

[211] 《校補定本墨子閒詁·公輸第五十》，第二冊，頁888-891。

鄰有糠糟，而欲竊之。此為何若人？」王曰：「必為竊疾
矣。」子墨子曰：「荊之地，方五千里，宋之地，方五百
里，此猶文軒之與敝轝也；荊有雲夢，犀兕麋鹿滿之，江
漢之魚鱉黿鼉為天下富，宋所為無雉兔狐貍者也，此猶粱
肉之與糠糟也；荊有長松、文梓、楩柟、豫章，宋無長
木，此猶錦繡之與短褐也。臣以三事之攻宋也，為與此同
類，臣見大王之必傷義而不得。」王曰：「善哉！雖然，
公輸盤為我為雲梯，必取宋。」[212]

墨子坦白地指出楚王攻打宋國的計劃「必傷義而不得」，楚王不
服，他堅信公輸班發明的器械用來對付宋國是綽綽有餘：

於是見公輸盤，子墨子解帶為城，以牒為械，公輸盤九設
攻城之機變，子墨子九距之，公輸盤之攻械盡，子墨子之
守圉有餘。公輸盤詘，而曰：「吾知所以距子矣，吾不
言。」子墨子亦曰：「吾知子之所以距我，吾不言。」楚
王問其故，子墨子曰：「公輸子之意，不過欲殺臣。殺
臣，宋莫能守，可攻也。然臣之弟子禽滑釐等三百人，已
持臣守圉之器，在宋城上而待楚寇矣。雖殺臣，不能絕
也。」楚王曰：「善哉！吾請無攻宋矣。」[213]

不像代表儒家的子貢，為私利以唇舌來挑撥是非，說動對方，墨

---

[212] 《校補定本墨子閒詁・公輸第五十》，第二冊，頁 891-894。
[213] 《校補定本墨子閒詁・公輸第五十》，第二冊，頁 894。

子為他人的利益，運用智慧及技能來證明他的超越之處。當機械大師公輸班在模擬的攻防戰中敗給墨子的時候，他動了邪念，企圖殺墨子，而墨子不但早已預測到公輸班的心思，並且早就做好周全的防範措施，更難得的是他已經準備犧牲自己，結果逼得楚王只好放棄侵略宋國的計劃。墨子對機械的知識、預卜先知的能力特別是他因兼愛他人而不惜犧牲自己的崇高精神，絕對不是口頭上高談仁義道德實際上卻為一己私利而毫不猶豫地以卑劣的手法去製造爭端並以他人為犧牲的孔子和子貢所能望其項背的。

　　不僅墨子本人有奉獻犧牲的精神，在他領導之下形成的整個墨家的精神就是奉獻犧牲。先前引的《淮南子・泰族訓》解釋得很清楚：「墨子服役者百八十人，皆可使赴火蹈刃，死不還踵，化之所致也。」214《呂氏春秋・離俗覽・上德》記載了下面一段有關墨家的史實：

> 墨者鉅子孟勝，善荊之陽城君。陽城君令守於國，毀璜以為符，約曰：「符合聽之」。荊王薨，群臣攻吳起，兵於喪所，陽城君與焉，荊罪之。陽城君走，荊收其國。孟勝曰：「受人之國，與之有符。今不見符，而力不能禁，不能死，不可。」其弟子徐弱諫孟勝曰：「死而有益陽城君，死之可矣。無益也，而絕墨者於世，不可。」孟勝曰：「不然。吾於陽城君也，非師則友也，非友則臣也。不死，自今以來，求嚴師必不於墨者矣，求賢友必不於墨者矣，求良臣必不於墨者矣。死之所以行墨者之義而繼其

---

214 劉安《淮南子・泰族訓》，下冊，頁 2123。

業者也。我將屬鉅子於宋之田襄子。田襄子賢者也，何患
墨者之絕世也？」徐弱曰：「若夫子之言，弱請先死以除
路。」還歿頭前於。孟勝因使二人傳鉅子於田襄子。孟勝
死，弟子死之者百八十。三人以致令於田襄子，欲反死孟
勝於荊，田襄子止之曰：「孟子已傳鉅子於我矣，當
聽。」遂反死之。墨者以為不聽鉅子不察。嚴罰厚賞，不
足以致此。今世之言治，多以嚴罰厚賞，此上世之若客
也。[215]

孟勝與陽城君有約，為他守城，為了踐約，不惜以死。墨家基於
對神的信仰，為了他人的利益而勇於集體奉獻犧牲，在古今中外
的歷史上，較之任何宗教團體，任何哲學流派，可說毫無一絲遜
色的地方，是人類史上光輝燦爛的一頁。

（九）包庇徇私與奉公守法

孔子主張以禮來節制人，而反對以法治國：「道之以政，齊
之以刑，民免而無恥。道之以德，齊之以禮，有恥且格。」[216]
在禮節的規範下，徇私包庇是司空見慣而異常重要的一環：葉公
語孔子曰：「吾黨有直躬者，其父攘羊，而子證之。」孔子曰：
「吾黨之直者異於是：父為子隱，子為父隱，直在其中矣。」這
種思想的發展在中國官場上造就了紅樓夢中所形容的「官官相

---

[215] 呂不韋《呂氏春秋・離俗覽・上德》（上海：上海古籍出版社，2002），
頁 1266。

[216] 《論語・為政》，頁 7。

護」[217]的現象。反觀墨家，墨子強調服從天志，在上帝面前，人人平等，一切依法行事，沒有特權階級可以逍遙法外。《呂氏春秋》記載了墨家鉅子的一段故事，鮮明地顯示墨家守法執法的精神：

> 墨者有鉅子腹䵍，居秦，其子殺人，秦惠王曰：「先生之年長矣，非有它子也，寡人已令吏弗誅矣，先生之以此聽寡人也。」腹䵍對曰：「墨者之法曰：『殺人者死，傷人者刑』，此所以禁殺傷人也。夫禁殺傷人者，天下之大義也。王雖為之賜，而令吏弗誅，腹䵍不可不行墨者之法。」不許惠王，而遂殺之。子，人之所私也，忍所私以行大義，鉅子可謂公矣。[218]

秦惠王主動赦免腹䵍的兒子，而腹䵍卻堅持守法的重要性，不惜將他的兒子繩之以法，腹䵍的做法與孔子的「父為子隱，子為父隱」包庇徇私的觀念可說正好相反。此外，更重要的是，就墨家來說，依照神的旨意制定出來的律法大過君王的旨意，超越政府與國家。雖然秦惠王身為全國最高的領袖，他也代表秦國的政府與國家，但是他個人的決定，就墨家的信仰來說，是絕不可以任意更動依照神的旨意而制定出來的律法。

---

[217] 曹雪芹《紅樓夢》（臺北：大眾書局，1977），第二冊，頁972。
[218] 呂不韋《呂氏春秋·孟春紀·去私》，上冊，頁56-57。

（十）逢迎人與順服神

最後一點須要說的是孔子思想的重心是人際關係，他講究服侍君主，避免得罪人，要求「在邦無怨，在家無怨」，[219]所以孔子所到之處頗受歡迎；而墨子如同堯、舜、禹一般，思想的重心在神，他不像孔子一般去逢迎君王，公義所及，更經常與四周黑暗的權貴勢力起激烈的衝突，所以他在各國並不像孔子一般那麼受歡迎：

> 子墨子歸，過宋，天雨，庇其閭中，守閭者不內也。故曰：「治於神者，眾人不知其功，爭於明者，眾人知之。」[220]

墨子描繪他自己是一個神的僕人，「治於神者」，從事服侍神的工作，與孔子「未能事人，焉能事鬼」的思維相反，墨子雖然為宋國幾乎身首異處，但是宋國人對他並不特別歡迎，在下雨的時候也不提供他躲雨的地方，墨子與孔子在做人上的不同也說明了孔子在歷史上會會一直成為專制君王的寵物，而墨子卻在官史中連一篇傳記都沒有的原因。

六、未來思想的建設

強調專制的儒家思想是歷代特權階級的寵兒，在朝的君王和

219　《論語‧顏淵》，頁 78。
220　《校補定本墨子閒詁‧公輸第五十》，第二冊，頁 896-897。

在家的家長一般都致力提倡這種思維來強化鞏固他們自身在朝在家統治的權威，以致儒家及其支持擁護的私天下專制體制在中國延續了兩千多年的時間，摧殘了多少中國人的生命與靈魂。中國要邁入世界文化的主流，除了物質上的建設以外，精神上的昇華尤其重要。在提昇中國文化的過程中，墨子扮演一個極其重要的突破口的角色。本書前文提到，秦彥士早在筆者之先，已經在《墨子考論》中主張提倡墨家：

> 許多人希望重新發現和利用儒家仁義道德為現代化服務。面對這種強烈的興趣，我們認為儒家的倫理道德當然有它超越時代的價值，但其以血緣等級為前提的理論有深刻的內在矛盾。無論是從孔孟仁學本身（尤其漢儒改造過的儒學），還是儒家倫理道德的歷史實踐上看，以「仁禮」為中心的傳統道德都有很大缺失。針對當代精神文明建設的現實需要，尤其是經濟自由與政治民主的歷史要求，墨家的平民道德較之孔孟的貴族道德更能為我們提供重要的啟示。[221]

秦彥士雖然同樣主張提倡墨子學說，但是秦彥士對儒家依然存有一些不切實際的好評，覺得儒家的學說仍有「它超越時代的價值」。筆者以為儒家學說並無超越時代的價值，它只是歷史的陳跡，對現代社會不應再有任何影響。只有當墨子能夠取代儒家，成為主導中國思想的正統主流時，中國才有希望與以基督教為基

---

[221] 秦彥士《墨子考論》（成都：巴蜀書社，2002），頁 196。

礎的西方文明的文化主流緊密地結合在一起，中國也才會順理成
章地成為西方先進的文明國家的盟友，並從而與西方列強共同肩
負起主導世界政治舞臺的責任，最終成為神所喜悅祝福並為世界
各國欣羨景仰最為強大的國家。

第十一章　老子的自然說

　　道家如同儒家，屬於私天下自私自利的思維，儒家稍微含蓄，使用仁義的外衣，給予動人的包裝，「君子無終食之間違仁，造次必於是，顛沛必於是。」[1]道家鄙棄仁義的遮羞布，全面陳述利己的思維，「聖人不仁，以百姓為芻狗。」[2]晏嬰在批評孔子的學說時說他「繁飾邪說以營世君」，[3]墨子批評孔子時說他「繁飾禮樂以淫人」，[4]兩個人的用詞稍有不同，一個說「繁飾邪說」，一個說「繁飾禮樂」，但基本上都同意孔子善於修飾包裝他的學說。就他們看來，在表面上，孔子的學說猶如《紅樓夢》中所描述的「風月寶鑑」，有美麗的外表，讓人看得眼花撩亂，動人心弦，但實質上，卻是駭人的邪說，或用本書前文引的胡適的說法：「再看一部《禮儀》〔《儀禮》〕那種繁瑣的禮儀，真可令今人駭怪。」[5]《紅樓夢》的作者在飽經風霜，備嘗世態炎涼之後，將受到孔子和老莊思想影響近三千年的中國文化的特徵以「風月寶鑑」的意象總結出來，在《紅樓夢》的作

---

[1]　《四書集註・論語・里仁》，頁21。

[2]　張默生《老子章句新解》，第五章，頁7。

[3]　晏子《晏子春秋・外篇第八》，頁73。

[4]　孫詒讓《校補定本墨子閒詁・非儒下》，頁545。

[5]　胡適《中國哲學史大綱：古代哲學史》，頁155。

者眼中，以儒家和道家為本質的中國文化表面上如同攝人心魂的鳳姐，而背後卻是極其駭人醜陋的骷髏：

> 賈瑞接了鏡子，想道：「這道士倒有意思。我何不照一照試試？」想畢，拿起那「寶鑒」來向反面一照，只見一個骷髏兒立在裡面。賈瑞忙掩了，罵那道士：「混帳！如何嚇我！我倒再照照正面是什麼。」想著，便將正面一照，只見鳳姐站在裡面，點手兒叫他。賈瑞心中一喜，蕩悠悠覺得進了鏡子。[6]

儒家講究外在形式，給予自私自利的思維動人的包裝，道家拋棄外在形式，並不忌諱赤裸裸的宣揚自私自利的思維，儒家和道家兩者的思維誠然有極大的差異，但就其本質上來說，都是以個人為中心的思想體系。

　　《老子》一書沒確定的作者名，主要的原因，從下文應該可以看出，是書中有很多陰險狡詐的主張，專門針對如何陷害打擊他人而發。[7]此種言論，不但可能為社會名流所不許，而且也可能造成對作者本人的迫害，為安全起見，《老子》的作者因此以匿名方式寫作，如此便無迫害之虞。《史記》對道家的創始人老子有三種不同的揣測，一說老子可能是周朝守藏室的史官李耳，

6　曹雪芹《紅樓夢》（臺北：大眾書局，1977），上冊，頁106。

7　此一觀點受戴君仁的啟發。幾十年前，他在臺大教經學史，有次在課堂中，他突然凝神定睛，瞪著全班，徐徐的說道：「老子非常陰險」。筆者順著這種觀點來探討老子的思想，果然，他的話沒錯，筆者同意他的說法。

為孔子的前輩，孔子曾經見過他，向他請教過一些關於禮的問
題：「孔子適周，將問禮於老子。」[8]這種說法不攻自破，因為
老子非毀禮法，鄙棄仁義的遮羞布，與孔子力主仁義禮則的思想
相違，孔子不可能向非毀仁義禮法的人去請教禮則。第二種說法
是老子也可能是另外一個「與孔子同時」，[9]叫老萊子的人，這
種說法的問題筆者留在評議第三種說法的時候一併解說。第三種
說法是孔子死後一百多年的周朝的太史儋：「自孔子死之後百二
十九年，而史記周太史儋見秦獻公曰：『始秦與周合，合五百歲
而離，離七十歲而霸王者出焉。』或曰儋即老子。」[10]因為《論
語》和《孟子》這兩本書都沒提到老子，特別是《孟子》提到當
時流行的學說，像墨子、楊朱和許行這些人，卻沒提老子，所以
老子這本書應該是在戰國時代寫成的作品。此外，就思想發展史
的觀點來說，老子不可能與孔子同時，最主要的原因應該是老子
一書的思想，不可能發生在孔子之前，而只可能在孔子之後。因
為孔子依然崇敬鬼神：「敬鬼神而遠之，可謂知矣」，[11]強調順
服天命所顯示的道：「五十而知天命」；[12]而老子卻將神的觀念
弱化，以為他所認知的道可以支配神：「以道蒞天下，其鬼不
神；非其鬼不神，其神不傷人。」[13]同樣重要的是，孔子認為鬼

8　司馬遷《史記·老子韓非列傳》，頁 1323。

9　司馬遷《史記·老子韓非列傳》，頁 1324。

10　司馬遷《史記·老子韓非列傳》，頁 1324。

11　《四書集註·論語·雍也第六》，頁 38。

12　《論語·為政》，頁 7。

13　張默生《老子章句新解》（臺北：樂天出版社，1971），第六十章，頁
　　78。

神天命所顯示的道，是可以言說的恆常的道：「朝聞道，夕死可矣。」；[14]而老子所說的恆常的道卻不可言說，可以言說的便不是恆常的道：「道可道，非常道。名可名，非常名。」[15]老子以自我為中心的思維與孔子比較，顯然要極端多了，因為上述的諸種原因，老子勢必晚於孔子。

老子的學說在很多地方，跟孔子正好相反。孔子常說道德，老子也說道和德，但是他的說法跟孔子完全不一樣。孔子提倡以社會公定的禮則為每個人的行為準則，而老子否定任何外在人為的行為準則，他所說的道德的中心思想是「自然」，他以為一個人的行為應該以自然為標準：「王法地，地法天，天法道，道法自然。」[16]後世解釋老子「自然」一詞，一般都說成是「虛偽」的相反的意思，其實老子不但不反對虛偽，他的學說本身就是一種非常虛偽的思想，比如他說：「將欲弱之，必固強之。將欲廢之，必固興之。將欲奪之，必固與之」，[17]就是極端虛偽之說辭。老子雖然鄙棄仁義的遮羞布，他的學說仍然如同儒家一般，有非常虛偽的色彩，所以他所說的「自然」一詞並不是「虛偽」的相反詞。另外，也有很多人誤解「自然」就是現在所說的「大自然」的意思，[18]這種說法在很多方面似乎可以講得通，但是仍

---

[14]　《四書集註・論語・里仁第四》，頁22。

[15]　張默生《老子章句新解》，第一章，頁1。

[16]　張默生《老子章句新解》，第二十五章，頁31。

[17]　張默生《老子章句新解》，第三十六章，頁46。

[18]　侯外廬《中國古代思想學說史》（長沙：岳麓書社，2010）：「道……是『自然』法」（頁145）。鄭鴻《老子思想新釋》（美國新澤西州：八方文化企業，2000）：「大自然的法則和道的原理完全符合，宇宙就是道的物體，也是大自然。」（頁46）。胡汝章《老子哲學》

然有些問題，因為如果老子所說的「自然」指的是「大自然」，而代表「大自然」的天地卻還要遵循「自然」，也就是說「自然」還要遵循「自然」，這就成了重複的講法，而不具什麼太多的意義。其實，老子所說的「自然」有兩層意義，一是指「自然如此」的狀態，一是指「自以為然」的態度。所謂自然如此，就是說原來就是如此的狀態，絕對獨立而不受外物的影響，「有物混成，先天地生。寂兮寥兮，獨立不改，周行而不殆，可以為天下母。吾不知其名，字之曰道。」[19]由此一觀點而衍生出來的人生觀便是自以為然的態度，這是道的第二層的意思，也就是「自己然否」的意思，是自己怎麼看、自己怎麼想、自己怎麼感覺的意思，一切全都順從自己的想法和感覺，為極端的唯我主義。他所謂的「自然」第二層的意思就是莊子所說的「自適」，此點本書下文會進一步解釋。

正因為老子主張唯我主義，所以別人在他眼中都可以名正言順地成為自己的犧牲品。這就是為什麼孔子強調仁，老子卻說：「天地不仁，以萬物為芻狗；聖人不仁，以百姓為芻狗。」[20]《莊子‧天運篇》有一段解釋芻狗性質的文字：「夫芻狗之未陳也，盛以篋衍，巾以文繡，尸祝齊戒以將之；及其已陳也，行者踐其首脊，蘇者取而爨之而已。」[21]跟據《莊子》的說法，芻狗是用草結紮成的狗，古時用來祭祀，可以省錢。在老子的眼中，

（臺南：三和出版社，2000）「道出自自然然的，取法自然的」（頁114）。

[19] 張默生《老子章句新解》，第二十五章，頁30。

[20] 張默生《老子章句新解》，第五章，頁7。

[21] 清‧王先謙《莊子集解》（北京：中華書局，1987），頁125。

世上的人都是廉價的芻狗，只要方便都可以犧牲，這是個人主義極端發展之後，所得出的幾乎是一個必然的結論。

　　吳怡根據王弼和河上公的註，認為芻狗是指「草和狗」，而不是《莊子》中所說的祭品。即使指祭品，吳怡認為「天地並沒有過問芻狗的被尊奉、或被踐踏」[22]；否則，老子便在傳達「殘酷無情」的信息。他的說法，對老子極端的個人主義沒有清晰的認識。一個以自己個人為是非標準，只圖自己過得舒適，不顧他人死活，絕對是一個自私自利的人。別人的死活，對他來說，當然毫不重要。老子的原文是「以萬物為芻狗」，「以」就是「用」的意思，用萬物做芻狗，也就是把萬物當作芻狗，自然有犧牲別人的意思，這也就是曹操在《三國演義》中所說的：「寧教我負天下人，休教天下人負我」的意思。周英解釋王弼和河上公為何會有跟《莊子》不同的註解時，說：「『芻狗』是用草紮成的狗，用以祭祀求神，用完即隨手拋棄。這是上古的一種習俗，老子用以比天地不仁、聖人不仁。自戰國末年以來，求神用芻狗的習俗被廢棄，以致漢人委託河上公之名作注者和晉人王弼不知芻狗為何物。」[23]漢朝初年，離戰國時代不遠的著作《淮南子》中，有一段關於芻狗的記載，也是說芻狗是犧牲：「譬若芻狗土龍之始成，文以青黃，絹以綺繡，纏以朱絲，尸祝袀袨，大夫端冕，以送迎之。及其已用之後，則壤土草薊而已。夫有孰貴之！」從與老子約略同時的著作《莊子》和離老子時代不遠的漢代著作《淮南子》的記載來看，芻狗應是廉價犧牲品的意思。老

---

[22]　《新譯老子解義》（臺北：三民書局，1994），頁33。

[23]　《老子通：上部‧老子校詁》（長春：吉林人民出版社，1991），頁78。

子藉著芻狗的意象，正是要表示他眼中的天地、聖人沒有仁德，異常陰殘。

老子以為仁和義是大道不行以後才有的：「大道廢，有仁義。」[24]所以要行大道就應該廢棄仁義：「絕學，無憂；絕聖棄智，民利百倍；絕仁棄義，民復孝慈。」[25]孔子重視學習：「學而時習之，不亦說乎？」[26]老子卻說「絕學」，他要人「學不學」，[27]「無知無欲」，[28]都變成愚民：「古之善為道者，非以明民，將以愚之。民之難治，以其智多。故以智治國，國之賊；不以智治國，國之福。」[29]老子從一個以自我為中心自私自利的統治者的角度來看，如果人民變得很聰明，他們對統治者難免會有意見及批評，這對以自我為中心自私自利的統治者來說是很難忍受的，對他們惟我獨尊的專制體制不利，為了不受到人民的監督與制約，老子主張統治者所須要推行的就是愚民政策。在主張愚民的政策上，孔子與老子一致，同樣是以自我為中心自私自利的統治者的角度來處理政事，「民可使由之，不可使知之」。[30]無怪乎中國自秦始皇以後的專制體制對老子和孔子的這種說法情有獨鍾。

老子所以跟孔子不同，最主要的一個原因，如前文所說，是

---

[24] 張默生《老子章句新解》，第十八章，頁22。

[25] 張默生《老子章句新解》，第十九章，頁97。

[26] 《四書集註‧論語‧學而第一》，頁1。

[27] 張默生《老子章句新解》，第三十六章，頁46。

[28] 張默生《老子章句新解》，第三章，頁4。

[29] 張默生《老子章句新解》，第六十五章，頁86。

[30] 《四書集註‧論語‧泰伯第八》，頁52。

他以為人沒法了解這個世界絕對的真理。他在《老子》一書裏一開始就說:「道可道,非常道;名可名,非常名。」當一個人以為他沒有任何希望了解世間的真理時,他的言語行為勢必會失去絕對的準則,不再有任何是非善惡可說,他的人生也會變得沒有任何意義與價值,除了留意自己如何苟且存活以外,對人生並沒有任何有意義與有價值的追求。因此老子所討論的道都是一些相對的實際的道理,最終的目標是要人活著,而且活得越久越好,不怎麼在乎一個人活著是不是有什麼意義:「天長地久。天地所以能長且久者,以其不自生,故能長生。是以聖人後其身而身先;外其身而身存。非以其無私耶?故能成其私」[31]在求活求長生的過程中,老子提醒大家,務必要在外表給人一個虛偽的無私的印象,如此,方纔好成就自己的私心,「非以其無私耶?故能成其私」。上文提到老子所謂的「自然」,並非如同一般所詮釋的意思,不好解做「虛偽」的相反詞,而應是「自以為然」的意思,其本義在這個地方顯示的就更清楚了。為了成就一己的私心,老子認為一個人須要在外表顯示出無私的姿態,這跟他教導一個人必須做作虛偽的哲學是完全一致的。為了能夠「長生」,他主張不要去責備別人;如此,自己就不會得罪別人,別人也就不會怨恨自己:「和大怨,必有餘怨;安可以為善?是以聖人執左契,而不責於人。有德司契,無德司徹。天道無親,常與善人。」[32]老子老謀深算,他不像馮驩一樣落落大方,當別人無法還債,馮驩就把債券燒了,「貧不能與息者,取其券而燒之。」[33]

31　張默生《老子章句新解》,第七章,頁9。

32　張默生《老子章句新解》,第七十九章,頁103。

33　司馬遷《史記・孟嘗君列傳》,頁1455。

老子顯然不同，雖然他一時不去苛責虧欠他的人，但他手上還掌握著記載別人虧欠他的契券，並不毀掉，「是以聖人執左契。」至於馮驩那樣的人，就老子來看是不可取的，「無德司徹。」這有放長線，釣大魚的意思，一直掌握別人的弱點，讓他人無時無刻不受制於自己，等到最佳的時刻來臨，方纔為一己最大的利益而有所行動。從這個角度來看，老子在「天道無親，常與善人」中所說的「善」，就是紅樓夢裏「善姐」的「善」。《紅樓夢》第六十八回描述王熙鳳設下固若金湯的陷阱，欺騙單純的尤二姐，投身賈府的大觀園：「我如今來求妹妹進去，和我一塊兒，──住的、使的、穿的、帶的，總是一樣兒的。」[34]尤二姐不查入彀，「二姐是個實心人，便認做他是個好人」，[35]「竟把鳳姐認為知己」。待尤二姐遷入賈府後，王熙鳳便將尤二姐的丫頭「一概退出」，[36]安排自己的一個心腹丫頭照顧尤二姐。王熙鳳的心腹丫頭名叫「善姐」，顯然非常體貼王熙鳳的心意，在各方面對尤二姐進行無情的迫害，「那善姐漸漸的連飯也懶端來給他吃了，或早一頓，晚一頓，所拿來的東西，皆是剩的。二姐說過兩次，他反瞪著眼叫喚起來了。」[37]最後，尤二姐在受盡折磨之後，吞金自殺身亡。深通人情世故的《紅樓夢》的作者非常清晰的看到老子的教導對中國社會所造成的負面影響，為了完美達到除去自己敵人的目的，一個人殫精竭慮使用虛偽欺騙的伎倆，在表面上製造美麗的假象，暗地卻進行殘忍無恥的勾當。在中國社

---

34 曹雪芹《紅樓夢》，下冊，頁 658。

35 曹雪芹《紅樓夢》，下冊，頁 659。

36 曹雪芹《紅樓夢》，下冊，頁 659。

37 曹雪芹《紅樓夢》，下冊，頁 660。

會流行了兩千多年，一直到現在都仍在使用，在表面上什麼人都不得罪的「老好人」，其濫觴之處，即為老子。

老子認為一個人不但應該不去說別人，他最好什麼事都不要去做：「吾是以知無為之有益，不言之教，無為之益，天下希及之」；[38]什麼話都不要去說：「大辯若訥。」[39]他的這種教導，只求目的，不擇手段，常常給人一種陰險下流的感覺，例如上邊引到他的說辭：「將欲弱之，必固強之。將欲廢之，必固興之。將欲奪之，必固與之。」為了搶奪別人所有的東西，老子主張以欺騙的手段來消除別人對自己防範的心理，就先給別人一些東西以示友好，等取得別人信任以後，再行搶奪別人的東西，甚至毀滅別人，這是非常陰險狡詐的做法，鳳姐謀殺尤二姐所應用的殺人不見血的伎倆濫觴之處。老子一心一意要求長生的想法跟孔子不時說義的作法可說完全相反，所以《史記》說：「世之學老子者則絀儒學，儒學亦絀老子。『道不同不相為謀』，豈謂是邪。」[40]

老子因為教人怎麼活下去，怎麼「長生」，所以對很多人包括一些儒者有不少的吸引力，在中國文化中有很大的影響力。雖然老子的教導有異常濃厚的虛偽狡詐的色彩，但是因為一般人都有強烈的求生的慾望，所以歷史上很多儒者對老子或多或少都有一些興趣；特別是在他們失意的時候，受到迫害，他們會有意無意的照著老子的話去做。

38　張默生《老子章句新解》，第四十三章，頁 57。

39　張默生《老子章句新解》，第四十五章，頁 59。

40　司馬遷《史記・老子韓非列傳》，頁 1324。

第十二章　莊子的自適論

　　孔子對春秋戰國時代道德敗壞的邦國社稷，採取躲避的態度，所謂「危邦不入，亂邦不居」；老子並不躲避，而只採取陽奉陰違，表裡不一，外表合作，私下中傷，損人利己的對策，即使邦國敗亡，只要自身倖存，便無大礙；到了莊子，他不一定要像孔子一樣躲避，也不一定要像老子一樣陽奉陰違，表裡不一，他更上一層樓，採取危邦不管、亂邦不顧的因應措施。莊子學說的主旨跟老子大體上一致，也是說怎麼做才能活下去，而且活得久，但是莊子並不像老子那般虛偽。《史記》中記載了一段關於莊子的故事，充分顯示他毫不掩飾他個人想法與作為的坦白風格。當楚威王耳聆莊子的名聲以後，派了一個使者帶了重金禮聘他去楚國，請他做楚國的相。莊子聽了以後就笑了說：「千金，重利；卿相，尊位也。子獨不見郊祭之犧牛乎？養食之數歲，衣以文繡，以入大廟。當是之時，雖欲為孤豚，豈可得乎？子亟去，無污我。我寧游戲污瀆之中自快，無為有國者所羈。」[1]上面莊子這段話說他對人生的看法說得再清楚不過，為了自保自活，他寧願很卑下的過一生，也不願意幫助別人做些有益社會的

1　司馬遷《史記·老子韓非列傳第三》（西安：三秦出版社，1990），第三冊，頁1325。

事。

　　莊子跟老子一樣，以為世上沒有絕對的真理：「夫大道不稱，大辯不言，大仁不仁，大廉不嗛，大勇不忮。道昭而不道，言辯而不及，仁常而不成，廉清而不信，勇忮而不成。」[2] 絕對的道，就莊子來看，是無法用語言傳達表述的：

> 世之所貴道者，書也，書不過語，語有貴也。語之所貴者，意也，意有所隨。意之所隨者，不可以言傳也，而世因貴言傳書。世雖貴之哉，猶不足貴也，為其貴非其貴也。故視而可見者，形與色也；聽而可聞者，名與聲也。悲夫！世人以形色名聲為足以得彼之情！夫形色名聲果不足以得彼之情，則知者不言，言者不知，而世豈識之哉！[3]

倒過來說，莊子以為凡是可以言說表述的道理也就不是絕對的真理了：「知者不言，言者不知。」筆者在討論老子的學說時曾經說過，當一個人以為他沒有任何指望了解世間的真理時，他的人生會變得沒有太多的意義與價值，他的言語行為勢必會失去絕對的準則，不再有是非善惡可說。莊子跟老子不同的一個地方是，老子不怎麼討論別人的思想學說，只說他自己的看法，而莊子卻不時批判他人，常藉著與他人辯論的方式來闡明一己的學說。只是，莊子在討論別人的思想學說時，並不在意解釋的對錯與否。因此在討論別人的學說時，莊子常會信口雌黃，隨意編造。比方

2　《莊子衍義・齊物論》（臺北：臺灣商務印書館，1966），頁 21。
3　《莊子衍義・天道》，頁 105。

說，在〈天道〉中有一段孔子與老聃的對話，孔子的說法看起來
並不可靠：

> 孔子西藏書於周室，子路謀曰：「由聞周之徵藏史有老聃
> 者，免而歸居。夫子欲藏書，則試往因焉。」孔子曰：
> 「善。」往見老聃，而老聃不許，於是繙十二經以說。老
> 聃中其說，曰：「大謾，願聞其要。」孔子曰：「要在仁
> 義。」老聃曰：「請問：仁義，人之性邪？」孔子曰：
> 「然。君子不仁則不成，不義則不生。仁義，真人之性
> 也，又將奚為矣？」老聃曰：「請問何謂仁義？」孔子
> 曰：「中心物愷，兼愛無私，此仁義之情也。」[4]

孔子不怎麼談性，《論語》中記載他有關性的一句話：「性相
近，習相遠」，孔子重視後天的學習，所以他不像孟子一樣，把
仁義看成人的本性，莊子中的引文「仁義，真人之性也」其實是
孟子的講法，莊子把兩人的觀點給混淆了。此外，本書前文指
出，孔子講究等差之愛，墨子提倡兼愛，莊子在上邊的引文中也
把他們的說法給混淆了。特別是下面一段關於顏回忘卻禮樂仁義
的文字，就完全是莊子胡編瞎說的了：

> 顏回曰：「回益矣。」仲尼曰：「何謂也？」曰：「回忘
> 仁義矣。」曰：「可矣，猶未也。」他日復見，曰：「回
> 益矣。」曰：「何謂也？」曰：「回忘禮樂矣。」曰：

4　《莊子衍義‧天道》，頁103。

「可矣，猶未也。」他日復見，曰：「回益矣。」曰：「何謂也？」曰：「回坐忘矣。」仲尼蹴然曰：「何謂坐忘？」顏回曰：「墮肢體，黜聰明，離形去知，同於大通，此謂坐忘。」仲尼曰：「同則無好也，化則無常也。而果其賢乎！丘也請從而後也。」[5]

不僅顏回、孔子都忘記禮樂仁義，孔子也被莊子說成根本不如顏回的人物，莊子信口開河由此可見。莊子行文就跟他的思維一樣，以個人為基點，隨興所至，以想當然的心態來直書胸臆，並不須要就客觀事實去核實求證。

老子說「聖人不仁」，莊子顯然也同意他的說法，「大仁不仁」，他跟老子一樣，兩者都不以為一個人的行為有任何外在的客觀準則可言。筆者在上一章中提到，老子所說的「自然」就是莊子的「自適」，「然」和「適」兩個字意思相近，都有肯定的含義，「自然」和「自適」都是說以自我為中心和標準，莊子對這一點解釋得異常詳盡：

故嘗試論之，自三代以下者，天下莫不以物易其性矣。小人則以身殉利，士則以身殉名，大夫則以身殉家，聖人則以身殉天下。故此數子者，事業不同，名聲異號，其於傷性以身為殉，一也。臧與穀，二人相與牧羊，而俱亡其羊。問臧奚事，則挾筴讀書；問穀奚事，則博塞以遊。二人者，事業不同，其於亡羊均也。伯夷死名於首陽之下，

5　《莊子衍義・大宗師》，頁61。

盜跖死利於東陵之上。二人者，所死不同，其於殘生傷性
均也，奚必伯夷之是而盜跖之非乎？天下盡殉也。彼其所
殉仁義也，則俗謂之君子；其所殉貨財也，則俗謂之小
人。其殉一也，則有君子焉，有小人焉；若其殘生損性，
則盜跖亦伯夷已，又惡取君子小人於其間哉？且夫屬其性
乎仁義者，雖通如曾、史，非吾所謂臧也；屬其性於五
味，雖通如俞兒，非吾所謂臧也；屬其性乎五聲，雖通如
師曠，非吾所謂聰也；屬其性乎五色，雖通如離朱，非吾
所謂明也。吾所謂臧，非仁義之謂也，臧於其德而已矣；
吾所謂臧者，非所謂仁義之謂也，任其性命之情而已矣；
吾所謂聰者，非謂其聞彼也，自聞而已矣；吾所謂明者，
非謂其見彼也，自見而已矣。夫不自見而見彼，不自得而
得彼者，是得人之得而不自得其得者也，適人之適而不自
適其適者也。夫適人之適而不自適其適，雖盜跖與伯夷，
是同為淫僻也。余愧乎道德，是以上不敢為仁義之操，而
下不敢為淫僻之行也。[6]

莊子說一個人應該放任自我的性情，「任其性命之情而已矣」，
要「自聞」，「自見」，「自得其得」，「自適其適」；也就是
說，一個人的行為標準完全應該以自我為中心，自己怎麼看，自
己怎麼想，自己怎麼覺得合適就是最適當的。任何不是以個人為
中心標準的行為，即使是為父母、子女、兄弟、朋友、君主犧
牲，就莊子來看，都是「殘生損性」，「同為淫僻」，不值得一

6　《莊子衍義・駢拇》，頁 70-71。

個人考慮，更不值得效法。

　　因為莊子主張放任自我的性情，所以他很喜歡運用他的想像力編織很多寓言和故事來說他的看法。例如有一次他說他做夢，夢見了一隻蝴蝶，就以為自己是一隻蝴蝶，而忘了他自己是莊周，等他醒來的時候才知道自己是莊周，他就問：「不知周之夢為胡蝶與，胡蝶之夢為周與？」[7]他用這個例子來說他自己和蝴蝶只是世上的事物在不同的時間有的不同的變化。它們兩個雖然不同，但是如果從整個世界來看，他們還是一樣的：「自其異者視之，肝膽楚越也；自其同者視之，萬物皆一也。」[8]就莊子來看，只要自己願意把視覺專注在事物的相同面，萬物之間的區分也就不足為論：「萬物與我為一」，[9]「萬物雖多，其治一也。」[10]因此一個人說他是莊周也好，是蝴蝶也好，不是莊周也好，不是蝴蝶也好，「是亦彼也，彼亦是也。」[11]沒有必要說哪個對，哪個不對：「德人者，居無思，行無慮，不藏是非美惡。」[12]莊子和老子不分是非善惡的說法對中國人的社會和民族性造成一種毀滅性的影響，在晉朝的時候，老莊思想特別流行，很多讀書人依從老莊，過著荒唐消極的生活，不但沒能具體有效的去解決問題，而且間接的促長了國家社會的動亂和不安，所以

7　《莊子衍義・齊物論》，頁 26。

8　《莊子衍義・德充符》，頁 41。

9　《莊子衍義・齊物論》，頁 19。

10　《莊子衍義・天地》，頁 89。

11　《莊子衍義・齊物論》，頁 16。

12　《莊子衍義・天地》，頁 96。

宋朝的名人蘇軾就說：「晉以老莊亡」[13]，其言深中肯綮。

　　莊子對一個人的社會責任和義務異常厭惡，為了逃避責任和義務，甚至不反對死亡。莊子用了一個寓言來說明他的看法，他說有一次他見了一個骷髏，就問那個骷髏是怎麼死的：是不是因為做了不好的事情，因為國家亡了，因為做了對不起父母妻子的事，因為沒飯吃沒衣穿，或者因為年紀大了而死的：「夫子貪生失理，而為此乎？將子有亡國之事，斧鉞之誅，而為此乎？將子有不善之行，愧遺父母妻子之醜，而為此乎？將子有凍餒之患，而為此乎？將子之春秋故及此乎？」[14]問完以後他就把骷髏當做枕頭睡在上邊，到半夜的時候，那個骷髏就在他的夢中跟他說：「死，無君於上，無臣於下，亦無四時之事，從然以天地為春秋，雖南面王樂，不能過也。」[15]莊子不信，就問他願不願意復活，那個骷髏就回答說：「吾安能棄南面王樂而復為人間之勞乎？」[16]對莊子來說，為追求人生的目標而勞苦是沒有什麼意義的。

　　莊子最反人性的說法應該是不要人有喜怒哀樂。《莊子》一書裡有一個故事說莊子妻子死的時候，他的朋友惠子去看他，看見莊子正在「鼓盆而歌」，惠子就說：「與人居長子，老身死，不哭亦足矣，又鼓盆而歌，不亦甚乎！」[17]莊子就回答說：「是其始死也，我獨何能無概然！察其始而本無生；非徒無生也，而

---

[13]　蘇軾《蘇軾文集・六一居士集敘》，第一冊，卷十，頁315 316。
[14]　《莊子衍義・至樂》，頁130。
[15]　《莊子衍義・至樂》，頁130。
[16]　《莊子衍義・至樂》，頁130。
[17]　《莊子衍義・至樂》，頁130。

本無形；非徒無形也，而本無氣。雜乎芒芴之間，變而有氣，氣
變而有形，形變而有生。今又變而之死。是相與為春秋冬夏四時
行也。人且偃然寢於巨室，而我噭噭然隨而哭之，自以為不通乎
命，故止也。」[18]莊子這種摒棄人類對他人哀戚之情的作法，往
往會讓殘暴的人變得更殘暴，沒有人性。中國人沿引老莊思維作
法的人不少，無論有意還是無意，一般人常會遵循老莊的教導，
特別是他們權力在握的時候，不受制衡，老子「自〔以為〕然」
和莊子「自聞」「自見」「自適」的思維便應景而出，為凶殘專
制的行徑提供了理想的理論基礎，以致肆意妄為，對社會造成了
莫大的損害。

18　《莊子衍義‧至樂》，頁130。

結　語

　　本書由堯、舜公天下的時代開始，一直敘述到道家老莊思想為止，將中國宗教哲學重要的史實與思潮做了一番系統化的研析。研析結果顯示，堯、舜時代的中國先祖，甚至一直到周朝初期的中國先祖，與現代中國人在信仰上可說完全相反，但是與現代一般的西方人倒頗為相似。至遲從堯、舜時代開始，一直到周初，中國的先祖如同現代正統的西方人一樣，崇信上帝，生活一般都以神為中心；到東周時期，兼併之風日烈，戰亂頻仍，中國人對神的信心開始產生巨大的變化，甚至出現了無神論，最終背離了神，轉而以自我為中心。墨子力圖扭轉此一背離神的趨勢，主張兼相愛、交相利，以身作則，力行公天下的思維，對中國祖先崇高偉大的成就做了極其輝煌的見證。孔子因幼時遭到家庭悲劇，父親早逝，母親不多時也跟著離開人世，因此選擇背離神的新潮流，以自我為中心，發展出以人際關係為特質的仁說，並將之系統化，與墨家分道揚鑣。老莊對孔子的學說做了進一步的修正，擯棄人際關係，只以一己的喜好為行為標準，宣揚「自然」與「自適」，提倡極端的個人主義。

　　在中國史上，堯、舜最讓人嘖嘖稱奇的大概就是禪讓的故事，此一史事在中國流傳了兩千多年，一直到戰國初期都沒有史家或學者懷疑其真實性。唯一否認此一史事的文獻是西晉武帝太

康二年（281）由魏安釐王的墓中發現的《古本竹書紀年》，但是《古本竹書紀年》在記載堯、舜政權交替的史事時，並沒有提供任何證據來證明其反傳統的說法。此外，類似《古本竹書紀年》的說法，已經被韓非引述過，並被其判定為姦邪臣子為奪權篡位做準備而編造出來的說辭，不值得採信。在討論堯、舜禪讓的史事時，所有支持《古本竹書紀年》一說法的學者都誤讀了《韓非子》和《荀子》的論證，以為二者與《古本竹書紀年》的作者一樣支持舜篡位的說詞。中國人的先祖堯、舜、禹是歷代學者史家所公認的偉大君主，後代子孫在毫無實證之下，沒有必要誣蔑他們的人品，堅持作賤自己享有盛譽長達數千年之久的祖先。根據古代文獻的記載，當時諸侯國約一萬左右，構成了類似今日西方的聯邦制，不僅堯、舜、禹在近似聯邦制的政府中實施禪讓制，就是在方國的政府中，也普遍實施禪讓的制度，那不只是堯、舜、禹個人的行為，而且是公天下時代萬國一般的風氣與作法。

中國由公天下轉變成為私天下體制的具體過程，顯然在春秋戰國的時代，都還沒完全固定的說法，墨子與屈原對啟的人品都頗有微詞，只是在孟子天真爛漫的詮釋下，此一驚天地、泣鬼神的事件自漢代以後便被美化成為人間佳作。《古本竹書紀年》要求翻案，《上博簡》同樣試圖推翻孟子的說法，韓非引述燕國潘壽的話，推翻孟子的說法，但自漢代獨尊儒術以後，罷黜百家，儒家一派獨大，並不接受翻案的申訴，本書條陳多項理由，指出孟子自相矛盾的說辭，推斷《古本竹書紀年》、《上博簡》中及燕國潘壽有關啟弒益篡位的記載，應屬可信。

公天下「絕地天通」的傳說，重點在描寫古代如何斷絕人神

雜處的紊亂景況，防止無辜的人受到邪靈的侵襲，意在表彰古代君主的德政。春秋時代晚期的楚昭王對此一史事的真相已經模糊不清，「《周書》所謂重、黎實使天地不通者，何也？若無然，民將能登天乎？」到了現代更是如此，一般學者誤讀原文的意思，把德政曲解為暴政，以為「絕地天通」乃後世私天下時代的君王，為鉗制人民而採取斷絕他人與上帝交通的政策。「絕地天通」為釐清人神交通的管道，確保無辜者不受到邪靈的侵犯，與後代政權企圖壟斷人與上帝的交通，鉗制人民大眾的思想行為，乃迥然兩種不同的施政措施，不可同日而語。

　　上個世紀大量出土的甲骨文證明商朝是一個虔信上帝的朝代，在所有重要的事情上，商王一般總是要通過祖先請示上帝的旨意。商朝雖然不再實施禪讓的政策，但是他們兄終弟及的體制比後世各個朝代父傳子的體制仍然要優越些，他們清楚，傳位給一個年紀較大、經驗較足、經過較多考驗的人比傳給一個經驗不足、沒經過什麼考驗、年輕衝動的人風險要小的多，所以兄終弟及的原則在商朝實施了相當長的一段時間。當商朝後期開始固定實施傳子的政策時，商朝距離滅亡的時間已經不太遠了。商朝所以能夠施行兄終弟及的傳位原則，跟當時還沒設置以兒子特別是嫡系兒子為基礎的宗法制度有一定的關係。商朝距公天下的時代比較近，所以當時一般人所享有的自由，與後世相對之下，仍然比較多。由甲骨文所顯示出來的商代親屬詞來看，當時的家族成員之間並不像後世的中國人一般有那麼嚴格的區分，商朝的人倒如同現代西方人一般，因為受到公天下思維的影響，並不特別講求家族中不同成員需要有不同待遇的想法。

　　周公攝政期間，開始尊稱君王為天子，嚴格限制了人與天的

交通，並以天子為核心，建立了固定的宗法制度，釐定了嚴苛繁瑣的禮則，透過宗法禮則對社會幾乎所有的成員都進行周密的身心控制。在周公主導之下所從事的國家社會體制的變革，與商朝最大的不同之處，就是將國家社會的核心從上帝轉移到天子身上，使原來一個遵從上帝的國度基本上變成了遵從人的國度，將原來社會眾多成員所享有的自由平等的權益高度集中在少數成員甚或一個人手中。在商朝，家庭的各個成員還沒有被嚴格的區分開來，給予各種不平等的待遇；到了周朝，周公訂定家庭各個成員的名稱，從此家庭中的各個成員從平等變成了上下統屬近乎奴僕的關係。在周公的主導下，一個以天子為核心的專制王國於是在中國形成，成為此後歷代中國的政治藍圖。隨著後世朝代對禮法不斷的修訂，控制人民大眾的國家機器變得更為徹底有效，歷代君王對此一專制王國的模式更是不言可諭情有所鍾，毫無廢棄之意，由此看來，周公所創建的宗法禮則對中國文化所造成的影響可說無與倫比。隨著私天下思維的不斷強化，無怪乎自周朝以後，自由平等對一般人來說，便成了不太切合實際的奢想。

孔子推崇周公：「甚矣吾衰也！久矣吾不復夢見周公」，[1] 他為周公所發展出來以天子為核心的專制統治體制做維護與詮釋的工作，因此他的學說是政治與哲學緊密結合以後所產生的一種思維，絕對沒有離開政治框架的可能性：

> 或謂孔子曰：「子奚不為政？」子曰：「《書》云：『孝乎惟孝、友于兄弟，施於有政。』是亦為政，奚其為為

---

[1] 《四書集註・論語・述而第六》，頁 41-42。

政？」[2]

照孔子自己的說法，一個人在家中的所作所為便是政治的體現。就此一觀點來說，一個讀者如果摒棄政治，就無法對孔子的學說有全盤充分的了解。因此就這方面來看，他的仁便是一種理想的政治運作手腕、程式與目標，所以他會對管仲有如下的評價：

> 子路曰：「桓公殺公子糾，召忽死之，管仲不死。」曰：「未仁乎？」子曰：「桓公九合諸侯，不以兵車，管仲之力也。如其仁！如其仁！」

孔子的學說是周公所研發出來的高度專制體系的反映與註腳，為私天下的產物，與公天下的精神和體制可以想見是格格不入，孔子學說的流行因此也勢必強化專制體制，同時鮮明的反映出專制體制難以撼動的事實。孔子學說與專制體制互為表裏，欲徹底摒棄專制勢必須要廢除「罷黜百家，表章六藝」[3]的專制思維。

　　墨子在春秋戰國是一個大放異彩的思想家，他的公天下思維與堯、舜、禹所代表的傳統息息相關，不可或分。要徹底了解墨子勢必對堯、舜、禹須要有一定的了解，反過來說，要徹底了解堯、舜、禹也勢必要對墨子有一定的認知。墨子不僅對了解堯、舜、禹公天下的思維有莫大的助益，同時也能夠增進一個人對中國文化與基督教相同之處的認知。幾乎所有的現代學者都誤解墨

---

[2]　《四書集註‧論語‧為政第二》，頁 11。

[3]　班固《漢書‧武帝紀六》（北京：中華書局，1970），第一冊，卷 6，頁 212。

子，以為他和孔子一樣尊君。筆者在分析他的思想時，很清楚地指出，他尊君的前提是尊上帝，如果有類似桀紂的暴君，背棄神，墨子自然會背棄如是的暴君。墨子帶領了一個龐大的軍事隊伍，在各國執行非攻的任務，處處為公義與君主對抗，就是他學說最佳的一個寫照。

老子和莊子的思想以個人為中心，是春秋戰國時代的人背棄神以後，轉向個人的一個必然的極端的發展。老子所謂的「自然」並不完全是指大自然，而主要同時是自以為然的意思，與莊子的「自適」，自己覺得怎麼適合，就怎麼做的意思一致。此種思維對中國社會所造成的傷害可說巨大無比，蘇軾說「晉以老莊亡」，甚至衝擊國家的立國基礎，導致國家的滅亡。在世界各民族所建立的邦國中，以政府的名義，公開提倡極端個人主義的，就筆者所知，大概只有中華民族建立的政權方才如此。

不少現代中國學者談到西方普世價值平等自由等的觀念，卻沒細心去分析普世價值與中國傳統思潮的關係。顧名思義，普世價值這個詞指的是放諸四海而皆準的觀念，這在西方來說，不成問題，因為西方正統人士都信仰上帝，既然上帝教導自由平等的觀念，那些觀念對他們來說，自然便成了普及四海而皆準的價值觀。但在中國，自從公天下的思維和體制轉變成私天下的思維和體制以後，對絕大多數的中國人而言，真正的普世價值是以個人為中心的價值觀。老子的「自然」，莊子的「自適」都以自我為標準。孔子的「己欲立而立人，己欲達而達人」，雖然也考慮到他人，但出發點還是自我，「能近取譬，可謂仁之方也已。」在如此的思想氛圍影響下，要談普世價值，就如同鏡花水月，有點虛幻而不太切實際。普世價值平等自由等的觀念是中國老祖宗

堯、舜、禹公天下時代以神為基礎所秉持的觀念，要在中國切合
實際地來談普世價值就有必要確立堯、舜、禹公天下時代的精神
與思維。堯、舜、禹公天下時代的想法與現代西方文明的正統思
維一致，是中國文化與西方現代文明的一個結合點，不僅是未來
中國文化所可取法的，也應該是未來人類文明發展的共同泉源。

　　此外，在結語中，筆者須要特別提出來的一點是，私天下思
維為害中國最久、最廣、最深之處，據筆者所知，應該是「認
命」的觀念。本書正文指出，「命運」的說法，據文獻的記載，
在桀的時候開始出現：「夏王有罪，矯誣上天，以布命于下。」
[4]紂不但沿用他的說法，而且加以推衍，對當時的天下解釋他自
己殘酷暴虐的作風時，說他自己「有民有命」，[5]所依賴的就是
「命」。他以為無論他做什麼傷天害理的事，都不會遭到懲罰報
復，結果事與願違，最後被武王擊敗，只好放火把自己活活燒
死，結局比桀更為悽慘。孔子的哲學以個人為中心，為私天下的
思維做辯護的工作，他理論的核心之一便是桀紂所揭櫫的「命」
的觀念，「與命與仁」。[6]自漢朝獨尊儒術，罷黜百家之後，他
的想法獨霸中國，在此一影響下，「認命」一詞便成為時代的寵
兒，要人逆來順受，不要對邪惡的專制採取抗爭的態度。晉獻公
聽信讒言，要殺兒子申生，申生「認命」，被處死；趙高專權，
要殺秦始皇的兒子扶蘇，扶蘇「認命」，自殺身亡。在中國歷史
上，「認命」枉死的人，不計其數。堯、舜、禹、湯、文、武、
墨子公天下的思維否定命運的存在，在順服神的公義的前提下，

4　《漢魏古注十三經・尚書・仲虺之誥》，上冊，頁21。
5　《漢魏古注十三經・尚書・泰誓上》，上冊，頁35。
6　《四書集註・論語・子罕》，頁55。

對邪惡進行殊死鬥，因為他們跟神密切互動的結果，神全能的意志變成個人的自由意志，在他們堅拒「認命」的情形下，不僅克服邪惡，利人利己，備受後人稱揚，更進而造就了一個個輝煌的世代，譜成了一篇篇與聖靈交通互動的美妙詩篇。對堯、舜、禹、湯、文、武、墨子等人及其所崇拜的上帝而言，世間一切的基石就是公義，沒有任何既定的命運可言，所有的事情全靠個人自由意志的抉擇而定，堅持公義者，受到祝福，違背公義者，受到詛咒。歷來專制政體，為達到奴役他人的目的，總是處心積慮處處設法摧毀個人的自由意志，以期形成由上至下一個口令一個動作的局面。現代知識分子探討國是，理當鄙棄專制文化，同時強調個人自由意志與公義的結合，雙管齊下，水到渠成，神必然祝福中國，使中國成為人人夢寐以求的超級富強的國度。

自從私天下的體制出現以後，中國的政治文化發展陷入週期性的惡性循環之中，歷史上的政治動亂因此頻仍不絕，特別是近幾百年來與西方先進的文明國家衝突，災難空前，筆者以為歸根結底應該不完全是清末大臣所說的船堅砲利的問題——固然船堅砲利很重要——也不完全是現代改革派所說的體制的問題——固然體制也很重要——而最重要的應該是喪失了中國固有的以神為基石、聖潔、大公、博愛、交相利的公天下精神。中國現代試行西洋公天下的體制，而在精神上卻仍沿承中國數千年的私天下的文化，表裏不一，名為共和議會制，實仍為專制獨裁，官員的腐化特別是官商勾結的現象較之私天下專制時代似有過之而無不及。筆者以為要徹底解決中國政治文化幾千年來所陷入的困境，要全面消除與西方國家無謂的衝突，只有在徹底摒棄私天下的思維，重新彰顯堯、舜、禹、湯、文、武、墨子所代表的正統，並

促使此一傳統與基督教文化互相銜接，將中國文化與西方先進文明國家的正統文化融於一爐，方能重建公天下盛世的局面，從而徹底結束中國一治一亂惡性循環的政治文化悲劇。

參考書目

中文參考書目

古代著作

春秋·《四書集注》　臺北　世界書局　1966

春秋·左丘明　《左傳》　長沙　岳麓書社　1988

春秋·晏子　《晏子春秋》　臺北　臺灣商務印書館　1968

春秋·管子　《管子》　房玄齡註　北京　北京圖書館出版社　2004

戰國·呂不韋　《呂氏春秋》　上海　上海古籍出版社　2002

戰國·列禦寇　《列子》　臺北　金楓出版有限公司　1988

戰國·屈原　《楚辭集注》　臺北　藝文印書館　1967

戰國·荀子　《荀子柬釋》　香港　太平書局　1964

戰國·韓非　《韓非子》　北京　中華書局　2009

《漢魏古注十三經》　北京　中華書局　1998

漢·司馬遷　《史記全本新註》　西安　三秦出版社　1990

漢·班固　《漢書》　北京　中華書局　1975

漢·許慎　《說文解字》　北京　中華書局　1963

漢·劉安　《淮南子·本經訓》　張雙棣註釋　北京　北京大學出版社　2013

漢·劉安　《淮南子·修務訓》　馬慶洲註釋　南京　鳳凰出版社　2013

漢·戴德　《大戴禮記匯校集解》　北京　中華書局　2008

魏·王肅　《孔子家語》　鄭州　中州古籍出版社　1991

魏·何晏集解，唐·陸德明音義，宋·邢昺疏　《論語注疏》　臺北　世界書局　1988

魏・陶潛　《陶靖節集》　臺北　臺灣商務印書館　1980

梁・皇侃　《論語義疏》　北京　中華書局　1999

梁・蕭子顯　《南齊書》　北京　中華書局　1972

唐・房玄齡等　《晉書》　北京　中華書局　1974

唐・韓愈　《韓昌黎全集》　北京　中國書店　1994

宋・李燾　《景印文淵閣四庫全書・續資治通鑑長編》　臺北　臺灣商務
　印書館　1983

宋・李燾　《續資治通鑑長編》　北京　中華書局　2004

宋・黃榦　《叢書集成初編・黃勉齋先生文集》　上海　商務印書館
　1936

宋・張栻　《論語解》　臺北　世界書局　1988

宋・蔡節　《論語集說》　臺北　世界書局　1988

宋・蘇軾　《蘇軾文集》　北京　中華書局　1996

元・王實甫　《西廂記》　杭州　浙江古籍出版社　1998

元・脫脫等　《宋史》　北京　中華書局　1991

明・王陽明　《傳習錄》　長沙　岳麓書社　2004

明・吳承恩　《西遊記》　臺北　桂冠書局　1988

清・李伯元　《官場現形記》　香港　廣智書局　無出版日期

清・吳敬梓　《儒林外史》　上海　上海古籍出版社　1990

清・馬瑞辰　《毛詩傳箋通釋》　上海　上海古籍出版社　2005

清・徐元誥　《國語集解》　北京　中華書局　2002

清・江瑔　《讀子巵言》　臺北　文海出版社　1967

清・孫詒讓　《校補定本墨子閒詁》　臺北　藝文印書館　1981

清・徐灝　《續修四庫全書・經部・小學類・字例》　上海　上海古籍出
　版社　1995

清・《景印四庫全書・太平廣記》　臺北　臺灣商務印書館　1987

清・曹雪芹　《紅樓夢》　臺北　大眾書局　1977

清・劉寶楠　《論語正義》　北京　中華書局　2007

清・蒲松齡　《醒世姻緣傳》　臺北　三民書局　2000

現代著作

丁山 《中國古代宗教與神話考》 上海 上海世紀出版社 2011

方詩銘、王修齡 《古本竹書紀年輯證》 上海 上海古籍出版社 2008

王玉哲 《中華遠古史》 上海 上海人民出版社 2000

王延林 《常用古文字字典》 上海 上海書畫出版社 1987

王治心 《墨子哲學》 北京 北京圖書館出版社 2002

王暉 《商周思想文化比較研究》 北京 北京人民出版社 2000

王關仕 《紅樓夢研究》 臺北 東大圖書公司 1992

王讚源 《墨子》 臺北 東大圖書公司 1996

支偉成 《墨子綜釋》 臺北 成文出版社 1975

尹榮方 《社與中國上古神話》 上海 上海古籍出版社 2012

司文德 《墨子之道德哲學》 臺北 華明書局 1968

伍非百 《墨子大義述》 北京 北京圖書館出版社 2003

朱淡文 《紅樓夢研究》 臺北 貫雅文化公司 1991

李民 《殷商文明論集‧尚書立政「三亳阪尹」解》 郭旭東編 北京 中國社會科學出版社 2008

李學勤 《中國古代文明與國家形成研究》 昆明 雲南人民出版社 1997

李澤厚 《中國古代思想史論》 北京 三聯書店 2008

李澤厚 《論語今讀》 北京 三聯書店 2004

匡亞民 《孔子評傳》 濟南 齊魯書社 1985

余英時 《天人之際：中國古代思想起源試探》 臺北 聯經出版事業股份有限公司 2014

宋鎮豪 《商代史論綱》 北京 中國社會科學出版社 2011

宋鎮豪 《夏商社會生活史》 北京 中國社會科學出版社 1994

孟世凱 《甲骨學辭典》 上海 上海人民出版社 2011

呂思勉 《先秦史》 上海 開明書店 1941

呂思勉 《呂思勉全集：先秦史、先秦學術概論》 上海 上海古籍出版社 2016

吳世昌　《紅樓夢探原外編》　上海　上海古籍出版社　1980

吳康　《莊子衍義》　臺北　臺灣商務印書館　2011

吳寶煒　《中國古文字大系・金文文獻集成》　香港　香港明石文化國際
　　　出版有限公司　2004

郎擎霄　《墨子哲學》　北京　北京國家圖書館　2003

周群　《孔子》　南京　南京大學出版社　2008

周夢莊　《紅樓夢寓意考》　臺北　黎明文化事業公司　1994

屈萬里　《尚書集釋》　臺北　聯經出版事業股份有限公司　1983

胡汝章　《老子哲學》　臺南　三和出版社　2000

胡適　《中國哲學史大綱：古代哲學史》　臺北　臺灣商務印書館　2008

胡厚宣、胡振宇　《殷商史》　上海　上海人民出版社　2003

胡懷琛　《墨子學辨》　北京　北京圖書館出版社　2003

俞平伯　《俞平伯論紅樓夢》　上海　上海古籍出版社　1988

唐蘭　《中國古文字大系・金文文獻集成》　香港　香港明石文化國際出
　　　版有限公司　2004　第二十八冊

馬承源　《中國古文字大系・金文文獻集成》　香港　香港明石文化國際
　　　出版有限公司　2004

侯外廬　《中國古代思想學說史》　長沙　岳麓書社　2010

秦彥士　《墨子考論》　成都　巴蜀書社　2002

高鴻縉　《毛公鼎集釋》　臺北　省立師範大學　1956

陳柱　《墨學十論》　臺北　臺灣商務印書館　1934

陳詠明　《儒學與中國宗教傳統》　臺北　臺灣商務印書館　2004

陳夢家　《殷墟卜辭綜述》　北京　中華書局　2011

陳夢家　《尚書通論》　北京　中華書局　1985

陳慶浩　《新編石頭記脂硯齋評語輯校》　臺北　聯經出版事業股份有限
　　　公司　1979

陳顧遠　《墨子政治哲學》　北京　北京圖書館出版社　2003

徐中舒　《先秦史論稿》　成都　巴蜀書社　1992

徐中舒　《先秦史記講義》　天津　天津古籍出版社　2008

常玉芝　《商代宗教祭祀》　北京　中國社會科學出版社　2010

梁啟超　《墨子學案》　北京　北京圖書館出版社　2002

梁啟超　《子墨子學說》　北京　北京圖書館出版社　2002

梁啟超　《先秦政治思想史》　北京　北京國家圖書館　2003

梁啟超　《孔子》　臺北　中華書局　1962

梁漱溟　《東西文化及其哲學》　臺北　問學出版社　1979

馮友蘭　《中國哲學史》　重慶　重慶出版社　2009

張之綱　《中國古文字大系・金文文獻集成》　香港　香港明石文化國際
　　　出版有限公司　2004

張世欣　《中國古代思想道德教育史》　杭州　浙江大學出版社　2010

張亨　《思文之際論集：儒道思想的現代詮釋》　臺北　允晨文化實業股
　　　份有限公司　1997

張廷錫　《新編先秦史綱要》　南昌　江西人民出版社　2004

張希宇、張幼林　《墨子墨家與墨學研究》　北京　北京圖書館出版社
　　　2004

張純一　《無求備齋墨子集成・墨子集解》　臺北　成文出版社　1975

張樹國　《宗教倫理：中國上古祭歌形態研究》　北京　人民出版社
　　　2007

張默生　《老子章句新釋》　臺北　樂天出版社　1971

程俊英、蔣見元　《詩經注析》　北京　中華書局　1987

黃懷信　《逸周書校補注譯》　西安　三秦出版社　2006

彭友生　《先秦史新論》　臺北　蘭臺出版社　2012

傅佩榮　《儒道天論發微》　臺北　聯經出版事業股份有限公司　2010

舒大剛　《三蘇後代研究》　成都　巴蜀書社　1995

楊東聲　《蘇軾的心路歷程：一代文宗的作品、行誼與相關史實》　桃園
　　　國立中央大學出版中心　臺北　遠流出版事業股份有限公司　2017

聞一多　《聞一多全集》　上海　開明書店　1948

蒙文通　《蒙文通全集：古史甄微》　成都　巴蜀書社　2015

鄭鴻　《老子思想新釋》　美國新澤西州　八方文化企業　2000

鄭杰祥　《新石器文化與夏代文明》　南京　江蘇教育出版社　2005

詹劍峰　《墨子的哲學與科學》　武漢　華中師範大學出版社　2007

詹子慶　《走近夏代文明》　長春　東北師範大學出版社　2015

趙林　《殷契釋親：論商代的親屬稱謂及親屬組織制度》　上海　上海古
　　籍出版社　2011

蔣維喬　《墨子哲學》　北京　北京圖書館出版社　2003

潭元亨　《客家文化史》　廣州　華南理工大學出版社　2009

劉城淮　《中國上古神話》　上海　上海文藝出版社　1938

劉源　《甲骨學殷商史研究》　福州　福建人民出版社　2006

魯迅　《魯迅三十年集》　香港　新藝出版社　1967

駱賓基　《中國上古社會新論》　北京　華文出版社　1991

翦伯贊　《先秦史》　北京　北京大學出版社　1988

薛保綸　《墨子的人生哲學》　臺北　中華叢書編審委員會　1976

錢穆　《墨子》　北京　北京圖書館出版社　2003

錢穆　《中國思想史》　臺北　素書樓文教基金會　2001

錢穆　《孔子傳》　臺北　素書樓文教基金會　2000

錢穆　《論語新解》　臺北　素書樓文教基金會　2000

錢穆　《錢賓四先生全集‧先秦諸子繫年》　臺北　聯經出版事業股份有
　　限公司　1994

謝謙　《中國古代宗教與禮樂文化》　成都　四川人民出版社　1996

簡又文　《清史洪秀全載記》　香港　簡氏猛進書屋　1967

羅剛編著　《中華民國國父實錄》　臺北　正中書局　1988

蘇秉琦　《中國文明起源新探》　香港　商務印書館　1997

蘇建洲　《上海博物館藏戰國楚竹書（二）校釋》（上）　臺北　花木蘭
　　文化出版社　2006

嚴一萍　《中國古文字大系‧金文文獻集成》　香港　香港明石文化國際
　　出版有限公司　2004

嚴靈峰編　《墨子文選》　臺北　成文出版社　1957

顧頡剛　《古史辨》　北京　景山書社　1930

英文參考書目

Allison, Jr., Dale C. *Matthew: A Short Commnetary*. London: T & T Clark International, 2004.

Augustine of Hippo. *Augustin: Sermon on the Mount, Harmony of the Gospels, Homilies on the Gospels*. Peabody, MA: Hendrickson, 1888.

Betz, Hans Dieter. *The Sermon on the Mount: A Commentary on the Sermon on the Mount, including the Sermon on the Plain* (Matthew 5:3-7:27 and Luke 6:20-49). Minneapolis: Fortress P, 1995.

Broadhead, Edwin K. *The Gospel of Matthew on the Landscape of Antiquity*. Tübingen, Germany: Mohr Siebeck, 2017.

Calvin, John. *Calvin's Commentaries*. Grand Rapids, MI: Baker Books, 2003.

Clarke, Howard. *The Gospel of Matthew and Its Readers: A Historical Introduction to the Frist Gospel*. Bloomington, IN: Indiana UP, 2003.

Davies, W. D. and Allison, Dale. *The Gospel According to Matthew*. Edinburgh: T. & T. Clark, 1988.

Foster, Paul. *Community, Law and Mission in Matthew's Gospel*. Germany: Mohr Siebeck, 2004.

France, R. T. *The Gospel of Matthew*. Grand Rapids, MI: Eerdmans, 2007.

———. *The Gospel according to Matthew*. Leicester, England: Inter-Varsity P, 1985.

Francis Brown, S. R. Driver, and Charles A. Briggs. *The Brown-Driver-Briggs Hebrew and English Lexicon*. Rpt. 1906. Peabody, Mass.: Hendrickson, 2001.

Gardner, Richard B. *Matthew*. Scottdale, PA: Herald P, 1991.

Gibbs, Jeffrey A. *Matthew 1:1-11:1*. Saint Louis: Concordia Publishing House, 2006.

Hauerwas, Stanley. *Matthew*. Grand Rapids, MI: Brazos Press, 2006.

Henry, Matthew. *A Commentary on the Holy Bible*. Chicago: W.P. Blessing, n.d.. Volume 5. Hill, David. *The Gospel of Matthew*. Grand Rapids, MI:

Wm. B. Eerdmans, 1972.

Keener, Craig S. *A Commentary on the Gospel of Matthew.* Grand Rapids, MI: William B. Eerdmans, 2009.

Legge, James. *The Religions of Ancient China: Confucianism and Daoism, Described and Compared with Christianity.* London: Hodder and Stoughton, 1880.

Mitch, Curtis and Edward Sri. *The Gospel of Matthew.* Grand Rapids, MI: Baker Academic, 2010.

Morris, Leon. *The Gospel of Matthew.* Grand Rapids, MI: Wm. B. Eerdmans, 1992.

Noland, John. *The Gospel of Matthew.* Grand Rapids, MI: Eerdmans, 2005.

Osborne, Grant R. *Matthew: Zondervan Exegetical Commentary on the New Testament.* Grand Rapids, MI: Zondervan, 2010.

Patte, Daniel. *The Gospel According to Matthew.* Philadelphia, PA: Fortress P, 1987.

Luz, Ulrich. Tr. James E. Crouch. *Matthew 1-7: A Commentary.* Minneapolis, MN: Fortress P, 1985.

Rainey, Lee Dian. *Confucius and Confucianism: The Essentials.* West Sussex, U.K.: John Wiley and Sons, 2010.

Ridderbos, H. N. *Matthew.* Grand Rapids, MI: Zondervan, 1987.

Stassen, Glen H. *Living the Sermon on the Mount: A Practical Hope for Grace and Deliverance.* San Francisco, CA: Jossey-Bass, 2006.

Turner, David L. *Matthew.* Grand Rapids, MI: Baker-Academic, 2008.

———. *Israel's Last Prophet: Jesus and the Jewish Leaders in Matthew 23.* Minneapolis, MN: Fortress Press, 2015.

Waetjen, Herman C. *Matthew's Theology of Fulfillment, Its Universality and Its Ethnicity: God's New Israel as the Pioneer of God's New Humanity.* London: Bloomsbury T & T Clark, 2017.

Witherington III, Ben. *Matthew.* Macon, GA: Smyth & Helwys, 2006.

國家圖書館出版品預行編目資料

先秦思維文化研析

楊東聲著. – 初版. – 臺北市：臺灣學生，2019.07
面；公分

ISBN 978-957-15-1801-5 (平裝)

1. 先秦哲學

121   108008031

先秦思維文化研析

著　作　者　楊東聲
出　版　者　臺灣學生書局有限公司
發　行　人　楊雲龍
發　行　所　臺灣學生書局有限公司
地　　　址　臺北市和平東路一段 75 巷 11 號
劃 撥 帳 號　00024668
電　　　話　(02)23928185
傳　　　眞　(02)23928105
E - m a i l　student.book@msa.hinet.net
網　　　址　www.studentbook.com.tw
登 記 證 字 號　行政院新聞局局版北市業字第玖捌壹號
定　　　價　新臺幣五八○元
出 版 日 期　二○一九年七月初版
I　S　B　N　978-957-15-1801-5

12173

臺灣 學生書局 出版

文化哲學叢刊